78520

Joan Baez
We Shall Overcome

JOAN BAEZ
WE SHALL OVERCOME
MEIN LEBEN

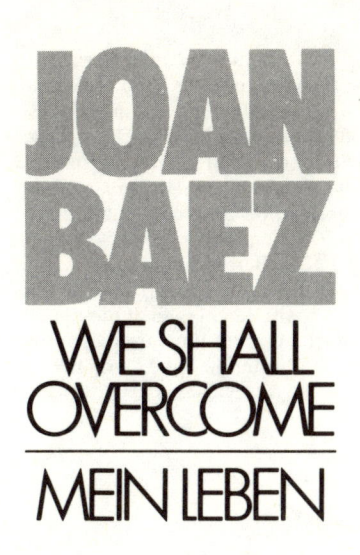

Gustav Lübbe Verlag

© 1987 by Joan Baez
Titel der Originalausgabe: And a voice to sing with
Originalverlag: Summit Books
© 1988 für die deutschsprachige Ausgabe by
Gustav Lübbe Verlag GmbH, Bergisch Gladbach
Aus dem Amerikanischen von Christiane Müller
Schutzumschlaggestaltung: Klaus Blumenberg, Köln
Satz: ICS Communikations-Service GmbH,
Bergisch Gladbach
Druck und Einband: Ebner Ulm
Alle Rechte, auch die der
fotomechanischen Wiedergabe, vorbehalten
Printed in West Germany
ISBN 3-7857-0493-3

Für Gabe

While you and i have lips and voices which
are for kissing and to sing with
who cares if some oneeyed son of a bitch
invents an instrument to measure Spring with?

e.e. cummings

Inhalt

Vorwort   11

1. THE KINGDOM OF CHILDHOOD

   My Memory's Eye   15
   Kindheit

2. RIDER, PLEASE PASS BY

   Fill Thee Up My Loving Cup   47
   Aufbruch

   Blue Jeans and Necklaces   66
   Kim

   Winds of the Old Days   77
   Frühe Tage mit Bob Dylan

3. SHOW ME THE HORIZON

   The Black Angel of Memphis   99
   Martin Luther King

   Johnny Finally Got His Gun   118
   Für die Gewaltlosigkeit kämpfen

Hiroshima Oysters   140
Japan — der lange Arm des Unbekannten

For a While on Dreams   157
»Ich, Joan, nehme dich, David...«

To Love and Music   191
Woodstock

I Will Sing to You So Sweet   194
Meine Lieder und Schallplatten

4. HOW STARK IS THE HERE AND NOW

Lying in a Bed of Roses   203
Italien, das mein Herz eroberte

Silence Is Shame   212
Amnesty International

Dancing on Our Broken Chains   218
Hand in Hand gegen den Krieg in Vietnam

Where Are You Now My Son   228
In den Bunkern von Hanoi

Warriors of the Sun   272
In der Stille des aufdämmernden Morgens

5. FREE AT LAST

Mit Bob Dylan auf Tournee   285

Love Song to a Stranger   308
Liebe auf Tournee

No Nos Moveran   310
Zwei Gesichter Spaniens

For Sasha   324
Ulm — ein strahlender Tag

The Weary Mothers of the Earth   328
Lateinamerika oder Vom Vergessen

6. THE MUSIC STOPPED IN MY HAND

Blessed Are the Persecuted   333
Vietnam, fünf Jahre nach Kriegsende

The Brave Will Go   346
Wir flogen nach Thailand

Motherhood, Music and Moog Synthesizers   358
Nur Musik

7. RIPPING ALONG TOWARD MIDDLE AGE

A Test of Time   363
Wenn die Jahre vergehen

Recently I Was in France   369
Französische Tage

How Brightly Glows the Past   380
Meine Schwester Mimi

Thalia's Ghost   390
Meine Schwester Pauline

Honest Lullaby   391
Gabriel, mein Sohn

A Heartfelt Line or Two   397
Gedanken und Eindrücke

Happy Birthday Leonid Brezhnev   412
Polen, Polen . . .

We Are the World   428
Live Aid

Gulf Winds   448
Mein Vater

Epilog   452
Danksagung   458
Nachweise   459
Schallplattenverzeichnis   461

Vorwort

*Gott achtet mich, wenn ich arbeite.
Er liebt mich, wenn ich singe.*

Rabindranath Tagore

Von den Gaben, die mir in die Wiege gelegt worden sind, kann ich mit wenig oder gar keiner Bescheidenheit, sondern nur mit größter Dankbarkeit sprechen — eben weil es Gaben sind und nicht etwa Dinge, die ich mir selbst geschaffen habe oder Taten, auf die ich stolz sein könnte.

Die größte Gabe, die mir von den Mächten geschenkt wurde, in denen Erbanlage, Umwelt, Rasse und Bemühungen zusammenfließen, ist meine Stimme. Die zweitgrößte, ohne die ich ein völlig anderer Mensch wäre und eine völlig andere Geschichte zu erzählen hätte, ist mein Wunsch, diese Stimme und den reichen Lohn, den sie mir bescherte, mit anderen zu teilen. Aus dieser Verbindung zweier Gaben erwuchs ein unermeßlicher Reichtum an Abenteuern, Freundschaften und ungetrübten Freuden.

In einem Zeitraum von fast drei Jahrzehnten habe ich auf Hunderten von Konzertbühnen in aller Welt gestanden. Ich habe in Ost- und Westeuropa gesungen, in Japan, Australien, Nord- und Südafrika, in Mittel- und Nordamerika, in Kanada, im Nahen und im Fernen Osten. Ich habe während des Vietnamkriegs in den Luftschutzkellern von Hanoi gesungen, in Thailand in den Lagern der Flüchtlinge aus Laos, in den Notunterkünften der Boat People in Malaysia. Ich hatte das Privileg, manche außergewöhnlichen Bürger dieser Welt kennenzulernen, namenlose und solche mit großem Namen: Andrej Sacharow und Elena Bonner, die Mütter der Vermißten, die Frauen von der Plaza de Mayo in Argentinien, Mairead Corrigan in Belfast, Bertrand Russell, Cezar Chavez, Orlando Letelier, Bischof Tutu, Lech Wałesa, die Präsidenten Corazon Aquino, François Mitterand, Jimmy Carter und Valéry Giscard d'Estaing und den König von Schweden. Durch meine Arbeit bei Amnesty International habe ich politische Gefangene kennengelernt, die sowohl in kapitalistischen als auch in sozialistischen Ländern Unterdrückung und Folter erdulden mußten und mich durch ihren Humor, ihre Heiterkeit und ihre Courage immer wieder in Erstaunen setzten. Und natürlich Martin Luther King, der mir mehr als jede andere Persönlichkeit des öffentlichen Lebens dabei half, mir über meine Weltanschauung klar zu werden und in ihrem Geist zu handeln.

Meine Arbeit im Musikbetrieb hat mich mit den schöpferischsten Künstlern unserer Zeit zusammengebracht, von Bob Dylan und den *Beatles* bis hin zu Luciano Pavarotti. Doch in den USA sind die letzten sechs oder sieben Jahre in musikalischer Hinsicht schwierig gewesen, deshalb hatte ich mit meiner Musik in den Vereinigten Staaten mehr unter einer Identitätskrise zu leiden als in den anderen Ländern, wo ich bekannt bin. Die Folge war, daß ich mich oft als Dissidentin im eigenen Land gefühlt habe.

Auch mein Privatleben ist schwierig — und öffentlich — gewesen, doch empfinde ich heute in einem stärkeren Maß, als ich es je für möglich gehalten hätte, inneren Frieden und das Gefühl, mich selbst akzeptieren zu können. Früher wollte ich verheiratet sein und einen Haufen Kinder haben, die um mich herumtoben, den Kuchenteig vom Schneebesen lecken und auf Bernhardinern durch die Küche reiten, während ich am offenen Feuer Eintopf koche. Leider lag die Verwirklichung dieser Vorstellungen außerhalb meines Kompetenzbereichs, und so habe ich seit Januar 1974, seit meiner Scheidung von David Harris, überwiegend allein gelebt. Romantische Zwischenspiele gab und gibt es dabei durchaus, wovon die schönsten märchenhafte Hirngespinste sind. Das letzte war mit einem Franzosen, der, halb so alt wie ich, an einem nebligen Nachmittag hoch zu Roß in mein Leben geritten kam und meine Lebensgeister vier Jahre lang auf Trab gehalten hat. Die tragenden Kräfte meines Lebens aber bleiben meine Kunst, meine Arbeit, meine Familie und die Freunde, mein Sohn Gabe und eine merkwürdige Beziehung zu Gott.

Soviel sich in meinem Leben auch verändert haben mag – meine Ansichten über Politik und Gesellschaft haben sich als erstaunlich beständig erwiesen. Ich bin den Grundsätzen der Gewaltlosigkeit treu geblieben, wobei ich eine immer stärker werdende Abneigung gegen die Ideologien der extremen Linken wie auch der extremen Rechten entwickelt habe. Verstärkt hat sich auch ein Gefühl der Wut und der Trauer angesichts des Leides, das sie beide in dieser Welt angerichtet haben. Hier bei uns bedrohen die gegenwärtigen Trends des »neuen Patriotismus«, des Ramboismus und Narzißmus und der Überbetonung des »Ich bin okay«-Gefühls unsere kulturellen, geistigen, moralischen und künstlerischen Werte, und sie schließen von vornherein aus, die Welt jenseits unserer Grenzen so wahrzunehmen, wie sie wirklich ist, und damit auch, sich Gedanken über sie zu machen.

Ich habe lange Zeit für Amnesty International gearbeitet und bin derzeit Vorsitzende von Humanitas, einer Menschenrechtsorganisation, deren Anliegen Menschenrechte und Abrüstung sind. Selbst die Musikbranche hat mit dem Live-Aid-Konzert und einigen seiner Folgeerscheinungen die ersten Schritte aus »der Asche und dem Schweigen« der achtziger Jahre heraus getan.

Ich schreibe dieses Buch in der Küche meines Hauses in Kalifornien. Solange mein Sohn Gabe die High School besucht, also noch ein Jahr, lebt er hier bei mir. Ich habe sehr gern geschrieben, besonders im Winter und früh am Morgen. Dann saß ich mit dem Rücken zum brennenden Kamin an einem Kartentisch mit dem Textcomputer, dem einzigen Hinweis auf das Raumfahrtzeitalter in diesem bäuerlichen Zimmer, diesem bäuerlichen Haus.

Während ich noch an meinem Werk sitze, um ihm den letzten Schliff zu geben, bereite ich mich schon auf meinen Gang ins Studio vor, wo ich zum ersten Mal seit sechs Jahren eine Platte aufnehmen will. Ich habe zwei Jahre dazu gebraucht, mit diesem Buch den Fäden meines privaten, politischen, geistigen und musikalischen Lebens nachzugehen und aufzuzeigen, wo sie zusammenlaufen oder sich trennen. Ich habe von den Menschen erzählt, die ich liebte. Ich habe alles so erzählt, wie ich es in Erinnerung habe, wobei ich sehr wohl weiß, daß ich wie jeder andere auch mit einem selektiven Gedächtnis gesegnet bin und, vielleicht mehr als andere, mit einer lebhaften Phantasie. In erster Linie habe ich diese Tatsachen aufgeschrieben, weil ich ein ungewöhnliches Leben geführt habe und den Menschen davon erzählen wollte. In zweiter Linie, weil ich erst fünfundvierzig Jahre alt bin, aktiv, kreativ und stimmlich auf der Höhe, und einfach nicht möchte, daß man mich in die Ecke einer tränenfeuchten Nostalgie nach vergangenen Tagen verbannt. Drittens, und das ist das Wichtigste, habe ich für mich selbst geschrieben, um mit scharfen Augen zurückzublicken, bevor ich in dieser ungereimtesten aller Zeiten nach vorn schaue.

1. The Kingdom of Childhood

MY MEMORY'S EYE
Kindheit

Meine Mutter, Joan Bridge, kam im schottischen Edinburgh zur Welt und war erst zwei Jahre alt, als ihre Mutter starb. Ihr Vater war ein ebenso gutherziger wie liberaler und geistig hochstehender Pastor der Episkopalkirche, der dazu neigte, sich in herrschsüchtige Frauen zu verlieben.

Pauline, die um zwei Jahre ältere Schwester meiner Mutter, wurde von den beiden Frauen, die ihr Vater nach dem Tod der Mutter geheiratet hatte, körperlich mißhandelt. Niemals verurteilte sie ihre Stiefmütter für die vielen Quälereien, die sie auszustehen hatte, sie verzieh bedingungslos und bezahlte ihre christliche Demut mit Jahren des Leidens und einer tiefen, lebenslangen Schwermut.

Meine Mutter wurde eher vernachlässigt als verprügelt. Ihr Widerstand gegen die Grausamkeiten der Stiefmütter ging so weit, daß sie sich handgreiflich zur Wehr setzte.

Pauline suchte in Büchern Zuflucht, in der Natur, im Tanz, in der Poesie, im geistigen Austausch mit ihrem Vater; und Mutter im Sommertheater, im Wald und bei Freunden, in deren Häusern sie sich versteckte. Zuflucht suchten und fanden die beiden Schwestern auch beieinander.

Als ihr Vater an einem Leberleiden starb, lebte Mutter bei wechselnden Pflegemüttern, die für sie sorgten, ihr hübsche

Kleider kauften und eine gewisse Normalität in das Durcheinander ihrer Kindheit zu bringen suchten. Heute spricht meine Mutter von dieser Zeit wie von einem Traum, an den sie sich nur schemenhaft erinnert. Sie hatte keine Ahnung, was sie mit ihrem Leben anfangen wollte. Wie ein Blatt im Wind ließ sie sich hierhin und dorthin treiben. Nachdem jeder Ansporn und jede Ermunterung von den Pflegemüttern ausgeblieben war, ließ sie bald von ihrem Wunsch ab, Schauspielerin zu werden. Sie wartete und fragte sich, was ihr wohl als Nächstes widerfahren würde – und begegnete meinem Vater.

Am Arm eines jungen Verehrers nahm sie an einem Universitätsball teil, als sie einen umwerfend schönen Mann erspähte: dunkelhäutig, mit dichten, schwarzen Locken und makellos weißen, blitzenden Zähnen. Dieser junge Mann, der mein Vater werden sollte, war als Zweijähriger aus dem mexikanischen Puebla in die USA gekommen. Sein Vater hatte dem katholischen Glauben abgeschworen und war mit dem Entschluß, seine Arbeit den sozial Benachteiligten in den Vereinigten Staaten zu widmen, Geistlicher der Methodistenkirche geworden. Albert entwickelte sich zu einem klugen, gewissenhaften Jungen, der anziehend, einfallsreich und überaus fleißig war und der tiefsten Respekt vor Gott und seinen Eltern hatte: und eine unstillbare Neugier auf alles – vornehmlich auf Kristalldetektorenempfänger, die frühen Radios.

Er wuchs in Brooklyn auf, wo er schon als Neunzehnjähriger in der Kirche seines Vaters predigte. Ursprünglich wollte auch mein Vater Geistlicher werden, verlegte sich dann aber auf die Mathematik und schließlich auf die Physik.

Damals, als er meine Mutter kennenlernte, war Albert Baez noch Student. Er fuhr einen uralten Ford (Modell T), den er eigenhändig in einen Rennwagen umgebaut hatte.

Nach der ersten scheuen Begegnung auf dem Universitätsball dauerte es trotzdem noch ein ganzes Jahr, bis Al Baez mit meiner Mutter ein erstes Rendezvous vereinbarte und mit ihr ausging. Die Pflegemütter freilich hatten sich längst nach Brautkleidern umgesehen.

Mehr als alles andere aber wünschte meine Mutter sich Kinder. Ich weiß, daß sie Mädchen haben wollte – und drei hat sie bekommen: Pauline Thalia, geboren am 4. Oktober 1939 in Orange, New Jersey; Joan Chandos, geboren am 9. Januar 1941 in Staten Island, New York; und Mimi Margharita, geboren am 30. April 1946 in Stanford, Kalifornien. Nach Stanford waren wir vor Mimis Geburt gezogen, weil mein Vater sich dort auf den Magister in Mathematik vorbereiten wollte.

Im Garten hinter unserem Haus züchtete Mutter Zuckererbsen. Sie wuchsen an Schnüren, die sich von den Spitzen der Zaunpfähle zu einigen fest in den Boden gerammten Pflöcken spannten. Auch den Maulbeerbaum im Nachbargarten sehe ich noch vor mir, dessen Zweige so tief hingen, daß man sich gut darunter verstecken und doch hinaussehen konnte, wenn man sich duckte und gut gegen den Stamm preßte – den Mund, das ganze Gesicht und die Hände mit Maulbeersaft verschmiert. Auch an unser Kaninchen erinnere ich mich noch, im Stall oberhalb der Salatreihen im Gemüsegarten. Ich sehe die Bäume, die den Gehweg in unserem von tiefvioletten Blüten übersäten Vorgarten säumten. Im Frühling steckte ich mir ganze Sträuße davon ans Kleid oder ins Haar.

Ganz besonders jedoch steht mir ein bestimmter Abend vor Augen. Meine Eltern beschäftigten sich mehr als sonst mit mir. Sie hoben mich zum Fenster hoch und zeigten mir den Nachthimmel mit seinem Hauch von Mond und den wenigen, vereinzelt blinkenden Sternen. Ich wußte nicht, wen von den beiden ich am meisten liebte, umhalste erst meinen Vater, dann meine Mutter und drehte mich wieder zu Vater zurück. Frühling in meiner Seele und ein Glücksstern vor den Augen – das war mein Besitz in unserem ersten Haus in Kalifornien.

Wenig später verließ Tia, unsere Lieblingstante Pauline, ihren Mann und zog mit ihren beiden Kindern zu uns in den Westen. Zusammen mit meinen Eltern kaufte sie ein großes Haus an der Glenwood Avenue, wo wir, während Vater an seiner Dissertation arbeitete, Zimmer an Pensionsgäste vermieteten – nicht weniger als fünf zu gleicher Zeit. Wir hatten Studenten vom College bei uns, chinesische Stipendiaten, Seeleute, Schriftsteller, Busfahrer, Reisende und einen Cellisten, der so wunderschön spielte, daß meine Mutter den Staubsauger abstellte, im Flur stehenblieb und zuhörte. Ich selbst saß dann vor seiner Tür und kämpfte mit mir, ob ich Cellistin in einem Sinfonie-Orchester werden oder mir lieber schöne lange Nägel wachsen lassen sollte.

Als ich fünf Jahre alt war, dämmerte es mir, daß es in anderen Teilen der Welt Kinder gab, die jeden Abend hungrig ins Bett gingen. Ebenso wußte ich, daß Ameisen, wenn man versehentlich auf sie trat, im Kreis herumliefen und ihre abgequetschten Beine hinter sich herzogen. Ich nahm an, daß es ihnen weh tat, und vermutete, daß auch meiner kleinen Schwester Mimi etwas weh tat, wenn sie brüllte. Um sie aber machte ich mir nicht dieselben Sorgen wie um die Ameisen und die Käfer.

Jeden Sonntag trafen sich die Bewohner unserer Pension zum gemeinsamen Mittagessen. Mutter und Tia kochten, machten Roastbeef, Dampfnudeln, Kartoffelbrei und Gemüse aus dem eigenen Garten. Meine Schwester Pauline und ich deckten den Tisch oder spülten hinterher das Geschirr – Arbeiten, bei denen wir uns mit Tias Kindern abwechselten, mit der fünfzehnjährigen Mary und ihrem zwei Jahre jüngeren Bruder Skipper.

In einem der Fotoalben meiner Mutter gibt es ein Bild von mir, wo ich ganz allein an dem großen Ausziehtisch mit den vielen Messerkerben in der blankgescheuerten Eichenplatte sitze. Ich starre vor mich hin, durch jene quälend langen Minuten hindurch, die einem Nachmittagsschlaf folgen. Ich weiß noch, daß ich mich wie aus Stein fühlte, so, als lasteten bleischwere Gewichte auf meinen Schultern und als wären meine Augenlider aus Lehm. Wie gerne wäre ich wach und munter gewesen, hätte gespielt und getobt. Aber welche Dämonen mich bis heute auch verfolgen, sie waren schon damals eifrig am Werk.

Auch in der neuen Schule machte mir mittags allein schon das scharrende Geräusch der Kübel für das Schulessen Angst. Heftiger Brechreiz quälte mich so, daß der eine oder andere meiner Lehrer mir den Kopf halten mußte, wenn ich über der Toilette hing, aber nie brachte ich etwas heraus. Seit meinem fünften Lebensjahr hatte ich diese Angst vor dem Erbrechen, die mir bis heute (wenngleich in weit geringerem Maß) geblieben ist.

Was war denn Verheerendes geschehen, daß meine sonnige Welt so aus den Fugen geraten konnte und von einer so unsäglichen, unergründbaren Angst überschattet wurde? Ich weiß es nicht, und ich werde es niemals wissen.

Jedes Jahr packt mich beim ersten Kälteschauer des Herbstes oder beim ersten, plötzlichen Dunkelwerden zur Abendessenszeit eine todesschwere Melancholie, ein Gefühl der Hoffnungslosigkeit und des Ausgeliefertseins. Bleierne Lasten liegen auf mir, und ich bin zu Eis erstarrt. An Armen und Beinen sträuben sich meine Haare, und mir ist kalt bis ins Mark. Nichts kann mich wärmen. Inmitten dieses rasenden Frostes sehe ich in kristallener Klarheit diese kleine Person auf jenem Foto vor mir, mit ihren im Schlaf zerdrückten Zöpfen und der weinerlichen Schnute, mit dem ganzen Kummer, der wie ein trüber Schleier über ihren dunklen Augen liegt. Gequält ist sie von der Erinnerung an einen Traum, der ständig wiederkehrt und gegen den sie sich nicht wehren kann: Ich bin im Haus und irgend etwas kommt in der Nacht auf mich zu und seine Gegenwart ist todesdrohend... Ich schreie und laufe weg, aber es kommt zurück, wenn ich schlafen will, und legt sich in mein Bettchen. Und wenn ich mir das Gesicht auf dem Kissen neben mir ansehen will, sagt eine drohende Stimme: »Sieh mich nicht an!«, und ich schäme mich sehr.

Das ist alles, woran ich mich je erinnert habe – das und nicht mehr.

Bis zur Promotion meines Vaters machte unsere Pension chaotische Zeiten durch. Damals gingen viele begabte Wissenschaftler aus Stanford nach Los Alamos im Bundesstaat New Mexico, wo die erste Atombombe entwickelt wurde. Und da mein Vater schon zu diesem frühen Zeitpunkt die zerstörerische Gewalt der entfesselten Atomkraft klar erkannte, nahm er einen Ruf an die weit entfernte Cornell-Universität in Ithaca, im Staat New York, an, wo er in der physikalischen Forschung arbeitete.

Wir zogen in ein zweigeschossiges Haus an einer von Ahornbäumen gesäumten Straße in Clarence Center, einer kleinen Stadt, die nur achthundert Einwohner hatte und eine Autostunde von Buffalo entfernt lag. Plötzlich war unser Leben friedlich geworden.

Wenig später wurde mein Vater mit der Leitung eines Forschungsprojekts der Cornell-Universität betraut. Was diese Arbeit im einzelnen von ihm verlangte, blieb Geheimsache, doch bot man ihm zur Einarbeitung eine dreiwöchige

Kreuzfahrt auf einem Flugzeugträger an und sagte ihm ein hohes Gehalt zu. Wie sich später herausstellte, sollte er die »Operation Portrex« beaufsichtigen, eine großangelegte, amphibische Übung, bei der es unter anderem auch um die Erprobung von Kampfflugzeugen mit Düsenantrieb ging – damals eine ziemlich neue Sache. Man steckte viele Millionen in das Projekt, über das er wenig erfuhr und noch weniger erzählte.

In dieser Zeit hat sich mein Vater erstmals gefragt, ob es angesichts der ungeheuren Gewalt der Atombombe und ihrer Macht zur totalen Zerstörung überhaupt so etwas wie »Verteidigung« geben könne. Im Ringen um diese Frage – und bei den lukrativen Angeboten, die ihm und seiner Familie bislang ungeahnte Annehmlichkeiten verschaffen konnten – schlug meine Mutter vor, die Kirche zu wechseln.

Also brachte Mutter, in der Hoffnung, meinem Vater in seiner Suche nach Führung und geistlichem Beistand helfen zu können, ihre ahnungslosen Schäfchen ins Gemeindehaus der Quäker in Buffalo.

Gräßlich, so eine Quäkerversammlung. Man kam in einen Saal mit lauter langweiligen Erwachsenen, die stocksteif und mit geschlossenen Augen dasaßen oder verzückt zur Decke blickten. Niemand machte sich hier fein, und die Alten waren in erdrückender Überzahl.

Die Erwachsenen blieben freiwillig eine Stunde lang. Wir Kinder aber wurden nach zwanzig Minuten zur Ersttagsschule, der Sonntagsschule der Quäker, gebracht und der Obhut einer geschätzten, weißhaarigen älteren Dame übergeben.

Eines Sonntags verkündete sie dem Häuflein ihrer Fünf- bis Zehnjährigen: »Heute werden wir nun ein Wunder miterleben.« Pauline und ich sahen uns erst gegenseitig an und dann zum Himmel.

»Ein Wu-hun-der, Mannomann« sagte ich. »So ein Quatsch«, sagte Pauline.

Aber die alte Dame wühlte schon in einem großen Pappkarton herum, in dem sie dunkle Gartenerde mit einem Düngemittel vermengte und die Erde mit ihren runzligen Händen so liebevoll, so geübt und gründlich zerkrümelte, daß ich noch heute gern daran denke. Dann ließ sie uns Erde in kleine Blechdosen füllen und holte aus der Tasche ihrer Gartenschürze eine Handvoll weißer Bohnenkerne, die wir einzeln in die Töpfchen steckten und mit Wasser begossen, aufs Fensterbrett stellten und prompt vergaßen.

Als wir am nächsten Sonntag wiederkamen und in die Dosen schauten, sahen wir kleine, glänzende Sprossen, die sich ihren Weg aus der Erde bahnten. Die alte Dame schien höchst entzückt, wie sie da am Fenster stand, durch das die Strahlen der Wintersonne fielen. Ihr Gesicht war umrahmt von weißen Haarsträhnen, die sich aus ihrem Knoten am Hinterkopf befreit hatten. »Dieses wundersame Pflänzchen«, erklärte sie mit kindlicher Freude, »das da aus dem Saatkorn emporwächst, drängt ans Licht und streckt sich nach der Sonne. Auch wir müssen das alle Tage tun.« Ich muß zugeben, daß uns das Wunder damals nicht sehr beeindruckte.

Einige Zeit später übernahm Vater eine Stelle bei der UNESCO mit dem Auftrag, an der Universität von Bagdad zu unterrichten und dort ein physikalisches Labor einzurichten. Möglich, daß ich in Bagdad meine Leidenschaft für soziale Gerechtigkeit entdeckte.

Am Tag unserer Ankunft dort – es war sehr heiß und fremdartige Gerüche umgaben uns – beobachteten wir entsetzt, wie die Polizei einen alten Bettler mit Stöcken vom Flugplatz jagte und ihn in einer harten, gutturalen Sprache anbrüllte.

In Bagdad selbst sah ich zu Tode geprügelte Tiere, ich sah Menschen, die unsere Abfallkübel nach Essensresten durchwühlten, ich sah Kinder ohne Beine, die sich auf einem Stück Pappkarton durch die Straßen schleppten und um Geld bettelten, und ich sah ihre offenen, von Fliegen übersäten Wunden.

Das »Bagdad-Bauchweh« hatte uns alle gepackt. Pauline und Mimi erholten sich rasch, aber mich hatten sie mit einer bösen Hepatitis angesteckt. Wie meine Mutter erzählt, ging ich, als sie mich zum ersten Mal ins Krankenhaus brachte, vor Schwäche taumelnd und mit zwei Bonbons in der Hand auf eine alte Araberfrau zu und gab sie ihr. Sie war eingehüllt in ihren schwarzen, verschmutzten Chador, hockte auf dem Steinfußboden und wimmerte vor Schmerzen. Ich wollte, daß es allen gut ging. Aber es dauerte sehr lange, bis ich wieder gesund wurde.

Im Gegensatz zu mir hatten Pauline und Mimi in der katholischen Nonnenschule eine schlimme Zeit. Mimi schwört, es nie verwunden zu haben, daß Schwester Rose der ganzen Klasse ihre Mathearbeit als miserables Beispiel zeigte, sie zusammenknüllte und ihr vor die Füße warf – über die geduckten Köpfe der Diplomatensöhne und -töchter hinweg, aus denen die englisch sprechende Klasse vornehmlich bestand.

Alles in allem war Bagdad ein Ort der Melancholie. Bei Sonnenuntergang färbte sich der Himmel rot, die Vögel flogen in einem Wolkenschwarm hin und her und sangen mit tausend Stimmen. Trotz meiner Krankheit fühlte ich mich zu dieser Stadt gehörig, so, als wäre ihre Not auch die meine. Die Bettler in den Straßen standen mir näher als die Menschen, die sich im British Country Club trafen, sich nur über Wetten unterhielten und darüber, wie schwierig es doch sei, die verdammten Eingeborenen zu irgendeiner

Arbeit zu bewegen. Mir taten die »verdammten Eingeborenen« leid.

Erst in Tunesien lernte ich den Zauber und das Leid im Nahen Osten begreifen – in einem Dorf am Meer, wo magentarote Blüten über weiße Mauern hingen und ich in einem purpurnen Kleid, das ich mir für eine Mark an einem Marktstand gekauft hatte, durch die Straßen tanzte.

Am Ende unseres Bagdad-Jahres – 1951 – kehrten wir nach Redlands zurück, wo ich meiner ersten Klasse in der High School mit derselben Begeisterung entgegensah wie bisher allen neuen Schulen. Im Durchschnitt nahm ich drei Tage pro Woche am Unterricht teil, den Rest verbrachte ich mit der Entschuldigung zu Hause, noch immer nicht ganz auf der Höhe zu sein. Meine Mutter schleppte mich von einem Krankenhaus ins nächste und ließ mich untersuchen – aber organisch war bei mir alles in Ordnung. Mein wahres Problem lag in den Ängsten, die mich auch weiterhin quälten und mich zeitweise so weit brachten, daß ich zu nichts mehr fähig war. Erschwerend kamen jetzt die schwierigen Jahre der Pubertät hinzu.

Eins der ersten Probleme, mit denen ich in der neuen Schule konfrontiert wurde, hatte mit meiner ethnischen Herkunft zu tun. Im Süden Kaliforniens gelegen, bestand Redlands zu einem großen Teil aus mexikanischen Einwohnern, vornehmlich Umsiedlern und illegalen Einwanderern, die als Obstpflücker aus Mexiko gekommen waren.

Ihre Kinder sprachen Spanisch und rotteten sich in der Schule zusammen. Die Mädchen trugen ganze Gebirge aus schwarzem Haar, das sie am Abend aufdrehten. Nachts schliefen sie dann auf Unmengen von Lockenwicklern. Pfundweise legten sie lila Lippenstift auf, trugen enge Röcke, Nylonstrümpfe und Blusen mit hochgestellten Kragen.

Die Jungen, die Pachucos, waren flotte Burschen, die ihr glänzendes Haar mit Rosenöl-Pomade an den Hinterkopf klatschten und die enganliegenden Hosen so knapp unterhalb der Hüften trugen, daß es ein wahres Kunststück war, sie beim Gehen nicht zu verlieren. Von den Weißen geächtet und gemieden, hatten die Mexikaner nur wenig Interesse an der Schule. Und da stand ich nun mit meinem mexikanischen Namen, meinem mexikanischen Haar und der mexikanischen Hautfarbe. Die Anglos, das heißt, die englischsprechenden Weißen, konnten mich dieser drei Tatsachen wegen nicht akzeptieren und die Mexikaner nicht, weil ich kein Spanisch sprach.

Doch war meine »Rasse« nicht der einzige Punkt, der mich von den andern trennte. Die fünfziger Jahre waren die Blütezeit des kalten Krieges. Wenn sich irgend jemand an unserer Schule über etwas anderes als über Fußball und Mädchen unterhielt, dann sprach er gewiß von den Russen. Ich hatte in Bagdad gehört, daß die Kommunisten an der Universität revoltierten. Während mein Vater dort lehrte, hatten ihm einige nachdrücklich geraten, das Gelände zu verlassen, wenn neue Unruhen drohten. In Amerika aber, in der McCarthy-Ära, galt das Wort »Kommunismus« als Schimpfwort und das Wettrüsten als patriotischer Kreuzzug.

Als ich in der neunten Klasse war, stand ich mit meiner Angst und meinem Widerstand gegen die Aufrüstung so gut wie allein da. »Aufrüstung«, das war ein Begriff, der mir die Welt noch zerbrechlicher erscheinen ließ.

Ich wurde als Experte in politischen Fragen angesehen. Dabei wußte ich nicht einmal sonderlich gut Bescheid. Aber ich war persönlich engagiert, vor allem, weil wir zu Hause viel diskutierten und weil ich mit meiner Familie an den sogenannten Freizeiten der Quäker teilnahm. Dort lernte ich Alternativen zur Gewalt im persönlichen und politischen

Bereich, auf nationaler und internationaler Ebene kennen. Viele meiner Klassenkameradinnen verachteten mich deswegen, einigen war es sogar von ihren Eltern verboten worden, mit mir zu sprechen.

Es war das Gefühl, isoliert zu sein, »anders« zu sein als die andern, das mir den Anstoß gab, meine Stimme auszubilden. Im Schulchor sang ich Alt, Mezzosopran, Sopran und sogar Tenor, je nachdem, was am dringendsten gebraucht wurde. Ich hatte eine flache Kleinmädchenstimme, niedlich und sauber, aber dünn wie billiges Baumwollgarn, dürftig und so schnurgerade wie die blauen Linien auf dem Heftumschlag.

Aber wir hatten ein Zwillingspärchen in der Klasse, das mit richtigem Vibrato in der Stimme sang und in jeder Talentshow auftrat. Dann standen die beiden Seite an Seite, die Arme umeinandergelegt, und drehten sich in ihren engen Angorapullovern, die Ansätze ihres Busens erkennen ließen, schwenkten die Beine und schnalzten mit den Fingern: *Oh, we ain't got a barrel of money...* Dabei hörte ich den Kommentar eines Lehrers, der ihre Stimmen als sehr »reif« bezeichnete.

Außerstande, meine soziale Lage zu verändern, beschloß ich, meine Stimme zu verändern. Ich hörte mit dem Seiltanz auf, um mit voller Kraft an meinem Vibrato zu arbeiten. Zuerst versuchte ich beim Duschen einen Ton zu halten und die Stimme langsam auf- und abschwellen zu lassen. Eine langwierige und undankbare Aufgabe, denn meine natürliche Stimme kam dabei immer wieder durch. Dann versuchte ich, den Adamsapfel mit den Fingerspitzen in Schwingung zu versetzen, und bemerkte zu meinem Entzücken, daß ich so den gewünschten Klang erzeugen konnte. Ein paar Sekunden lang glückte mir der Ton sogar, ohne daß ich die Hände zu Hilfe nahm, ja, mir gelangen nacheinander mehrere »reif« klingende Töne. Phantastisch! So mußte ich weiterüben!

Zu dieser Zeit, als ich mir die neue Stimme zulegte, hat mir der Physikprofessor und hochgeschätzte Kollege meines Vaters, Paul Kirkpatric, kurz P. K. genannt, auch Unterricht auf der Ukulele erteilt. Die vier Grundakkorde konnte ich schon, die bei neunzig Prozent aller der den damaligen Plattenmarkt beherrschenden Country-und-Western-, Rhythm-and-Blues-Liedern verwendet wurden. Jetzt lernte ich ein paar neue Akkorde, falls ich auch in anderen Tonarten als in G-Dur singen wollte.

Schon bald folgte ich einer exhibitionistischen Anwandlung und nahm die Ukulele mit in die Schule. Dort schlenderte ich um die Mittagszeit über den Pausenhof, wo die tonangebenden Jugendlichen ihr Butterbrot aßen, und wartete, bis sie mich darum baten, ihnen etwas vorzuspielen. Das dauerte denn auch nicht lange, so daß ich *Suddenly There's a Valley* vortrug und, als sie Beifall klatschten und noch mehr hören wollten, auch gängige Schlager wie *Earth Angel, Pledging My Love* oder *Honey Love.* Meine Darbietung war ein voller Erfolg, und ich wiederholte den Auftritt auf allgemeinen Wunsch schon am nächsten Tag.

Kurz darauf machte mir jemand den Vorschlag, in der Talentshow unserer Schule aufzutreten. Als ich bei den Proben vor dem Mikrophon stand, stellte ich einen Fuß auf die Sprosse eines Schemels, um Gelassenheit vorzutäuschen. Aber dann merkte ich, daß mir die Knie zitterten. Aus Angst, daß der Schemel klappernd in Bewegung geraten könnte, nahm ich mit gespielter Gleichgültigkeit den Fuß von der Sprosse und ließ das Bein frei in der Luft baumeln. Das ganze Bein schlotterte, aber den Rest meines Körpers hatte ich erstaunlich im Griff. So sang ich *Earth Angel* von Anfang bis Ende mit »reifem« Vibrato durch. Da niemand meine weichen Knie bemerkt hatte, wurde mir klar, daß ich eine angeborene innere Sicherheit besaß – und die Begabung, andere hinters Licht zu führen. Natürlich würde ich die Talentshow »machen«, und ich hoffte, den Preis zu gewinnen.

Für meinen ersten Bühnenauftritt zog ich meinen schwarzen Lieblingspullover an, polierte meine weißen Treter und schminkte mir sogar die Lippen. Mir war hundeelend zumute, aber wie man mir später sagte, habe ich »kalt wie eine Hundeschnauze« gewirkt. Als die Menge Beifall klatschte und mir zujubelte, war ich so nervös und aufgeregt, daß ich schon glaubte, ohnmächtig zu werden. Man holte mich zurück und verlangte Zugaben.

Bei meinem Auftritt hatte ich den andern nichts vorgemacht, hatte mich genauso bewegt und genauso gesungen wie zu Hause in meinem Zimmer oder auf der Veranda. Das erste Mal vor einem Publikum zu stehen war erregend und einschüchternd zugleich. Das Gefühl danach aber geradezu euphorisch.

Den Preis habe ich nicht gewonnen. Der ging an David Bullard, den einzigen Schwarzen in unserer Show. In der fünften Klasse war David mit mir befreundet und hatte mich immer verteidigt. Ich mochte ihn sehr. Er war groß und rauchschwarz, hatte tadellose Zähne und dürfte der einzige Mensch in unserer Schule gewesen sein, der genauso gern lachte wie ich. Er hatte wirklich eine gute Stimme.

Die Tatsache, den erhofften Preis nicht gewonnen zu haben, hat mir die Stimmung nicht allzusehr trüben können. Ich wußte ja, daß ich trotz meines Lampenfiebers gut gewesen war.

Mir blieb jetzt nur noch ein Jahr, meinen neuen Status in Redlands zu genießen, denn im Sommer darauf zogen wir nach Stanford zurück, wo mein Vater einen Lehrauftrag an der Universität angenommen hatte. In diesem letzten Jahr in Redlands schrieb und illustrierte ich einen Text, den ich erst dreißig Jahre später, bei der Vorbereitung zu diesem Buch, wiedergefunden habe. Einen Teil daraus möchte ich hier zusammen mit einigen der Originalzeichnungen wiedergeben, weil er mein damaliges Selbst, so wie ich es in Erinnerung habe, sehr genau beschreibt. Natürlich ist mir heute der nachdenkliche Ernst und der etwas hochtrabende, tragische Ton ein bißchen peinlich. Was mich aber verblüfft, ist die Tatsache, wieviel in diesen Zeilen schon vorweggenommen wird. Damit meine ich nicht nur, wie genau ich damals bestimmte Ereignisse meines Lebens vorhergesehen habe, sondern auch, wie sehr manche der hier beschriebenen Gefühle mit meinen heutigen Ansichten übereinstimmen.

Woran ich glaube (1955)

ICH

Ich bin keine Heilige, ich bin ein Getöse. Einen Großteil meiner Zeit verbringe ich mit Krachmachen, mit Singen, Tanzen, Schauspielern und letztlich damit, den andern auf die Nerven zu gehen. Ich genieße es sehr, im Mittelpunkt der Aufmerksamkeit zu stehen, und meistens – man verzeihe mir die Selbstgefälligkeit – ist das auch der Fall. Ich gebe gern an, aber wenn ihr mich nur ein bißchen kennt, brauche ich auf diesen Punkt nicht näher einzugehen.

Sich zur Schau stellen, im weitesten Sinne, entspricht meiner Lebenseinstellung. Denn von den fünf oder sechs Leuten, die es anwidert und die es mir übelnehmen, wenn ich soviel Aufmerksamkeit errege, hat mindestens einer seinen Spaß daran. Irgendeinen bringe ich doch dazu, ein wenig Freude am Leben zu haben.

Ich bin ein sehr wankelmütiger, unausgeglichener Mensch. Denn obwohl ich alles das bin, was ich vorhin erwähnt habe, denke ich auch von Zeit zu Zeit ein wenig nach. Manchmal sitze ich nur da und überlege mir, ob ich wohl so werde, wie meine Eltern sich das wünschen, oder ob ich sie enttäusche. Ich denke über das Leben nach, über den Tod und die Religion, um letztlich wieder bei den Jungen zu landen. Das ist es, was mich so umtreibt.

Eine andere Eigenschaft von mir ist, daß ich menschenfreundlich bin. Ich setze mich jederzeit für die Unterdrückten ein. Ich möchte niemanden kränken oder beleidigen. Warum sollte ich? »Gott ist in allen Menschen«, selbst in den

Geringsten unter uns. Für die feinen Leute der Gesellschaft ist es eine Zumutung, wenn ich mit ihnen rede und mitten im Satz abbreche, um jemandem Hallo zu sagen, der irgendwie verkommen oder leicht kriminell aussieht und dessen Intelligenzquotient anscheinend bei Null liegt. Wenn es um Freunde geht, ziehe ich Menschen der Unter- und Mittelschicht jedem Snob vor.

Mich interessieren viele Dinge. Mit dem Persönlichkeitstest, den ich in der neunten Klasse mitgemacht habe, stimmt das nicht überein. Dort heißt es, daß ich keine Interessen hätte und eine starke Neigung zeigte, mich abzukapseln.

Ich zeichne sehr gern und nehme an einem Fernkurs in Malerei teil. Vielleicht werde ich die Malerei eines Tages beruflich ausüben. Meine Mutter sagt, daß ich schon gezeichnet habe, als ich noch so klein war, daß ich mich nicht mehr daran erinnern kann. Sie erzählt auch, daß wir

die Betten, die Kommoden und Wände immer wieder überstreichen mußten. Sie hatte es satt, sich die vielen Hähne, die Indianer und die Kühe mit den großen Eutern anzusehen, die ich überall im Haus mit Kreide gezeichnet hatte.
Wie man sieht, geht meine Kunst oft schauerliche Wege. Ich werde von vielen Leuten ermuntert, diese netten kleinen Dinge anzufertigen.
Ich glaube, daß ich durch die Kunst und indem ich für andere etwas erschaffe, meine Lebenseinstellung verwirklichen kann.

Das Schauspielern liebe ich genauso wie das Zeichnen. Wenn ich spiele, kann ich vielen Menschen gleichzeitig Freude machen (und umgekehrt). Ich spiele Rollen jeder Art und alle gern: Negerhausmädchen, Märchenköniginnen, sogar die Mutter von Johannes dem Täufer.

Denkt jetzt bitte nicht, daß ich das alles nur den andern zuliebe tue. Ich lebe vom Erfolg.

Auch das Singen macht mir Spaß. Ich singe ständig und

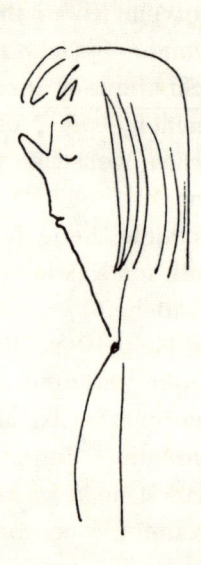

überall, bei einem Auftritt und auch sonst. Mein Geometrielehrer schätzt es nicht besonders, wenn ich bei seinem Versuch, uns die Teilung des Quadrats zu erklären, *You're All Wrong* intoniere.

Ich glaube, daß Singen ein gutes Ventil ist. Wenn ich niedergeschlagen bin, singe ich Lieder, um mir zu beweisen, daß das Leben gar nicht so traurig ist. Und wenn ich vor lauter Glück und Menschenfreundlichkeit fast platze, dann singe ich mir auch das aus der Seele. Ich singe für meine Familie und oft in Gesellschaft, halte es inzwischen aber für klüger, nicht mehr für meine Altersgenossen zu singen. Ein Sachverständiger auf diesem Gebiet hat mir gesagt, daß ich nicht tanzen könne. Aus irgendeinem Grund aber war ich in der neunten Klasse Tanzkönigin geworden. Ich behaupte nicht, tanzen zu können, weil ich es wirklich nicht kann. Ich habe aber festgestellt, daß 99 Prozent der Zuschauer sich täuschen lassen, wenn man so tut, als könne man, was man tut.

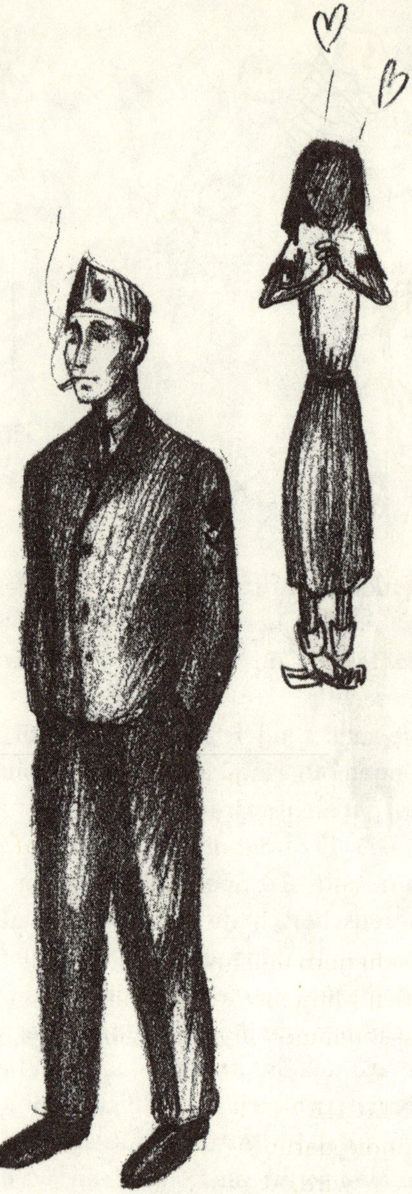

Ich tanze sehr gern (auch wenn ich es nicht kann), und ich habe es meinen Mitmenschen so überzeugend vorgemacht, bis sie es mir abnahmen und mich als Expertin ansahen.

MEIN MÄNNLICHER PARTNER
Ich denke ständig darüber nach, wie mein männlicher Partner einmal sein wird, weil ich ihn mir so wundervoll wie

meinen Vater wünsche. Aber ich glaube nicht, daß das möglich ist.

Papa ist fleißig und sieht gut aus. Er macht gern Spaß, ist aufrichtig und zuverlässig, und er liebt die Musik. Außerdem ist er intelligent. Wenn ich all das erwarte, werde ich als alte Jungfer enden. (Vielleicht sollte ich mich auf gutes Aussehen beschränken).

Ich möchte einmal eine gute Ehefrau sein, aber noch nicht so bald. Vorher will ich mich umsehen, mir dann einen aussuchen und mich für den Rest meines Lebens friedlich niederlassen. Klingt schön, nicht wahr? Nur wird es so nicht laufen, weil ich es mir eigentlich gar nicht wünschen werde, mich »friedlich niederzulassen«. Ich werde reisen wollen, und er ist vielleicht Fürsorgeempfänger oder so etwas. Ihr seht, es wird nicht funktionieren.

Ich rede auch nicht ernsthaft über dieses Thema, weil ich glaube, daß ich noch zu jung bin, um wirklich zu wissen, was ich möchte.

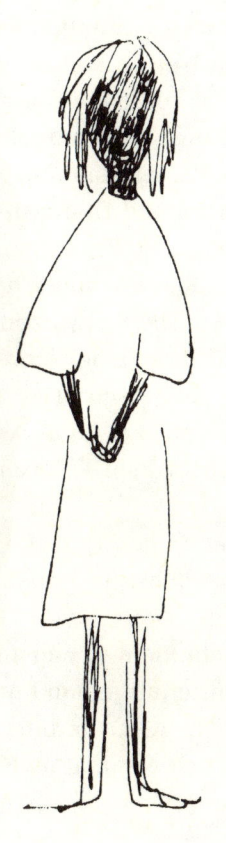

Eben jetzt befinde ich mich in einer Phase, wo ich in das gesamte männliche Geschlecht verliebt bin. Wenn ich bestimmte Leute treffe, überläuft es mich heiß und kalt, und das geht so seit meinem zehnten Lebensjahr.

Das kann ich trotzdem sagen: ich wünsche mir einen Mann, der treu und fleißig ist. Und ich werde mich bemühen, ihm so gut ich kann zu gefallen.

RASSENGLEICHHEIT
Meine Familie ist ein einziges Rassenvorurteil. Wir stehen immer auf der Seite der Schwarzen, Braunen, Gelben oder Roten. Wann immer es zu Streitigkeiten zwischen einem Schwarzen und einem Weißen kommt, ergreife ich Partei für den Schwarzen. Das ist keine gute Angewohnheit, vermute ich, aber immer noch besser als umgekehrt.

Für mich gehören Rassentrennung und Rassendiskriminierung zum Traurigsten und Dümmsten, was es auf dieser Welt gibt. Ein Mensch ist, was er tut, und zum Glück haben die »minderwertigen« Rassen immer häufiger Gelegenheit, ihren Wert zu beweisen. Die Schwarzen zum Beispiel haben ihre musikalische und ihre tänzerische, vor allem aber ihre sportliche Begabung bewiesen. Der Boxer »Sugar« Ray Robinson und der Jazzmusiker Louis Armstrong zeigen, wie früher einmal der Sänger Paul Robeson, wozu diese Rasse fähig ist.

Ich selbst habe wegen der Tatsache, zur Hälfte Mexikanerin zu sein, meine Probleme gehabt. Aber im Sommer werde ich schön braun.

Als wir einmal in ein kleines, engstirniges Nest im Staat New York kamen, schrie mir jemand aus dem Fenster »Wie geht's, Nigger!« zu. Nicht im geringsten verletzt, rief ich zurück: »Sie sollten mich erst mal im Sommer sehen, wenn ich braungebrannt bin!«

Damit will ich mein kurzes Kapitel über die Rassen beschließen.

ICH UND DIE RELIGION
Hier will ich mich mit dem heikelsten Thema befassen.
 Ich weiß nicht, woran ich glauben soll. Ich möchte so gern an alles glauben, was in der Bibel steht, Wort für Wort, wie

ein gläubiger Katholik. Aber das verbietet mir der gesunde Menschenverstand, vielleicht auch mein Zweifeln.

Meine Eltern sind Quäker. Ich schätze die Einstellung der Quäker zur stillen Meditation, aber ich hasse ihre Versammlungen in dieser Stadt. Vielleicht könnte ich glauben, wenn ich nicht von den Quäkern erzogen worden wäre, die nicht wörtlich an die Bibel glauben.

Woran ich glaube ist, daß es eine höhere Macht gibt, die bewirkt, daß wir das Gute tun und daß unser Gewissen lebendig bleibt. Irgendeine Macht sorgt für all die Wunder, die sich täglich ereignen.

Wissenschaftler können Fakten über die Entstehung der Menschen und der Tiere beweisen, die den biblischen Geschichten zu widersprechen scheinen. Diese Beweise aber können gar nicht so weit zurückreichen. Nur so weit, als sie besagen, daß die Erde einmal ein großer runder Klumpen gewesen ist, der im Nichts herumschwebte. Aber niemand wird je beweisen können, woher dieser Klumpen gekommen ist. Irgendeine Macht muß das in Gang gesetzt haben. Es ist, wie ich glaube, dieselbe Macht, die heute den menschlichen Geist regiert. Und das ist, so denke ich, Gott.

Manchmal sehe ich Gott als alten Mann vor mir, mit einem langen weißen Bart und in einem fließenden Gewand. Ich liebe diesen alten Mann, und er liebt mich. Jetzt eben ist er traurig über den Zustand, in dem seine kleine Welt sich befindet. Er schüttelt den Kopf und runzelt die Stirn, wenn er den Rauchpilz einer Atomexplosion sieht. Ich glaube, dieser Gott will uns alles selbst überlassen. Zusehen wird er, was wir mit uns veranstalten. Er wird uns nicht davor warnen, einen vernichtenden Schritt zu tun, er wird nur traurig und enttäuscht sein, wenn er unsere von Kriegen zerstörte Erde sieht.

Ich möchte etwas tun, was den alten Mann erfreut. Ich möchte nicht selbstsüchtig sein. Wenn ich an Gott denke, kommt mir die Erde sehr klein vor, und ich selbst bin dann kaum mehr als ein winziges Staubkorn. Dann wird mir klar, wie sinnlos es für dieses kleine Pünktchen ist, sein kurzes Leben damit zu verbringen, alles für sich selbst zu tun. Es kann die knappe Zeitspanne ebensogut darauf verwenden, den weniger glücklichen Pünktchen in dieser Welt Freude zu machen.

Das ist es, woran ich glaube.

Soweit mein Aufsatz. Ich begann mein elftes Schuljahr an der High School von Palo Alto, die deshalb kein mexikanisches Problem hatte, weil alle Mexikaner im benachbarten San Jose wohnten. Abgesehen von den Übelkeits- und Angstanfällen, die jeweils zu erwarten waren und ganz einfach zu meinem Leben gehörten, lebte ich mich überraschend gut ein. Ich fand auch Freunde, aber auf einem anderen Weg als sonst: durch die Quäker, genauer, durch eine Sozialarbeitsgruppe der Quäker, das American Friends Service Committee.

Zusammen mit dreihundert Schülern nahm ich in diesem Jahr an einem dreitägigen Kongreß über Fragen der Weltpolitik teil, der in Asilomar stattfand, einem hübschen Ort am dunstigen, pinienbewachsenen Strand von Monterey. Dort habe ich mich nicht nur in zehn oder zwölf Jungen gleichzeitig verliebt, sondern ich war auch wie elektrisiert von den Diskussionen und in einer Weise inspiriert, wie ich es nie zuvor erlebt hatte. So habe ich sowohl in großen als auch in kleineren Gruppen Reden gehalten, die ich selbst als mitreißend empfand und die mir den Ruf eintrugen, eine Führerpersönlichkeit zu sein.

Großes Aufsehen erregte unser wichtigster Redner, ein siebenundzwanzigjähriger schwarzer Prediger aus Alabama namens Martin Luther King, jr. Ein brillanter Rhetoriker, faszinierte er jeden im Saal, sprach über Ungerechtigkeit, das Leiden der Menschen und davon, mit den Waffen der Liebe zu kämpfen. Wenn uns jemand etwas Böses antue, sagte er, dann sollten wir die böse Tat verabscheuen, aber nicht den, der sie beging, denn dieser Mensch verdiene unser Mitleid.

Ausführlich sprach er davon, Busse zu boykottieren, im Süden um der Freiheit willen zu Fuß zu gehen und eine gewaltlose Revolution zu organisieren. Als er seine Rede beendet hatte, sprang ich auf und klatschte stehend Beifall: Martin Luther King hatte meinem leidenschaftlichen, aber noch unartikulierten Glauben eine Form und einen Namen gegeben.

Auch Ira Sandperl habe ich im Jahr darauf durch die Quäker kennengelernt. An einem sonnigen Versammlungstag kam es einmal nicht zu der sonst üblichen Sonntagslangeweile, sondern zu einem Gespräch mit einem witzigen, geistreichen, streitsüchtigen, bärtigen und kahlgeschorenen Juden um die Vierzig mit beeindruckenden und ungeheuer ausdrucksvollen Augen. Bei dieser ersten Begegnung konnte ich nicht ahnen, daß Ira in den folgenden Jahrzehnten mein politischer und geistiger Mentor sein würde.

Ira las den Jugendlichen der Ersttagsschule aus Büchern von Tolstoi und aus der *Bhagavadgita* vor, las Texte von Laotse und Aldous Huxley, Geschichten aus der Bibel und vieles andere, worüber wir in der Schule nie diskutierten. Zum ersten Mal in meinem Leben freute ich mich auf die Versammlungen. Ira, ein Anhänger Mahatma Gandhis, setzte sich für eine radikale, aber gewaltlose Veränderung ein. Er spürte wie Gandhi, daß die organisierte Gewaltlosigkeit das wichtigste Instrument des zwanzigsten Jahrhunderts war. Gandhi hatte den Gedanken des westlichen Pazifismus vom persönlichen auf den politischen Bereich ausgeweitet, ihn zur politischen Macht erhoben und gefordert, sich dem Konflikt zu stellen und das Böse zu bekämpfen, aber nur mit den Waffen der Gewaltlosigkeit. Von den Quäkern hatte ich das Argument gehört, daß der Zweck die Mittel nicht heilige. Nun hörte ich, daß die Mittel den Zweck bestimmen. Das ergab einen Sinn für mich, einen tiefen, gültigen Sinn.

Ira vertrat die Idee der Gewaltlosigkeit mit einer Art wilder Entschlossenheit, die auch ich gelegentlich aufbringen konnte. Die Leute warfen uns vor, naiv und unrealistisch zu sein. Meine Antwort lautete, daß in Wahrheit sie naiv und unrealistisch dächten, wenn sie glaubten, die Menschheit könne ewig so weitermachen, könne immer neue Armeen aufstellen, Nationalstaaten gründen und Atomwaffen produzieren.

Eines Tages kündigte man uns in der Schule eine Luftschutzübung an: Drei Klingelzeichen sollten kurz hintereinander ertönen. Daraufhin sollten wir uns in aller Ruhe von den Plätzen erheben und ebenso ruhig nach Hause gehen. Wir könnten unsere Eltern anrufen, per Anhalter fahren oder was uns sonst noch einfiel. Es ginge lediglich darum, zu Hause anzukommen, uns in den Keller zu begeben und so zu tun, als müßten wir eine Atomexplosion überleben. Der Gedanke war damals natürlich ebenso lächerlich, wie er es heute ist – trotz der Tatsache, daß die Atomhysterie der fünfziger Jahre selbst vernünftige Leute dazu brachte, ihre Keller mit Vorräten zu versehen und mit Wasserbehältern auszurüsten.

Nach dieser Ankündigung ging ich nach Hause und wühlte mich durch die Physikbücher meines Vaters, um mir zu bestätigen, was ich schon wußte: daß nämlich die Zeit, die eine Rakete von Moskau nach Paly High brauchte, nicht ausreiche, um unsere Eltern anzurufen oder den Weg nach Hause zu schaffen. Ich beschloß daher, aus Protest gegen eine so irreführende Propaganda, am Tag der Luftschutzübung in der Schule zu bleiben.

Als am nächsten Morgen die Klingelzeichen ertönten, hatten wir gerade Französisch, und ich blieb mit klopfendem Herzen und einem Buch vor der Nase auf meinem Platz. Unser Lehrer, ein netter Mann, der im Lehreraustausch aus Italien gekommen war, winkte mich zur Tür.

»Ich gehe nicht«, sagte ich.

»Was ist los?«

»Ich protestiere gegen diese dämliche Luftschutzübung, weil sie unsinnig und irreführend ist. Ich bleibe hier auf meinem Platz.«

Am nächsten Morgen erschien ich auf der Titelseite unserer Lokalzeitung, mit Foto und allem. Noch Tage danach gingen Briefe beim Chefredakteur ein, darunter einige, die das Schulsystem von Palo Alto von kommunistischen Unterwanderern bedroht sahen. Mein Vater, der mit meinem Handeln zunächst nicht einverstanden war, schien jetzt von meiner mutigen öffentlichen Aktion sehr angetan: Vermutlich hatte ich ihm damit bewiesen, daß ich mir auch um andere Dinge als um Jungen ernsthaft Gedanken machte. Meine Mutter fand es großartig.

Meine rein platonische Beziehung zu Ira, der von meiner Aktion ganz begeistert war, hat sich seitdem, zum Leidwesen seiner Frau, noch verfestigt. Stundenlang gingen wir auf dem Universitätsgelände von Stanford spazieren, redeten miteinander und lachten, bis uns die Tränen über die verrückte Menschheit kamen.

Von einem Lehrer der High School in Paradise, der mich bei dem Kongreß in Asilomar singen gehört hatte, bekam ich meinen ersten auswärtigen Job angeboten. Bezahlt wurde das zwar nicht, aber man übernahm die Kosten für meinen Flug. Ich war sehr stolz und zugleich sehr ängstlich, als ich in der kleinen Maschine Richtung Paradise (irgendwo an der Westküste in der Nähe von Sacramento, Kalifornien) durch die Wolken schlingerte. Am Zielort angelangt, hat man mich regelrecht umworben: Mädchen, älter als ich, rissen sich um die Ehre, meine Gastgeber zu sein, Lehrer baten mich, ihre Klassen zu besuchen. Der Vater von einem der Mädchen, ein Mitglied des Order of the Mystic Shrine, einer freimaurerähnlichen Verbindung, schleppte mich zu seinem Club, wo ich bei einem Tanzfest singen sollte. Als ich mich nach drei Liedern wieder hinsetzte, um einen alkoholfreien Shirley-Temple-Cocktail zu trinken, schwankte ein Mitglied jenes Order of the Mystic Shrine mit rotumrandeten Augen auf mich zu, legte den Arm um mich und sagte freundlich, aber mit einer Fahne, die eine Eiche umgeweht hätte: »Du hast eine Wahnsinnsstimme, Mädchen, laß dir bloß keine billigen Verträge andrehen!« Ich war weit davon entfernt, überhaupt einen Vertrag abzuschließen. Aber bei so viel Aufmerksamkeit blühte ich förmlich auf.

Meine Auftritte rissen nicht ab. Ich sang in den Schulpausen und auf der Talentshow beim Mädchenwettbewerb, ich sang auf Festen anderer Schulen und für die Eltern von Freunden in verräucherten Kneipen. Je häufiger ich auftrat, desto schlimmer wurde mein Lampenfieber. Manchmal kam mir das wie Grippe vor – kein Wunder bei Kopfweh, Halsschmerzen, Übelkeit, Schwindelgefühl und Schweißausbrüchen. Einmal zum Beispiel, als ich sechzehn war und auf einer Tanzveranstaltung ein paar Lieder singen sollte, hatte ich vor meinem Auftritt einen Anfall, der mein gesamtes Innenleben in Wasser verwandelte und der so fürchterlich war, daß ich mich auf dem Boden kriechend in der Damentoilette wiederfand.

Eine hilfsbereite Frau fühlte mir die Stirn und erklärte, daß ich Fieber hätte, rief meine Eltern an und schickte mich nach Hause.

Soweit ich mich aber erinnere, war dies das erste und einzige Mal, daß ich es nicht bis zum Auftritt schaffte.

Denn wenn ich erst auf der Bühne stand, gehorchte meine Stimme mir aufs Wort, selbst wenn sich die Dämonen von Zeit zu Zeit und auch während eines Konzerts unangenehm bemerkbar machten: dann ging mir die Luft aus, mir wurde übel oder ich sah alles doppelt. Die Liedertexte verloren jeden Sinn oder hörten sich wie eine Fremdsprache an, meine Angst steigerte sich ins Absurde. Wenn ich mir dann aber leise einredete, alles sei völlig in Ordnung, kam ich gewöhnlich über diese Angstzustände hinweg.

Damals wußte ich noch nicht, daß meine Dämonen mich nie verlassen würden. Aber ich wäre mutiger gewesen, wenn ich gewußt hätte, in welch hohem Maße man sie besänftigen, überlisten, umschmeicheln und mit ihnen feilschen kann.

Neulich gab ich ein Konzert zur Feier des siebenundzwanzigsten Jahrestags meiner Karriere als Sängerin. Ich sah auf die jubelnde Menge meiner Fans und staunte nur, wie viele Jahre ich nun schon auf eine Bühne und vor ein Publikum getreten war. In diesem Augenblick krampfte sich mir der Magen zusammen. Ich schüttelte den Kopf, lachte und trank ein Bier.

2. Rider, Please Pass By

FILL THEE UP MY LOVING CUP
Aufbruch

Nach meinem Schulabschluß zogen wir nach Boston, an der Nordküste. Mein Vater hatte eine neue Stelle am Massachusetts Institute of Technology angenommen, und ich war von jeder Schule abgelehnt worden, außer von der Fine Arts School of Drama an der Bostoner Universität.

Auf unserer Reise quer durchs Land hörte ich zusammen mit Mutter und meinen Schwestern zum ersten Mal die kommerziellen Lieder des damals einsetzenden Folk-Music-Booms. Bevor ich zum Snob wurde und jede kommerzialisierte Form der Folk Music als billig und verfälschend abtat, hörte ich zum Beispiel das Kingston Trio wahnsinnig gern. Auch dann noch, als ich zu den führenden Vertretern des »reinen Folk« gehörte: Nur habe ich dann meine Kingston-Platten ganz hinten im Regal versteckt ...

Kurz nachdem wir im Nordosten in Belmont, Massachusetts, angekommen waren und unser neues Haus bezogen hatten, nahm mein Vater uns mit und zeigte uns etwas völlig Neues: die Coffeehouses. Dort herrschten Kaffee oder Tee und nicht der Alkohol, und eine anregende, intellektuelle Atmosphäre nahm einen auf.

»Tullas Kaffeemühle« — ein kleines, verräuchertes, rammelvolles Kaffeehaus: Mein Vater sah den jungen Leuten zu, die in sokratische Dialoge vertieft ihren Horizont erweiterten, Bücher lasen oder Schach spielten. Ich hatte nur Augen für einen jungen Mann, dessen Haar im diffusen Licht einer kleinen, orangefarbenen Lampe hellblond schimmerte und der, über seine klassische Gitarre gebeugt, *Plaisir d'Amour* sang.

An meinem ersten Tag an der Uni schloß ich Freundschaft mit Debbie und Margie, die so aussahen, als wären sie außer mir die einzigen Nonkonformisten unter den Erstsemestern.

Obwohl ich offiziell bei meinen Eltern wohnte, fuhr ich meist mit meinem blaugrünen 400-Mark-Studebaker zur Uni, nahm an zwei oder drei Vorlesungen teil und fuhr dann zu Margie, die in der Plympton Street im Harvard Square wohnte. Zu dritt verbrachten wir dann viele Stunden in ihrem winzigen Apartment. Margie backte Brot. Debbie brachte mir neue Songs bei und zeigte mir, wie man richtig Gitarre spielt. Wir übten Lieder im Duett, wobei *Fair and Tender Maidens* gewiß unsere beste Darbietung war. Die melodieseligen, immer wiederkehrenden Lieder von enttäuschter Liebe gingen mir sehr zu Herzen, und manchmal hat mich ein Lied so stark berührt, daß ich weinte, wenn ich es lernte.

> Cold blows the wind o'er my true love
> And gently drops the rain
> I've never had but one true love
> And in Greenwood he lies slain.

> (Ein kalter Wind weht über meinen Liebsten
> Und sachte geht der Regen nieder,
> Nur ihn allein hab' ich geliebt,
> Und er liegt erschlagen in Greenwood.)

Und der arme junge Geordie ...

> Geordie will be hanged in a golden chain
> 'Tis not the chain of many
> He stole sixteen of the king's wild deer
> And sold them in Boheny.
>
> (An goldener Kette wird Geordie gehängt
> Es ist keine Kette wie andere
> Er stahl dem König sechzehn Stück Wild
> Und verkaufte es in Boheny.)

Und Geordies Geliebte ...

> Two pretty babies have I born
> A third lies in my body
> I'd gladly give you them, every one
> If you'll spare the life of Geordie.
>
> (Zwei süße Kinder hab' ich geboren,
> Ein drittes trage ich im Leib,
> Ich gebe euch gern jedes einzelne her,
> Wenn ihr Geordies Leben verschont.)

Und schließlich unser Leib- und Magenlied, *Fair and Tender Maidens* ...

> Come all ye fair and tender maidens
> Take warning how you court young men
> They're like a star of a summer's morning
> First they appear, and then they're gone.

(Kommt all ihr schönen und zärtlichen Mädchen
Und laßt vor den jungen Burschen euch warnen
Sie sind wie die Sterne des Sommermorgens
Erst scheinen sie auf, dann sind sie verschwunden.)

Von den Blues-Sängern, die ich damals kennenlernte, war Eric Von Schmidt der berühmteste. Bei Margie habe ich mir auch sämtliche ihrer Huddie-Ledbetter-(Leadbelly)-Platten angehört. Ich liebte beides, Erics weißen und Ledbetters schwarzen Blues. Für mich aber kam Blues singen nicht in Frage. Blues-Songs muß man mit einer tiefen Stimme singen, brüchig, heiser und gefühlvoll. Ich dagegen sang hoch, klar (und sehr weiß). Mit dieser Stimme bin ich bekannt geworden, und Bob Shelton hat sie später einmal als einen »schmerzhaft reinen Sopran« bezeichnet.

Ich lernte *Plaisir d'Amour*. Und ich wollte mich verlieben ... »Sweet Michael« war, abgesehen von der pflichtgemäß zerzausten Mähne, die Vollendung selbst: schön, klug, intensiv, sexy und sehr begabt, aber oft auch voll innerer Unruhe, gedankenverloren und mit einem Anflug von Verwundbarkeit in den hübschen blauen Augen. Mir scheint, als hätte ich das alles schon bei der ersten, flüchtigen Begegnung erkannt, damals, als ich am Ufer des Charles saß, versonnen auf meiner Goya klimperte und er an mir vorüberruderte. Wir wechselten Blicke und ein schüchternes Hallo, dann war mein Lied zu Ende und Michael außer Sicht.

Mich hatte es ernstlich erwischt. Von da an geisterte ich noch spät in der Nacht durch die Straßen, guckte in jede Kneipe und jeden Bücherladen und, natürlich, in die mir bekannten Coffeehouses. Nach Tagen erspähte ich ihn in »Hayes Bickfords Café«. Ich stand barfuß auf dem Gehsteig und starrte ihn durch die schmutzige Scheibe an. Er starrte zurück, aber keiner von uns rührte sich. Da lief ich mit flatterndem Herzen einmal um den Block.

Als ich wiederkam, war sein Stuhl leer. Aber sein Freund saß noch da. Ich drängelte mich durch das Gewühl ins Café, das nach Zigarettenkippen und italoamerikanischen Spaghetti roch, setzte mich auf den leeren Stuhl und quetschte seinen Freund aus: Michael studierte Griechisch. Großartig. Er stammte aus Westindien. Phantastisch. Er sprach Französisch, hatte keine Freundin und, ja, er hatte mich bemerkt, wie ich da barfüßig und mit ausgefransten Klamotten durch die Scheibe glotzte. Ein vielversprechender Anfang. Das erste Rendezvous war schnell vereinbart. Wir verliebten uns und waren unzertrennlich.

Ich sagte meiner Mutter, daß ich ein Verhütungsmittel brauchte. »Liebst du ihn?« fragte sie und schickte mich zu einem Arzt, der mir widerstrebend zur Spirale riet. 1958 waren Verhütungsmittel in Massachusetts verboten.

Margie stellte uns ihre Wohnung zur Verfügung. Und nach dem langen Hin und Her, nach Jahren, wo ich mir eingeredet hatte, des Teufels zu sein, wenn ich »es« jemals tat (und nach den langen Quälereien Michaels, der ganz sicher war, daß ich »es« schon mehrmals getan hatte und ihn nur belog) – nach all dem also erlebte ich endlich, daß mein Körper mehr bedeutete als alle Dämonen zusammen. »Es« war ganz einfach wunderschön, und noch lange danach haben Michael und ich unsere Energien vornehmlich darauf verwandt, uns zu überlegen, wo wir »es« beim nächsten Mal tun konnten. So habe ich denn im Winter 1958 meinen achtzehnten Geburtstag sehr verliebt gefeiert, grenzenlos verliebt.

In dieser Zeit bot man mir einen Job als Sängerin im »Club Mt. Auburn 47« an, einem Jazzclub mitten im Zentrum, den die Besitzerin jeweils dienstags und freitags in einen Folk Club verwandelte, um sich den veränderten Zeiten anzupassen. Ich sollte zwanzig Mark dafür bekommen.

Bei meinem ersten Auftritt begleiteten mich meine Eltern, Mimi und zwei Freundinnen. Als ein weiterer Freund der Familie auftauchte, waren es – zusammen mit der Inhaberin und ihrem Partner – ganze acht Leute. Mehr nicht. Ich hatte feuchte Hände, fror, und mir war speiübel zumute. Mein Mund war eine ausgedörrte Wüste. So ging ich in die erste Runde. Eine groteske, eine lächerliche Situation: Da saßen nur Freunde und Familienmitglieder, und alle gaben sich die größte Mühe, sich wie richtiges Publikum zu benehmen und nicht hoffnungsvoll zur Tür zu schielen, sobald sie von dort Schritte hörten. Beim zweiten Set kamen tatsächlich noch ein paar verspätete Gäste an. Und als ich am nächsten Dienstag wieder im Club erschien, hatte sich mein Name soweit schon herumgesprochen, daß der Saal zur Hälfte besetzt war.

Wenig später traf ich eine Kommilitonin von mir, die mich fragte, ob ich meine Semesterscheine schon abgeholt hätte. Mir kam es so vor, als läge die Bostoner Uni tausend Jahre hinter mir. Aus reiner Neugier fuhr ich hin und fragte nach meinen Noten. Ich hatte ja nicht geahnt, wie viele Möglichkeiten es zum Durchfallen gibt: »Mangelhaft«, »Ungenügend«, »Unvollständig«, »Nicht teilgenommen«. Das war das offizielle Ende meiner Karriere am College. Nie wieder habe ich einen Gedanken an irgendwelche Lebenspläne verschwendet.

Manchmal, in Michaels Bude und wenn er schlief, schlich ich mich ans Fenster und sah den Schneeflocken zu, wie sie als Gespensterkavalkade vorbeischwebten, um die Straßen bis zum Morgen in schweigende, weiße Tücher zu verwandeln. Ich lauschte dem Geläut der Glocken vom Harvard-

Turm, hüllte mich in eine Decke und lächelte wie eine Zigeuner-Mona-Lisa – eins mit den Schneeflocken, dem kleinen Zimmer, mit Michael und mir selbst.

Aber dann kam der Morgen, die nüchterne Wirklichkeit drängte sich dazwischen, zerfranst und unvollkommen verglichen mit dem frisch gefallenen Schnee.

Während ich mich im allgemeinen Michael unterordnete, war ich auf der Bühne ein Tyrann. Wenn irgendein Student, nichts Böses ahnend, in das Coffeehouse geschlendert kam und glaubte, dies sei eins wie alle anderen und vornehmlich ein Ort zum Lesen und Entspannen, dann hatte er sich gründlich getäuscht. Ich brach dann mitten im Lied ab und sagte ihm, daß er, wenn er seinen Studien nachgehen wolle, in der Bibliothek besser aufgehoben sei. Meine wachsende Sammlung unverfälschter, mir fast heiliger Folksongs war ebensowenig wie ich selbst eine Angelegenheit, der man nur mit halbem Ohr folgen durfte.

Als eines Abends zwei junge Männer während meines Auftritts zu kichern anfingen, kam es mir unangenehm, aber recht deutlich zu Bewußtsein, daß meine Lieder ja nur von Tod und Elend und gebrochenen Herzen handelten: »Sing keine Liebeslieder mehr / Du weckst mir sonst die Mutter auf / Sie liegt hier neben mir und schläft / Den Silberdolch in ihrer Hand / Sie sagt, ich werde niemals deine Braut.« »Mein Leben lang litt ich nur Not / Doch heute weiß ich, es geht allen so / Ich neige meinen Kopf und weine / Bei dem Gedanken über deine Tat.« »Ich lehnte mich an eine Eiche / Hielt sie für einen starken Baum / Doch sie neigte sich und brach / So wie meine Liebe sich getäuscht hat.« »Oh Mutter, meine Mutter / So grabe mir mein Grab / Laß lang es sein und schmal / Sweet William starb aus Liebe zu mir / Und sterben will auch ich, aus Qual.« Ich kramte in meinem Gedächtnis nach einem einzigen, heiteren Lied, einem mit glücklichem Ausgang. Das Programm dieses Abends beschloß ich dann mit *John Riley*. Das war das gleiche in Grün und das Gekicher ging weiter. Kommerz hin, Kommerz her – es kamen nach und nach ein paar »humoristische« Nummern dazu.

Bald aber tauchten zwischen Michael und mir Probleme auf und bahnten sich ihren Weg in unsere Traumwelt. Michael und ich hatten einen gemeinsamen Freund, den wir beide gleichermaßen liebten. Er war eines dieser nicht einzuordnenden Wesen, die selten und darum so kostbar sind, ein himmlischer Spinner namens Geno Foreman. Keine Schule hatte es geschafft, ihn zu bändigen. Er spielte Klavier und Gitarre, und beides mit angeborener Brillanz. Geno aß Joghurt, Weizenkeime und Vitamin C und war heroinsüchtig. Noch nie bin ich einem Paar begegnet, das sich wie seine Eltern, Clark und Mairi, so von Herzen zu lieben schien, ein so lebendiges und offenes Leben führte und so stark mit der jungen Generation verbunden war. Als Michael und ich zum ersten Mal in New York waren, wohnten wir bei den Foremans in der 19. Straße am Riverside Drive. Und in Genos winzigem Kabuff, einem Witz von Zimmer, schliefen wir auch zusammen. Als ich aber am nächsten Morgen schuldbewußt auftauchte, legte Mairi den Arm um mich und sagte: »Ach Kind, wir haben doch beide nichts dagegen, daß ihr in Genos Zimmer zusammen seid, solange ihr euch wirklich liebt – und Clark und ich spüren, daß ihr das tut.« Geno ist später im Alter von sechsundzwanzig Jahren gestorben. Er war aufgestanden, um auf den Krankenwagen zu warten, als sein Blinddarm durchbrach.

Peter, ein Freund unserer Familie, machte mir eines Tages das Angebot, mich zu managen, und vereinbarte auch gleich einen Termin im Haus eines Freundes, in dessen Kellerräumen wir Aufnahmen für ein Plattenalbum machen wollten. Bill Wood und Ted Alevizos waren mit von der Partie.

Wir sangen ein paar Solos, ein paar Duette und, für das Finale, unsere spezielle Version von *When I'm Dead and Buried, Don't You Weep After Me*. Peter entwarf auch das Plattencover: ein großer Kreis und ein großes Quadrat in Rot und Schwarz, überdruckt von einem Foto von uns dreien und dem Titel *Folksingers 'Round Harvard Square*. Viele Jahre später hat ein Produzent die Platte mit einem neuen Cover versehen und *The Best of Joan Baez* genannt, wobei er sie wundersamerweise von einer Mono- in eine Stereoaufnahme verwandelte. Angekündigt als eine Aufnahme von »Amerikas aufregendster Folksängerin«, hat er sie just zu dem Zeitpunkt auf den Markt gebracht, wo meine jährliche LP fällig war. Wir mußten vor Gericht gehen, um die weitere Produktion und ihre Verbreitung verbieten zu lassen.

Da mich Peter managte und ermunterte, beschloß ich, mein erstes großes Konzert zu geben, obwohl Michael dagegen war. Es sollte zusammen mit Bill und Ted im »Club 47« stattfinden. Ich erinnere mich noch ganz genau an die Probleme mit dem Plakat und daß ich mich nicht entscheiden konnte, ob ich meinen Namen ändern sollte. In letzter Minute entschied ich mich denn doch für meinen richtigen Namen. Die Leute hätten ja denken können, daß ich meinen Namen nur ändern wollte, weil ich Mexikanerin war.

Irgendwie schaffte ich es, trotz verschiedenster Probleme sowohl an Michael, der mich für sich wollte, als auch an meiner Karriere festzuhalten – freilich nicht ohne die Hilfe meines Psychiaters, da mich dieser Konflikt ohne ihn buchstäblich in den Wahnsinn getrieben hätte. Denn wenn man mich mit Lob und Komplimenten überschüttete, war ich völlig deprimiert und gab mir die Schuld an unserer gestörten Beziehung. Ich sog die Komplimente auf wie ein durstiger junger Baum nach der Dürre das Wasser.

Das ganz große Management kam in Gestalt Albert Grossmans auf mich zu, eines gewitzten, hinterhältigen, nervösen, charmanten, lustigen, großzügigen, kauzigen, runden Mannes mit rundem Gesicht, runden Augen und runden Brillengläsern. Er ging mir furchtbar auf die Nerven, wenn er Sachen sagte wie: »Du kannst alles von mir haben, alles was du willst. Und jeden, den du willst. Wen willst du? Ich hole ihn dir.« Ich wollte Marlon Brando, aber eher deshalb, damit Albert endlich mit diesen dämlichen Reden aufhörte.

Albert wollte, daß ich in seinem Nachtclub in Chicago, im Norden des Landes, auftrat, und bot mir vierhundert Mark pro Woche an – einen Haufen Geld. Ich sagte Ja, aber ich fürchtete mich davor, allein zu fliegen. Ich hatte Angst vor einem Club, wo die Leute nur tranken und möglicherweise nicht einmal zuhörten, mir war vor allem und jedem bange – und darum machte ich es.

Alberts Club gehört zu den größten im ganzen Land, er hieß »The Gate of Horn« und hatte Bob Gibson unter Vertrag, einen damals sehr populären Sänger, der eine zwölfsaitige Gitarre und Banjo spielte.

Eines Abends kam Odetta, die Königin des Folk in den Club. Ich war völlig durcheinander und konnte es kaum erwarten, sie zu sehen, ich saß an der Bar, als ich begriff, daß sie tatsächlich angekommen war, und beobachtete sie eine Minute lang von weitem. Odetta: groß wie ein Berg und schwarz wie die Nacht. Ihre Haut sah aus wie Samt und ihr Kleid wie ein fließendes, besticktes Zelt. An ihren Ohren baumelten massive, funkelnde Ohrringe, und zwischen den oberen Schneidezähnen klaffte ein schmaler Spalt, den man immer wieder sah, denn ihr Gesicht, das abwechselnd

Sorge, Überraschung, Anteilnahme oder gespielte Wut ausdrückte, kehrte immer wieder zu einem Lächeln zurück, das breit genug war, um mit der gesamten Erscheinung konkurrieren zu können. Wenn sie lachte, tauchten überall auf ihrem runden, vorspringenden Kinn kleine Grübchen auf. Ich hielt sie für den würdevollsten Menschen, dem ich je begegnet war. Um über eine plötzlich in mir aufsteigende Panik hinwegzukommen, ging ich auf sie zu und sang ohne jede Vorrede eins ihrer Lieder, *Another Man Done Gone*. Überrascht sah Odetta mich an, fing an, breit zu lächeln, und schloß mich in ihre mächtigen, samtigen Arme. Ich fühlte mich wie ein sechsjähriges Kind und brauchte eine ganze Woche, bis sich mein Herzschlag wieder normalisiert hatte.

Zwei Wochen verbrachte ich in »The Gate of Horn«, da forderte Bob Gibson mich auf, beim ersten Newport Folk Festival an der Nordostküste, als sein Gast aufzutreten. Meine Erinnerung an dieses historische Ereignis gleicht einem Flickenteppich. Es war im August. Zusammen mit Odetta und ihrem Baßspieler fuhr ich nach Newport. Es goß jeden Tag in Strömen. Die Zelte wimmelten von Folksängern, Banjozupfern, Fiedlern und Gospelgruppen; die Straßen von Anhaltern. Was an jungem Volk zum Festival strömte, war ordentlich angezogen und trug kurzes Haar: Die sechziger Jahre hatten noch nicht begonnen. Auch Pete Seeger war gekommen, mein zweites, lebendes Idol (das erste hieß Martin Luther King). Da waren die schwarzen Blues-Sänger mit ihren kaputten Gitarren und junge Weiße, die sich bemühten, in ihrem Sound diesen ähnlich zu sein. Da waren die großen Festessen und die Bands, die bis spät in die Nacht hinein spielten.

Am zweiten Abend saßen dreizehntausend Menschen im Freien, im Nieselregen von Rhodes Island. Als Bob Gibson nach ein paar anderen Sängern (welchen, weiß ich nicht mehr) mit seinen Songs und Späßen an der Reihe war, stand ich mit meinen Gladiatorensandalen im Matsch links neben der Treppe, die zur Bühne führte, und hielt das Geländer krampfhaft umfaßt.

Endlich hörte ich, wie Bob Gibson seinen Gast ankündigte und ein paar Worte über mich sagte. Ich habe keine Ahnung mehr, was er da erzählte, ich wußte nur, daß ich in einer Minute vor einem Publikum stehen würde, das ich für die größte Massenansammlung seit Bestehen der Menschheit hielt. In diesem Augenblick spürte ich nichts anderes als das Rasen meines Herzschlags, jede Bewegung schien wie aus einem Stummfilm, jedes Geräusch wie das Rauschen einer Schallplatte. Verschwommen nahm ich ringsum ermunterndes Kopfnicken und nach oben gereckte Daumen wahr. Nun ist es aber meine Art, gerade bei Glatteis rasch und zügig vorwärtszugehen, also stieg ich auch jetzt entschlossen die glitschigen Stufen empor, meinem Ruhm oder Untergang entgegen. Bob lächelte mir strahlend und herzlich zu. Wir sangen *Virgin Mary Led One Son*. Bob spielte auf seinen zwölf Saiten, und mit insgesamt achtzehn Saiten und zwei Stimmen klang unsere »Jungfrau Maria« recht beeindruckend. Als ich danach mit einer Solonummer an der Reihe war, zeigte sich meine Stimme von der besten Seite. Nach unserem Auftritt brach ein so gewaltiger Beifallssturm los, daß wir noch unser »anderes« Lied sangen, einen (dank Bob) heiteren *Jordan River*, ein religiöses Lied wie das erste.

Als wir von der Bühne kamen, machte man einen Riesenwirbel um mich. Raus aus dem einen Zelt, rein in das nächste. Die Presse, Studentenzeitungen, Auslandskorrespondenten und – das Magazin *Time*. Der *Time* erklärte ich lang und breit, wie mein Name auszusprechen sei, der schließlich doch in *Time* falsch gedruckt und solange ich denken kann, falsch ausgesprochen wurde. Man sagt nicht

»Bai-ess«, eher klingt er wie das deutsche »Bais«, aber was soll's.

Als ich wieder in Harvard Square war und wie üblich zu meinem Dienstagsauftritt in den »Club 47« ging, stand eine Menschenschlange davor, die sich die Straße hinunter und um zwei Ecken des Häuserblocks wand. Und Albert Grossman war da, um mit mir über Schallplattenaufnahmen zu sprechen.

Mit einer Hälfte einer Plattenfirma, nämlich Vanguard Records, war ich schon in Berührung gekommen, dem neunundzwanzigjährigen Maynard Solomon, einem Musikwissenschaftler, der zusammen mit seinem Bruder Seymour eine erstklassige Plattenfirma für klassische Musik betrieb. Beide Brüder waren zurückhaltend und sehr daran interessiert, eine qualitätvolle Aufnahme mit mir zu machen.

Al Grossman aber wollte, daß ich mit ihm nach New York fuhr und John Hamilton kennenlernte, den Direktor von Columbia Records. John war bekannt für seine Begabung, neue Talente aufzuspüren, und mächtig genug, seine Vorlieben durchzusetzen. Wie ich die Sache sah, lag der Unterschied zwischen den beiden Firmen darin, daß die eine kommerziell ausgerichtet war und vornehmlich mit Geld zu tun hatte, während es der anderen weniger um den Markt, sondern vornehmlich um die Musik ging. Aber ich fuhr nach New York – überzeugt davon, daß ich es, um mir selbst gegenüber »fair« zu sein, tun mußte.

Den ersten Eindruck bei Columbia werde ich nie vergessen. Wohin ich auch sah, alles schien aus purem Gold. Die Wände waren mit goldenen Schallplatten dekoriert, alles glänzte, alles schimmerte. Und die Klimaanlage war eiskalt. John Hamilton war sehr nett zu mir und begann ein Gespräch über Schallplattenverträge, in dessen Verlauf mir ein Formular über Johns großen Schreibtisch entgegenkam.

Die Columbia-Leute wollten, daß ich hier und jetzt etwas unterschrieb, das mir ganz nach einem Achtjahresvertrag aussah. Doch ich sagte, daß ich auf der Stelle zu Vanguard Records wollte, um mit Maynard zu sprechen. Albert haßte Maynard – und umgekehrt. Widerstrebend setzte John uns in ein Taxi, »um Maynard zu besuchen, weil ich ihm mein Kommen schon angekündigt habe«.

Als wir die Vanguard-Räume betraten, bemerkte ich als erstes, daß hier keine einzige goldene Schallplatte an den Wänden hing. Maynard kam sofort hinter seinem Schreibtisch hervor. Er trug Tennisschuhe und einen Pullover, den seine Frau ihm gestrickt hatte. Maynard wurde nicht grau, er wurde weiß, und er war so sehr bei der Sache, daß er schon fast komisch wirkte. Ich mochte ihn gern. Vielleicht war ich ein primitiver Klassikhörer – ich konnte keine Sonate von einem Konzert und kein Konzert von einer Suite unterscheiden, aber ich konnte neunzig Prozent der Stücke mitsummen, die der Sender für klassische Musik täglich vierundzwanzig Stunden lang spielte. Ich wußte, daß Maynard mit seinen Klassik-Aufnahmen Karriere gemacht hatte, und fühlte mich bei ihm gut aufgehoben. Wir haben noch lang miteinander geredet.

Beim Verlassen des Gebäudes sagte ich zu Albert Grossman, der mir dringend riet, noch am selben Nachmittag bei Columbia zu unterzeichnen, daß ich zwei Tage Bedenkzeit brauchte. Was Grossman betraf, so hatte er auf seine Art recht: Noch vor Ende der sechziger Jahre hat er Bob Dylan gemanagt, *Peter, Paul & Mary*, Janis Joplin und Jimi Hendrix, um nur einige zu nennen. Wenn ich es wirklich zur »Spitzenklasse« bringen wollte, dann war Albert der beste Mann und Columbia die beste Firma. Also mußte ich mir in den nächsten achtundvierzig Stunden klar darüber werden, ob ich es verkraften konnte, »Spitzenklasse« zu sein.

Am nächsten Abend, einem Freitag, trat ich in Greenwich Village auf, und sowohl Maynard als auch John Hamilton kamen, um mich zu hören. Ich sprach mit meinen Eltern am Telefon und mit meinen Freunden in New York. Meine Wahl fiel auf Vanguard. Damit entschwand Albert Grossman aus meinem damaligen Leben. Er tauchte nur hin und wieder als ein Schatten des Showgeschäfts auf, der dann immer auf mich einredete und mir klarzumachen suchte, daß ich meine Sache weitaus besser machen könnte, wenn ich mit ihm zusammenarbeitete.

Auch weiterhin sang ich jeden Dienstag und Freitag im »Club 47«. Meine Gage hatte sich auf fünfzig Mark pro Abend erhöht. Eines Tages lernte ich Manny Greenhill kennen, einen Bostoner Impresario, der einzelne Sänger für lokale Konzerte verpflichtete und Manager einiger berühmter Blues-Veranstaltungen war. Manny arbeitete in einem schäbigen kleinen Büro über dem Bostoner Südbahnhof und bildete sich einiges auf sein proletarisches Erscheinungsbild ein, wie eine gewisse Sorte guter alter Marxisten, die sich, ganz gleich, wieviel Geld sie verdienen, der Arbeiterklasse zurechnen.

Manny erzählte gerne Geschichten von seinen alten Bluessängern und von den Schwierigkeiten mit ihnen, weil sie weder lesen noch schreiben konnten. Teils waren diese Geschichten Legende, teils wahr.

Ohne offiziellen Vertrag und ohne etwas Schriftliches wollte Manny ein Jahr lang für einen gewissen Prozentsatz mit mir zusammenarbeiten. Wenn sich unsere Vereinbarung nach Ablauf dieses Jahres als für beide Seiten befriedigend erweisen sollte, würden wir sie per Handschlag um ein weiteres Jahr verlängern. An dieses Abkommen hielten wir uns acht Jahre – erst danach gab es einen schriftlichen Vertrag zwischen uns.

Zu Anfang unserer Zusammenarbeit vermittelte Manny mir Auftritte, die den zweiten Teil eines Konzerts etablierter Künstler eröffneten.

Manny war es aber auch, der mein erstes Konzert mit Pete Seeger arrangierte. Ich kam wie immer zu spät. Pete hatte den ersten Set fast schon hinter sich, als ich endlich eintraf. Es war ein kleiner Saal, zu klein, wie mir schien, aber Pete ließ das Banjo schluchzen wie immer, alles schien in bester Ordnung. Dann verließ er die Bühne und begrüßte mich. Als ich aber die Szene betrat, glaubte ich meinen Augen nicht zu trauen: Ringsum saßen nur ein paar Dutzend Studenten auf dem Boden. Ich sah mich um, ob nicht hinter der Bühne noch Leute saßen, und merkte, daß ich in die falsche Richtung geschaut hatte. Offensichtlich hatte Pete das letzte Lied für alle die gesungen, die wegen des Andrangs keinen Platz mehr gefunden und sich hinten auf die Bühne gesetzt hatten. Mir war, als rutschte mir der Boden unter den Füßen weg. Mein Herz fing unter der poncho-umhüllten Brust wie wild zu schlagen an, aber ich stürzte mich in meine Lieder – mit Erfolg.

Wieder in Boston, saß ich eines Tages im Sprechzimmer meines Psychiaters, noch ganz erschöpft und verstört nach einem Streit mit Michael. Als der Doktor mich fragte, was wohl geschehen würde, wenn ich Michael verließe, schloß ich die Augen und sah, wie die Welt explodierte und eine winzige Gestalt ins Dunkel taumelte ...

Der Sommer 1961 kam, das Semester ging zu Ende, und ich ging nach New York, um mein erstes Vanguard-Album zu produzieren.

Wir arbeiteten im »Manhattan Towers Hotel«, das in einer ziemlich verkommenen Häuserzeile des Broadway lag und dessen Tanzsaal uns zur Verfügung stand. Da stand ich denn barfuß auf dem schmutzigsten Teppich von New York

City und kam mir in dem hohen, kahlen Raum ziemlich verloren vor. Ich sang in drei Mikrophone, zwei waren seitlich für Stereo aufgestellt und eins in der Mitte für Mono. Freddy Hellerman von den *Weavers* benutzte für sechs Lieder noch ein viertes Mikro, nachdem ich mich unter massivem Druck bereit erklärt hatte, ein zweites, unaufdringlich gespieltes Instrument nicht »kommerziell« zu finden, sondern als musikalische Bereicherung anzusehen. Meistens gingen Maynard, der Tontechniker und ich nach mehrstündiger Arbeit irgendwohin, um ein Sandwich mit Roastbeef zu essen. In drei Tagen haben wir neunzehn Songs aufgenommen, darunter die dreizehn für mein erstes reguläres Solo-Album.

Meine Eltern standen damals kurz vor ihrer Rückkehr in den Westen, während ich im Osten bleiben wollte. Die Tatsache, daß meine Eltern wegzogen und ich ganz auf mich allein gestellt sein sollte, lähmte mich derart, daß ich mir ganz klein und nichtig vorkam, durchaus nicht wie ein Star von einiger Größe und Bedeutung. Zum ersten Mal in meinem Leben würde meine Mutter nicht am Kamin sitzen und mit einer Tasse Tee auf mich warten, zum ersten Mal würde sie kein Violinkonzert, kein Cello- oder Klavierstück auflegen, wenn ich nach Hause kam.

Man beschloß, daß Manny versuchen sollte, Konzerte für mich zu arrangieren, daß ich meine beiden Abende im »Club 47« und die Wochenenden im »Ballad Room« beibehalten und nicht mehr in Nachtclubs auftreten sollte. Dann zogen meine Eltern weg.

McDoo, eine gute Freundin von mir aus der High School, zog in die Stadt, um bei mir zu wohnen. Wir fanden ein Apartment irgendwo im vierten Stock. Ich war fasziniert von McDoos prächtigem Busen. Selbst wenn sie tagsüber vor sich hinträumte und auf dem Rücken lag, ragten ihre Brüste himmelwärts, mit und ohne Büstenhalter. Wir haben eine herrliche Zeit miteinander verlebt, zumindest für eine Weile – wir haben die Wohnung besorgt, uns Berge von Salaten gemacht und uns unabhängig gefühlt.

Eines Abends gingen Michael und ich ins Kino und sahen uns einen Film von Joanne Woodward an. Die letzte Szene zeigte, wie sie an einer Straßenecke stand und schreiend ihrem Mann nachschaute, der mit seiner schönen jungen Geliebten im Auto davonfuhr. Auf dem Heimweg wurde mir so übel, daß ich eben noch die vier Treppen schaffte und dann auf dem Bett zusammenklappte. Michael sagte mir, daß ich wie Joanne Woodward sei, und ich hatte geglaubt, der schönen jungen Geliebten zu gleichen. Ich bat Michael, das Thema zu wechseln oder, noch besser, mir zu versichern, daß ich mich nicht übergeben müßte. Stattdessen ging Michael in die Küche, machte sich ein Sandwich mit Bananen und Avocados und kam gemächlich und geräuschvoll kauend ins Schlafzimmer zurück.

Plötzlich, ganz plötzlich legte sich meine Übelkeit und ich merkte, wie ich mit den Füßen die Stehlampe berührte, die wir auf dem Flohmarkt gekauft hatten. Da krallte ich die Zehen um die Stange, hob die Lampe in traumartig langsamer Bewegung mit den Beinen hoch und schleuderte sie quer durchs Zimmer. Sie landete genau an Michaels Kopf. Sein Gesicht erstarrte, sein Mund blieb über dem Avocado-Bananen-Sandwich offenstehen, dann versank die ganze Szene in Dunkelheit.

Ich sprang auf und stürzte wie eine Furie ins Wohnzimmer, packte eine Weinflasche beim Hals, schleuderte sie mit aller Kraft gegen die Wand und wurde sowohl durch den Krach als auch durch den Anblick durch die Luft fliegender Glasscherben aufs schönste belohnt. Doch schon war ich auf dem Weg in die Küche, wo zuerst die Kaffeekanne an die

Reihe kam. Leider war sie aus Metall und kriegte nur eine kleine Delle ab. Ihr Inhalt aber, eine oder zwei Tassen frischgebrühten Kaffees, klatschte samt Kaffeesatz an die Wand, um dort triefende Flecken zu hinterlassen.

Michael kam hinter mir hergelaufen. Er schrie mich an: »Bist du jetzt völlig übergeschnappt?« Als er mich aber bei den Ellbogen packte, warf ich mich mit der ganzen Kraft meiner Wut und einer rasenden, finsteren Entschlossenheit herum, riß an seinen Haaren und trat ihm mit voller Wucht gegen das Schienbein. Fluchend und kreischend hüpfte Michael hin und her, um meinen Füßen auszuweichen, und zerquetschte mir fast die Handgelenke, um den Griff zu lockern, mit dem ich mich in seinen Haaren festgekrallt hatte. Schließlich gab ich auf und brach in Tränen aus.

Sichtlich erschüttert brachte Michael sein Haar in Ordnung und ging. Ich saß auf dem Küchenboden und heulte mir in ganzen Seen von heißem Kaffee und Kaffeesatz die Seele aus dem Leib – um mich herum Chaos und Leere.

Da kam McDoo nach Hause, half mir auf einen Stuhl und hörte sich die ganze Geschichte an. Als ich alles erzählt hatte, war ich fest entschlossen, Michael nie wiederzusehen. McDoo half mir, Michaels Sachen in Kartons zu packen, stellte sie auf den Flur und verriegelte die Tür mit einem doppelten Vorhängeschloß. An einen der Kartons heftete ich einen Zettel, auf den ich etwas ähnlich Originelles wie »Ich will Dich nie wiedersehen« geschrieben hatte. Völlig erschöpft und ausgelaugt ging ich ins Bett.

Als ich von den ersten Morgengeräuschen erwachte, hörte ich McDoo auf Zehenspitzen ins Badezimmer gehen. Plötzlich, mit nächtlichen Resten von Wimperntusche unter den schönen blauen Augen und diese vor Entsetzen weit aufgerissen, stand McDoo an meinem Bett und schrie: »Michael versucht, durchs Badezimmerfenster zu klettern!«

Tatsächlich hatte er bereits das Drahtgitter weggerissen, das Fenster geöffnet und war mit einem Satz über die Badewanne gesprungen...

Michael und ich suchten nach einer Möglichkeit, neu anfangen zu können. Er hielt es in Neuengland nicht mehr aus, und selbst ich spürte, daß es Zeit sein könnte für einen Umzug: vielleicht Kalifornien?

BLUE JEANS AND NECKLACES
Kim

Im Herbst 1960 gab ich zusammen mit verschiedenen Folk- und Country-Gruppen eine Reihe von Konzerten, überwiegend in Colleges und in Sälen mit zwei- bis fünfhundert Sitzplätzen. Als ich in New York City an der 92. Straße mein erstes Solokonzert gab, füllte ich mühelos einen Saal mit achthundert Plätzen.

Nach einem dieser Konzerte verstauten Michael und ich unsere Hi-Fi-Anlage in unserem neuen Auto und ließen seine Uni und meine musikalische Karriere hinter uns.

Manny heulte, als ich ihm erklärte, daß wir einfach eine Zeitlang an der Westküste leben wollten. Ich selbst mußte gegen eine ganze Flut von Tränen ankämpfen, aber es war mir lästig, ständig Mannys Nörgeleien über meine Karriere anhören zu müssen. Ich erinnerte ihn daran, daß unser Handschlag-Abkommen immer noch existierte, daß ich jederzeit zurückkäme, um Konzerte zu geben. Meinen Eltern sagte ich vorerst noch nichts von meinem Umzug. Wir hatten vor, ihnen von unterwegs zu schreiben. So hatten sie noch Zeit, sich mit der Tatsache vertraut zu machen, daß Joanie vor aller Augen in sündig wilder Ehe lebte (was meinem Vater schwer zu schaffen machte), noch dazu mit einem Arbeitslosen und verkrachten Collegestudenten (was meiner Mutter und meinem Vater zu schaffen machte) und von Joanies Geld (was allen übrigen außer mir selbst zu schaffen machte).

Meine Schallplatte kam kurz vor Weihnachten heraus, genau zu dem Zeitpunkt, als Michael und ich in Kalifornien ankamen. Mit wachsendem Erstaunen beobachtete ich, wie *Joan Baez* in der Hitliste schließlich Platz drei erreichte.

Wir bezogen ein Ein-Zimmer-Haus in Carmel Highlands, ganz im Süden von Carmel, Kalifornien, und direkt an der Autobahn gelegen. Michael begann, ein Buch zu schreiben, und ich besorgte den Haushalt. Schon bald hatten wir einen einzigartigen Kreis neuer Freunde. Sie nahmen uns so herzlich auf und kümmerten sich mit einer solchen Wärme um uns, daß wir uns beide in ihrer Nähe sehr wohlfühlten.

Unsere Lebensumstände waren meiner Musik gewiß nicht dienlich, aber ich hatte keine andere Wahl. Vor allem aber waren Michael und ich unzertrennlich und konnten uns nicht vorstellen, daß er oder ich mit einem anderen Menschen zusammenlebte.

Michael war mein Dichter, mein leidender Künstler und verkanntes Genie. Seine Augen funkelten noch immer wie die keines anderen, und wir liebten uns oft. Wenn er mich nicht verachtete, betete er mich an, meinen Schwächen gegenüber war er nachsichtig, und ich blieb vier Jahre lang seine Jungfrau und seine Hure.

Seit ich Michael kannte, hatte ich nur an einer einzigen öffentlichen Veranstaltung teilgenommen, einem Forum für atomare Abrüstung, das von SANE finanziell unterstützt wurde und im Bostoner Stadion stattfand. Damals hatte man Erich Fromm mit faulen Eiern beworfen.

Kaum aber hatten wir uns einigermaßen in unserem Haus in den Highlands eingerichtet, da war ich schon wieder zur

Ostküste unterwegs und gab meine ersten Konzerte. Ein ganzes Jahr lang pendelte ich zwischen meinem neuen Zuhause und der Straße hin und her. Im Sommer dann produzierten wir mein zweites Album, und im Spätherbst gab ich ein lang erwartetes Solokonzert in der Town Hall von New York: ausverkauft.

1961 gab ich zwanzig Konzerte, hätte aber, zumindest Mannys Ansicht nach, zweihundert geben können. Daß ich viel Geld verdiente, war gewiß sehr angenehm, aber es hat mich auch verwirrt. Fünftausend Dollar hat man mir für eine Coca-Cola-Werbung angeboten (»Come all ye fair and tender ladies, drink Coca Cola, it's the best...!«). Ich weiß, wie sehr Manny mit sich kämpfte, welchen Rat er mir geben sollte. Aber als ich ihm sagte: »Manny, ich trinke das Zeug nicht mal!«, war das Problem endgültig geklärt.

Als Michael und ich gegen Ende des Jahres nach Big Sur zogen, mieteten wir uns für monatlich siebzig Mark ein Häuschen, das aus einem Schlaf-Eß-Wohnraum, einem winzigen Bad und einer Küche bestand.

Eines Tages wollten wir in Monterey eine Taschenlampe kaufen und gingen, weil der Metallwarenladen über Mittag geschlossen hatte, eine Straßenecke weiter, um uns die Schaufenster einer British-Motors-Filiale anzusehen. Ergebnis: wir schrieben einen Scheck über zwölftausend Mark aus und fuhren in einem silbernen Jaguar XKE nach Big Sur zurück.

Wenn ich mich feinmachte, trug ich Blue Jeans, wenn nicht, einen uralten Morgenrock. Das Haus war der reinste Schweinestall. Wir besaßen ganze zwei Bettlaken. Da wir kein Telefon hatten, mußte ich jedesmal, wenn Manny mich wegen eines Konzerttermins anrief, ins Gasthaus laufen, durch Matsch und Regen, Nebel und Hagelschauer.

Weil sie billiger war als frische Milch, habe ich Kondensmilch gekauft und mit zwei Teilen Wasser verdünnt, mir aber andererseits nichts dabei gedacht, für mich Blusen aus reiner Seide oder Autos für meine Freunde zu kaufen. Als meine Mutter mich damals fragte, »was soll man bloß einer jungen Frau, die alles hat, zu Weihnachten schenken?«, sagte ich: »Wie wär's mit ein paar Bettlaken, Kissenbezügen oder einer Bratpfanne?«

Durch meine bloße Existenz als rebellische, barfüßige und gegen das Establishment revoltierende junge Frau, die mit der kommerziellen Musik so gut wie nichts zu tun hatte und doch zu weitverbreitetem Ruhm gelangt war, galt ich bei meinen Konzerten an der Ostküste als Heldin der Gegenkultur – ob ich nun die volle Bedeutung dieser Position erkannte oder nicht.

Wieder zu Hause, suchte ich häufiger denn je meinen Psychiater auf, fuhr zuweilen viermal in der Woche nach Carmel, um einen Ausweg aus den Konflikten zu finden, die mich immer mehr bedrängten. War ich denn wirklich die brave, unverehelichte Ehefrau, sollte ich wirklich die Socken stopfen für meinen Heißgeliebten, der von meinem Geld ein Boot baute, um mit mir gemeinsam zu einer Insel zu fahren, wo es keine Arbeit mehr gab? Daß ich nicht mit ihm gehen würde, soviel war mir schon klar geworden.

Weihnachten kam und Neujahr. Wir konnten von unserer Haustür aus die Wale beobachten, die Richtung Süden zogen und prächtige Fontänen in die Luft bliesen. Irgendwo in meinem Innern begann eine Entscheidung sich abzuzeichnen. Michael spürte, daß ich mich immer mehr von ihm löste und immer unabhängiger wurde. Seine Reaktion war, mich immer enger an sich zu binden und verstärkten Druck auf mich auszuüben.

Wenn ich aber auf Reisen ging, war ich ein anerkannter »Star«. Und je mehr ich mein Metier beherrschte, desto weniger machten meine Ängste mir zu schaffen. Mit jedem Konzert »predigte« ich ein klein wenig mehr und wurde hinterher in der Garderobe, wo ich viel über Gandhi und die Gewaltlosigkeit redete, schon fast als ein Hort der Weisheit angesehen.

Nach einer längeren Reise mit Michael nach Mexiko wurde ich sehr krank. Ich hatte Fieber und Magenkrämpfe, und mir schien, als zehrte ich von einer sich rasch verringernden Reserve bloßliegender Nerven. Genau zu diesem Zeitpunkt – meine zweite Platte war eben auf den Markt gekommen und erfolgreicher als die erste – beschloß die Zeitschrift *Time*, eine Titelgeschichte mit mir zu machen. Zwischen Krämpfen und Schwindelanfällen saß ich für mein Porträt in Öl, ich fühlte mich sterbenselend und wurde genauso gemalt. Als ich wieder zu Hause war, um die Reihe der *Time*-Interviews abzuschließen, wurde es so schlimm, daß ich ins Krankenhaus mußte. Die Diagnose lautete: schlechter Ernährungszustand, Flüssigkeitsverlust, Bakterienbefall in den Ohren und der Nase, im Kehlkopf, in den Lungen und im Magen.

Eines Tages überreichte mir die Krankenschwester einen sonderbaren Zettel und erklärte, er sei von einem komischen Mädchen, das in abgeschnittenen Jeans, mit T-Shirt und einem seltsamen Hut hier aufgetaucht sei. Der Zettel enthielt die Bitte, meinen Wagen waschen zu dürfen. Ich nahm an, ein Fan von mir habe ihn geschrieben. Am nächsten Tag kam ein zweiter Zettel, und die Schwester sagte mir, das komische Mädchen wäre draußen auf dem Flur. Da ließ ich ihr sagen, daß ich mich freuen würde, sie zu sehen.

Das Mädchen wehte herein – frisch, braungebrannt, lebendig, abgerissen, schüchtern, rebellisch. Sie hatte wunderschöne Backenknochen und eine feine Nase, ihre Augen aber hielt sie unter Strähnen blonder Haare versteckt. Hin und wieder schossen ihre Augen aus dem Hinterhalt des Haargestrüpps kleine Pfeile ab, doch sonst war sie furchtbar schüchtern, lachte nervös, wurde rot und versuchte, ihre Verlegenheit durch wildes Händefuchteln und Geschichtenerzählen zu verbergen. Immerhin bekam ich bei diesem ersten Besuch so viel heraus, daß sie zu Hause nicht glücklich war, ihren Vater abgöttisch liebte, reiten konnte, am Strand übernachtete, Steaks, Toilettenpapier und andere Grundnotwendigkeiten klaute und stundenlang ohne Unterbrechung surfen konnte. Sie war siebzehn Jahre alt und hieß Kim.

Als sie gegangen war, fühlte ich mich so wunderbar leicht, daß es mich ziemlich kalt ließ, als Michael kam und mit einer provozierenden Geste die Füße auf mein Bett legte.

Wenig später wurden in Rochester die ersten Aufnahmen für die *Hootenanny Show* gedreht. Manny wollte mich für den Fall dabeihaben, daß die Fernsehgesellschaft ABC nachgab und Pete Seeger einlud, der wegen seiner politischen Ansichten in Mißkredit geraten war. Erleichtert, wieder auf Reisen gehen zu können, packte ich meine Sachen und fuhr mit meiner Mutter Richtung Osten.

Anders als bei mir, paßte bei Pete alles zusammen: seine Musik, sein Lebensstil, sein soziales Engagement, seine ganze Persönlichkeit. Da ich es geradezu lächerlich fand, den Vater der Folk Music auf die Schwarze Liste zu setzen, lehnte ich meine Teilnahme an der Tournee so lange ab, bis man auch Pete dazu aufforderte.

Zufällig traf ich in New York einen alten Freund von mir wieder, der hinreißend aussah und sich meine Erlebnisse der letzten vier turbulenten Jahre anhörte, denn so lange hatten wir uns nicht gesehen. Dann lud er mich zum Abendessen ein und schenkte mir einen hübschen kleinen Edelstein an einer goldenen Halskette.

Noch auf Tournee und wieder einmal in der Wohnung unserer Freunde am Riverside Drive, nahm ich mir, aus einer plötzlichen Laune heraus, ein Blatt von Mairis Schreibpapier, setzte mich an einen Tisch und schrieb Michael einen Brief. Dabei empfand ich nicht viel mehr als dies, daß ein Abschied nach vier Jahren eigentlich mehr als eine Seite verdiente, brachte aber nichts weiter zustande als die Bitte: »Bring die Hunde in den Zwinger, gib die Katzen weg, laß das Haus gründlich saubermachen und bezahl die Miete.« Dann hängte ich doch noch ein »PS« über seine schönen Augen an und wie wundervoll die ersten drei Monate mit ihm gewesen wären. Als ich damit fertig war, fühlte ich mich leicht wie Seide und schrieb einen Brief an Kim. Auch darin stand etwas über ihre Augen, glaube ich.

Mir war, als hätte mich etwas am Kopf getroffen – ein dicker Prügel mit der Aufschrift »Brandneu«. Ich verabredete mich mit dem alten Freund, der mir die Kette geschenkt hatte, wir gingen bei eisiger Kälte durch die Straßen von New York, sahen uns nach einem netten Restaurant fürs Abendessen um und landeten schließlich im »Club 21«.

Die Nacht verbrachten wir in seiner Wohnung. Irgendwann aber stand ich auf und legte mich auf die Couch. Irgend etwas gab es, daß mir eine neue Männlichkeit unerträglich erscheinen ließ. Neue Arme, neue Beine, neue Haare auf einer neuen Brust. Umworben und begehrt zu werden war, als tränke man nach langer Dürre aus einem frischen Quell. Aber so schnell zur Sache zu kommen, das war, als würde man ins Wasser gestoßen. Ich brauchte Luft und schrieb einen zweiten Brief an Kim.

Nach meiner Rückkehr nach Kalifornien hatte ich keine Bleibe mehr und zog deshalb in ein Hotel, das kleine Einzelhäuschen vermietete. Ich ergänzte die Einrichtung durch meine Stereoanlage und die Schallplatten, ein paar Küchenutensilien und meine Kleider.

Da platzte Kim in mein Leben: wie ein Sonnenstrahl, der durch die Wolken bricht. Ich bot ihr den winzigen Raum hinter dem Häuschen an, wo sie wie ein kleines Wildtier hauste und die Sitzungen bei ihrem Psychiater auf ihre Weise handhabte: Sie verkroch sich in ihrem neuen Unterschlupf, zog sich den Hut fest über die Augen und verschlief den Termin.

Wir hörten viel Musik zusammen – Faurés *Requiem*, Stücke von Johann Sebastian Bach, gespielt von E. Power Biggs, die *Goldberg-Variationen* in der frühen Aufnahme von Glenn Gould und meine Rock-'n'-Roll-Sammlung.

»Wissen Sie, was los ist?« fragte ich meinen Psychiater.

»Nein, was denn?«

»Ich träume am hellen Tag von einem Mädchen, sie heißt Kim.«

»Nun, dann hören Sie eben auf damit.«

»In Ordnung.«

Und drei Tage später:

»Können Sie sich noch an die Tagträume erinnern, von denen ich Ihnen erzählt habe? Nun, ich habe damit aufgehört, aber jetzt träume ich nachts von ihr.«

»Tja, besser wäre es, Sie würden auch das bleiben lassen.«

Und eine Woche später:

»Erst habe ich die Tagträume bleiben lassen und dann damit aufgehört, in der Nacht zu träumen. Und jetzt stecke ich mitten in einer Liebesaffäre.«

Das war 1962.

»Gut«, sagte mein Psychiater, »dann dürfen Sie in der Öffentlichkeit eben nicht Händchen halten.«

Es gibt Swimmingpools, Bäder mit tiefem Wasser und nur für Frauen, kühle und verschwiegene Orte. Dorthin können wir gehen, ohne uns verteidigen zu müssen. Hier, in diesem stillen, keinen Widerstand leistenden Wasser und an seinen warmen Rändern können wir leben und einen lebenslangen Seufzer der Erleichterung ausstoßen, daß wir endlich verstanden werden, und hier setzen wir unsere weißen, weichen Körper nur der zärtlichsten Berührung aus. An diesen Ufern verbünden wir uns wortlos »gegen den Rest der Welt«. Es ist ein Bündnis, das uns von angeborenen Ressentiments reinigt, diesem Erbteil jahrhundertealter Mythen.

Ich war verwirrt, aber nicht wegen meiner Gefühle für Kim, die schienen mir sehr klar zu sein, sondern eher wegen der Wünsche, die aus diesen Gefühlen erwuchsen: Mit ihr in einer Wiese voller Gänseblümchen zu liegen, sie in den Armen zu halten und mich von ihr umarmen zu lassen, sie vielleicht sogar zu küssen. Weiter gingen meine Phantasien nicht. Was mich vornehmlich verwirrte, war also das, was die andern denken würden.

Einmal, bei Nacht, haben wir uns in der Abgeschiedenheit unseres Häuschens geküßt – sehr leicht und nur ganz kurz. Doch muß sich mein ganzes puritanisches Erbteil in meinem Gesicht abgezeichnet haben, als ich Kim in die Augen sah und mißbilligend mit dem Finger drohte.

»Sag mal, weißt du eigentlich, was wir da tun?« fragte ich leise.

»Wovon redest du?«

»Ja, nun, ich meine, du bist noch so jung, und manchmal kommt es mir so vor, als zöge ich dich da in eine Sache hinein, die über deinen Kopf –«

»In was für eine Sache, bitte?!« Damit war Kim schon auf den Beinen, zerrte sich den Hut über die Augen und rannte zur Tür. »Das ist ja so schmutzig!« schrie sie mit herzzerreißender Stimme. »Du, du bist ja so schmutzig! Das begreife ich nicht, das begreife ich nicht!«

Draußen lief sie im Sturmschritt zwischen den Hütten hin und her, wischte sich voller Zorn die Tränen aus den Augen, schüttelte entsetzt und verständnislos den Kopf. Noch zwei- oder dreimal fauchte sie mir ein wütendes »Faß mich nicht an!« entgegen, dann war sie einverstanden, daß ich mit ihr zum Strand fuhr. Dort gingen wir in der gesunden Salzluft auf und ab — oder besser, ich ging und sie rannte. Und als es Morgen wurde, hatte sie wie ein Kind — das sie ja war — den Schmerz überwunden. Es hat lange gedauert, bis ich mir nicht mehr wie eine widerliche, geile Alte vorkam, aber das war lediglich mein Problem.

Als Kimmie und ich uns dann wirklich liebten, war es die schönste und natürlichste Sache der Welt. Und so einfach, daß ich mich nur fragen konnte, warum wir beide, die Gesellschaft und ich, soviel Aufhebens davon machten.

Eine Zeitlang waren wir sehr glücklich. Im Sommer gab ich im Süden, an den Hochschulen für Schwarze, eine Reihe von Konzerten. Und irgendwann auf dieser Tournee ging die Sache mit Kimmie allmählich in die Brüche. Als wir zwischendurch ein paar Tage zu Hause verbrachten, geriet ich durch die Anwesenheit des einen oder anderen Mannes leicht aus der Fassung, vornehmlich durch einen über einsachtzig großen Blonden, der jeden Morgen vor unserem Haus aufkreuzte, wenn wir an unserem Lieblingsplatz im Freien beim Frühstück saßen, und ein schwarzes Motorrad mit Beiwagen fuhr. Da dieser höchst attraktive blonde Mensch aber nie Augen für mich hatte und mir das keine Ruhe ließ, schlenderte ich eines Tages, als er eben gehen wollte und sich die schwarzen Handschuhe anzog, auf ihn zu. Ich fing ein belangloses

Gespräch an. Dann lud er mich zu einer Spritztour auf dem Motorrad und zum Abendessen ein, was ich natürlich annahm. Er hieß Zack.

Kim reagierte auf die gute Nachricht, indem sie die Schlafzimmereinrichtung kurz und klein schlug.

»Und werd' mir nicht schwanger!« zischte sie mir noch entgegen, wobei sie ihren Marsch zur Haustür für einen Augenblick unterbrach und sich mir zuwandte, damit mir auch keins ihrer Worte entging.

»Nein, Kim, das werde ich nicht«, sagte ich und spürte einen Kloß im Magen, der mir den Anfang vom Ende unserer gemeinsamen Zeit ankündigte, dieser wilden und schönen Zeit. Dann fuhr ich mit dem seltsamen Fremden zum Essen, lehnte danach aber jede weitere Verbindung ab.

Als wir nach dieser kurzen Unterbrechung wieder auf Tournee waren, bekamen wir Streit wegen ihres Führerscheins, den man ihr nach einer Reihe kleinerer Verkehrsdelikte endgültig entzogen hatte. Jetzt wollte Kim, daß ich irgend etwas Illegales unterschrieb, damit sie in New York einen neuen Führerschein bekam. Ich sagte Nein. Da warf sie mir vor, nie etwas für sie zu tun, und beschimpfte mich derart, daß ich ihr eine schallende Ohrfeige gab. Als Kim – sichtlich triumphierend, daß ich die Beherrschung verloren hatte – aus dem Zimmer gegangen war, dachte ich lange Zeit nach. Dann ging ich zu ihr und erklärte ihr ohne Umschweife, daß es Zeit sei, unsere Beziehung zu beenden. Wenn wir uns gegenseitig keine weiteren Wunden zufügten, könnten wir auch weiterhin gute Freunde bleiben. Kim reagierte großartig. Weil sie sehr stolz war und ihren Kummer auch mit Würde zu tragen gedachte, packte sie auf der Stelle ihre Sachen zusammen und ging. Wohin, weiß ich nicht. Ich ging ihr nach und gab ihr ein wenig Geld. Unten standen wir dann an der Ecke 19. Straße und Riverside Drive im kalten, stürmischen Wind und umarmten uns lang.

Durch ein Interview von mir ging die Geschichte zehn Jahre später durch die Presse. Was ich den Leuten damals sagte und was ich auch heute auf dieselbe Frage antworten würde, ist dies:

Ich habe eine Liebesgeschichte mit einem Mädchen gehabt, als ich zweiundzwanzig Jahre alt war. Es war wunderschön. Und es geschah, wie ich vermute, aufgrund einer Überdosis an Unglück und weil ich nach dem Ende einer Liebesgeschichte mit einem Mann ein großes Bedürfnis nach Zärtlichkeit und Verständnis empfand. Ich vermute auch, daß die Homosexualität in mir, die, wie man sagt, in jedem von uns latent vorhanden ist, sich in jener Zeit von selbst bemerkbar machte und mich davor bewahrte, den Menschen gegenüber kalt und verbittert zu werden. Ich habe mich seither gewandelt und seit der Affäre mit Kimmie weder eine Beziehung zu einer anderen Frau gehabt noch den bewußten Wunsch danach verspürt.

WINDS OF THE OLD DAYS
Frühe Tage mit Bob Dylan

Obwohl sich der Himmel an diesem Morgen zunehmend verdüsterte, trug ich die Wäsche zum Trocknen nach draußen. Mein großer Schäferhund und der winzige Sheltie umtanzten mich dabei in der Hoffnung, daß ich mit ihnen Stöckchenwerfen spielen würde. Kaum hatte ich nach einer gelben Klammer gegriffen, um sie zu werfen, preschten die beiden schon los und stießen den Wäschekorb um. Ich zankte sie liebevoll aus und bückte mich, um die Handtücher und Socken vom Boden aufzuheben. Was war das? Ungeschliffene Edelsteine lagen in meinen Händen. Ich hockte mich neben den umgekippten Korb – und wie ich meinen Jeansrock aus der Nässe ziehe, krampft sich meine Kehle beim Gedanken an eine fast vergessene Zeit schmerzhaft zusammen. Tränen laufen mir übers Gesicht und über die Juwelen in meiner Hand, die funkelnd ihr Licht versprühen. Granate, Saphire und Rubine. Und Diamanten.

> Ten years ago I bought you some cufflinks
> You brought me something
> We both know what memories can bring
> They bring Diamonds and Rust
>
> (Vor zehn Jahren hab' ich dir Manschettenknöpfe gekauft,
> Und du hast mir was mitgebracht,
> Wir beide wissen, was Erinnerungen bringen können,
> Sie bringen Diamanten mit und Rost.)

Nur, waren es jetzt zwanzig Jahre her, nicht zehn. Ich schneuzte mir die Nase, stand auf und hängte die Wäsche auf die Leine.

Als ich Bob Dylan zum ersten Mal traf, 1961 in »Gerde's Folk City« in Greenwich Village, New York, machte er keinen besonderen Eindruck auf mich. Mit seinem an den Ohren gestutzten Lockenkopf sah er wie ein Großstadt-Dörfler, ein Großstadt-Hillbilly aus. Wenn er spielte und dabei von einem Bein aufs andere hüpfte, schien er hinter seiner Gitarre zu Zwergengröße zusammenzuschrumpfen. Seine abgewetzte Lederjacke war ihm zwei Nummern zu klein, seine Bäckchen hatten mit ihrem würdelosen Rest an Babyspeck etwas Weichliches an sich. Aber sein Mund war unglaublich. Weich, sensibel, zurückhaltend, kindlich, abweisend und nervös, spuckte er die Worte seiner Lieder förmlich aus. Es waren erfrischend originelle und ursprüngliche Texte, wenn auch ungehobelt und abgehackt. Bob war widersprüchlich, aufregend neu und unbeschreiblich zerlumpt. Als man ihn nach seinem Auftritt an meinen Tisch brachte, nahm das historische Ereignis unserer Begegnung seinen Lauf: Bob schien ziemlich nervös und zugleich amüsiert, wie er so dastand und lächelnd ein paar Höflichkeiten murmelte. Ich nippte an meinem alkoholfreien Getränk und kam mir wie die Urmutter der Folkszene vor. Dabei hatte ich nur den einen Wunsch, daß mein Begleiter, Michael, sich in Luft auflösen sollte. Ich wollte frei sein, um Bobby in Beschlag nehmen zu können, aber unter den kritischen und argwöhnischen Blicken Michaels war daran nicht zu denken. Es gab für mich keine Frage, daß dieser Junge etwas ganz Besonderes war und er die Menschen in seinen Bann zog. Daß er auch mich nicht ausließ dabei, das fing eben erst an.

Zurück an der Westküste in Big Sur, hörte ich von meinen Ostküstenfreunden, daß Big Albert (Grossman) mit Bob in Verhandlungen stehe und daß man sich innerhalb der Musikszene bereits zuflüsterte, Bob Dylan sei auf dem besten Weg, ein »ganz Großer« zu werden. »Größer als Elvis Presley«, meinten sie. »Ihr spinnt wohl!« entgegnete ich im Gedanken an den kleinen Rotzjungen und seine undeutlich näselnden, abgehackten Songs. »Und wißt ihr«, fuhr ein anderer fort, »was Dylan als erstes tat, als man ihm sagte, wieviel Geld er verdienen könne? Er setzte sich in eine Ecke, nahm ein Blatt Papier und stellte eine Liste seiner Freunde zusammen. Denn wenn er einmal reich wäre, sagte er, müsse er das wissen.« Ich lächelte, konnte mir aber kaum vorstellen, daß dieser unangepaßte Einfaltspinsel vom

Lande in seiner viel zu kleinen Jacke an Geld interessiert sein könnte.

> Now I see you standing with brown leaves
> falling all around
> and snow in your hair
> Now we're smiling out of the window of that
> crummy hotel
> over Washington Square

> (Nun seh' ich dich im braunen Blätterregen stehen
> Und sehe Schnee in deinem Haar,
> Wir lächeln durch die Scheiben dieses schäbigen Hotels
> Über dem Washington Square.)

Das schäbige Hotel über dem Washington Square kostete fünfundzwanzig Mark die Nacht, einen Zimmerservice gab es nicht, und seine Kundschaft bestand aus Fixern, Dealern, Transsexuellen im Transitstadium, jugendlichen Alkoholikern und sonstigen dubiosen Figuren des New Yorker Straßenlebens. Als ich ihm ein schwarzes Jackett kaufte, verfolgte er mein Tun zunächst mit größter Skepsis, ließ sich dann aber noch zu einem weißen Hemd überreden und – Krönung des Ganzen – zu einem Paar Manschettenknöpfen. Ich verliebte mich in ihn.

Eines Tages wurden wir in unserem Hotelzimmer interviewt und nach dem jeweiligen Werdegang gefragt. Vielleicht habe ich mich Bob nie näher gefühlt als an diesem Nachmittag: wir beide ein Zwillingsgestirn der Subkultur. Wir lebten einen Mythos aus, gingen gemeinsam im Village auf Tour, liefen durch die zugigen Straßen, frühstückten am Nachmittag an der MacDougal Street.

»Unser Atem verhauchte in weißen Wolken, vermischte

sich und blieb schwebend in der Luft stehen . . . und wenn ich die Wahrheit sagen soll, wir beide hätten hier und jetzt sterben können.«

In diesem Interview drückte sich Bob in schlechtem Englisch aus, aber in knappen, oft überraschenden Bildern. Der größte Teil der Dinge, die er sah, schien nur für seine Augen sichtbar. Und die Gedanken, die er mitteilte, waren meist unfertig, ins Unreine gesagt.

Er war kaum jemals zärtlich und selten in der Lage, die Bedürfnisse eines anderen zu erkennen. Gleichwohl legte er zuweilen eine unvermutete Anteilnahme für andere Aussteiger an den Tag, für irgendeinen Anhalter oder Herumtreiber, um den er sich dann wirklich kümmerte. Bob war ein rührender und unendlich verletzlicher Mensch. Er konnte in Gedanken versunken dastehen, unaufhörlich die Lippen bewegen und das eine Knie beugen, das andere strecken, links, rechts, links, rechts. Er schien aus dem Zentrum seiner Gedanken und inneren Bilder heraus zu handeln und zu funktionieren, schien von ihnen besessen und förmlich verschlungen zu werden.

Er besaß einen trockenen, sehr eigenwilligen und köstlichen Humor. Wenn er anfing zu lachen, bildeten sich auf seinen Lippen nach dem ersten Anflug eines Lächelns kleine, krause Lachfältchen. Dann preßte er sie mit einem Mal wieder aufeinander, bis ein kurzes, heftiges Lachen sie erneut auseinanderzog.

Ich war jedesmal geschmeichelt, wenn Bob über eine seiner bizarren Vorstellungen mit mir sprach oder mich fragte, was er mit dieser oder jener Zeile habe sagen wollen. Wenn ich mit meiner Interpretation richtig lag, sagte er: »Woher zum Teufel weißt du das?«

Einmal habe ich auf seine Frage und zu meinem eigenen Vergnügen ein ganzes Lied interpretiert. Er schien sehr beeindruckt und sagte dann: »Weißt du, wenn ich mal tot bin, werden die Leute einen Haufen Mist aus meinen Songs herauslesen. Sie werden jedes beschissene Komma interpretieren. Sie wissen nicht, was die Songs bedeuten. Scheiße, ich weiß ja selber nicht, was sie bedeuten.«

Eines Tages bat Bobby, daß wir zusammen mit Mimi und ihrem Mann Dick Farina das Haus von Albert Grossman in Woodstock, New York, hüten sollten. Dort hat sich dann jeder auf seine Art beschäftigt: Bob und Dick schrieben ihre Texte, Mimi sang und war Ehefrau, und ich vertrieb mir zwischen den Tourneen die Zeit, fuhr auf Bobbys Motorrad, einer Triumph 350, durch Wälder und abgelegene Landstraßen, gelegentlich fuhr auch Bobby auf dem Rücksitz mit. Fast einen Monat haben wir in Grossmans Haus verbracht. Bob saß meist in seiner Ecke an der Schreibmaschine, trank Rotwein, rauchte und tippte gnadenlos stundenlang seine Texte. Selbst in der Nacht konnte er aufstehen, verschlafen zur Zigarette greifen und leicht torkelnd zur Schreibmaschine gehen, die seine Songs wie ein tickernder Börsenautomat in langen Streifen von sich gab. Mag das Auswahlprinzip der Erinnerung noch so nüchtern sein, meine überströmenden Gefühle in dieser Woodstockzeit mit Bobby würde ich niemals leugnen. Ich fand diese Begeisterung, zusammen mit einem interessanten Nachtrag, in einem Brief an meine Mutter wieder.

Sommer 1964

Liebe Mama,
zeig das besser nicht meinem alten Herrn – Bobby Dylan hat es geschrieben. Im Lauf des letzten Monats sind wir uns immer näher gekommen. Wir haben unheimlich viel SPASS! Wow! Und er geht baden und alles. Jedenfalls hab' ich

gesagt ›heute werde ich jedenfalls meiner Mama schreiben‹, worauf er einen Luftsprung machte und sagte, er selbst wolle ihn schreiben, aber so, als wäre er von mir, und ich mußte ihm versprechen, daß ich den Brief dann unterschriebe. Er ist ein bißchen unanständig – beim Schreiben hat Bobby eine Stunde lang gekichert. Er ist sehr lieb zu mir. Wir respektieren unser jeweiliges Bedürfnis nach Freiheit: keine Fesseln, nur gute Gefühle und viel zu lachen und sehr viel Liebe. Ich weiß, er ist ein Genie.

Die Platte ist fertig und müßte, wie auch das Buch, in einem Monat erscheinen. Ich werde allein nach Hause zurückfahren. Es war sehr schön hier, und ich habe fast die ganze Zeit mit Bobby verbracht, aber ich möchte jetzt eine Zeitlang allein sein und auch Zeit für Ira haben. Mein Haus wird wahrscheinlich fertig sein, wenn ich zurück bin. In Denver treffe ich vorher noch die Beatles. Ich finde sie einfach toll, und dann mit dem Zug zurück. Es wird mir gut tun, allein zu sein. Bobby ist ein sehr guter Geschäftsmann, er hat mir auch die Adresse eines Wirtschaftsberaters in Los Angeles gegeben, der mir bei meinem ganzen Kram mit Rechtsanwälten, Managern usw. helfen will. Man muß denen nur Beine machen. Bobby kennt sich da erstaunlich gut aus und hat sich lieb um alles gekümmert. Das würde man bei ihm gar nicht vermuten. Er ist ganz einfach intelligent. Hier ist soweit alles in Ordnung. Bei Mimi und Dick nicht so ganz, aber das wechselt. Ich denke, daß Bobby mich besuchen kommt, wenn das Haus fertig ist, und eine Weile bei mir bleibt, aber am 8. September beginnt die Tournee. Du würdest Dich freuen, wenn Du sehen könntest, wieviel Spaß wir zusammen haben. Ich liebe ihn wirklich.
Love   Love   Love – Joanie, am 21.
bis dann

liebe mama,

da bin ich. ich bin in woodstock bei onkel alby. feines haus, mußt du unbedingt sehen. swimmingpool. lauter so sachen.

ich bin du-weißt-schon-mit-wem hier. dick und mimi sind auch da aber ich habe sie kaum gesehen seit mich dieser du-weißt-schon-wer in beschlag genommen hat.

mama du mußt mir glauben ich wollte wie geplant bei den foremans wohnen ich meine es war ganz klar und alles.

trotzdem als mimi und ich in new york ankamen war das erste was wir machten schnurstracks hierherzukommen. du kennst mich ja ich war müde und mittag war schon vorbei und je nun ich wollte mich bloß schlafenlegen weißt du und nun ja da ging ich eben ins bett und jesusmaria ich zog die decke weg und wer glaubst du liegt unter dem quilt? er. ich weiß nicht ob du mir glaubst oder nicht aber ich schwör dir bei gott er lag wie ein ball zusammengerollt unter den kissen.

mama ach du scheiße ja das erste was ich machte war nach mimi zu rufen. mimi kam die treppe runtergelaufen aber meinst du das hätte irgendwas gebracht? der du-weißt-schon-wer stand bloß langsam auf und sprang aus dem bett.

mama sein haar ging ihm bis zum bauch und er hatte diesen gräßlichen pullover an der so gestunken hat als hätte er ein ganzes jahr nicht mehr gebadet. mama er war schrecklich ich meine sogar alfredo der kubaner hat später mal gesagt »aye que terrible« was aber so klang wie »ai tärdbil«. na jedenfalls als mimi ihn da stehen sah drehte sie sich um und lief weg. mama sie drehte sich bloß um und lief weg. der du-weißt-schon-wer verlor jetzt keine zeit mehr. laß dir erzählen er warf mich wie ein höhlenmensch aufs bett (seit vier tagen hatte er sich nicht rasiert mama. ehrenwort. seit vier tagen!) und du weißt wie müde ich war ich meine ich war wirklich nicht in der lage mich zu prügeln. und er sagte irgendwas er sagte sachen die ich noch nie im leben gehört hatte ich meine wie ich sie auch im kino noch nie gehört hatte. ich meine er sagte »hey komm hey komm« und das immer wieder. hey und du weißt ja ich kippe dann ganz schnell um. klatsch. wenn ich sachen höre die ich nie im leben gehört habe ich meine ich will nicht daß du jetzt denkst daß er (du-weißt-schon-wer) mich beeinflußt hat oder so mama ich laufe nur in sämtliche fallen. vielleicht hat dieser zweite seelenonkel recht gehabt. vielleicht kenne ich mich wirklich NICHT. nicht so wie ich mich kennen sollte. vielleicht hatte er recht als er sagt »joannie-herzchen du kennst dich einfach nicht« jedenfalls der du-weißt-schon-wer hat mich dann mangels passenderer worte einfach gegrapscht. es war nicht wie bei irgendeinem käptn kid der von seinem mast oder so was runtergewirbelt kommt aber es war schon ein echter hammer. ich meine er hat wirklich so was gemacht wie mich zu überrumpeln. ich kämpfte wie irre mama ich hörte überhaupt nicht mehr auf. ich biß ihm den rotz aus der nase. trat ihm an stellen wo's wirklich wehtat. krallte mich um seinen hals bis ihm blut aus dem bauchnabel kam. mama ich pustete ihm so ins ohr daß ich dachte die augen springen ihm aus dem kopf. aber dann kam er mir auf die ganz blöde tour. ich meine er sagte immer noch sein »hey komm komm« aber dabei fing er plötzlich an gedichte zu rezitieren. und weil das genau in dem augenblick losging wo ich ihn kratzte und ihm die ellbogen abdrehte fing er an mich ramona zu nennen. ich schwör dir daß ich zuerst dachte es wäre irgendein spiel. er sagt dauernd so sachen wie »zweckloser versuch« und wörter wie »existieren«. mama ich konnte mich nicht mehr prügeln ich meine ich konnte mich ganz einfach nicht mehr prügeln. ja und da war ich plötzlich weg und hab wie tot geschlafen. ja und da bin ich hier aufgewacht. in dem ganzen monat hab ich kein konzert gegeben. manny ruft pausenlos an. und viktor geht pausenlos ans telefon und sagt mit komischer stimme »nein sie ist nicht da« und der du-weißt-schon-wer sagt gar nichts außer »alles in ordnung« und »macht nichts«. nun ja ich werd schon bald wieder loslegen. der du-weißt-schon-wer zieht diesen film ab und will daß ich ihm den kopf kraule wenn er fix und fertig ist. ich denke schon daß alles in allem alles in ordnung ist. das haus wird auch so langsam. ach ja ich habe mein auto dem du-weißt-schon-wer überschrieben. er sagte daß mir das eine menge sorgen um den ganzen kram den man so hat abnehmen würde und na gut... und das war auch ein bißchen so nehme ich an. das würde mich auch nicht weiter stören aber nun ja... der du-weißt-schon-wer hat das auto verkauft. er sagt es sei besser so weil ich ihm jetzt nicht mehr in den ohren liege, daß er mich ans steuer läßt. mummy er ist der schlechteste fahrer der welt. ich schwör dir ich kriege jedesmal was wenn er mich zu meinem seelenonkel fährt. der haßt ihn aber das ist eine andere geschichte und davon schreibe ich dir später

machs gut bis dann

   manard solomon says hello
   an keeps asking when you're
   coming back
    ok'bye
   an dont worry bout me none

oh, p.p.s.
   i gave that little tiny picture of me
   t you-know-who an he posted it on top
   of his ford station wagon interior

      mummy, i'm fine.
      dont worry about me please
      everything passes everything changes
          oh, mummy mummy I love you so much
      oh mummy
   give regards t brice an pauline

      oh oh! here comes you-know-who
      i dont want him t catch me writing
        t you
          gotta go
                luv yuh
                      Joanie

   manard solomon sagt hallo
   und fragt andauernd wann du
   wiederkommst
     ok bis dann
   und mach dir keine sorgen um mich

oh, p.p.s.
   ich hab das kleine bildchen von mir
   na du-weißt-schon-wem gegeben und der hat es oben
   in seinem ford kombi aufgehängt

      mama mir gehts gut
      mach dir bitte keine sorgen um mich

>   alles geht vorbei alles ändert sich
>   oh mama mama ich liebe dich so sehr
>   oh mama
>
>   grüß brice und pauline von mir
>   oh oh! hier kommt du-weißt-schon-wer
>   ich will nicht daß er mich dabei erwischt wenn ich
>   an dich schreibe
>   ich muß gehen
>   alles liebe
>   Joanie

Bob besaß eine Ausstrahlung, die es ihm unmöglich machte, ein wirkliches Privatleben zu führen. Die Menschen umschwärmten ihn, jeder wollte der einzige in seiner Nähe sein, wollte ihn durch eine witzige Bemerkung zum Lachen bringen und ihm irgendwie Eindruck machen, damit er sich später an diesen Augenblick mit dem großen Bob Dylan erinnern und sich als etwas Besonderes fühlen konnte. Ich selbst habe ganz ähnlich empfunden, obwohl ich ihm doch nahestand und in der zunehmenden Menge der Dylan-Fans eine Sonderstellung einnahm. Er hielt uns alle auf Distanz, außer in den seltenen Augenblicken, auf die wir alle warteten.

Im August 1963 ging ich auf Tournee und forderte Bobby auf, daran teilzunehmen. Ich folgte damit dem Beispiel Bob Gibsons, der mir vier Jahre zuvor auf diese Weise eine Chance gegeben hatte. Da ich zu diesem Zeitpunkt bis zu zehntausend Zuhörer hatte, war es natürlich ein ziemliches Risiko und eine Art Glücksspiel, meinen kleinen Vagabunden auf die Bühne zu schleppen. Aber ich wußte, daß er und ich am Ende gewinnen würden.

Die Leute, die Bob weder kannten noch von ihm gehört hatten, wurden regelrecht böse und buhten sogar, wenn er die melodischen Lieder der umschwärmtesten Sängerin der Welt mit seinen schroffen Tönen, mit dem Witz und der Ungeheuerlichkeit seiner knappen Wort-Bilder unterbrach. Meist reagierte ich auf die Buhrufer, indem ich wie ein Schulmeister mit dem Finger drohte und sie aufforderte, den Texten zuzuhören, denn dieser junge Mann sei ein Genie. Sie hörten zu.

Nie hab' ich bei einem Menschen eine solche Ausstrahlung erlebt wie bei ihm und seinen Auftritten, die das krasse Gegenteil von Effekthascherei waren. Wenn er auf der Bühne erschien, umgab ihn die seltsame Verlorenheit eines Einsamen, der sich fehl am Platze fühlt.

Selbst heute noch, wo er doch in mehr als zwanzig Jahren zu einem sturmerprobten Rock'n'Roller geworden ist und als sein eigener Manager die Dinge im Griff hat, wo er die Menschenmassen, das Sicherheits- und Bühnenpersonal mit einem einzigen Wort, einem einzigen, finsteren Blick zu dirigieren versteht, auch heute noch kann es ihm passieren, daß er, wenn die Lichter auf der Bühne angehen und die Menge ihm erwartungsvoll zujubelt, mit dem Rücken zum Publikum auftritt und vor lauter Nervosität nicht weiß, wohin mit seiner einen oder den beiden Mundharmonikas. Steht er dann der Menge gegenüber, macht er den Eindruck, als wolle er lieber in einem abgedunkelten Zimmer sitzen und Schach spielen. Was in einem gewissen Sinn wohl auch der Fall ist.

Von Zeit zu Zeit (wie sehr viel später, 1975, auch bei der *Rolling-Thunder-Tournee*) schien er unsagbar glücklich zu sein. Glücklich, sich einen mit grellbunten Blumen aufgeputzten Hut aufzusetzen, glücklich, einmal unbeschwert die Bühne zu betreten, glücklich, die vielen Menschen zu sehen.

Eine Zeitlang trug er leuchtend bunte Krawatten und schminkte sich das Gesicht weiß. Dann grinste er die Band an, lächelte sich selbst unter seinem Make-up zu und sagte ein paar Albernheiten ins Publikum, das seine Worte zu enträtseln und zu deuten versuchte, als wären sie eben auf Gesetzestafeln vom Berg Sinai eingetroffen. Ich glaube, daß er großen Spaß daran hatte, die Leute zu veralbern, aber was machte das schon: Die Lieder waren hinreißend, die Musiker phantastisch, und auf der Bühne spielte sich ein Wahnsinnszirkus ab. Auf der *Rolling-Thunder-Tournee* habe ich keinen Abend mit Bob Dylan versäumt. Wegen seiner Intensität, glaube ich, und wegen seiner Texte.

Bevor Bob »elektrisch wurde«, gab es nur ihn und die Gitarre. Und seine bruchstückhaften, großartigen, mystischen Texte.

Diese Texte waren es, die mich von meinen ätherisch vergeistigten – wenngleich ursprünglichen Balladen aus alter Zeit wegbrachten und mir den Schritt in die zeitgenössische Musikszene der sechziger Jahre ermöglichten. Ich spürte, wie weit meine alten Lieder von den immer dringlicher werdenden Tagesproblemen entfernt waren. Als ich das Lied *With God on Our Side* zum ersten Mal im Konzert sang, war Bob dabei.

Bis dahin hatte ich mit Songs wie *Last Nigth I Had the Strangest Dream*, *We Shall Overcome* und einigen schwarzen Spirituals meine Musik und meine innersten sozialen Anliegen in Einklang gebracht.

Die Lieder Bob Dylans schienen die Begriffe Gerechtigkeit und Ungerechtigkeit neu zu sehen und zu formulieren. Auch wenn sie nicht von Ungerechtigkeit handelten, brachte er einen irgendwie dazu, dies Thema herauszuhören – schon durch sein Image und seine strikte Ablehnung politischer Beschwichtigungsversuche.

Nichts hätte besser für unsere Generation sprechen können als Bob Dylans Song *The Times They Are A-Changin'*. Die Bürgerrechtsbewegung hatte einen Höhepunkt erreicht, und der Vietnamkrieg, der diese Nation gespalten und zerrissen hat, der Millionen und Abermillionen von Menschen unheilbare Wunden zufügte, kam wie ein mächtiger Orkan auf uns zu.

Als der Krieg begann, machte ich mich mit vielen Tausenden auf, ihn in gemeinsamer Schlacht zu bekämpfen. Bob Dylan verloren wir später an andere Dinge. Doch bevor die erste offizielle Kugel in Vietnam abgefeuert wurde, hatte er unsere Vorratskammern gefüllt: mit Liedern wie *Hard Rain*, *Masters of War*, *The Times They Are A-Changin'*, *With God on Our Side* und schließlich mit *Blowin' in the Wind*, einem Lied, das die sechziger Jahre überdauerte und vom Lagerfeuersong der Pfadfinder über einen Dauerbrenner in den Kaufhäusern zur Hymne des sozialen Bewußtseins in der ganzen Welt geworden ist. Der Name Bob Dylans sollte sich so eng mit den radikalen Bewegungen der sechziger Jahre verbinden, daß Dylan mehr als all die anderen, die ihm mit der Gitarre auf dem Rücken und einem Notizblock voll nachgemachter Songtexte folgten, für immer als eine Leitfigur der Andersdenkenden und der sozialen Veränderung in die Geschichtsbücher eingehen wird – ob er das nun will oder nicht. Aber ich glaube, daß ihm so oder so nicht viel daran liegt.

Auch heute noch, in den achtziger Jahren, genügt ein so hübsches, kleines und verrücktes Liebeslied wie sein *Farewell, Angelina*, um ein französisches Festivalpublikum von vierzigtausend Menschen in die bedeutsamen Tage der sechziger Jahre zurückzuversetzen und ihnen ein Gefühl von Stärke zu vermitteln. Denn für ein paar Minuten können sie ein Teil des Traums jener Jahre werden, wo »alles möglich war«, wo das Leben einen Sinn zu haben schien und jeder etwas ganz Besonderes war. Und das, lieber Bob, ist weiß Gott nicht wenig.

Ich verließ Woodstock und fuhr nach Carmel Valley, Kalifornien, zurück, wo du mich nach einiger Zeit besuchen und eine Weile bleiben wolltest. Am Bahnhof bist du in eine Telefonzelle gegangen und hast Sara angerufen. Ich habe nicht einmal gewußt, daß es eine Sara gab. Als ich zwölf Jahre später Sara endlich kennenlernte und ihre Freundin wurde, haben wir stundenlang über diese Tage geredet, wo unser Geborener Vagabund uns beide hinterging.

Als du mich in Carmel Valley besucht hast, hockten wir in den Coffeehouses an der Cannery Row, fuhren die Big-Sur-Küste entlang und kauften für vierhundert Mark ein Klavier. Du standest an den großen Küchenfenstern neben deiner Schreibmaschine, die du auf einer Ziegelsteinkonstruktion aufgebockt hattest, und schautest dir die Berge an. *Love is Just a Four-Letter Word* hast du damals geschrieben und, neben anderem, auch *The Lonesome Death of Hattie Carroll*. Und eines Abends hast du dir das ganze Fleisch aus meinem selbstgekochten Eintopf gefischt und den andern nur das Gemüse und die Kartoffeln übriggelassen.

Trotz allem, was in diesem Sommer geschah und auch nicht geschah, machten wir Pläne für eine kurze, gemeinsame Konzertreise durch die Staaten, die im März und April 1965 stattfinden sollte. Wir einigten uns auf einen Entwurf von Eric Von Schmidt.

Wir hatten auf dieser Tournee nur ausverkaufte Häuser und eine begeisterte Presse. Die Show teilten wir genau zwischen uns auf: Wir begannen gemeinsam, dann sang ich vierzig Minuten und Bob, nach der Pause, ebenfalls vierzig Minuten. Der Abschluß war wieder gemeinsam. Wir lachten viel miteinander, wir fuhren weite Strecken mit dem Auto, und wir sollten die *Beatles* kennenlernen.

(Ein Brief nach Hause:)
Ihr Lieben alle –
Manchmal bin ich so glücklich, daß es geradezu lächerlich ist. Hier waren mindestens zehntausend Leute, die mit Freuden ihren rechten Arm oder ihr rechtes Bein geopfert hätten, nur um die schönen *Beatles* zu berühren, mit ihnen reden zu dürfen oder auch nur im selben Raum mit ihnen zu sein. Ich muß gestehen, daß es mir genauso ging. Aber am Ende war es dann so, daß die Presse mich gebeten hat, an der Pressekonferenz der *Beatles* teilzunehmen, denn die *Beatles* selbst hatten herausbekommen, daß ich hier war und um ein Treffen mit mir gebeten. So kam es also, daß ich die »Aufführung« von der Bühne aus verfolgte, nachdem ich vorher noch letzte Hand angelegt hatte, bei Krawatten, Manschettenknöpfen, Haaren usw. Anschließend fuhr ich in ihrer Limousine und in Begleitung von Polizeisirenen, Motorrädern etc. bis zum Hotel, ging mit ihnen in ihre Suite, wo ich schon eine fürchterlich laute Party vermutete – aber sie wollten niemanden mehr sehen. Und so saßen wir denn zu fünft in der Runde, kicherten, machten Blödsinn und sangen Lieder bis um drei Uhr morgens.

Ich genoß den Ruhm, die Aufmerksamkeit und die Freundschaft mit Bob. Schon bald aber traten unsere Unterschiede zutage und wirkten sich mehr und mehr auf unsere Beziehung aus. Meiner Ansicht nach war sein Einsatz für eine Veränderung der Gesellschaft auf seine Tätigkeit als Liedermacher beschränkt. Und soviel ich weiß, hat er niemals an einem Protestmarsch teilgenommen und sicherlich nie einen Akt zivilen Ungehorsams verübt, zumindest keinen, von dem ich erfahren hätte. Ich hatte immer das Gefühl, daß er keine Verantwortung übernehmen wollte.

Eines Abends zogen wir los, um vor dem Auftritt noch eine Kleinigkeit zu essen. Da vergaß Bob sein Jackett, das am Mantelreck seiner Garderobe hing. Ich hatte mich redlich bemüht (eine meiner hervorragenden Eigenschaften), ihn dazu zu bewegen, etwas anderes als dieses widerwärtige englische Waisenjäckchen zu tragen, das ihm einige Nummern zu klein war und ihn regelrecht entstellte, an dem er aber mit seiner ganzen Seele hing. Ich muß wohl vorübergehend das Spiel gewonnen haben, denn als wir uns nach ein paar Hamburgern umsahen, trug er etwas anderes, und als wir in die Garderobe zurückkamen, war das Jäckchen verschwunden. Ich ahnte Schreckliches. Bob, puterrot im Gesicht, brüllte auch sofort den fast zwei Meter langen schwarzen Leibwächter an: »Verpiß dich!« Der Schwarze verdrückte sich schnellstens. Als Bob sich dann mit verzerrtem Gesicht, hervortretenden Adern und blutunterlaufenen Augen zu mir umdrehte und einfach weiterschrie, erklärte ich ihm in aller Ruhe, daß er nie wieder in diesem Ton mit mir oder irgendeinem anderen reden solle. Ich verließ den Raum – nach außen hin eine Säule eherner Kraft und innerlich ein einziger Wackelpudding. Schon bei der Probe war Bob großartig und später, bei seinem Auftritt, einfach überwältigend. Nach dem Auftritt machte ich die geistreiche Bemerkung, daß er öfter so durchdrehen solle wie vorhin, denn er wäre sogar noch besser als sonst gewesen. Da fing er tatsächlich wieder zu toben an. So wußten wir denn so einiges voneinander, als wir uns gemeinsam nach Europa aufmachten. Bob hatte mich eingeladen, an seiner England-

Tournee teilzunehmen, und ich hatte hellauf begeistert zugesagt.

Manchmal glaube ich, daß du dich auf dieser England-Tournee im Frühjahr 1965 von jeder Realität abgewandt hast. Man hat dich mit Lob überschüttet, hysterische Fans stellten dir überall nach, du bist von Liberalen, Intellektuellen, Politikern und von der Presse gefeiert und von Narren wie mir regelrecht vergöttert worden. Als du mich eingeladen hast, mitzukommen, hielt ich das für eine Aufforderung, mit dir zusammen aufzutreten. Weißt du eigentlich, wie schön und wie wichtig das für mich gewesen wäre? Ich hatte dich in den Staaten eingeführt, und wenn du mir den gleichen Gefallen getan hättest, wäre das nicht nur eine Selbstverständlichkeit gewesen, sondern es hätte mir auch den Rücken gestärkt, was ich vor meiner eigenen Tournee, die der deinen unmittelbar folgen sollte, so dringend gebraucht hätte. Doch allem Anschein nach war es so nicht gedacht.

Als wir auf dem Flughafen landeten, hast du eine typische Dylan-Pressekonferenz abgezogen, indem du mit einer gigantischen Glühbirne spieltest und die Presse mit deinen Nicht-Antworten, die zum Teil hinreißend komisch waren, ganz schön aus der Fassung brachtest.

Der Trubel hat sich nie gelegt. Und warum zum Teufel sollte dir auch nach einer ruhigen Tasse Tee mit mir zumute sein? Sie hielten dich für einen Gott. Ich hielt dich für meinen Freund und wollte mit dir auf der Bühne stehen, den Erfolg und das Hochgefühl mit dir teilen. Aber du wolltest die ganze Tournee für dich allein. Zum ersten Mal in meiner kurzen, aber immens erfolgreichen Karriere hatte mir jemand buchstäblich vor meiner Nase die Show gestohlen. Ich schlug nur noch die Zeit tot und wurde krank. Hätte ich Neuwirth nicht gehabt, den gemeinsamen

Freund, der für dich den Reisebegleiter und für mich das Selbstmordverhütungszentrum spielte, ich wäre völlig zusammengebrochen.

Eines Morgens zwängte sich das zahlreiche Gefolge von Bob in die bereitstehenden Autos, um nach Liverpool weiterzufahren. Ich stieg nach ihm ein. Bob griff nach einem Stapel Zeitungen und las, was da über ihn stand. Dabei stieß er auch auf einen Ausspruch von mir. Man hatte mich in einem ungünstigen Augenblick gefragt, wie der wirkliche Bob Dylan sei.

Eine Sekunde lang hatte ich mit dem Gedanken gespielt, ehrlich Auskunft zu geben, mich dann aber dagegen entschieden und ganz einfach gesagt: »Bob ist ein Genie.«

»Was ist das für ein Scheiß?« Bobs Stimmung sank rapide ab.

»Was für ein Scheiß?«

»Deine Bemerkung, daß ich ein Genie wäre. Was soll der Scheiß?« Äußerlich blieb ich ganz ruhig.

»Das sagst du doch auch, wenn du an nichts anderes denken kannst, Robert.«

»Was fällt dir ein, mich ein Genie zu nennen?«

»Hätte ich ihnen deiner Meinung nach lieber sagen sollen, was ich wirklich denke?«

Manchmal glaubte ich die einzige zu sein, die wirklich wußte, was mit Bob los war. Auf seiner ersten Tournee hat man ihn unglaublich verwöhnt. Ständig war er dort von Kriechern und Speichelleckern umgeben, die jede neue Zeile, die er aus der Schreibmaschine spulte, in den höchsten Tönen lobten.

Auf den Gedanken, selbst einer dieser Kriecher zu sein, wäre ich nie gekommen. Ich war eine verwundete, aber immer noch kämpfende Königin, die sich, längst entthront, doch mit allen Zähnen am Traum der Macht festgebissen hatte. Die Tournee endete damit, daß Bob nach der spontanen Anwandlung, in irgendein exotisches Restaurant essen zu gehen, krank wurde und sich ins Bett legen mußte.

Ich habe in London mein eigenes Konzert gegeben. Es war ausverkauft und ein voller Erfolg. Wenn ich mich trotzdem nicht darüber freuen konnte, so lag das vor allem daran, daß unsere Begleittruppe fast vollzählig bei Bob im Hotel geblieben war. Dieses erste ausverkaufte Konzert war nur der Anfang von vielen anderen, die noch kommen sollten. Aber das konnte ich zu diesem Zeitpunkt noch nicht wissen. Ich hatte meine Karriere und meinen Erfolg ebenso wie die Tatsache vergessen, daß ich eine riesige Anhängerschaft und meine eigene Stimme besaß. Ich kam gar nicht auf den Gedanken, daß viele englische und europäische Freunde mir fast fünf Jahre lang die Treue gehalten hatten.

3. Show Me the Horizon

THE BLACK ANGEL OF MEMPHIS
Martin Luther King

»Geh mal einer den Martin wecken.«

»Sag bloß noch, ich soll gehen!« (Lachen)

»Die Leute sitzen schon bald zwei Stunden in der Kirche und warten. Jemand muß ihn wecken gehen. Er kann das doch nicht einfach verpennen!«

»Er ist der müdeste aller Nigger, der je seine müden Knochen auf ein Bett fallen ließ. Ich geh' ihn jedenfalls bestimmt nicht wecken.«

»Was ist mit dir, Joan? Du gehst einfach rein, singst ihm ein kleines Lied und weckst ihn richtig nett auf.«

»Ich? Nee. Ich will ihn auch nicht wecken gehen.«

Man drängte mich in das Schlafzimmer der bescheidensten Unterkunft im schwarzen Bezirk von Grenada, Mississippi, wo Dr. Martin Luther King jr. und einige seiner Helfer wohnten. Hier hatte ich mich auch mit Ira zu einem gemeinsamen Frühstück verabredet. Das war im Herbst 1966. Die Tür ging leise hinter mir zu. Ich wartete ein paar Sekunden, ging dann um sein Bett herum und stellte mich ans Fußende. Er schlief tief und fest und so friedlich, daß ich kein Geräusch zu machen wagte. Sein schwarzer Kopf hatte in das blütenweiße Kissen eine Kuhle gedrückt. Dichte Wimpern und buschige Augenbrauen, die sich so klar von der glatten Haut abhoben. Keine Falten. Der berühmte kleine Schnurrbart über dem breiten, schön geformten Mund, dem Mund des vermutlich besten Redners, den dieses Land je hervorgebracht hat. Seine Lippen, die in der Tiefe seines Tagesschlummers weich und entspannt wirkten.

Ich trat neben sein Bett, setzte mich auf einen abgewetzten Polsterstuhl mit weißen, gestärkten Deckchen über den Armlehnen und fing leise zu singen an.

I am a poor pilgrim of sorrow
I travel this wide world alone ...

Ich bin eine arme Pilgerin und Leid erfüllt mein Herz
Ich ziehe ganz allein durch diese weite Welt ...

Ich sang es so, wie ich es von einem Sopran in einer Kirche in Birmingham gelernt hatte, mit langgezogenen, frei formulierten Noten und ohne einen bestimmten Rhythmus.

No hope have I for tomorrow
I'm trying to make heaven my home.

Ich habe keine Hoffnung mehr für morgen
Doch wird der Himmel meine Heimat sein.

Er rührte sich nicht.

Sometimes I'm tossed and I'm driven, Ohhh.

Manchmal werde ich gestoßen und getrieben, Ohhh.

Die Töne gingen um Stufen höher.

Sometimes I don't know where to roam, Mmmmm,
But I know that there must be King Jesus, Ohhh,
And I'm trying to make heaven my home.

Ich weiß oft nicht, wohin der Weg mich führt, Mmmm,
Ich weiß nur, daß es dort den König Jesus gibt, Ohhh,
Und der Himmel meine Heimat ist.

Allmählich rührte sich etwas im Bett, wälzte sich genüßlich grunzend in Richtung auf meinen Stuhl.
»Ich glaub', ich hör' einen Engel singen. Sing mir noch ein Lied, Joan.... Mmmm, ist das schön.« Er lächelte verschlafen und war, als ich mit der nächsten Strophe begann, wieder selig eingeschlummert. Ich machte mir jetzt doch allmählich Sorgen wegen der Menschen, die in der Kirche auf ihn warteten, sang aber weiter, bis Andy Young den Kopf durch die Tür steckte und mit seinem halben Lächeln auf den Lippen sagte: »Hätte ich wissen müssen.« Gemeinsam rüttelten wir ihn wach, stellten ihn auf die Beine und flößten ihm Kaffee ein, auf daß er sich aufmachte und den Schäflein auch dieser Gemeinde das Wort verkündigte.

Ach, wie gern ich ihn sprechen hörte! Manchmal glaubte ich, daß er noch leidenschaftlicher, noch bewegender von der Gewaltlosigkeit sprach, wenn ich unter den Zuhörern war. Er hatte einmal zu mir gesagt, daß er nichts anderes zu tun brauchte, als das Wort »Gewaltlosigkeit« auf seine Art auszusprechen, »Non-VAH-olence« zu sagen, und schon würde ich zu einer seines Volkes werden.

Es kam mir wie ein Traum vor, daß ich ihm begegnet war, ihn kennenlernen und mit ihm zusammenarbeiten durfte. Schließlich war er doch einer der beiden Heiligen jenes Wunders, das mir damals, als ich kaum sechzehn Jahre alt war, das Herz geöffnet hatte: des Wunders der Gewaltlosigkeit, jener Idee, die Mahatma Gandhi als revolutionäres politisches Instrument in Indien einführte und von Indien aus der Welt verkündigte und die jetzt durch Martin Luther King in den Vereinigten Staaten von Amerika eingeführt wurde.

Gandhi hatte von seiner Arbeit in Indien gesagt, daß sie die Inder davor bewahren sollte, sich britischen Gewehren gegenüber zu sehen, und die Briten davor, hinter diesen Gewehren zu stehen. Dieselbe Regel befolgte man jetzt auch im Süden, vor allem, weil King aufrichtig glaubte, daß die Weißen seine Brüder waren, und weil seine Anhänger ihn so sehr liebten, daß sie nicht an seinen Worten zweifelten und sich streng an die Taktik der Gewaltlosigkeit hielten.

1963 bin ich in Washington gewesen, als King seine wohl berühmteste Rede hielt: *I have a dream (Ich habe einen Traum)*. Da dieser unvergeßliche Tag so oft schon beschrieben worden ist, möchte ich hier nur sagen, daß wenn ich auf irgend etwas stolz sein kann, dann darauf, daß man mich gebeten hat, an diesem Tag aufzutreten. Bei glühender Sonne und angesichts des Regenbogens, jenes Ursymbols des Bundes zwischen Gott und den Menschen, habe ich *We Shall Overcome* gesungen, und 350 000 Menschen haben miteingestimmt. Ich stand ganz in der Nähe meines geliebten Dr. King, als er die vorbereitete Rede zur Seite schob und Gottes mächtigen Atem durch seine Stimme strömen ließ. Über mir sah ich die Freiheit und hörte ihr Geläut rings um mich her.

1961 hatte ich auf einer regulären Tournee zum ersten Mal den Süden bereist. Damals aber nahm ich die Bürgerrechtsbewegung kaum zur Kenntnis, vermutlich, weil ich den Schritt von Michael weg in das wirkliche Leben noch nicht geschafft hatte. Ich konnte jedoch feststellen, daß in meinen Konzerten nie ein Schwarzer saß. Und selbst wenn einer gekommen wäre, hätte man ihm den Zutritt verweigert. Daher hielt ich im darauffolgenden Sommer vertraglich fest, daß ich nur dann auftrat, wenn auch Schwarze zugelassen wurden. Damals hat die Bewegung, die mit neuem Elan ihre Ziele vertrat, auch immer stärkeren Zulauf gefunden.

Als ich aber in den Süden zurückkehrte, mußte ich zum zweiten Mal feststellen, daß keine Schwarzen meine Konzerte besuchten – einfach darum, weil sie nie von mir gehört hatten. So mußten wir das dortige Büro der NAACP (National Association for the Advancement of Colored People) bitten, uns Freiwillige zu schicken, die sich für den Auftritt einer Sängerin, die sie noch nicht einmal kannten, ins Publikum mischten. Mit den Liedern *Oh, Freedom* und *We Shall Overcome,* die ich in diesem Konzert sang, schloß ich mich uneingeschränkt ihrem Freiheitskampf an.

Noch immer unzufrieden mit dem Grad meines Engagements, faßte ich den Entschluß, beim nächsten Mal in den Hochschulen für Schwarze aufzutreten. Selbst wenn ich für die farbige Bevölkerung unbekannt war, würden die Studenten zu meinen Konzerten kommen, vielleicht auch nur aus Neugier oder Langeweile. Mit leichten Vorbehalten hat Manny 1962 eine Tournee organisiert, die vier schwarze Colleges im tiefsten Innern des Südens umfaßte und bei der Kimmie und er selbst mich begleiteten. Die eindrücklichste dieser Schulen wurde für mich das Miles College in Birmingham, Alabama.

Wir waren ein paar Tage früher dort angekommen, um bei King und seinen Helfern sein zu können. Wir wohnten mit ihnen im »Gadston Motel«, dem einzigen Hotel, das Schwarze und Weiße aufnahm. Birmingham hatte sich in Erwartung der Protestmärsche, der Demonstrationen und der Aktionen zivilen Ungehorsams bis an die Zähne bewaffnet, so daß wir den kommenden Tagen mit angespannter Erwartung entgegensahen.

Am Sonntagmorgen nahmen wir an einem Gottesdienst in der Baptistenkirche teil. Der junge Prediger, der vor dicht besetzten Reihen sprach, hielt eine Predigt über das »Singen um Mitternacht«. Als die Menschen sich erhoben, um Zeugnis abzulegen, sprachen sie einmal nicht von ihrer Hoffnung auf das Paradies, sondern davon, für ihre Freiheit ins Gefängnis gehen zu wollen. Eine Frau stand auf und bezeugte, daß sie und die andern Mütter keine Angst zu haben brauchten, ihre Kinder ins Gefängnis gehen zu lassen, weil, wie sie sagte, »das Gefängnis das einzige ist, das uns übrigbleibt. Und wie man mich immer gelehrt hat, ist es auch keine Schande, nein, ›Lobet den Herrn‹, es ist eine Ehre, ins Gefängnis zu gehen und damit in die Fußstapfen unseres großen Führers Doktor Martin Luther King treten zu dürfen!«

Beim Klang des Namens King ließ sich ringsum ein vielstimmiges »JA, STIMMT... JA, UH'HUH!« vernehmen, begleitet von bekräftigendem Kopfnicken, von Schluchzen, Gemurmel und Gesumm.

Der Chor mischte sich mit kraftvollen Gesängen ein, am anderen Ende des Gangs fiel ein alter Mann in Verzückung, wurde ohnmächtig und mußte von vier Frauen in knisterndem Weiß hinausgetragen werden, die, nachdem sie ihm Luft zugefächelt hatten, wieder in den Choral einstimmten.

Ohne mich zu schämen, ließ ich meinen Tränen freien Lauf und sah, daß auch Kimmie neben mir schon verdächtig zuckte. Da kam eine hübsche schwarze Lady auf Kimmie zu, öffnete ihr die oberen Blusenknöpfe und fächelte ihr frische Luft zu, wobei sie den weißen Leuten »von da oben aus dem Norden«, die rein gar nichts gewöhnt waren, freundlich zulächelte.

Dann hörte ich den Prediger sagen: »Und wir freuen uns, daß heute eine Freundin von uns allen bei uns ist, die aus dem Norden kam, um uns in unserem Kampf beizustehen...« Oh Jesus, dachte ich, nicht jetzt. Aber da fuhr er auch schon fort und verkündete: »Wir wollen sie jetzt bitten, uns irgend etwas vorzusingen... Miss Jo-ann... Jo-ann Bah-ezz.« Ein Gemurmel hob an, die Leute wechselten die Plätze und fragten sich, was wohl in diesen merkwürdigen Zeiten sonst noch alles bei ihrem Gottesdienst passieren würde.

Als ich die Kanzel betrat und *Let Us Break Bread Together on Our Knees* anstimmte, fielen alle mit ein. Ich sang mit einer Stimme, die ganz anders war als die reine, »weiße« Stimme, die auf meinen Platten zu hören ist. Ich sang mit der Seele und im Geiste jener Menschen, die jetzt hier in diesem Saal beieinander waren, mir zustimmend zunickten und mich aus alten, zerfurchten Gesichtern verwundert und erfreut anlächelten. Als ich *Swing Low* sang, gerieten sie förmlich in Verzückung. Taschentücher kamen zum Vorschein. Die Fächer verdoppelten ihre Geschwindigkeit. Einige riefen ein gellendes »UH-HUH-OH HERR!«. Eine alte Dame mit rotem Hut wurde ohnmächtig und mußte hinausgetragen werden. Mir war schon sehr bänglich zumute, aber ich sang weiter, weil ich, wie man durchaus sagen kann, vom Geist erfüllt war.

Der nächste Tag war der erste Tag der Massenverhaftungen. Der Polizeichef Bull Connor, der dafür bekannt war, im hellblauen Panzer seine Runden durch die Stadt zu drehen, erteilte den Befehl zur Bereitstellung von Wasserwerfern, Tränengas, Polizeihunden und Arrestzellen.

Ich war wütend, weil ich an diesem Tag ein Konzert geben mußte und mich nicht zusammen mit meinen Brüdern und Schwestern verhaften lassen konnte. Ich versprach

Manny, rechtzeitig vor dem Konzert im Hotel zurück zu sein, und fuhr mit Kimmie in einem Auto der Bürgerrechtler – ich den Kopf nach unten auf dem Rücksitz, Kim auf dem Boden – in eine Kirche, wo sich Kinder aus ganz Birmingham versammelt hatten.

In der Kirche wimmelte es nur so von Kindern. Sie drängten sich in den Gängen und zwischen den Bankreihen, sie klatschten in die Hände, sangen, schwatzten und lachten. In dem ganzen Getöse stimmten immer neue Gruppen in regelmäßigen Abständen den populärsten Gesang des Tages an, der aus dem einen Wort *Freedom, Freiheit* bestand, nach der Melodie des »Amen« sangen sie ihn immer wieder, wobei sie verschiedene Anfangszeilen voranstellten, etwa »Jedermann braucht...« oder »Alle Kinder brauchen...«, ja sogar »Bull Connor braucht... Freedom, Freedom, Freedom, Freedom!«

Außer Kimmie und mir war noch eine Weiße in der Kirche, die tapfere Barbara Deming, die an diesem Tag mitmarschierte. Wegen zivilen Ungehorsams hatte sie lange Zeit im Gefängnis von Birmingham gesessen, wo sie ihre bekannten *Prison Notes* schrieb.

Als es für mich Zeit wurde zu gehen, verbarg ich mein Haar unter einer Stola, nahm die beiden an die Hand und schritt erhobenen Hauptes durch das Kirchenportal. Kichernd und schwatzend gingen zwei schwarze Mädchen und ich an den stämmigen Polizisten vorbei. Mit dem Versprechen, sich nicht verhaften zu lassen, war Kimmie in der Kirche geblieben, und ich trollte mich nur widerwillig ins »Gadston« zurück, um mich dort vor unserer Fahrt zum Miles College mit Manny zu treffen.

Das erste, was uns auf dem Campus begegnete, war ein langer Zug schwarzer Schüler, die uns quer über die Wiese entgegenkamen und »Miles College braucht Freedom« sangen. Von prächtigstem Schwarz in jeder nur denkbaren Schattierung, tanzten sie und klatschten im Takt ihrer Schritte, stießen und schubsten einander aus reinem Übermut. Ironischerweise sollte ich heute abend vor den unpolitischsten Schwarzen von ganz Alabama singen. Jeder, der sich wirklich für die Bewegung engagierte, war in der Stadt und ließ sich verhaften.

Vielleicht war es besser so. Denn als wir auf der Wiese standen und mit unseren Gastgebern sprachen, kündigte sich das erstaunlichste Ereignis des Abends bereits an: Hier und dort tauchten in Grüppchen oder auch nur zu zweit Weiße auf, gingen in aller Ruhe über die Wiese und auf den Eingang des Hauptgebäudes zu. »Es ist das erste Mal«, sagte einer unserer Gastgeber nachdenklich, »daß Weiße ihren Fuß auf diesen Campus setzen.«

Langsam füllte sich das Auditorium bis auf den letzten Platz, wobei das Publikum im mittleren Bereich vonehmlich aus Weißen, kaum aus Schwarzen bestand und in den seitlichen Bereichen fast ausschließlich aus Schwarzen. Was ich kurz vor meinem Auftritt durchmachte, war schon etwas mehr als Lampenfieber. Ich fürchtete um mein Leben. Rings um uns her war eine Revolution im Gange, und wenn ein weißer Geschäftsmann mit seiner Familie *Fair and Tender Maidens* von mir hören wollte, mußte er in diesen brodelnd heißen Saal kommen und sich unter dieses Publikum mischen. Als ich die Bühne betrat und mich verbeugte, versuchte ich, mein rasendes Herzklopfen zu meistern. Beim ersten Lied krachte es einmal so laut auf der Empore, daß mir der Schreck in alle Glieder fuhr. Ein Prickeln lief mir über den ganzen Körper, ich glaubte, vor lauter Angst zusammenzuklappen. Als aber ein leichtes Raunen durch den Saal ging, ein Kopfschütteln und Achselzucken (»Da muß wohl ein Stuhl umgefallen sein«), verlangsamte sich mein Herzschlag und kehrte zu normalen Frequenzen zurück. Ich sang und sprach mit den Leuten, von denen sich keiner zu langweilen schien. Vielleicht lag das zum Teil an den elektrischen Impulsen, die vom Zentrum des Geschehens ausgingen und die wir auch hier zu spüren glaubten, Meilen entfernt vom Zentrum der Stadt, wo in eben diesem Augenblick Kinder und Jugendliche verhaftet und in gesicherte Fahrzeuge verfrachtet wurden, Kinder, die singend und betend sich zu Tode ängstigten, aber durch die Gegenwart der anderen und aus dem Wissen Kraft schöpften, daß sie in den Augen Gottes richtig handelten. Mir diese jungen Leute jetzt vorzustellen, machte Mut, und es wurde ein sehr schönes Konzert. Es endete mit *We Shall Overcome.* Die Zuhörer standen von ihren Plätzen auf und hielten sich an den Händen, sie sangen mit und wiegten sich im Takt der Melodie. Sie sangen noch zaghaft und leise, und viele Menschen weinten.

Jahre später hat mir eine einflußreiche Liberale aus Washington erzählt, daß sie an diesem Tag in meinem Konzert gewesen sei und neben einem bekannten Journalisten, einem Leitartikler der rechten Presse, gesessen hätte, der ihr erklärt habe, daß er nur aus Neugier gekommen sei. Zuletzt aber habe auch er sich erhoben, habe ihre Hand gehalten und mitgesungen, ja sogar mitgeweint. Dieses Konzert habe sie ganz überwältigt und sich nachhaltig auf ihr Leben ausgewirkt. Das kann ich auch von meinem Leben sagen.

Die Wasserwerfer zielten und sprühten, die Hunde jagten los und gruben ihre Zähne durch zerlumpte Ärmel ins Fleisch, die Schlagstöcke sausten durch die Luft und trafen, Martin Luther King ging ins Gefängnis. Die ganze Welt verfolgte das Geschehen, die Briefe, Gedanken und Gebete, die Energien und die Sympathien aller zivilisierten Völker galten jetzt der schwarzen Gemeinde, die sich zum ersten

Mal in der Geschichte Amerikas erhoben hatte – unvermutet rasch und mit der ganzen Würde der Gewaltlosigkeit. »Versteht ihr«, sagte King, »keiner kann auf eurem Rücken herumreiten, wenn Ihr ihn geradehaltet!«

Das erste richtige Gespräch, das ich mit King führte, fand 1965 während einer Tagung der SCLC, der *Southern Christian Leadership Conference* (Konferenz christlicher Führer des Südens) in South Carolina statt. Andy Young holte mich zu einem Treffen in Kings Hotelzimmer ab. Schon vor der Tür krampfte sich mein Magen zusammen, als ich die Wut und Enttäuschung in seiner Stimme hörte. Nach einem Augenblick des Zögerns klopfte Andy an die Tür, öffnete und trat nach mir ein. Außer King waren noch Jesse Jackson und James Bevel in dem Zimmer, die sich über irgendein Thema ereiferten, das mit Loyalität zu tun hatte. King, dem die Tränen in den Augen standen, hielt ein Glas in der Hand und sprach davon, daß er den Druck nicht länger ertragen könne und nur noch zurück nach Memphis wolle, um dort in seiner kleinen Kirche zu predigen. Eine seiner Mitarbeiterinnen war ins Badezimmer gelaufen und beugte sich weinend über das Waschbecken. Ich ging zu ihr und nahm sie in den Arm, ohne mich zu fragen, ob sie mir irgend etwas erklären wollte oder nicht, nur aus dem Wunsch heraus, zu trösten und zu irgend etwas nütze zu sein.

Vielleicht war ich zunächst doch ein wenig schockiert und fürchtete, daß unser großer Führer sich betrinken könnte, daß er fluchte, heulte, verrücktes Zeug erzählte und, wie ich argwöhnte, gar Freundinnen haben könnte. Ich hegte den Verdacht aufgrund gewisser Gerüchte, die mir zu Ohren gekommen waren und die ich jetzt mit der Szene im Hotelzimmer in Verbindung brachte. Letztlich aber war ich eher erleichtert als schockiert, ihn auch mit seinen menschlichen Fehlern und Schwächen erlebt zu haben. Ich wußte, daß man ihn wegen seiner »Schwachstellen« kritisieren würde. Aber ebenso wußte ich, daß es unmenschlich war, mehr von ihm zu erwarten, als er tun oder sein konnte, mehr auch als das, was er uns allen schon gab. Möglich, daß ich mich eines Tages in einer ganz ähnlichen Lage befand und mir nur wünschen konnte, verstanden zu werden und daß man mir vorab verzieh.

Als wir uns am nächsten Tag wieder begegneten, lächelte King etwas verlegen.

»Tja«, fing er an, »jetzt wissen Sie, daß ich kein Heiliger bin.«

»Und ich bin keine Jungfrau Maria«, sagte ich. »Wie tröstlich!«

Am Abend vor dem geplanten Frühstück in Grenada, Mississippi, (das King verschlafen hatte) war ich aufgefordert worden, ihn zusammen mit Jesse Jackson, Andy Young, Hosea Williams und James Bevel King am Flughafen abzuholen. Ich versuchte, es den andern nicht zu zeigen, aber mir war ganz schwindelig vor Freude über die Aussicht, ihn endlich wiederzusehen, hinter den Kulissen über seine Vorhaben zu erfahren, teilzunehmen an Gesprächen mit den Führern der Bewegung. Auf der Fahrt kuschelte ich mich ans Fenster und sah hinaus auf die üppigen, immergrünen Bäume, die mit hängenden Flechten bewachsen und bis ins Geäst von wuchernden Schlingpflanzen umrankt waren.

Als ich aber ein »Gott, ist das schön hier!« riskierte, lachten sie laut los und verstärkten mir zuliebe ihren Akzent:

»Wir hier unten nennen so was einen Sumpf. Von wegen schöne Gegend. Und Leute, die hier nicht genügend Baumwollballen zusammenkriegen, können sich hier gleich schlafenlegen.«

»Yeah, und sehr, sehr lange schlafen!«

Ich kam mir vor wie der letzte Idiot, aber die andern

brachen immer wieder in ein solches Gelächter aus, daß ich einfach mitlachen mußte.

Dann fing Bevel an, Geschichten von früher zu erzählen und wie er hier einmal einen auf »einfältigen Nigger« machte. Damals fuhr er genau auf der gleichen Straße und sah im Rückspiegel, daß ihm ein Streifenwagen folgte. Bevel wurde nervös und fuhr schneller, was die Polizei natürlich auch tat. Also trat er nochmal voll aufs Pedal und rauschte davon, wohl in der irrwitzigen Hoffnung, daß sein Schrotthaufen von Auto den Wagen eines Sheriffs ausstechen könnte. Natürlich stoppte ihn die Polizei nach einer kurzen Jagd mit Blinklicht und Sirenen. Bevel sprang aus dem Auto und lief auf die Polizisten zu, wobei er seinen Hut in den Händen drehte und den sogenannten »einfältigen Nigger« spielte. »Oh mein Gott«, legte er mit breitestem Akzent los, »bin ich vielleicht froh, daß Sie von der Polizei sind. Ich denk' die ganze Zeit, da sind so Gangster hinter mir her, ich krieg's mit der Angst und will bloß noch abhauen. Allmächtiger Gott, grad denk' ich noch, so, jetzt haben sie dich, da sehe ich die Lichter hinter mir blinken und da, oh, ich danke Ihnen ja so, vielen, vielen Dank auch. Sie haben einem armen Nigger das Leben gerettet...« Mir fielen fast die Augen aus dem Kopf, als ich Bevel zuhörte und zu den andern hinübersah, die vor Lachen wieherten, obwohl sie die Geschichte bestimmt schon hundertmal gehört hatten.

Wir wurden schweigsamer, je näher wir dem Flugplatz kamen. Schwarze und Weiße in einem Auto – das war damals im Süden riskant. Und noch riskanter, Martin Luther King abzuholen – trotz des FBI, der seine Sicherheit gewährleisten sollte. Ich bin mir nie über meine wahre Einstellung zum FBI klargeworden. Einerseits war ich froh, daß es diese Leute gab, denn schließlich wurden sie dafür bezahlt, uns vor der Lynchjustiz des Ku Klux Klan zu bewahren. Andererseits waren viele von ihnen ganz normale Südstaatler, die uns nicht ausstehen konnten und sich nur gefreut hätten, wenn uns außerhalb ihres Zuständigkeitsbereichs etwas zugestoßen wäre.

Nachdem Kings Maschine gelandet war und er die vielen Menschen in der Halle passiert hatte, packten wir ihn ins Auto und machten uns schnellstens auf den Rückweg in die Stadt. Zu meiner größten Überraschung aber wurde auf der ganzen Fahrt kein einziges wichtiges Thema angesprochen. Es ging weiter mit den Witzen. King hatte von seinem letzten Aufenthaltsort ein paar neue mitgebracht – hauptsächlich Negerwitze. Die andern waren so guter Laune und lachten so ausgiebig über jeden neuen Witz, bis sie ihre Taschentücher zu Hilfe nehmen mußten.

Mit ihm ein Restaurant zu betreten, war, als käme man mit dem lieben Gott persönlich durch die Tür. Auch als ich diesmal mit ihm ausging: In dem kleinen Raum, schienen die Gesichter der Menschen sich wundersam zu verwandeln. King lächelte jedem einzelnen zu, und sie nickten und lächelten ehrerbietig zurück. Manche standen auf, um ihm die Hand zu schütteln, andere fanden kein Ende, ihm zu danken, viele schüttelten in stummer Verwunderung nur den Kopf und wischten sich die Tränen aus den Augen. King aß leidenschaftlich gern. Ich glaube, ich bestellte mir das gleiche wie er, und zum Nachtisch Apfelkuchen mit Eis.

Am nächsten Tag wollten wir mit einer kleinen Heerschar schwarzer Volksschüler, denen man bis heute die Aufnahme an einer Schule für Weiße verweigert hatte, zu einer solchen Schule marschieren. Was uns da bevorstand, war kein netter Spaziergang. Es war ein gefährlicher Weg.

Bevor King in Grenada eintraf, hatten wir an Versammlungen in den Kirchen und an Märschen durch die Stadt teilgenommen, die von einheimischen Organisatoren geleitet wurden. Wir hatten im Stadtzentrum gesungen und in die Hände geklatscht, hatten gebetet und die Passanten aufgefordert, sich uns anzuschließen. Auch Mitglieder des Ku Klux Klan waren dabei, die an den Gehsteigen auf kleinen Hockern saßen oder an den Parkuhren lehnten, sich mit langen, gefährlich aussehenden Springmessern Äpfel schälten oder die Fingernägel saubermachten. Einmal sprang ein kleiner, etwa achtjähriger Junge mit blauen Augen und Sommersprossen von einem Lieferwagen und kam auf mich zu.

»Hey«, sagte ich.

»Niggerliebchen«, sagte er und sah mir direkt in die Augen.

»Ja, das werde ich wohl sein, wenn du es so nennen mußt ... und wie heißt du?«

Verblüfft über meine Freundlichkeit, rannte er zum Auto zurück.

In den meisten Läden zog man die Vorhänge zu, wenn wir vorbeikamen. Aber die Inhaber und Verkäuferinnen schoben sie heimlich einen Spaltbreit beiseite oder beobachteten uns durch die Stäbe ihrer Jalousien.

Unter den vielen Fotos, die ich von mir und von berühmten Leuten besitze, gibt es eins, das ich mir eingerahmt und nie vergessen habe. Es zeigt King und mich an der Spitze jenes Zuges von Schulkindern in Grenada, Mississippi. Ira und Andy marschierten hinter uns, und dann kommt der lange Zug der Kinder, ausschließlich schwarzer Kinder. Dutzende von Fotografen und die Nachrichtenreporter sämtlicher Kanäle richteten ihre Kameras auf uns.

Als wir einen Häuserblock von der Schule entfernt waren, wurden wir vom riesigsten Polizisten der Welt angehalten. King war nicht viel größer als meine eigenen hundertsiebenundsechzig Zentimeter.

»Guten Morgen«, sagte ich standhaft, »wir bringen diese Kinder zum Unterricht.«

»Sie werden keinen Schritt weitergehen.«

»Aber sie wollen so gern in die Schule. Wir helfen ihnen doch nur dabei, ihre Rechte als Bürger auszuüben.«

»Sie werden keinen Schritt weitergehen. Nur die Eltern dürfen das.«

»Na gut. Ich habe hier einen Brief, in dem die Eltern von einem der Kinder mir diesen Autrag erteilen«, bluffte ich weiter, »als Vormund sozusagen.«

»Tut mir leid. Keinen Schritt weiter.«

Nach ein paar weiteren Dialogen dieser Art kehrten wir um.

An diesem Abend konnten mehrere hundert Millionen Menschen am Bildschirm verfolgen, wie man schwarzen Schulkindern in Mississippi das Recht auf eine reguläre Schulbildung verweigerte.

Der Zeitpunkt kam, wo King sich vor eine schwere Entscheidung gestellt sah. Es ging darum, ob er sich öffentlich gegen den Vietnamkrieg äußern sollte oder nicht. Schwarze kämpften und starben an den Fronten dieses längst unpopulären und heftig umstrittenen Krieges.

King hat sich später für eine öffentliche Erklärung gegen den Krieg entschieden, den er als illegal und unmoralisch bezeichnete. Die Folge war, daß sein direkter Draht zu Präsident Lyndon Johnson innerhalb eines Tages stillgelegt wurde und daß seine eigenen Anhänger verunsichert wurden. King hatte auf die »leise, innere Stimme« gehört, und er hat dafür, meiner Ansicht nach, mit dem Leben bezahlt.

1967 haben King und Andy Ira und mich im Gefängnis besucht. Ich war zusammen mit Harry Belafonte und Sammy Davis jr. in einem großen Wohltätigkeitskonzert für die SCLC im Kolosseum von Oakland an der Westküste aufgetreten. Nach der Show reiste Sammy ab, um die Truppen in Vietnam zu unterhalten, und ich ging nach Hause, um noch dreieinhalb Stunden zu schlafen, bevor ich mich zur zentralen Einberufungsstelle von Oakland für ein Sit-in zur Unterstützung der Wehrdienstverweigerer begab. Dort hat man mich zusammen mit etwa fünfunddreißig Frauen und Männern verhaftet, und ich saß die erste meiner beiden Gefängnisstrafen ab, die indes nicht länger als zehn Tage dauerte.

Gegen Ende unseres Aufenthalts im Santa Rita Rehabilitation Center teilte man uns mit, daß King uns besuchen kommen wollte. Als die »Regulären« davon erfuhren, die mehr als zur Hälfte aus Schwarzen bestanden, gerieten sie in helle Aufregung. Aber man hatte ihnen gesagt, daß es ihnen unter keinen Umständen erlaubt sei, sich King zu nähern. So suchte ich nach einer Möglichkeit, wenigstens einen oder zwei von ihnen ins Besuchszimmer zu schmuggeln.

Als ich das enge Kabuff betrat, saßen Martin und Andy schon am Tisch. Wir umarmten uns. King sah müde aus. Müde und resigniert. Ich kam mir irgendwie schuldig vor, weil es mich praktisch keine Opfer gekostet hatte, ins Gefängnis zu gehen.

Als ich mich mit meinen berühmten Besuchern unterhielt, sah ich, wie ein schwarzes Gesicht hinter einer Trennwand auftauchte und sich aufgeregt umschaute. Dann erschien eine Hand, die mir wild gestikulierend zuwinkte. Ich gab King und Andy ein Zeichen, machte »Pssst« und winkte das Mädchen an unseren Tisch. Als King zu ihrer Begrüßung aufstand, schüttelte sie ihm die Hand, strich ein kleines, zerknittertes Papier auf dem Tisch glatt und kramte, vor Aufregung ganz durcheinander, nach einem Bleistift. »Verdammt«, sagte sie, bis sie ihn schließlich hatte und King fragte, ob sie ein Autogramm haben könne.

»Natürlich!« sagte King, und sie: »Schnell!« denn eben jetzt tauchte mit hölzernem Lächeln der Sergeant auf.

Unfähig ihr Glück für sich zu behalten, rannte das Mädchen hinaus und stieß ein wahres Kriegsgeschrei aus, als sie zu ihren wartenden Freundinnen zurückkehrte. »Ich hab's! Ich hab's! Und ich hab' ihm auch die Hand geschüttelt!« Sie durfte sich an diesem Abend nicht wie die andern einen Film ansehen, aber sie legte sich so selig wie nie auf ihre Pritsche.

Verzeih mir, Martin, aber als du starbst, konnte ich nichts empfinden. David, Ira und ich waren damals auf Tournee, um uns mit Liedern und Diskussionen für die Wehrdienstverweigerer einzusetzen. Wir wohnten in einem schäbigen kleinen Motel irgendwo im Osten. Ira klopfte an Davids Tür und teilte ihm mit, daß man dich erschossen hatte.

Erst acht Jahre später war ich bereit, mich in Gedanken von dir zu verabschieden. Es war an einem Nachmittag, ich hatte im ganzen Haus Staub gesaugt und schaltete jetzt von einem Fernsehsender auf den andern um. Ich drückte auf die Knöpfe der Fernbedienung und hoffte, irgend etwas Seichtes zur Entspannung zu sehen. Statt dessen sah ich dich. Du hast mit den Leuten von der Presse geredet und ihnen dein Engagement für eine gewaltlose Veränderung erklärt. Und ich spürte die Macht deines Einflusses auf mein Leben wie einen Tornado auf mich zukommen. Es gab keinen Ort, wo ich mich hätte verbergen können. Und selbst wenn, wäre ich nicht imstande gewesen, mich zu rühren. Wie versteinert saß ich da und begann, diese ganze, ungeheuerliche Zeit noch einmal zu durchleben. Erst als Gabe ins Zimmer kam, merkte ich, daß ich in Tränen schwamm.

»Hör zu, Honey«, sagte ich, »das wird auch so schnell

nicht aufhören. Aber wenn du einen der Größten unserer Geschichte und ein paar der tapfersten aller Kinder sehen willst . . .«

Gabe saß eine Weile neben mir und sah, wie die Kinder von Polizeihunden angegriffen wurden. Ich zeigte auf Bull Connor und erklärte ihm, daß er den Befehl dazu erteilt hätte. »Scheißkerl«, meinte Gabe. Da erzählte ich ihm, daß Martin Luther King nicht einmal Bull Connor gehaßt habe, weil er auch in ihm einen seiner Brüder sah, die ihr Herz verhärtet hatten.

Der Dokumentarbericht endete mit deinem Begräbnis und einem Nachruf mit deiner eigenen Stimme, deinen eigenen Worten. ». . . Martin Luther King jr. hat sich bemüht, sein Leben im Dienst für die andern zu leben . . . Ich möchte euch sagen, daß ich mich bemüht habe, in der Kriegsfrage das Richtige zu sagen und zu tun . . . Ich habe mich bemüht, die Hungrigen zu speisen . . . Ich möchte, daß ihr einmal sagen könnt, daß ich mich mein Leben lang bemüht habe, die Nackten zu kleiden . . . daß ich mich bemüht habe, den Gefangenen beizustehen . . .«

Auch Andy sah ich, er saß im Talar auf einem hohen, thronähnlichen Stuhl und wischte sich die Tränen aus den Augen. Mir war, als würdet ihr beide, du und Andy, mir das Herz aus der Brust reißen. Bis zum bittern Ende sah ich mir alles an, was ich durch den Tränenschleier sehen konnte . . . den Trauerzug, das offene Grab, den hölzernen Sargwagen, die Menschenmassen. Ich sah die »Würdenträger«, die meiner Ansicht nach hier nichts zu suchen hatten, und war froh, nicht an dem Begräbnis teilgenommen zu haben.

Woran ich Anteil hatte, war nicht dein Fleisch und Blut, es war dein Geist. Und dieser Geist ist heute noch so lebendig für mich, wie er es damals war, als ich dich in dem kleinen Zimmer in Grenada wachgesungen habe.

Mehr als jeder andere, der ein Teil meines Lebens gewesen ist, bist du meine Hoffnung, meine Inspiration. Wenn ich die Rede höre, die du damals auf dem Berg gehalten hast und die eben jetzt gesendet wird, dann sehne ich mich, mehr als nach allem andern, in diese Zeit und an diesen Ort zurück ... und daß mein Weg wieder klar vor mir liegt ...

Jedesmal, wenn ich deine Stimme höre, versetzt sie mich zurück an den Fuß dieses Berges. Es fehlt mir nicht an Mut, Martin. Es ist nur so, daß es mir heute in den achtziger Jahren, so scheint, als könne ich den Anfang des Weges nicht finden.

JOHNNY FINALLY GOT HIS GUN
Für die Gewaltlosigkeit kämpfen

Auch meine dritte Platte von 1962, die 1963 auf den Markt kam, wurde ein voller Erfolg. Meine Konzerte füllten immer größere Säle – von kleineren Stadthallen (1800–3000 Plätze) über »Forest Hills« (8000–10 000) bis zur »Hollywood Bowl« (20 000).

Aber inzwischen war ich in der Lage, etwas mehr mit meinem Leben anzufangen, als nur zu singen. Ich hatte die Möglichkeit, Unmengen Geld zu verdienen und zahllose Menschen zu erreichen.

Als ich in Carmel eines Morgens im November zum Einkaufen ging, hörte ich den Mann an der Kasse sagen: »Kennedy ist erschossen worden.« Zunächst verstand ich nicht recht, wovon er sprach, nickte ihm nur lächelnd zu und verstaute die Lebensmittel im Auto. Auf der Fahrt aber ging mir dieser Satz immer wieder durch den Kopf. Mit einem unguten Gefühl, das mir langsam den Rücken hochkroch, stellte ich das Radio an.

Man hatte auf Kennedy geschossen, aber er lebte noch. Im ganzen Land herrschte panische Erregung. Ich spürte, wie lähmendes Entsetzen in mir aufstieg, ohne recht zu wissen, warum. Ich rief Ira an. »Wie schön, auf so eine Art abzutreten, Schätzchen! Reich, international berühmt, vermutlich der mächtigste Mann der Welt, eine schöne Frau neben sich – und dann Peng! vorbei. Schnell und schmerzlos. Der hat vielleicht Schwein gehabt!«

Im ersten Augenblick verblüffte mich seine Gefühllosigkeit, sie ärgerte mich sogar, weil auch ich mich von der nationalen Gefühlsaufwallung mitgerissen fühlte ... aber dann überlegte ich mir, daß ich selber gern so sterben würde, so schnell und von einem Glorienschein umgeben.

Das Wahlkomitee für den zukünftigen Präsidenten Lyndon B. Johnson verlor keine Zeit. Schon am Morgen nach dem Attentat erhielt ich ein Telegramm, das sich auf meine Zusage bezog, bei einem großen Galakonzert für Kennedy aufzutreten. Jetzt wurde mir versichert, daß die Gala wie geplant stattfände. Die Show ging also weiter – nur galt sie jetzt nicht mehr Kennedy, sondern Lyndon B. Johnson, »was genau dem Wunsch unseres geliebten Präsidenten entsprochen hätte«. Zu diesem Zeitpunkt freilich war er noch am Leben, unser geliebter letzter Präsident. Ich dachte über die Einladung nach und kam zu dem Schluß, daß es zu sehr nach typischem Starrsinn aussehen könnte und zu viele Türen verschließen würde, wenn ich nein sagte. Also sagte ich ja.

Was an diesem Gala-Abend zusammenkam, waren die üblichen, für würdig befundenen liberalen Schauspieler und Musiker, die ihre tiefempfundenen Reden für John F. Kennedy kurzerhand umgeschrieben hatten und jetzt alle etwas Passendes, aber keineswegs Tiefempfundenes für Lyndon B. Johnson aufsagten.

Die Veranstalter des Gala-Programms waren außer sich,

als sie von meiner Weigerung hörten, beim großen Finale die Nationalhymne mitzusingen.

»Aber jeder wird nach Ihnen fragen!« beschworen sie mich. »Gerade Sie wird man vermissen, wo Sie doch der Erfolg des Abends sein könnten!«

Ich habe die Nationalhymne nicht mitgesungen und bin doch der Erfolg des Abends geworden. Wie ich hörte, hatte ich beim Präsidenten einen Stein im Brett, weil ich »eine Situation gut zu nutzen verstand«. Ich hatte ihm zunächst ein paar Artigkeiten über seine Führungsqualitäten gesagt und daß er mehr auf die Jugend hören und mit ihr ins Gespräch kommen müsse. Gleich darauf aber ging ich ihm direkt an die Gurgel und brachte den Wunsch des Volkes zum Ausdruck, von einem Krieg in Südostasien abzusehen. Als ich danach *The Times They Are A-Changin'* sang, hörte man es im Saal förmlich knistern. Tosender Beifall brach los. Ich hatte einen Nerv getroffen. Vielleicht war es auch eine Reaktion der jungen Leute auf die Dauerberieselung von Kitsch und schlechtem Geschmack, die meinem Auftritt voraufgegangen war, aber ich war die einzige, die man an diesem Abend um eine Zugabe bat. Ich kam auf die Bühne zurück und sang *Blowin' in the Wind*.

Wieder in Carmel, bemühten sich Johnsons Junge Demokraten über meinen alten Freund Don Doner, mich für ihre Ziele einzuspannen. Johnson richtete seine Wahlkampfstrategie natürlich gegen den Erzkonservativen Barry Goldwater aus.

An Doners Eßzimmertisch setzte ich einen Brief an Präsident Johnson auf. Ich schrieb ihm, daß ich mich entschließen könnte, die Demokraten zu wählen, sobald sie aufhörten, sich in Südostasien einzumischen und die Soldaten, die dort bereits stationiert waren und von den Behörden als Berater bezeichnet wurden, wieder nach Hause schickten.

Dabei hatte mein eigentliches Problem nicht speziell mit Johnson zu tun, sondern grundsätzlich mit jeder Parteipolitik und den meisten Politikern, die ihren Fahneneid auf den Nationalstaat geschworen hatten. Ob das nun Chinesen waren, Russen oder Amerikaner. Sie alle hielten den Zufall, hier oder dort geboren zu sein, für den wichtigsten Tatbestand der Welt und machten eine Weltanschauung daraus. Andere Völker mochten das ebenso ernst nehmen, nur waren sie nicht in der Lage, ähnlich großen Schaden anzurichten.

Ich habe mich nie in den Wahlkampf irgendeines politischen Kandidaten einspannen lassen, da ich lieber außerhalb der Parteistrukturen politisch tätig war. 1964 habe ich nicht gewählt und bin erst 1972, als es an der Zeit war, gegen Nixon zu stimmen, wieder zur Wahlurne gegangen.

Meine vierte Platte, *Joan Baez in Concert Part Two*, war eben erschienen, als ich mich zur Teilnahme an einer Versammlung der Kriegsgegner in Carmel entschloß. Möglich, daß Ira und ich sie sogar selbst organisiert hatten, ich weiß es wirklich nicht mehr. Wir waren nicht mehr als dreißig Leute und ein ziemlich buntgemischter Haufen. Wenig später trat die studentische Free-Speech-Bewegung von Berkeley, Kalifornien, an mich heran und bat mich, bei ihren Versammlungen aufzutreten, zu singen und mit den Zuhörern Gespräche zu führen. Dabei kamen Ira und ich auch auf das Thema Gewaltlosigkeit zu sprechen und konnten eine kleine Anhängerschar gewinnen.

Eines Tages führte ich eine beträchtliche Ansammlung von Studenten von den Stufen der berühmten Sproul Hall in Berkeley zu dem grasbewachsenen Hügel vor dem Gebäude, in dem zur Stunde der Verwaltungsrat der Universität tagte. Auf dieser Tagung ging es darum, ob und welche der studentischen Forderungen erfüllt werden sollten. Übrigens gehörte auch Ronald Reagan diesem Verwaltungsrat an. Mario Savio wurde beauftragt, hineinzugehen und mit dem Sprecher der Konferenz zu verhandeln. Wütend und enttäuscht kam er zurück. Das schlimmste aber war, daß er sich geschlagen fühlte.

Marios Enttäuschung, seine Resignation mochte berechtigt sein, doch jetzt durfte sich keine Mutlosigkeit ausbreiten und kein Zornausbruch stattfinden. Die jungen Politiker brauchten das Gefühl neuer Kraft. Ich weiß nicht mehr, ob ich vorher gefragt habe oder mir einfach das Mikrofon schnappte.

Ich erklärte ihnen, daß sie selbst Macht hätten, daß niemand sie ihnen streitig machen könnte und daß sie nichts anderes tun müßten, als diese Macht zu gebrauchen und sie offen zu demonstrieren. Sie könnten dies Gebäude hier zu ihrer Universität erklären. Sie hätten Anspruch auf Sproul Hall.

Ich war dabei, als sie zum Eingang marschierten, und ich habe vor Tausenden von jungen Leuten, vor der Presse aus dem gesamten Land und von auswärts erklärt, sie sollten »mit soviel Liebe, wie sie nur eben aufbringen könnten«, in das Gebäude einziehen, danach habe ich mit ihnen und für sie gesungen. Einige der »Radikaleren« hörten es nur ungern, wenn ich in so schwerwiegenden, revolutionären Augenblicken von »Liebe« sprach.

Innerhalb des Gebäudes hatten die Studenten jetzt Flure und Räume für ihr Teach-in besetzt und hielten Seminare über die verschiedensten Themen ab. Auch Ira und ich leiteten ein Seminar über zivilen Ungehorsam. Obwohl ich vermutete, daß sich auch viele Spitzel unter die Studenten gemischt hatten, ließ ich mich nicht beirren, zog singend weiter und freute mich am Anblick der vielen, die ihre Macht spürten – manche zum ersten Mal.

Falls Polizei auftauchen sollte, wollten Ira und ich uns gemeinsam mit den andern festnehmen lassen. Wir warteten stundenlang, bis wir schließlich am frühen Morgen gegen halb drei zu dem Schluß kamen, daß es in dieser Nacht wohl zu keinen Verhaftungen mehr kommen würde. Mit dem Vorsatz, am nächsten Morgen hierher zurückzukehren, verließen wir das Gebäude in Richtung Parkplatz. Kaum hatten wir die Autos gestartet, rückte die Polizei an.

Ich glaube, daß sie mich nicht festnehmen wollten, weil ihnen das nur eine schlechte Presse eingebracht hätte. Wir stellten das Autoradio an und verfolgten das Geschehen, wobei wir uns fragten, ob die jungen Leute Disziplin und damit auch ihre Würde bewahren konnten. Viele schafften es. Manche versuchten es. Andere gerieten verständlicherweise in Panik und ließen sich zu Kurzschlußhandlungen hinreißen. Aber wenn es in diesem Land und unter diesen Kindern der weißen Mittelschicht je zu einer echten Bewegung der Gewaltlosigkeit kommen sollte, dann mußten sie lernen, daß ihr Verzicht auf Gewalt nicht bedeutete, von den Schlagstöcken der Polizei verschont zu werden. Zu ihren Gunsten spricht, daß sie Angst hatten und trotzdem tapfer waren. Berkeley markierte den Beginn einer neuen Form des Vorgehens und einer neuen Risikobereitschaft in den Universitäten der Vereinigten Staaten von Amerika.

Was als Free-Speech-Bewegung, als Bewegung, die für das Recht der freien politischen Meinungsäußerung auf dem Universitätsgelände eintrat, begonnen hatte, schlug 1964, nach der Wahl Johnsons zum Präsidenten der USA, in eine radikale Bewegung gegen die amerikanische Einmischung in Vietnam um.

Da ich der Meinung war, daß unsere Präsenz in Vietnam nur zu Katastrophen führen konnte, verweigerte ich die Zahlung von Militärsteuern. Das war ein persönlicher, zugleich ein öffentlicher, politischer Schritt, zu dem ich mich zu einem Zeitpunkt bewogen fühlte, da sich die Kosten für unsere »Verteidigung« auf annähernd sechzig Prozent des gesamten Staatshaushalts beliefen. Den Brief, den ich damals an den Fiskus schrieb, möchte ich hier wiedergeben:

Liebe Freunde:
  Was ich zu sagen habe, ist folgendes:
  Ich glaube nicht an den Krieg.
  Ich glaube nicht an die Waffen eines Krieges. Waffen und Kriege haben zu lange schon gemordet, verbrannt, zerstört, verkrüppelt und Männern, Frauen und Kindern unendliches Leid zugefügt. Unsere modernen Waffen können einen Menschen innerhalb des Bruchteils einer Sekunde zu Staub verwandeln, sie können bewirken, daß einer Frau die Haare ausfallen oder daß ihr Kind als Mißgeburt zur Welt kommt. Sie können einen Teil des Gehirns einer Schildkröte abtöten: jenen Teil, der ihr sagt, wohin sie gehen muß, so daß sie, anstatt zum Meer zu wandern, sich verirrt und in die Wüste zieht, die Augen nur noch mühsam öffnen kann und schließlich, von der Sonne zu Tode versengt, nur noch ein Häuflein Knochen unter einem Panzer ist.
  Ich werde die sechzig Prozent von meiner jährlichen Einkommensteuer, die für die Rüstung bestimmt sind, nicht freiwillig entrichten. Dafür habe ich zwei Gründe. Einer allein wäre schon genug. Denn es reichte schon, zu sagen, daß kein Mensch das Recht hat, einem anderen Menschen das Leben zu nehmen. Heute entwickeln wir Waffen und stellen sie her, die innerhalb einer Sekunde Tausenden das Leben nehmen können, Millionen an einem Tag. Milliarden in einer Woche.
  Niemand hat das Recht, das zu tun.

Es ist Wahnsinn.

Es ist Unrecht.

Mein zweiter Grund ist, daß ein moderner Krieg sinnlos und dumm ist. Wir geben jährlich viele Milliarden für Waffen aus, die, wie Politiker, Militärexperten und selbst Präsidenten übereinstimmend sagen, nie eingesetzt werden dürfen. Das ist sinnlos. Der Begriff »Nationale Sicherheit« bedeutet und besagt nichts. Er bezieht sich auf unser Verteidigungssystem, das ich als unser Angriffssystem bezeichne und das eine Farce ist. Man fährt fort, die grauenhaften Tötungsmaschinen herzustellen, sie zu horten und übereinanderzustapeln, bis schließlich aus diesem oder jenem Grund jemand auf den Knopf drückt und unsere Welt oder ein großer Teil dieser Welt in Fetzen fliegt. Das ist keine Sicherheit. Das ist Dummheit.

Es gibt Länder auf dieser Erde, wo die Menschen verhungern. Sie blicken auf unser Land mit all seinem Reichtum und seiner Macht. Sie blicken auf unseren Etat. Sie könnten uns achten. Sie achten uns nicht. Sie verachten uns. Das ist sinnlos und dumm.

Mag sein, daß man schon nach der Erfindung von Pfeil und Bogen die Grenze hätte ziehen müssen, oder später, nach der Erfindung der Gewehre, der Kanonen, mag sein. Denn heute ist alles unrecht, alles sinnlos und alles dumm.

Darum kann ich heute nur meine eigene Grenze ziehen. Ich werde meinen Anteil an diesem Wettrüsten nicht länger aufrechterhalten...

Mit freundlichem Gruß
Joan C. Baez

Diesen Brief habe ich mit gleicher Post sowohl an die Finanzbehörde als auch an die Presse geschickt.

Kurz nachdem mein Schreiben im ganzen Lande und

auch in der Weltpresse erschienen war, tauchte ein Vertreter der Steuerbehörde vor meiner Haustür auf. Einen Packen Formulare in der Hand, legte er mir nahe, meine abwegige Idee fallenzulassen und auf der gepunkteten Linie zu unterschreiben, meinen Beitrag zu bezahlen und mir damit eine Menge Ärger zu ersparen. Als ich ihn bat, auf eine Tasse Kaffee hereinzukommen, lehnte er ab und bat mich, doch bitte in seinem Büro in Monterey vorzusprechen.

Idiotischerweise bin ich auch hingefahren, denn schon in dem Augenblick, als ich das Büro betrat, war mir klar, daß ich mir diese Mühe hätte sparen können. Ich saß auf einem Stuhl und hörte ihm verbiestert beim Telefonieren zu. Als er mir schließlich seine Aufmerksamkeit zuwandte, bemerkte er scharfsinnig, daß ich nicht sehr glücklich aussähe.

»Das bin ich auch nicht«, sagte ich, »schließlich bin ich nicht gerne hier.«

Er begriff nicht, was ich meinte, und versicherte mir erneut, daß es mir, sobald ich meine Meinung ändern und bezahlen würde, schon wesentlich besser ginge.

»Nein«, sagte ich, »Sie verstehen mich falsch, ich habe nicht die Absicht, diese Steuern zu bezahlen. Es war also sinnlos hierherzukommen.«

»Aber Fräulein Baez, Sie wollen doch gewiß eine gute Bürgerin sein, nicht wahr?«

»So wie ich die Dinge sehe, kann man entweder ein guter Bürger oder ein guter Mensch sein. Wenn ein guter Bürger zu sein bedeutet, dafür zu bezahlen, daß man Napalmbomben herstellt und auf kleine Kinder abwirft, dann möchte ich doch lieber ein guter Mensch sein.« Der Mann wurde langsam ärgerlich.

»Sie wollen aber doch sicher nicht ins Gefängnis«, sagte er mit drohendem Unterton.

»Oh, ich kann mir gut vorstellen, eines Tages ins Gefängnis zu gehen. Und das könnte durchaus einer Sache wegen geschehen, an die ich wirklich glaube.«

»Aber Gefängnisse sind für schlechte Menschen da! Gefängnisse sind für Kriminelle!« Der Mann ereiferte sich immer mehr.

»Sie meinen für Leute wie Jesus? Oder Gandhi! Oder Thoreau?« sagte ich mit strahlendem Lächeln.

»Hä?«

Als die Finanzbehörde daraufhin ihr Anrecht auf mein Haus, mein Auto und mein Grundstück geltend machte, hat das mein Leben nicht wirklich verändern können. Ich habe meine Weigerung zehn Jahre lang aufrechterhalten. Hin und wieder erschien ein Vertreter der Steuerbehörden am Eingang meiner Konzerthallen und strich das Geld aus der Eintrittskasse ein, bevor die Veranstalter es auch nur zu sehen bekamen. Man machte mir den Vorwurf, am Sinn der Sache vorbei zu agieren, weil der Staat ja so oder so sein Geld bekam, und zusätzlich noch die Bußgelder. Für mich aber war der springende Punkt der, daß ich mich weigerte, dem Staat das Geld selbst zu geben. Inzwischen hatte sich die Gruppe der Steuerverweigerer zu einer regelrechten Bewegung ausgewachsen, ebenso die Reihen derer, die nicht nur gegen den Krieg in Vietnam, sondern gegen jede Art von Krieg in der Welt protestierten.

Als ich meine erste Talk-Show mit dem hierzulande berühmten Johnny Carson vorbereitete, verwickelte mich der Produzent in einen »kleinen Plausch«:

»Wirklich, Joan, wir finden es einfach toll, daß Sie mitmachen. Johnny ist völlig hingerissen. Wirklich. Einfach phantastisch.«

»Danke.«

»Wir werden auch dafür sorgen, daß alles glattgeht, verstehen Sie, die Leute lieben Johnny ja deshalb so sehr, weil er sie zum Lachen bringt, verstehen Sie, was ich meine? Die Leute haben einen langen Tag hinter sich, wollen eigentlich nur noch schlafen gehen, und, na ja, Sie wissen schon, das ist einfach nicht der Zeitpunkt, wo sie sich über irgend etwas ernsthaft Gedanken machen wollen. Sie wollen bloß unterhalten werden. Es geht einfach darum, äh, daß sie was Leichtes vorgesetzt kriegen. Dann sind sie glücklich.«

»Was wollen Sie damit sagen?«

»Oh, nichts Bestimmtes. Bis auf eine Sache, ja, hmmm. Lassen Sie es mich mal so sagen. Um Johnny einen Gefallen zu tun, wollen wir Sie bitten, nicht über die Sache mit der Einkommensteuer zu sprechen.«

»Und warum glauben Sie, mir das sagen zu müssen?«

»Oh, nur so, um Johnny einen Gefallen . . .«

»Und warum wollen Sie nicht, daß ich über die Steuern spreche? Ich hatte gar nicht die Absicht, das zu tun, aber jetzt will ich wissen, warum.«

»Ach kommen Sie, Joan, seien Sie ein guter Sportsmann!«

»Ich bin aber kein guter Sportsmann. Aber wenn Sie mir sagen, warum Sie nicht wollen, daß ich über Steuern rede, dann werde ich es auch nicht tun. Ist das ein fairer Vorschlag?«

»Sehen Sie mal«, bemühte er sich erneut, jetzt schon leicht verzweifelt, »nehmen wir mal an, ich bin Ihr bester Freund. Ich gebe eine Dinner-Party und lade einen Haufen Leute ein. Auch Sie lade ich ein, aber ich bitte Sie, mir einen kleinen Gefallen zu tun, nämlich, an diesem Abend nicht in Blau zu erscheinen. Würden Sie dann in blauen Sachen kommen?«

»Wenn Sie mein bester Freund wären, würden Sie wissen, daß ich, bevor Sie mir keine vernünftige Erklärung für diese idiotische Bitte geben, von oben bis unten in Blau aufkreuzen würde.«

Als ich unseren kleinen Plausch schon für völlig festgefahren hielt, rief mich ein Produzent zu sich in sein kleines Büro.

»Wenn Sie während Johnnys Show sagen, daß Sie sich geweigert haben, sechzig Prozent Ihrer Einkommensteuer zu bezahlen, dann könnte es sein, daß irgendwelche Zuschauer dasselbe tun wollen. Es könnte sein, daß man Johnnys Show dafür verantwortlich macht, ihn sogar persönlich verklagt, weil er ihre Entscheidung beeinflußt habe.«

»Danke«, sagte ich. Ich habe nicht von der Einkommensteuer gesprochen.

Je mehr sich unser Engagement in Vietnam verstärkte, desto häufiger forderte man mich auf, an Talk-Shows teilzunehmen. Das lief gewöhnlich nach folgendem Drehbuch ab: Im Anschluß an eine Reklame, ein Handarbeitskränzchen oder einen sprechenden Hund holte man mich ans Mikrofon und fragte irgend etwas über meine Einstellung zum Krieg — etwa so: »Als Aktivistin, die Sie ja immer gewesen sind, muß Sie das Ganze ja in einige Aufregung versetzen . . . .« — Doch bevor ich auch nur einen Satz darauf sagen konnte, hieß es: »Oh, bitte gedulden Sie sich einen Augenblick, wir haben jetzt Bonzo Gritt im Studio, der frisch von den Dreharbeiten zu *Forever America* kommt und uns seine Ansicht darüber mitteilen möchte«, worauf Bonzo Gritt sich setzte und sprach: »Wissen Sie, Fräulein Baez, ich habe Ihren Gesang schon immer bewundert, aber ich für meine Person werde mich auf gar keinen Fall zurücklehnen und zusehen, wie die rote Pest sich in Indochina und der ganzen Welt ausbreitet. Ich werde nicht warten, bis sie unsere Gestade erreicht und auch mich verschlingt«, worauf der Interviewer sagte: »Vielen Dank, Bonzo, wir kommen in einer Minute darauf zurück, nach dieser Meldung . . .« Dann Reklame, bis ich wieder an der Reihe war, diesmal aber, um wie ein Tiger über die beiden herzufallen und Bonzo zu erklären, daß er, wenn er wirklich so engagiert wäre, jetzt nicht hier auf diesem Sessel säße, sondern an der Front »da unten« kämpfte.

Eines Tages sagte ich zu Ira, daß ich nicht auf ewig im Stande der Unwissenheit bleiben wollte, und fragte, ob er mich nicht systematisch in politischen Dingen unterrichten könne. Unsere Diskussion mündete in den festen Plan, eine Schule zu gründen, der wir den Namen Institute for the Study of Nonviolence, Institut für das Studium der Gewaltlosigkeit geben wollten.

Wir baten zwei Freunde, uns dabei zu helfen: Roy Kepler, den Inhaber einer vorzüglich sortierten Buchhandlung in Carmel, und Holly Chenery.

Roy, der schon im Zweiten Weltkrieg den Wehrdienst verweigert, in Heilanstalten seinen Ersatzdienst geleistet und während des Koreakrieges in Gefängnissen gearbeitet hatte, war auch heute noch ein erklärter Pazifist und einer der anständigsten Menschen der Welt.

Holly Chenery war vermutlich die intelligenteste Frau, der ich je im Leben begegnet bin. Sie lebte streng vegetarisch, vertrat das Prinzip der Gewaltlosigkeit ohne jede Einschränkung und war als einzige von uns vieren zu systematischem Denken imstande.

Unsere Schule sollte ohne Druck und Leistungszwang im Seminarstil betrieben werden und den Teilnehmern nur ein Minimum an Kosten abverlangen. Wir wollten die verschiedensten Themen behandeln und dafür Literaturlisten zusammenstellen, so daß die Seminare in Form von Diskussionen über die angegebenen Bücher stattfinden konnten. Geplant war, Zeitschriften und Tageszeitungen zu abonnieren, die uns über das Weltgeschehen auf dem laufenden halten sollten, dazu die verschiedenen Blätter, Bulletins und Berichte über Aktionen der Gewaltlosigkeit. Und wir wollten uns systematisch mit der Meditation befassen.

Das ideale Schulhaus bot sich uns in Form eines kleinen, mitten in Carmel Valley gelegenen Gebäudes praktisch von selbst an. Nur zehn Minuten von meiner Haustür entfernt, verfügte es über eine Küche, einen großen Raum für die Seminare, ausreichend Toiletten und ein paar Hinterzimmer, wo Ira wohnen konnte. Wir kauften das Haus von meinem Geld und konnten schon unmittelbar danach die Arbeit aufnehmen. Schüler zu finden, war kein Problem.

In den ersten vier Jahren des Bestehens unseres Instituts habe ich selbst dort studiert und zugleich als Iras »Hilfskraft« gelehrt. Referenten aus aller Welt kamen zu uns, Wissenschaftler, Aktivisten, Personen aus dem Kreis um Martin Luther King.

Jedes Seminar begann mit einem zehn oder zwanzig Minuten langen Schweigen, und an jedem Tag wurden die Teilnehmer gebeten, sich für eine ganze Stunde jeder Zerstreuung zu enthalten, also weder zu lesen noch in Zeitschriften zu blättern, weder Kaugummi zu kauen noch zu rauchen, keine Kreuzworträtsel zu lösen, nicht ziellos umherzuwandern und auch nicht zu schlafen. An einem Tag in der Woche schwiegen wir einen ganzen Nachmittag lang. Manchen fiel das Schweigen schwer, anderen schien es unmöglich. Für mich war es schwierig, aber sehr wichtig.

Müßig fast, zu erwähnen, daß wir den Gedanken der Gewaltlosigkeit, ihre Theorie, ihre Geschichte und ihre Anwendungsgebiete unter allen Aspekten diskutierten, von ihrem Gebrauch in privaten, zwischenmenschlichen Beziehungen bis hin zu den international erarbeiteten Methoden, sich gegen Unterdrückung gewaltlos zur Wehr zu setzen. Je mehr ich selbst darüber las, redete, diskutierte und argumentierte, desto tiefer fühlte ich mich diesem Gedanken verbunden. Jetzt wurde mir schlagartig klar, daß man, um sich strikt an die Prinzipien der Gewaltlosigkeit halten zu können, unbeirrbar an sie glauben und, indem man sich an sie hielt, auch zu sterben bereit sein mußte. Es führte zu nichts, wenn man die Einschränkung machte: »Gewaltlosigkeit funktioniert bis zu einem gewissen Grad.« Eine Entscheidung, das Prinzip der Gewaltlosigkeit aufzugeben, mag verständlich sein, aber sie bedeutet, daß man die Gewaltlosigkeit nur als ein taktisches Mittel einsetzt, um gesellschaftliche Veränderungen zu erreichen, und nicht als ein Prinzip, das auch im Gegner den Menschen erkennt, der befreit werden will, ganz gleich, wie brutal und unmenschlich seine Handlungsweise ist.

Auch weiterhin war ich viel auf Tournee, empfahl den Zuhörern unser Institut und nahm zwei neue Platten auf, *Farewell, Angelina* (1965) und die Weihnachtsplatte *Noël* (1966). Jährlich gab ich nur noch rund zwanzig Konzerte, aber nicht, wie manche vermuteten, weil ich meine Kräfte für die Zukunft aufsparen wollte. Ich hatte nur das Gefühl, daß ein Leben auf Reisen für Körper und Seele ungesund war.

Während unser Institut florierte, pendelte ich zwischen meinen beiden Leben hin und her – dem eines Show-Stars, wenn ich unterwegs, und dem einer Dienerin Gottes, wenn ich zu Hause war. Den größten Teil des Geldes, das ich verdiente, verschenkte ich einfach. So gut wie jede Bittschrift, die bei uns eintraf und nur entfernt mit Gewaltlosigkeit zu tun hatte, wurde mit Schecks zwischen einhundert und zehntausend Mark beantwortet. Viele meiner Konzerte waren Wohltätigkeitsveranstaltungen für kooperative Kindergärten, Quäkergemeinden und Gruppen der Friedensbewegung. Die Tantiemen meiner Schallplatten liefen mit schöner Regelmäßigkeit ein, so daß es so gut wie kein finanzielles Limit gab – also auch kein Limit hinsichtlich der Beträge, die ich verschenkte.

In dieser Zeit gab es in meinem Leben viele Anlässe zu tiefempfundener Freude, aber praktisch keinen Spaß. Ich wußte schon nicht mehr, was es heißt, vergnügt und einmal richtig ausgelassen zu sein. Dafür hatte ich viel zu viele Schuldgefühle, ganz so, als ob ich erst dann vergnügt sein dürfte, wenn niemand auf der Welt mehr zu hungern und zu frieren brauchte.

Ich hatte längst aufgehört, nachzulesen, was in den Zeitungen über mich stand. Denn man hat mich dort entweder als viel opfermütiger dargestellt, als ich es tatsächlich war, oder man hielt überhaupt nichts von mir und beschuldigte mich in vielfacher Form der Schaumschlägerei.

Schlimmer als alle andern Attacken gegen mich und gänzlich aus der Luft gegriffen war ein Machwerk von Al Capp, dem Autor des Comicstrips *Li'l Abner*. Unter seinen Comic-Figuren tauchte eines Tages auch eine »Joanie Phoanie« auf, eine schlampige, scheinheilige Nutte des Showgeschäfts, eine nur schlecht verkappte Kommunistin, die in ihrer Luxuslimousine durch die Welt reist und »für 20 000 Mark ihre Protestsongs gegen Hunger und Armut« singt. Sie verbreitet Schallplatten wie *If It Sounds Phoanie, It's Joanie* (Wenn es falsch klingt, ist es Joanie), mit Titeln wie *Let's Conga with the Vietcong* (Trommeln mit dem Vietcong).

Viele Jahre später las ich einmal, daß »die Wahrheit, die man dir in böser Absicht sagt, alle Lügen schlägt, die du dir nur ausdenken kannst«. Damals aber lagen die tieferen Gründe für meinen berechtigten Zorn auf Al Capp in dem Schuldgefühl, Geld zu haben, selbst wenn ich das meiste verschenkte. Im tiefsten Innern meines Herzens war ich überzeugt, daß ich eigentlich gar nichts besitzen durfte. Und genau diesen Punkt hatte sein Pfeil getroffen.

Hatte Al Capp recht? Die Puritanerin in mir sagte, daß ich alles andere als vollkommen war, solange ich nicht gelernt hatte, wie Gandhi ohne jeden Besitz zu leben. Ich bemühte mich, frei davon zu werden, aber es gelang mir nicht. Ich

hing an meinem Haus und meinen Freunden, an meiner
ständig wechselnden Garderobe und an meinen Dämonen.
Mr. Capp hatte mich sehr verstört. Ich bedaure nur, daß er
nicht mehr lebt und diese Zeilen nicht lesen kann. Er hätte
sich bestimmt amüsiert.

In meiner inneren Einstellung zu Reichtum und Ruhm
ohnehin gespalten, wurde ich noch unsicherer, als ich 1967
nach Europa fuhr. In Belgien angekommen, verliebte ich
mich in einen Fotografen aus Paris, der den Auftrag hatte,
mich für das Titelfoto einer Illustrierten zu porträtieren. Wir
zogen durch ganz Brüssel, wo er Hunderte von Fotos von mir
machte. Anschließend fuhren wir nach Paris, wo er mich zu
einer Modenschau bei Yves St. Laurent mitnahm. Mein Begleiter zeigte mir auch die kleineren Modehäuser, die
Geheimtips von Paris. Dort kaufte ich mir einen Hosenanzug
aus Gabardine in klassischem Blau und einen zweiten in
Grün. Ich kaufte mir Seidenblusen, Seidenschals und
Schuhe von Pierre Cardin.

Als er mich in meinen neuen Sachen ausführte, war das
schüchterne, dürre Mexikanerkind von damals kaum mehr
als ein undeutlicher Schatten, und mit ihr versank die Heilige in Sack und Asche, versanken Madonna und Jeanne
d'Arc im Dämmer der Vergangenheit. Wir gingen in ein
privates Clublokal, wo ich mit ihm und seinen Freunden so
lange tanzte, bis sie erschöpft zusammenbrachen. Der Discjockey spielte eine meiner Platten und alle klatschten.

Mir war immer noch fast schwindlig vor Glück, als die
Morgendämmerung über den Tuilerien anbrach, wir in
einem kleinen Café frühstückten und ich in einem traumähnlichen Schwebezustand fast eingeschlafen wäre – den
Kopf auf einem Teller mit Eiern und frischen Croissants. Ich
hatte schlicht und einfach Spaß.

Mein Freund machte die Titelfotos für die Platten *Noël*

und *Joan* und für mein kleines Buch *Daybreak* (Tagesanbruch). Ich war in Europa verliebt. Ich war in den Fotografen verliebt. Ich war in meine neuen Kleider verliebt, die ich ein Jahr später in Japan alle wieder verschenkte, um sie gegen etwas Schwesterntrachtähnliches einzutauschen.

Im selben Jahr fuhr ich auch nach Österreich und nach Italien. Marco, von dem noch die Rede sein wird, nahm mich in Rom zum Einkaufsbummel über die Via Veneto mit, wo ich mir zwei wunderschöne, geblümte Seidenkleider kaufte. In Kalifornien würde man sagen, daß ich mich »wohlfühlte in meiner Haut«, aber ich möchte sagen, daß ich mich wie die Königin der Welt fühlte.

Noch in diesem Sommer machte ich eine kürzere Tournee durch die Staaten, die in Washington D. C. mit zwei ausverkauften Häusern begann und ebendort mit einem dritten endete. Da der Frauenverein DAR (Daughters of the American Revolution) sich weigerte, mir die vereinseigene »Constitution Hall« zur Verfügung zu stellen – und dies, obwohl wir sie bereits gemietet hatten –, nahmen Manny, die Tourneesekretärin, meine alte Schulfreundin Jeanne, und ich uns Zimmer in dem großen alten »Hay Adams Hotel« und arbeiteten unseren Schlachtplan aus. Ein Anruf von Manny genügte, daß die Presse sich auf den Vorfall stürzte, was mir zum ersten Mal in den Staaten eine Welle öffentlicher Sympathien einbrachte.

Das Innenministerium erteilte mir unverzüglich die Erlaubnis für ein Gratiskonzert am Fuß des Washington-Denkmals.

In einem meiner »Königin der Welt«-Kleider tanzte ich durch unsere altmodischen, aber hochfeudalen Zimmer, machte fürs Fernsehen eine Nachrichten-Show nach der andern und gab den Zeitungen jedes Interview, zu dem ich Zeit hatte. Jedes der Fernseh-Nachrichtenteams machte sich nach Verlassen des »Hay Adams Hotels« auf den Weg, um bei der Großherzogin der Töchter der amerikanischen Revolution, oder wie immer sie sich nannte, vorzusprechen, die in ihrem Salon saß und die Geschichte aus ihrer Sicht erläuterte – daß nämlich Fräulein Baez einen demoralisierenden, antiamerikanischen Einfluß auf »unsere Jungs« in Vietnam ausübe etc. Was man dem Großdrachen immerhin zugestehen muß, ist, daß sie ihre Sache überzeugend vertrat. Aber die »Königin der Welt« war sie nicht. Das war ich. Hinzu kam, daß um 1967 ein Großteil der Presse dem Vietnamkrieg gegenüber eine immer skeptischere Haltung einnahm.

Als die »Königin der Welt« am Morgen nach dem Konzert aufwachte, hatte ihr Manager schon die Zeitungen unter der Tür durchgeschoben. Im konservativsten Blatt hieß es, daß sie vor 11 000 Menschen gesungen habe, und im liberalsten, es wären 55 000 gewesen. Der Polizeibericht sprach von 40 000.

Das alles fand sie großartig, was ihr aber das genüßlichste Triumphgefühl verschaffte, war das Billet eines österreichischen Grafen, der zufällig und unvermutet in Washington aufgetaucht war. Begleitet von einer großen Flasche Rémy Martin enthielt das Billet die Anfrage, ob sie heute abend mit dem Grafen essen gehen wolle. Da lehnte sich die »Königin der Welt« in ihre aufgeschüttelten Kissen zurück, dehnte und streckte sich und beschloß, an diesem Abend, auch wenn sie nicht das geringste vorhatte, sehr, sehr beschäftigt zu sein. Ganz allmählich lernte sie, wie man Spaß, Freude am Besitz schöner Dinge und auch ein wenig Lebensfreude mit dem verbinden konnte, was sie für ihre Berufung hielt. Sie ist nach Carmel Valley zurückgekehrt und hat die geblümten Seidenkleider behalten.

Von Carmel aus begaben sich Ira und ich auf eine Pilgerfahrt zum Gethsemane-Kloster in Kentucky, um dort einen heiligen Mann zu besuchen, Thomas Merton, einen Trappistenmönch. Merton war ein berühmter Pazifist und Dichter, der in seinen Schriften immer offener und härter gegen den Vietnamkrieg zu Felde zog. Einmal hatte ihn sein Orden bereits zum Schweigen ermahnt. Wir hatten seine Essays und Gedichte im Institut gelesen.

Ich weiß nicht mehr, ob wir eingeladen waren, aber an die Reise selbst erinnere ich mich genau. Unterwegs machten Ira und ich uns gegenseitig über unsere geheime Sehnsucht lustig, endlich einem wirklichen Heiligen zu begegnen, einem, der nur unsere Lippen zu berühren brauchte, um uns auf wundersame Weise in vollkommene Wesen zu verwandeln. Zu wissen, daß wir uns da ziemlichen Unsinn zurechtphantasierten, hielt uns nicht vom Träumen ab.

Beim Anblick des Klosters erfaßten mich starke religiöse Gefühle, wenig später aber wünschte ich mir, daß die Mönche sich mit ihren großen Kapuzen besser hinter Gittern verborgen hielten. Denn der erste, den ich sah und der mich zu Gesicht bekam, stolperte über seine Beine und sah mir höchst verdächtig nach einem Joan-Baez-Fan aus.

Doch da kam Thomas schon mit raschem Schritt auf uns zu und begrüßte uns herzlich. Er war ein durch und durch liebenswerter Mensch mit einem gütigen, freundlichen Gesicht, ein Mensch, der Wärme und Aufrichtigkeit ausstrahlte. Vielleicht gab es doch noch eine Hoffnung ...

Der erste Wunsch, den er äußerte, war, für ein paar Stunden das Kloster zu verlassen und eine Kleinigkeit zum Mittagessen einzukaufen. Ist ja klar, dachte ich, dem hängt das ewige Kleiebrot genauso zum Hals heraus wie der Rotebetesaft aus dem Klostergarten. In einem Schnellimbiß kaufte er sich zwei Cheeseburger, einen Milchshake mit Kakao und eine Riesenportion Pommes frites. Damit zogen wir los, setzten uns wie Schweinchen, Eule und Pu der Bär aus dem berühmten Kinderbuch von A. A. Milne mitten auf eine Wiese und machten ein Picknick zu dritt. Ira war die Eule, ich das Schweinchen und Merton ein bemerkenswert lebensechter Pu.

Die Cheeseburger verzehrte er mit solchem Behagen, daß sich unser kleiner Ausflug schon darum gelohnt hätte. Ich glaube, daß wir dann über Gandhi sprachen, über die Gewaltlosigkeit und den Krieg in Vietnam. Sehr genau erinnere ich mich an unser Gespräch über die Regeln seines Ordens. Mehr als alles andere wollte Merton Reisen machen. Aus welchen Gründen auch immer hatte der Abt es für richtig befunden, daß Merton, ganz im eigenen Interesse natürlich, in Gethsemane blieb. Ich wurde das Gefühl nicht los, daß diese Entscheidung sehr im Interesse der katholischen Kirche lag, denn Merton vertrat seine Überzeugung ja sehr offenherzig.

Nach unserem Picknick gingen wir zum Kloster zurück, über einen schmalen Fußpfad zu einer Hütte, in der Merton allein lebte. Er öffnete ein hölzernes Schränkchen und brachte eine Flasche irischen Whiskey zum Vorschein, der Ira und er sich mit großem Eifer widmeten.

»Los, Thomas«, begann Ira, »jetzt sag uns mal die Wahrheit. Wirst du eigentlich nicht wahnsinnig an einem Ort, wo all diese braven und einfallslosen Novizen zu dir aufschauen wie zum lieben Gott?« Merton antwortete fest, wenngleich in etwas schleppendem Tonfall, daß es seine Berufung wäre, hier zu sein, und daß er hier auch bleiben werde.

»Und was ist mit Frauen?« fragte Ira, wobei er mit seinem Glas einen riesigen Bogen beschrieb, als wolle er viele Tausende von Frauen darin einkreisen. Da murmelte Merton irgend etwas von einer Dame, die er kennengelernt hätte.

»Aha!« Ira blieb ihm wie ein Spürhund auf der Fährte. »Und was tust du in dieser Sache?«

»Ich kann sie im Geiste lieben«, rief Thomas aus und schwenkte nun seinerseits und fast trotzig, wie mir schien, das Glas durch die Luft.

»Unsinn!« warf ich ein, »sie wird ja auch einen Körper haben.«

»Ihr Körper ist aber nicht hier. Und ich brauche ihn auch gar nicht hierzuhaben.«

»Und wenn er hier wäre?« bohrte ich weiter.

Merton wiederholte, daß er sie im Geiste lieben könne, was indes immer weniger überzeugend klang. Ich fragte ihn, wo sie lebte.

»In Lexington«, sagte Merton nachdenklich.

»Aber wir fahren morgen nach Lexington!« Iras Worte klangen wie ein Schlachtruf, er selbst schien ganz besessen von seiner Idee. »Hör zu, warum läßt du die Vesper nicht einfach sausen und kommst mit? Wir fahren im Auto nach Louisville und fliegen von da aus nach Lexington. Gib dir 'nen Stoß, das klappt bestimmt!«

Zu meiner größten Überraschung hat Merton keine Sekunde lang gezögert. Er sprang auf, tanzte durchs Zimmer und sagte: ». . . ich könnte die Nacht dort verbringen und am nächsten Morgen noch vor der Frühmesse wieder im Kloster sein. Kein Mensch wird etwas merken . . .«

Mir war nicht sehr wohl dabei. Ich wollte nicht daran beteiligt sein, wenn etwas im Leben dieses so gütigen, intelligenten und freundlichen Mönchs eine ungute Wendung nahm.

»Ira«, sagte ich vorwurfsvoll — aber Ira war bereits jenseits von Gut und Böse und ziemlich betrunken. Müßig zu sagen, daß es auch um unsern guten Thomas nicht anders stand.

Nun, Thomas Merton ist nicht mit uns nach Lexington gefahren. Im keuschen Licht des Morgens hat Ira seine

Meinung geändert und auch gleich, auf mein Zureden hin, von unserem kleinen Motel aus im Kloster angerufen. Merton war enttäuscht wie ein Kind und zweifellos auch sehr erleichtert. Ich glaube, daß wir ihm irgend etwas von einer besetzten Maschine erzählten. Wir trauten uns einfach nicht, ihm die Wahrheit zu sagen: Wäre er nämlich auf unser Drängen hin bereit gewesen, gegen seine Regeln zu verstoßen, dann hätten wir selbst uns einen Traum zerstört und am Ende, wie Thomas selbst, die ganze Sache bereut.

HIROSHIMA OYSTERS
Japan – der lange Arm des Unbekannten

Im Januar 1967 ging ich auf meine lang erwartete Japan-Tournee. Mit mir fuhren Manny, mein Manager, Ira und Susan, bisher Sekretärin und jetzt seine Frau, meine Schwester Mimi und mein damaliger Freund Paul.

Ich hatte damals eine Zeitlang zu Hause verbracht und einen meiner zahlreichen Versuche hinter mir, meinen Geist zu läutern, indem ich fast alles hinauswarf, was ich an Schmuck und Kleidern besaß. Wie Mimi trug ich das Haar schulterlang. Aber Mimi gab sich weniger asketisch. Wie immer, wenn wir zusammen verreisten, war Ira in Hochstimmung. Die erst einundzwanzigjährige Susan hatte sich ihr wunderschönes, honigfarbenes Haar kurz vorher hochtoupieren lassen, so daß ihr Hinterkopf wie eine riesige Chrysantheme aussah. Susan war sehr intelligent und sehr sachlich, und sie konnte ihrem Mann so fürchterlich auf die Nerven gehen, daß Ira, der sich auf einer der letzten Reisen in sie verliebt hatte, jetzt ständig gereizt schien, wenn sie in seiner Nähe war.

Paul, der in einigen meiner Songs vorkommt, war ein

hinreißend schöner und über einsneunzig großer Ire, den ich 1964 bei der Dylan-Tournee kennengelernt hatte. Manny sah wie der sprichwörtliche Familienvater aus, der frisch von Bord eines Einwandererschiffs kommt und seine Schäflein um sich schart. Sämtliche Pässe, Visa und Impfbescheinigungen in der Hand, versuchte er herauszufinden, wer den geeignetsten Reiseleiter abgeben konnte. Ira und ich kamen dafür nicht in Frage, weil wir nicht einmal imstande waren, unsere eigenen Angelegenheiten zu regeln. Schließlich blieb nur Susan übrig, ob Ira das nun paßte oder nicht.

Den langen Nachtflug verbrachte ich damit, in meinem japanischen Sprachführer der Berlitz School zu blättern und mir versuchsweise vorzustellen, wie man das, was da in Lautsprache angegeben war, wirklich ausspracht, einfache Wörter und Sätze wie »Hallo«, »Wie geht es Ihnen«, »Guten Abend«, »Guten Morgen«, »Wo gibt es hier Frühstück«, »Wo geht es zu den Toiletten«, was auf japanisch aber alles andere als einfach war.

Als wir zur Landung ansetzten, fühlten wir uns durch die Zeitverschiebung ziemlich angeschlagen und sahen auch, unausgeschlafen wie wir waren, nicht sehr rosig aus. Beim Verlassen der Maschine wurden wir von rund zwanzig Japanern empfangen, besessenen Fotografen, die in ihrem Übereifer durchaus bereit schienen, sich für eine Aufnahme gegenseitig umzubringen. Da ich keine Ahnung hatte, wer hier ein Veranstalter, wer ein Freund, wer ein einheimischer Kollege oder sonst etwas war, verbeugte ich mich lächelnd vor jedem einzelnen. Und jeder einzelne lächelte zurück und schien aufrichtig erfreut, daß ein so merkwürdiges Grüppchen ihr Land besuchte.

Im Aufzug des »Hilton Hotels« traf ich Carmen MacCrae, mit zwei Zentimeter langen Wimpern, die nicht ihre eigenen waren. Ohne zu wissen, daß es im Hilton auch einen japanischen Flügel gab, wohnten wir im europäischen. Die Verständigung mit dem Hotelpersonal war sehr schwierig. Selbst Manny, dem es gewöhnlich gelingt, in allen europäischen Ländern, wenn sein Sprachschatz erschöpft ist, mit Jiddisch durchzukommen, fand hier keine Möglichkeit mehr, sich verständlich zu machen. Aber da gab es eine junge Frau namens Deko, die nebenamtlich meine Dolmetscherin und Helferin war, und es gab den offiziellen Dolmetscher, Takasaki, der uns zu den Konzerten begleitete, bei Pressekonferenzen und anderen Zusammenkünften simultan übersetzte.

Nach unserer Ankunft in Japan war eine solche Pressekonferenz unsere erste und vorrangigste Verpflichtung. Mimi zeigte sich beeindruckt über meine vorsichtige Art, die Fragen zu beantworten, die meist sehr klug gestellt und politisch orientiert waren. Nur ein- oder zweimal kamen Fragen vor wie diese: »Wie gut haben Sie Bob Dylan gekannt?« Gegen Ende der Konferenz, die alles, von den Einkommensteuern in Amerika bis zum Krieg in Vietnam, von unserem Institut zum Studium der Gewaltlosigkeit bis zum Rassenkonflikt in den Südstaaten zur Sprache brachte, fragte mich jemand, wie ich zur Rockmusik stand. Ich sagte, daß dies ein zu strittiges Thema für mich sei.

Das erste Konzert fand in Tokio statt. Bis dahin waren wir noch zu keinem Schluß gekommen, welche Programm-Auswahl für ein japanisches Publikum die richtige sein könnte. Aber Deko und die Veranstalter machten ein paar Vorschläge, den Rest wählte ich selbst nach Gefühl und Gutdünken aus. Das Publikum reagierte überaus liebenswert, begeisterte Menschen kamen zur Rampe und brachten mir Geschenke, die sie mir unter ständigen Verbeugungen vor die Füße legten. Ich habe den japanischen Brauch des sich Verneigens so zu schätzen gelernt, daß ich ihn bis zum heutigen Tag ausübe, wenn ich den Menschen dafür danken will, daß sie in mein Konzert gekommen sind.

Irgend etwas aber lief von Anfang an falsch, und das hatte mit der Sprachbarriere zu tun. Ich konnte mich den Menschen einfach nicht verständlich machen, nicht sagen, was ich sagen wollte, ich spürte nur eine gewaltige Kluft zwischen mir und dem japanischen Volk. Das Problem tauchte noch einschneidender als sonst während meiner Konzerte auf.

Beim dritten Konzert kam es zu einem ersten, merkwürdigen Zwischenfall. Deko hatte an meiner Garderobentür geklopft, um mir den Beginn des Konzerts zu signalisieren. Zuvor aber betrat Takasaki die Bühne und redete fünf Minuten lang mit dem Publikum. »Deko«, fragte ich, »was sagt der Mann?« »Was für ein Mann?« gab sie zurück. »Nun, unser Dolmetscher, Takasaki.« »Oh«, meinte sie, »er sagt gar nichts.« Aufbrausend fuhr ich sie an: »Wie kann er volle fünf Minuten lang lauthals nichts sagen?« Darauf Deko: »Pardon?« Ich kam mir sehr grob vor, was ich ja auch gewesen war, und sagte in milderem Ton: »Wie kann er sich dahin stellen und fünf Minuten lang nichts sagen?« »Oh, er sagt bloß, daß im Saal bitte nicht geraucht werden soll und so.« Ganz klar, daß man mir etwas vormachte. Die Bitte, nicht zu rauchen, konnte doch keine fünf Minuten in Anspruch nehmen. Langsam kam das Ganze auch meinen Leuten, Manny, Ira, Mimi, Susan und Paul verdächtig vor.

Beim Konzert machte ich ein paar witzige Bemerkungen. Es wurde übersetzt und vom Publikum mit steinernem Gesicht aufgenommen. Etwas Ernsteres, etwa die Tatsache, daß ich in den Staaten meine Steuern nicht bezahlte, rief allgemeines Gekicher hervor. Noch am selben Abend explodierte ich vor Manny und sagte ihm, daß Takasaki meiner Ansicht nach ein völliger Versager sei und weder vom Englischen noch vom Japanischen die geringste Ahnung habe. Gemeinsam mit den andern kamen wir überein, daß ich mit Takasaki reden und ihm genau erklären sollte, was ich am nächsten Abend dem Publikum mitzuteilen wünschte, damit er sich die Übersetzung bis dahin überlegen konnte. Ich sehe ihn noch vor mir in der Garderobe sitzen und mir hilfsbereit zunicken, als ich ihm langsam und deutlich, auf Pidgin-English, in Zeichensprache und Silbe für Silbe betonend die wenigen politischen Punkte erläuterte, die ich anzusprechen gedachte, und die paar witzigen Bemerkungen, die ich für übersetzbar hielt.

Beim nächsten Konzert schien Takasaki nervöser als sonst. Jedesmal, wenn ich etwas sagte, kam es mir so vor, als wiederhole er ständig ein und denselben Satz. Wenn ich zum Beispiel die Kriegssteuern und Vietnam erwähnte, kam das Wort Vietnam in seiner Übersetzung nicht vor. War es denkbar, daß dieses Wort auf japanisch völlig anders klang als im Englischen? Als ich wirklich anfing, mich aufzuregen, kam eine hübsche junge Japanerin auf die Bühne und ließ ein niedliches, bunt eingepacktes Geschenk vor meine Füße fallen. Ich hob es auf und sagte »Danke« ins Mikrofon. Als Takasaki schwieg, drehte ich mich zu ihm um und bat ihn: »Bitte, sagen Sie ihr ›danke‹«. Darauf Takasaki: »Arigato.«

Eben wollte ich mit dem zweiten Song beginnen, als ein weiteres Mädchen mit einem bunten Papiervogel zur Bühne kam und mir das Geschenk ebenfalls zu Füßen legte. Gerührt von ihrer liebenswerten Schüchternheit und in dem riesigen, schweigenden Saal verlegen nach Worten suchend, sagte ich: »Japan ist voller Überraschungen.« Wieder reagierte Takasaki mit absolutem Schweigen. Ich sah ihn durchdringend an. »Übersetzen Sie den Leuten, was ich gesagt habe: ›Japan ist voller Überraschungen‹.« Er lächelte mich nur wortlos an. Da fragte ich ihn: »Wissen Sie, was eine

Überraschung ist?« und merkte zugleich, daß ich meine rechte Hand zur Faust geballt hatte und das heftige Bedürfnis verspürte, ihm zu zeigen, was angesichts einiger tausend Leute eine Überraschung sein könnte. Die Faust verschwand. Takasaki murmelte irgend etwas ins Mikrophon – was, werde ich nie erfahren –, und wieder reagierte das Publikum mit keiner Geste, keinem Wort.

Bevor ich das nächste Lied sang, legte ich meinen Arm um seine Schulter und sagte: »Machen Sie sich keine Gedanken, wir werden mit diesen kleinen Schwierigkeiten schon fertig werden.« Ich ahnte ja nicht, daß man einem japanischen Mann nichts Demütigenderes antun kann. Takasaki erstarrte, die Schamröte stieg ihm ins Gesicht, das Publikum verharrte in dumpfem Schweigen. Ich hatte mich zwar bemüht, meinen Zorn zu unterdrücken, aber das dramatische Verwirrspiel spitzte sich zu.

Wir flogen weiter nach Hiroshima – das erste von Menschen besiedelte Testgebiet einer amerikanischen Atombombe –, ohne unser Problem mit Takasaki gelöst zu haben. Da wir niemanden kannten, weder einen Amerikaner noch einen Engländer oder Japaner, der beide Sprachen beherrschte, hatten wir auch keinerlei Ahnung, was man da übersetzte, ob man überhaupt übersetzte, was ich in meinen Konzerten sagte. Als die Maschine in Hiroshima landete, blieb ich, weil mir der Flug schlecht bekommen war, mit einem nassen Waschlappen auf der Stirn noch einen Augenblick sitzen und fragte mich, was die hiesigen Veranstalter wohl mit mir vorhatten.

In der Flughafenhalle erwarteten mich die Stadtväter von Hiroshima schon zur Begrüßung. Ich fand mich zusammen mit einigen aus meiner Truppe an einem Tisch sitzend wieder. Am oberen Ende des Tisches saß ein Mann, den ich nicht kannte. Rechts und links von ihm saßen zwei Männer, die ich nicht kannte. Einer davon wurde mir als mein Dolmetscher vorgestellt. Bis heute weiß ich nicht, mit wem ich an diesem Tisch gesprochen habe.

Die erste Frage, die von einem der Männer, offensichtlich einer Lokalgröße kam, wurde mir von einem lächelnden Fremden übersetzt: »Als Sie über Hiroshima flogen, hatten Sie da nicht den Eindruck einer Stadt, die dem Frieden geweiht ist?« Ich sah ihn verständnislos an, spürte, wie mich dieser ganze Formalitätenkram an meinen Stuhl fesselte, und erwiderte: »Bitte sagen Sie den Herren, daß ich luftkrank war, als ich über Hiroshima flog.« Man übersetzte irgend etwas. Daß der Mann daraufhin zufrieden lächelte, kam mir sonderbar vor. Auf die Reihe der folgenden, ganz ähnlich lautenden Fragen bemühte ich mich ernsthafter einzugehen.

Als die Fragestunde beendet war, verfrachtete man uns in verschiedene Autos und fuhr uns zur Gedenkstätte von Hiroshima. Auf der Fahrt überkam mich das unbestimmte und bedrückende Gefühl, Hiroshima auf meine Art bewältigen zu wollen und möglicherweise nicht imstande zu sein, es überhaupt zu bewältigen. Denn eigentlich wollte ich die Quäker in dieser Stadt aufsuchen, weil ich wußte, daß sie hier ein Versammlungshaus hatten und daß zwei oder drei von ihnen Englisch sprachen. Vielleicht konnte ich dort erfahren, welche Friedensinitiativen es in dieser Stadt gab und an welchen Projekten die einheimischen Friedensgruppen derzeit arbeiteten. Statt dessen nötigte man mich, diese Gedenkstätte zu besuchen, das kommerziellste Unternehmen von ganz Hiroshima.

Als das Auto hielt, stiegen Mimi und ich mit gemischten Gefühlen aus, schritten langsam auf das Grab des symbolischen unbekannten Japaners zu und legten unsere Blumen nieder – angemessen, wie mir schien. Aber jetzt wollte ich allein sein. »Kommen Sie«, sagten da unsere Gastgeber, »Sie müssen noch das Museum besichtigen.« Ich wußte genau, was es dort zu sehen gab: Bilder der Verwüstung, Bilder menschlicher Überreste, Aufnahmen verzweifelter, in panischer Angst verzerrter Gesichter. Ich wollte das nicht sehen. Meine Gastgeber waren gekränkt, aber ich kümmerte mich nicht darum. Ich bat sie, mich zum Hotel zurückzufahren.

In Hiroshima sollte ich ein Wohltätigkeitskonzert geben, dessen Einkünfte man unter zwei Friedensgruppen – die eine in Hiroshima, die andere in Nagasaki – aufteilen wollte. Wir fanden tatsächlich eine Möglichkeit, das Friedenszentrum der Quäker zu besuchen und dort mit einer weißhaarigen Amerikanerin zu sprechen, die seit vielen Jahren in Japan lebte. Quäker verschaffen mir immer wieder das tröstliche Gefühl von Geborgenheit. Wo immer sie leben und was immer sie durchgemacht haben, sie halten an einem Gebot fest, das mir so wertvoll ist: am Gebot der Gewaltlosigkeit, dem sie sich ohne jede Einschränkung verschrieben haben.

Wir trafen eine kleine, sehr freundliche Gruppe an, die uns Tee servierte. Ich erinnere mich noch gut, wie Paul sich unter den niedrigen Türen der japanischen Häuser ducken mußte, sich die Schuhe auszog und auch im Sitzen so riesig wirkte wie im Stehen, und daß die jungen Japanerinnen schon bei seinem Anblick schamhaft erröteten. Es war kalt in dem Zimmer, aber es bedeutete eine große Erleichterung für mich, sowohl einen Dolmetscher zu haben, bei dem ich spürte, daß er meine Worte richtig wiedergab, als auch Menschen anzutreffen, die an den Dingen, über die ich sprechen wollte, auch wirklich Anteil nahmen.

Am Abend des Konzerts in Hiroshima kam es wenige Stunden vor Beginn zu einem Streit mit den lokalen Veranstaltern, die nicht einsehen wollten, daß auch nur ein kleiner Teil der Einkünfte nach Nagasaki gehen sollte. Augenscheinlich ging die Debatte auch darüber, welche der beiden Städte zuerst und am schlimmsten bombardiert worden war und wie viele Menschen damals ums Leben kamen. Kurz, es ging um eine Prestigefrage. Ich wollte erst dann auftreten, wenn dieser unwürdige Disput beendet war.

In einer zweistündigen Diskussion hörte Manny sich die umständlichsten Argumente an, die leider zu gar nichts führten. Experten im altehrwürdigen Brauch, niemals nein zu sagen, wichen die Veranstalter und Stadtväter von Hiroshima mit größter Höflichkeit, unter ständigem Lächeln, mit vielen Verbeugungen und vielen Tassen Tee keinen Fingerbreit von ihrer Position ab. Als der Beginn meines Konzerts immer näherrückte, wurde mir klar, daß ich, wenn ich mich noch länger weigerte, aufzutreten, vertragsbrüchig wurde und bei meinem seltsamen Dolmetscher auch keine Möglichkeit hatte, irgend jemandem, geschweige der Presse, meinen Standpunkt zu erläutern oder gar durchzusetzen. Schließlich sagte Manny, daß die Stadtväter glücklich wären, wenn man das Problem nach dem Konzert weiterdiskutieren würde.

Auf der Bühne prangte ein riesiges Transparent mit meinem Namen und »Hiroshima« in japanischen Schriftzeichen. Ich trat mit sehr gemischten Gefühlen ins Rampenlicht, kämpfte mich durch ein weiteres Konzert mit meinem unfähigen Dolmetscher.

In der Pause bekam ich gräßliche Magenschmerzen, nach Schluß der Veranstaltung hatte ich feuchte Hände und schwitzte am ganzen Körper. Ich war richtig krank.

Wenig später fuhr man uns zum Haus des Bürgermeisters, wo roher Fisch herumgereicht wurde. Ich wurde immer grüner im Gesicht, brauchte frische Luft und trat mit Mimi und Susan an ein offenes Fenster. Unten hatten sich Schulkinder versammelt, die uns fröhlich zuwinkten. Ich wäre gern zu ihnen gegangen, wegen dieses blödsinnigen Zeremoniells aber war ich wie festgeklebt in diesem Raum voller alter Leute, die mich nicht im mindesten interessierten.

Wenn mir nicht so elend gewesen wäre, hätte ich mich auf der Stelle davongemacht und mit ihnen geredet. Dann aber drehte sich alles in meinem Kopf und wir kehrten ins Hotel zurück. Mit Magenkrämpfen und verlöschenden Lebensgeistern lag ich eine Stunde lang auf der Couch.

Als die Veranstalter eintrafen, kämpfte ich weiter um mein Recht, die Hälfte der Einkünfte an Nagasaki abzutreten. Unsere Argumente wurden mit allgemeinem Kopfnicken und einem knappen »hai« beantwortet, das »ja« bedeutet. Dann wieder Lächeln, wieder Nicken. Kein einziges Mal fiel das Wort »ie«, das Nein. Jedes Mal, wenn sie nickten und »hai« sagten, schöpfte ich neue Hoffnung. Aber zur Hoffnung gab es keinen Grund. Der eigentliche Schlag kam, als man mir erklärte, daß das Geld für die Errichtung eines kleinen Mahnmals zu Ehren der Toten bestimmt sei.

Ich sprang vom Sofa auf und schrie, daß ich es keinesfalls dulden würde, wenn man mein schwerverdientes Geld in eine verdammte Zementsäule steckte. Zu Manny sagte ich, daß ich das nicht länger ertragen könne, und er solle tun, was in seinen Kräften stehe.

Ich lief ins Badezimmer und legte mich schweißgebadet auf den Boden. Mit feuchten Tüchern kühlten Mimi und Susan mir die Stirn. Die Fliesen fühlten sich zu angenehm an, um gleich wieder aufzustehen, schließlich aber brachte Mimi mich ins Bett, wo sich das Ganze zu einer wahren »Königinnenkrise« steigerte: Ira hielt mir die eine Hand, Paul, auf meinem Bett liegend, die andere, ich schluchzte und beschwor sie, mir nur eins zu sagen: »Keine Angst,

Liebste, du wirst dich schon nicht übergeben.« Die logische Susan wollte mir beweisen, daß ich mich selbstverständlich nicht erbrechen würde. Denn wenn ich es seit siebzehn Jahren nicht getan hätte, warum sollte ich jetzt damit anfangen? Mimi schlich derweil durchs Zimmer und suchte nach einer Blumenvase, was ich natürlich nicht mitkriegen sollte. Sie fand auch eine und leerte sie aus — »man kann ja nie wissen«.

Statt dessen, Wunder über Wunder, und just in dem Augenblick, als Ira mir zum hundertsten Mal versicherte, daß ich mich keinesfalls übergeben würde, fuhr ich ruckartig hoch, beugte mich vor und würgte entsetzlich. In Windeseile war Mimi mit der Vase zur Stelle, alle machten Aah! und Ooh!, als hätte ich eben Zwillinge, wenn nicht gar Drillinge zur Welt gebracht. Es kam indes kaum etwas, vermutlich, weil ich so gut wie nichts gegessen hatte. Ich lehnte mich in meine Kissen zurück. »Großer Gott!« sagte ich, »war das schon alles?« »Ja«, sagte Mimi, »das war alles. Wie Kinderkriegen.« Alle klatschten und gingen dann leise aus dem Zimmer. Nur Paul, die geduldige Seele, blieb bei mir, um ganz sicherzugehen, daß ich die Nacht gut überstand.

Nachdem ich nun siebzehn Jahre lang geglaubt hatte, daß es mich umbringen würde, war selbst dieser Anflug von Erbrechen ein solcher Triumph, daß ich mir insgeheim wünschte, er möge sich noch in dieser Nacht wiederholen, denn in diesem Fall könnte ich mich wirklich als Profi bezeichnen. So gegen zwei Uhr morgens erfüllte sich mein Wunsch. Stolz wie ein radschlagender Pfau spuckte ich, was in mir war, in die leere Blumenvase. Vielleicht war dies das Ende der korrupten Veranstalter! Aber wen scherte das schon! Jetzt und hier fühlte ich mich frei von meiner Phobie und konnte, ohne an die Schrecken des Abends denken zu müssen, den Rest der Nacht in Frieden verbringen.

Am nächsten Tag stand eine lange Bahnfahrt an, die ich größtenteils schlafend verbrachte und nur gelegentlich aufstand, um an einer Banane zu kauen. Nach unserer Ankunft in Osaka kam ein Arzt und quetschte mir so lange auf den Magen herum, bis ich laut aufjaulte. Er lächelte mich gütig an und murmelte dann etwas zu Deko. Sie nickte und lächelte.»Was hat er gesagt, Deko?«»Er sagt, Sie haben kein Fieber, nur eine Lebensmittelvergiftung. Sie können Ihr Konzert geben.«»Großartig«, sagte ich und bat Manny, das Konzert abzusagen. Wir überlegten uns, nach Tokio zurückzukehren und das Konzert auf meinen Abreisetag zu verschieben. Danach habe ich einen weiteren Tag und eine ganze Nacht durchgeschlafen.

Ira hatte in der Zwischenzeit mit einer Gruppe der hiesigen Friedensbewegung telefonisch Kontakt aufgenommen. Wir waren schon den dritten oder vierten Tag in Osaka, und ich erholte mich langsam. Als die Friedensgruppen mich einluden, an diesem Abend an einer ihrer Veranstaltungen teilzunehmen, stieg mein Adrenalinspiegel schlagartig an. Ich bin überzeugt davon, daß Adrenalin jede Krankheit besiegt, und so kam ich im weiteren Verlauf des Tages zu dem Schluß, mir einen abendlichen Ausgang zumuten zu können. Ich fühlte mich zusehends besser, während Manny zusehends nervöser wurde bei dem Gedanken, was es für Folgen haben könnte, wenn ich mich zwei Tage nach einem abgesagten Konzert mit den Beatniks der Friedensbewegung herumtrieb.

In dem mittelgroßen Auditorium bahnten wir uns mühsam unseren Weg durch die Menge freudig erregter Menschen, drangen bis zur Bühne vor und sahen uns einem riesigen Transparent gegenüber, einem Willkommensgruß für Joan Baez in englischer Sprache. Mir schnürte sich die Kehle zu, und meine Augen füllten sich mit Tränen. Warum sollte man mir eine stehende Ovation darbringen? Was wußten diese Menschen von mir? Weniger als ich von ihnen. Unsere vollzählige Gruppe nahm dann an einem Tisch auf der Bühne Platz. Die Fragen, die das Publikum an uns richtete, wurden von einem hervorragenden Dolmetscher namens Tsurumi übersetzt – Fragen, die größtenteils sehr intelligent gestellt waren und sich auf die Vereinigten Staaten bezogen, auf ihr militärisches Engagement in Vietnam, auf den Pazifismus, auf die linken und die rechten Gruppierungen, auf meine Musik und ihr Verhältnis zu meiner politischen Einstellung. Dem schloß sich eine erregte Debatte über die Eintrittspreise meiner Konzerte in Japan an.

Da Tsurumi, soweit wir das beurteilen konnten, ein wirklich vorzüglicher Dolmetscher war, kam uns im Laufe dieses Abends die Erleuchtung, ihn zu fragen, ob er nicht bei meinen Konzerten aushelfen könne. Denn mit unserem Takasaki, der noch immer das Sagen hatte, wurde es mit jeder Vorstellung schlimmer. Tsurumi sagte zu. Was sich aber während der bisherigen Konzerte abgespielt hatte, wollte er uns zunächst nicht erklären. Er wolle nicht, meinte er, daß wir uns verschaukelt oder angegriffen fühlten. Erst als ich ihm versichert hatte, daß wir uns ohnehin verschaukelt und auch angegriffen fühlten, rückte er mit der Sprache heraus und sagte: »Gut, dann erzähle ich es Ihnen. Takasaki spricht perfekt englisch. Aber er übersetzt nichts von dem, was Sie sagen.« Ich starrte ihn entgeistert an. »In den Minuten vor dem Konzert sagt er nichts von einem Rauchverbot im Saal. Er sagt: ›Dieses Mädchen hat eine sehr schöne Stimme. Sie sollten zuhören, wenn sie singt. Was aber ihre politischen Äußerungen betrifft, so weiß sie selber nicht, wovon sie spricht. Sie ist jung und unerfahren. Und sie ist hier, um zu singen, und nicht, um mit dem Publikum zu reden. Also überhören Sie ganz einfach, was sie sagt.‹ Was Takasaki mit diesen Worten bezweckte, liegt auf der Hand: Sie sollten auch jene beruhigen, die beide Sprachen beherrschten, und die Anzahl der Protestbriefe verringern helfen, die daraufhin hätten eintreffen können.« Ich seufzte tief auf und schwor mir einen heiligen Eid. Uns allen hatte Tsurumis Geschichte einen Schock versetzt.

Später ließ ich mir von Tsurumi weitere Beispiele dafür nennen, wie viele meiner Äußerungen von Takasaki übergangen, mißverständlich wiedergegeben oder ganz offenkundig falsch ausgelegt worden waren. Tsurumi stimmte auch zu, Takasakis Verhalten nicht verstehen zu können.

Gegen Ende unseres Japanaufenthalts, als uns nur noch wenige Tage in Tokio blieben, erklärte Manny mir, daß eine Anfrage für eine weitere Pressekonferenz vorläge. Auf meine Frage, was es in Gottes Namen denn noch zu klären gäbe, meinte er, daß er nichts weiter wisse, als daß eine Plattenfirma mich mit einer Goldenen Schallplatte vorstellen wolle.

Also zog ich mein Pressekonferenzkleid an und sah mich in einem Raum des Hilton einer kleineren Gruppe konservativ gekleideter Herren gegenüber, darunter die Vertreter der Plattenfirma. Nachdem ich sämtlichen Höflichkeitsregeln entsprochen hatte – als da sind: Platte in Empfang nehmen, lächeln, Hände schütteln, mich verbeugen –, wandte ich mich an die kleine Gruppe und fragte, ob sie noch Fragen hätten. Vier Hände gingen gleichzeitig nach oben. Als ich ihnen auffordernd zunickte, sahen sie sich gegenseitig an, bis sich einer von ihnen zum Sprecher machte.

»Wir möchten wissen, ob die Krankheit von Miss Baez in Hiroshima auf den Genuß von Austern zurückzuführen ist.« Die Frage verblüffte mich doch einigermaßen, so daß ich wissen wollte, warum er mich danach fragte. Nach anfänglichem Drehen und Wenden wiederholte der Mann die Frage und sagte, daß ihnen zu Ohren gekommen sei, daß ich gleich nach meiner Abreise aus Hiroshima ein Konzert hätte absagen müssen, und ob ich in Hiroshima tatsächlich Austern gegessen hätte. Als ich die Herren fragte, von welcher Zeitschrift oder Tageszeitung sie kämen, stellte es sich heraus, daß sie Vertreter einer Handelsgesellschaft waren, der Vertriebsfirma für Hiroshima-Austern. Gerüchtweise hatten sie gehört, daß Miss Baez das Konzert absagen mußte, weil sie an einem Sieben-Gänge-Dinner teilgenommen hatte, bei dem auch Hiroshima-Austern serviert worden waren. Und daraufhin sei sie krank geworden. Jetzt wollte die Handelsgesellschaft ihren Namen von dem Makel befreien, Miss Baez möglicherweise vergiftet zu haben. Nun lag die Ironie der Geschichte darin, daß das einzige, was ich bei jenem Sieben-Gänge-Menü am Vorabend meines Konzerts abgelehnt hatte, eben eine Platte mit Austern war. Einfach darum, weil ich Austern nicht mag. Mithin gab es jetzt keine Möglichkeit mehr, die Herren von der Handelsgesellschaft nicht zu verletzen, also wählte ich die am wenigsten kränkende (die ja mitunter die Wahrheit sein kann) und sagte, daß ich allergisch auf Austern reagiere und darum auf ihre berühmte Delikatesse hätte verzichten müssen. Die vier Herren, die eifrig mitgeschrieben hatten, standen rasch auf und hasteten zur Tür.

Eines Nachmittags entfloh ich dem Startrubel durch den Hinterausgang meines Hotels und stieg einen Hügel zu einem kleinen Shintoschrein hinaus. Dort saß ich eineinhalb Stunden lang, sah in aller Ruhe dem Spiel der Sonnenstrahlen zu, die in hellen Flecken über den Kies wanderten, und fragte mich, was für sonderbare Phänomene diesen Japanbesuch so verdüstert hatten. Das Land war für seine Schönheit und die Menschen für ihre Freundlichkeit berühmt. Was war nur so schiefgelaufen? Ich fand es erst in den Vereinigten Staaten, in unserem Institut heraus: Auszüge aus *The New York Times* vom Dienstag, dem 21.: ».‌‌. . Presseberichten zufolge hat ein Amerikaner, der sich als Harold Cooper bezeichnete und behauptete, dem CIA anzugehören, dem japanischen Dolmetscher Ichiro Takasaki den Auftrag erteilt, alle Äußerungen von Fräulein Baez über Vietnam und die Überlebenden der Atombombe von Nagasaki durch seine Übersetzung ins Japanische zu entschärfen. Für diese Darstellung wurde Takasaki als Quelle angegeben... Heute morgen hat *Asahi Shimbun*, eine führende Tageszeitung in Tokio, einen detaillierten Bericht der Affäre gegeben. Die Zeitung zitiert Takasaki: ›Es ist richtig, daß ich von einem Mann, der sich als Angehöriger des CIA ausgab, unter Druck gesetzt wurde.‹ Als das japanische Nationalfernsehen eine Aufzeichnung des Konzerts von Fräulein Baez vom 27. Januar sendete, waren die zweisprachigen Zuschauer in Japan sehr erstaunt über Takasakis Übersetzungen. Fräulein Baez hat am 2. Februar Japan auf dem Luftweg über Hawaii verlassen.

Wenn Fräulein Baez sich auf Nagasaki oder Hiroshima bezog, sagte Takasaki nur: ›Die Show wird vom Fernsehen übertragen.‹ Und anstelle einer Erläuterung ihres Songtextes über die Atombombe, *What Have They Done with the Rain* (Was haben sie dem Regen angetan) gab er wiederum nur die Erklärung ab: ›Die Show wird vom Fernsehen übertragen.‹ Als Fräulein Baez von ihrer Weigerung, die Steuern zu entrichten sprach, weil sie mit ihrem Geld nicht zur Finanzierung des Vietnamkriegs beitragen wollte, übersetzte Takasaki das mit den Worten: ›In den Vereinigten Staaten sind die Steuern sehr hoch...‹ Wie Takasaki erklärte, sei er am 12. Januar, also noch vor Beginn der Konzerte angerufen worden, angeblich von einem Mitglied der amerikanischen Botschaft. Der Anrufer habe gesagt, daß er der Dolmetscher eines gewissen Harold Cooper sei, und hinzugefügt: ›In Ihrer Eigenschaft als Conférencier haben Sie völlig freie Hand, aber Herr Cooper erwartet, daß Sie von jeder politischen Äußerung absehen...‹ Am Tag darauf habe ihn dann der Mann, der sich als Harold Cooper bezeichnet, persönlich angerufen... ihm erklärt, daß er ein Agent des amerikanischen Geheimdienstes sei, und verlangt, daß Takasaki die politischen Äußerungen von Fräulein Baez veränderte... ›Wenn Sie nicht zur Zusammenarbeit bereit sind, wird das für Ihre künftige Tätigkeit unangenehme Folgen haben.‹ Takasaki arbeitet rund zwei Monate im Jahr in den Vereinigten Staaten...

Takasaki habe einer Zusammenarbeit zugestimmt, weil er fürchtete, im Fall einer Ablehnung kein Einreisevisum für die Vereinigten Staaten zu bekommen. Wie er der *Asahi Shimbun* gegenüber erklärte, habe er Cooper insgesamt viermal getroffen. Und jedesmal habe Cooper strikte Forderungen hinsichtlich der Konzerte von Fräulein Baez gestellt. Einmal habe er gesagt: ›Japan steht mitten im Wahlkampf, geben Sie also besonders acht auf die politischen Äußerungen von Fräulein Baez. Da viele ihrer Fans wahlberechtigt sind, haben politische Äußerungen während eines Konzerts besonderes Gewicht...‹ Am 3. Februar habe Cooper Takasaki in dessen Privatwohnung angerufen und angeblich gesagt: ›Ich danke Ihnen für Ihre Zusammenarbeit. Ich verlasse Japan und fliege in Kürze nach Hawaii...‹

›Es war eine sehr fatale Angelegenheit‹, sagte Takasaki. ›Ich wußte, daß Fräulein Baez eine vielbeachtete Persönlichkeit ist und als Gegnerin des Vietnamkrieges von den amerikanischen Fernsehgesellschaften totgeschwiegen wurde. Amerikanische Freunde haben mir geraten, diesen Job nicht anzunehmen. Aber ich habe ihn als eine rein geschäftliche

Sache angesehen, denn die japanischen Fans kamen ja nicht, um die politischen Äußerungen von Fräulein Baez, sondern um ihre Songs zu hören. Einmal traf ich Cooper in Gegenwart eines Reporters der *Japan Times*. Sogar bei dieser Gelegenheit hat er sich nicht gescheut, mich unverhüllt zu einer falschen Übersetzung aufzufordern. Ich versuchte, diese absurde Forderung abzulehnen, aber er kannte sogar den Namen meines Kindes und wußte über den Inhalt meiner Arbeit genau Bescheid. Da bekam ich Angst und willigte ein.‹«

Auszüge aus der *New York Post* vom Mittwoch, dem 22. Februar 1967:

»Die US-Botschaft in Tokio bestreitet, daß irgendein Beschäftigter der US-Regierung an Takasaki herangetreten sei. Sie erklärt, es gäbe keinen Regierungsangestellten namens Harold Cooper.«

FOR A WHILE ON DREAMS
»*Ich, Joan, nehme dich, David...*«

Für David Harris begann ich mich ernsthaft zu interessieren, als er mich 1967 im Santa Rita Rehabilitation Center besuchen kam. Zusammen mit siebenundsechzig anderen Frauen waren meine Mutter und ich damals festgenommen worden, weil wir die jungen Kriegsdienstverweigerer unterstützt hatten. Einen allzu hohen Preis habe ich dafür nicht bezahlen müssen: fünfundvierzig Tage an einem Ort, der es mit jedem Sommerlager für Mädchen aufnehmen konnte.

Als ich im Oktober des gleichen Jahres zum ersten Mal dort war und kurze, aber informative zehn Tage hier verbrachte, war auch David hier gewesen, in der Männerabteilung.

Diesmal jedoch hatte er sich nicht einsperren lassen, weil er sich auf die eigene Kriegsdienstverweigerung vorbereiten mußte.

In unserer politischen Arbeit engagierten wir uns für dieselben Ziele. Er hatte ein gutes Herz. Er kümmerte sich um die kleinen Kinder, die in Vietnam unter unseren Bomben starben; und manchmal konnte auch ich an nichts anderes denken als an diese Kinder. Ich nahm mir vor, David nach meiner Entlassung zu besuchen.

Schon fünfzehn Tage vor Ablauf unserer Haftzeit wurden wir an die Luft gesetzt. Im Konflikt, uns entweder eine Lektion zu erteilen, indem sie uns die vollen fünfundvierzig Tage verbüßen ließen, oder aber uns so schnell wie möglich loszuwerden, hatten sich die Gefängnisbeamten denn doch für die zweite Möglichkeit entschieden. So konnten sie auch vermeiden, daß weitere prominente Besucher auftauchten, und so ließ sich vor allem die Pressekonferenz umgehen, die für den Tag unserer Entlassung angesetzt war. Als ich telefonieren wollte, um unsere Heimfahrt zu regeln, wehrte der Lieutenant ab und beschuldigte mich, die Presse benachrichtigen zu wollen. »Keine Angst«, meinte er, »wir haben eine Fahrgelegenheit für Sie.«

Oh ja, das hatten sie in der Tat, eine Fahrgelegenheit ins Nirgendwo. Man beförderte uns zu einer gottverlassenen Busstation irgendwo in Oakland. Mutter und ich bestellten uns etwas zum Frühstück und trommelten dann unsere Pressekonferenz zusammen.

David. Er war schön, klug und sehr anziehend. Er war linkisch, unordentlich und lieb. Das Wichtigste aber: Er teilte mein Engagement für die Gewaltlosigkeit. Ein glänzender Redner, sprach er davon, zuerst gegen die Einberufungsbescheide in diesem Land vorzugehen, danach dem Militär in der ganzen Welt den Kampf anzusagen. Nach seinen Worten glich das Militär einem Kartenhaus, von dem Amerika das Dach besaß. Zog man nur eine Karte heraus, mußte das Ganze automatisch in sich zusammenfallen. David hatte einen hübschen Mund, einen richtigen Kußmund, wenn er eine Weile zu predigen aufhörte. Vielleicht, überlegte ich mir, ist er der Mann, den ich brauche. Einer, der so stark ist wie ich, wenn nicht stärker. Einer, nach dem ich mich einfach deshalb sehne, weil ihm das Haar in einer ganz bestimmten Art in die Stirn fällt und weil er den Mund eines Cupido hat.

Bevor ich zu ihm zog, um eine Zeitlang mit ihm in einer Widerstands-Kommune in den Bergen von Stanford zu leben, fiel ich in meine alte Angewohnheit, die »Hüte-dich-vor-Joanie-Masche« zurück. Ich warnte ihn vor dem Tiger in mir und riet ihm, sich besser keine großen Hoffnungen auf mich zu machen.

Wir waren eine Zeitlang gemeinsam unterwegs, David, Ira und ich. Weil David bereits die gerichtliche Vorladung erhalten hatte, wußten wir, daß ihm früher oder später eine Gefängnisstrafe bevorstand. Auf unserer Reise sang ich gewöhnlich ein oder zwei Lieder und sagte ein paar Worte zur Gewaltlosigkeit, zu der Ira dann ausführlicher Stellung bezog. Unser Hauptredner aber war David. Ich sah ihm unheimlich gern beim Sprechen zu. Ich war verliebt.

Wir kannten uns jetzt drei Monate und waren seit zwei Wochen unterwegs. Einmal, in einem Motel in Wisconsin, sprachen wir nachts im Bett über Kindernamen. Ich fragte David, ob ihm klar sei, was wir da täten. »Jesus«, sagte er, und das war der Moment, wo wir den Entschluß faßten, zu heiraten. Ich rief meine Mutter an. »Dreimal darfst du raten, na? Ich heirate!« »Wen?« fragte sie. »David.« Darauf sie: »Oh, nein!« Was sie zuletzt von David gehört hatte, war, daß ich nach einem Streit mit ihm die Nase voll hatte und ihn als

Hornochsen bezeichnete. Gleich nach dem Telefongespräch mit meiner Mutter bekam David Fieber und klagte so über Muskelschmerzen, daß wir ihn am nächsten Morgen ins Krankenhaus brachten. Dort sagte man uns, daß es ein schlimmer Fall von Grippe sei. Für mich war es ein klarer Fall von Psychosomatik. Noch war ich selbst nicht an der Reihe.

Eine Woche später, es war in einem Hotel in New York, klingelte morgens um halb acht das Telefon. Die Presseagentur *Associated Press* wollte wissen, was an den Gerüchten über David und mich dran sei.

»David«, sagte ich, »AP fragt an, ob wir heiraten werden.«

David wälzte sich auf die andere Seite, kratzte sich am Kopf und brummte: »Was, zum Teufel?« Also erklärte ich dem Reporter, daß die Gerüchte durchaus der Wahrheit entsprächen, daß es aber noch keinen festen Termin gäbe.

Noch am selben Nachmittag prangte die Ankündigung unserer Hochzeit mit einem Foto von mir auf der Titelseite der *New York Post,* die *New York Times* berichtete ebenso ausführlich darüber wie die meisten Tageszeitungen im Land. Mit dem Entschluß, die Dinge möglichst schnell abzuwickeln, hielten wir nach einem Geistlichen Ausschau, vorzugsweise einem Pazifisten und Vertreter der Gewaltlosigkeit. Eine richtige Hochzeit sollte es werden, mit allem, was dazugehörte. Und das hieß: beide Elternpaare, meine zwei Schwestern, meine Tante und ihr Bruder, ein paar Freunde und die halbe Westküste an Kriegsdienstverweigerern. Während wir Vorkehrungen trafen, sie alle in Richtung Osten zu fliegen, sah ich mich nach einem Brautkleid um. Hin- und hergerissen zwischen höchster Seligkeit und Abgründen der Angst, bekam ich gräßliche Magenschmerzen. David hielt sich bemerkenswert gut. Schließlich fanden

Oben links: Meine Mutter, Joan Baez sen., 1942 (© Albert Baez)

Oben rechts: Die kleine Joan Baez jun., knapp zwei Jahre alt, 1942 (© Albert Baez)

Links: Mein Vater, Albert Baez, 1942 (© Joan Baez sen.)

Rechts: Familienmitglieder, Freunde und der Leichenwagen, mit dem ich nach Newport gefahren bin, 1960

Oben links: Bob Gibson und ich in Newport, 1959 (© Lawrence Shustak/ Manuel Greenhill)

Oben: Eine Dienstagnacht im *Club 47*, 1959

Unten links: Boston, Jordan Hall, 1961

Unten rechts: Titelbild der Zeitschrift *Time*, 23. November 1962 (© Time Inc.)

Ganz unten links: Postkarte einer rumänischen Zigeunerin

Ganz unten rechts: Die Ähnlichkeit läßt sich nicht leugnen . . ., 1961 (© William Claxton)

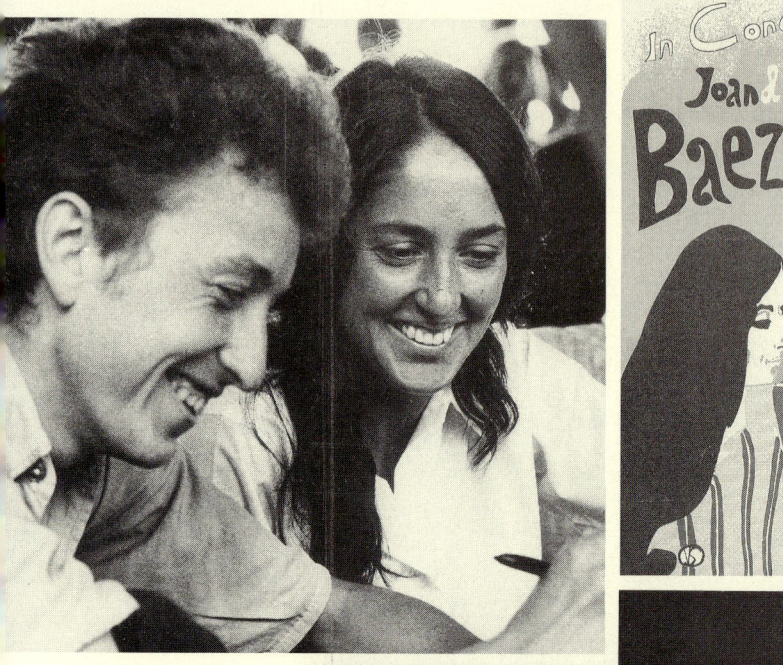

Ganz oben links und oben: Bob Dylan und ich auf Bobs erstem Newport-Festival, 1963 (© David Gahr)

Ganz oben rechts: Eric Von Schmidts berühmtes Plakat (© Eric Von Schmidt)

Links: Mein Freund Michael und ich, 1959

Unten links: Michael und ich, 1960

Unten rechts: Meine Freundin Kim (© Jim Marshall)

Ganz unten: Kim

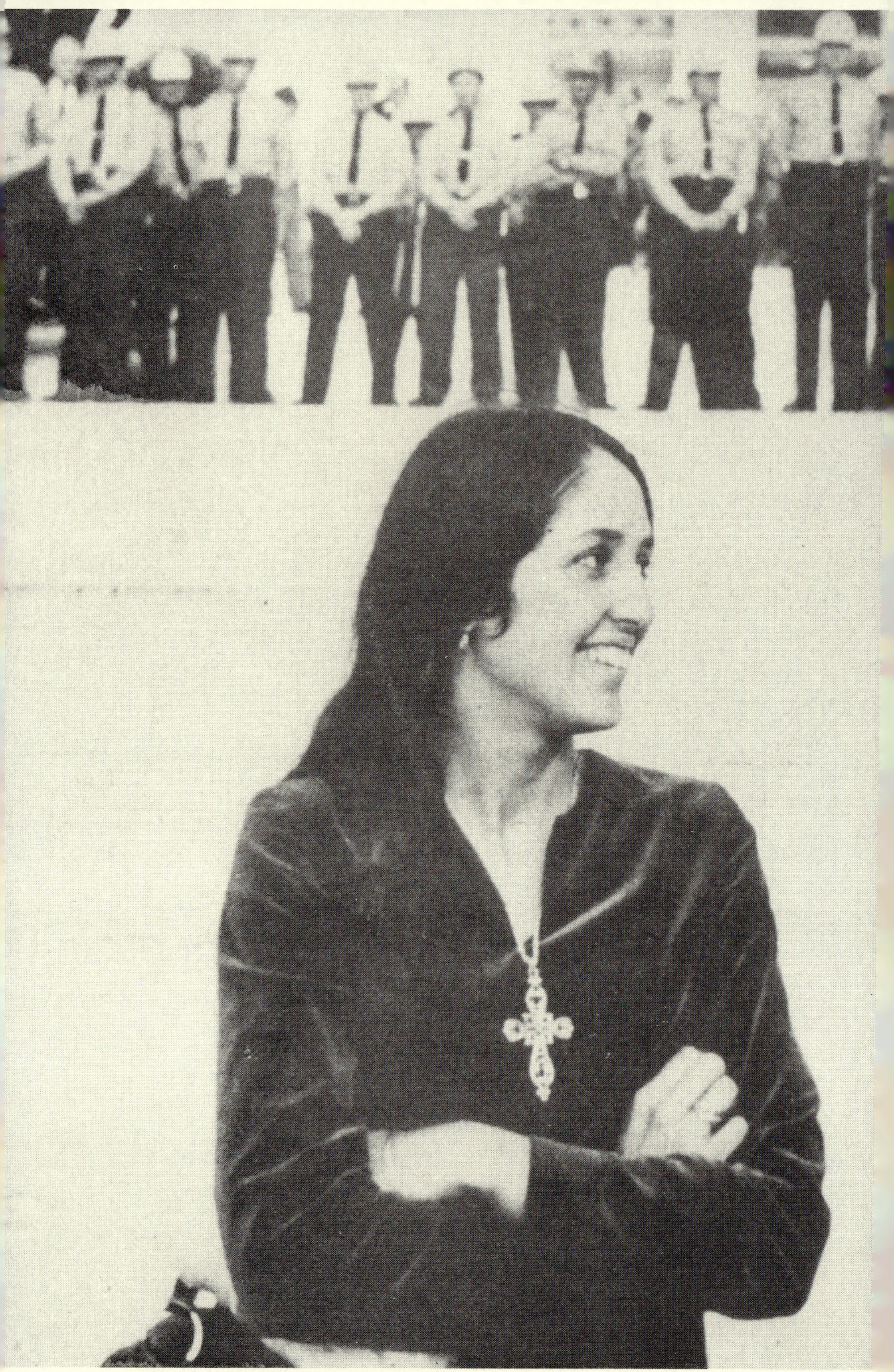

Oben: Grenada, Mississippi, 1966: Protestmarsch mit Martin Luther King (© Bob Fitch)

Links: Auf einer Protestkundgebung in Montgomery, Alabama, 1963 (© Steve Somerstein/Orbit Graphic Arts)

Rechts: Ira Sandperl mein »dämonischer« Lehrer und Freund, 1968
(© Jim Marshall)

Unten: Bei der Meditation mit einem Mönch aus Saigon im *Institute for the Study of Nonviolence*, 1966
(© Jim Marshall)

wir einen Geistlichen, einen aufrechten Pazifisten, und eine kleine, mit Friedenssymbolen vollgehängte Kirche, wo wir auf einer für irgendeine Aufführung bestimmten Bühne getraut werden sollten. In der Mitte der Bühne stand ein mit Papierblumen geschmückter Baum. Gemeinsam mit dem Geistlichen sprachen wir die Form der Trauung durch, die eine Kombination aus den Zeremonien der Episkopalkirche und der Quäker sein sollte. Nach langer Sucherei kaufte sich David einen Anzug. Ich schluckte Magentropfen, graste die Fifth Avenue ab, um meine Familie auszustaffieren und dabei meinen Anteil der Trauungsworte auswendig zu lernen: »Ich, Joan, nehme dich, David . . .« etc. Das Wort »versprechen« wollten wir auslassen, statt dessen »versuchen« sagen, und das »solange wir leben« durch etwas weniger Bedrohliches ersetzen – was das genau war, weiß ich nicht mehr.

Am Tag vor der Hochzeit schien mein Magen mich umbringen zu wollen. Ich stellte mich an wie ein sechsjähriges Kind. Abwechselnd umstand die besorgte Familie mein Bett und beschloß am Ende, einen Arzt zu rufen. Ihm erzählte ich, was mir fehlte: »Ich heirate morgen, habe wahnsinnige Angst, Darmkrämpfe und Durchfall. Aber das ist alles psychosomatisch und Sie brauchen nichts anderes zu tun, als mir zu sagen, daß ich völlig in Ordnung bin und weder die Grippe noch sonstwas habe.«

»Stört es Sie, wenn ich meine eigene, unwesentliche Diagnose stelle?« fragte er, wobei er mein Nachthemd hochhob und mir den Bauch abdrückte. »Ich möchte nur sichergehen, daß wir Sie beispielsweise nicht am Blinddarm operieren müssen.«

»Ich habe kein Fieber«, sagte ich warnend. »Und solange man kein Fieber hat, ist man für Sie doch gesund. Aber das bin ich nicht.« Er sagte nicht etwa, »Halten Sie endlich die Klappe« oder so etwas, sondern schob mir nur ein Thermometer in den Mund und sah auf die Uhr. Nach ein oder zwei Minuten nahm er es heraus, warf einen Blick darauf und brummte irgend etwas.

»Nun?« fragte ich.

»Neununddreißig zwei«, verkündete er und wischte das Thermometer ab.

»Ich möchte sterben«, sagte ich. Der Arzt sah mich mitfühlend an.

»Ob es Ihnen wohl hilft«, meinte er dann, »wenn ich Ihnen erzähle, daß ich die Nacht vor meiner Hochzeit neununddreißig sieben hatte?«

»Das hängt davon ab«, sagte ich. »Sind Sie noch verheiratet?«

»Ja, das bin ich.« Ich hielt das zwar für eine Lüge, aber das war jetzt ohne Belang. Immerhin hatte er im richtigen Moment das Richtige gesagt.

Er gab mir ein Mittel, versicherte mir, daß mir davon nicht übel werden würde, und ließ es mich gleich und auf einmal schlucken. Ich entschwebte ins Reich der Träume.

Wenn ich mich je gefragt hatte, ob David ein guter und hilfsbereiter Mensch war, dann fand ich es in dieser Nacht heraus. Selig von einem Schlummer in den nächsten versinkend, wachte ich nur gelegentlich von einem unangenehmen Leeregefühl im Magen auf. Beim geringsten Jammern sprang David schon aus dem Bett, flößte mir etwas Tee ein oder schob mir Eiswürfel in den Mund. Innerhalb von Sekunden war die Übelkeit verschwunden und ich schlief wieder ein. Ich glaube nicht, daß David bei diesem Turnus viel geschlafen hat. Er konnte nicht zu seinen Freunden gehen und sich gemeinsam mit ihnen betrinken, weil er seine ganze Aufmerksamkeit auf mich konzentrierte, aber möglicherweise auch, weil ihm das andere nur lästig gewesen wäre.

Lieber David,
habe ich Dir je für diese Nacht gedankt? Die Nacht vor einer Hochzeit läßt sich bestimmt auf lustigere Art verbringen, besonders, wenn es die eigene ist. Aber selbst nach unseren gemeinsamen Berg- und Talfahrten und turbulenten Zeiten habe ich gesagt, daß Du auf der Seite der Engel standest...

Der Hochzeitstag. David, sehr nervös, noch immer mit Schnauzer und Backenbart, nach Eau de Cologne duftend, im gutsitzenden Anzug, mit quietschenden neuen Schuhen. Ich barfuß, im bodenlangen, griechischen Kleid von gebrochenem Weiß. Noch eben rechtzeitig stellten wir fest, daß wir die Ringe vergessen hatten, drückten meiner Sekretärin zwei Ringe in die Hand, die wir auch sonst trugen, und schickten sie zum nächsten Juwelier, wo sie zwei schmale Goldreifen kaufte. Nur wenig später als vereinbart stiegen wir ins Auto und fuhren zur Kirche. Magentropfen schluckkend, hatte ich mir das schwarze Samtcape umgelegt, das meine Mutter bei ihrer eigenen Hochzeit getragen hatte.

Ich glaube nicht, daß das Filmteam in der Kirche viel mehr von mir erhaschte als meine Hand, die das grüne Fläschchen mit den Magentropfen immer wieder zum Munde führte. David stand derweil in einer anderen Ecke der Kirche und redete über Politik. Dann trafen auch meine Schwestern ein.

Ich weiß noch, daß ich immer wieder dachte, wie schön sie alle aussähen. Meine Mutter und mein Vater hatten sich inzwischen mit der Heirat ihrer zweiten Tochter abgefunden und machten jetzt einen sehr würdigen Eindruck. Davids Mutter sah wunderschön und wohlwollend im besten Sinn des Wortes aus. Sein Vater wirkte etwas angestrengt, schien aber durchaus angetan. Immerhin war er siebzehn Jahre beim Militär gewesen. Davids älterer Bruder sah lieb und schüchtern aus, was er auch ist, und meine beiden Schwestern glichen Prinzessinnen, was sie ebenfalls sind. Tia schien glücklich und zufrieden, einmal, weil sie grundsätzlich optimistisch ist, und zum anderen, weil ich weder einen Fixer noch einen Seiltänzer vom Zirkus heiratete.

Der unentwegt Hände schüttelnde Geistliche war so nett, daß ich hätte weinen mögen. Als die Stelle kam »in guten und bösen Tagen«, hatte ich den Text vergessen, sagte »Oh, verdammt« und wartete, bis der Pfarrer mir die Worte zuflüsterte. David lächelte die ganze Zeit sein unbeschreibliches Lächeln, teils aus Nervosität und teils darum, weil sich sein Gesicht beim Lächeln in der natürlichsten Lage befindet. Zur Bekräftigung unserer Worte gaben wir uns die Hand und beendeten die Trauungszeremonie mit einem langen, französischen Kuß, der vom energischen Räuspern meines Vaters und dem Gekicher der übrigen unterbrochen wurde. Dann klatschten alle, man brachte Champagner, Judy Collins, eine gute Freundin der drei Baez-Mädchen, sang ein paar Lieder und mein Vater verknipste etliche Filme, aus denen aus unerfindlichen Gründen nichts wurde, alle waren sie schwarz.

Wie lieb Du gewesen bist, David! Ich war schon ein verrücktes Mädchen. Und Du hast dieses verrückte Mädchen geheiratet. Eines Abends bin ich mit Deiner Mutter über die Hügel gegangen, es war der Abend, an dem sie mir erlaubte, sie Elaine zu nennen. Der Mond ging eben auf und ich meinte, er könne gleich wieder untergehen, wenn ich mich nur stark genug darauf konzentrierte. Der Gedanke erschreckte mich. Als Elaine zu Bett gegangen war, legte ich mich zwischen die Mülleimer am Straßenrand, zog die Knie bis zum Kinn hoch und hätte stundenlang so liegen bleiben können, wenn Du nicht herausgekommen wärst und nach mir gerufen hättest. »Hier bin ich«, rief ich, und Du hast mich ins Haus getragen, Feuer im Kamin gemacht und mir aus *Alice im Wunderland* vorgelesen. Eines Abends habe ich Dir zu Gefallen Haschisch oder so etwas geraucht. Das brachte mich vollends durcheinander, mir wurde abwechselnd heiß und kalt, voller Angst sah ich Dir beim Vorlesen zu, starrte nur auf Deinen Mund. Ich konnte nicht mehr stillsitzen, rannte durchs ganze Haus und ging den Fenstern aus dem Weg – aus Angst, mich hinauszustürzen. Da sagtest Du: »Komm, laß uns nach draußen gehen und ein bißchen Luft schnappen.« »Nein«, wehrte ich ab, »draußen wird es mir bestimmt zu kalt.« »Gut, dann zieh eben den Pullover an.« »Nein«, sagte ich und fing an zu weinen an, »dann wird es mir zu heiß.« Als ich dann richtig losheulte, hast Du den Arm um mich gelegt und mir zugeredet, doch nach draußen zu gehen, wo die Luft mein Gesicht dann so angenehm fächelte. Ich mußte mal Pipi machen und Du sagtest: »Klar, warum denn nicht«, dabei hast Du gelacht und versucht, Dir das Lachen zu verkneifen, weil Du mich nicht verletzen wolltest. Ich hockte mich in die Petunien, fühlte mich schon besser und fragte Dich, was daran so komisch wäre. »Wir haben zehntausend Dollar in das neue Badezimmer gesteckt«, sagtest Du, »und du mußt hier draußen Pipi machen.«

Wir wohnten in Los Altos Hills auf einem tausend Quadratmeter großen Grundstück, das wir Struggle Mountain, den Berg der Mühsal, nannten. Unser Haus war ein besserer Schuppen und an ein zweites von gleicher Güte angebaut. Ein paar hundert Meter weiter stand ein zweistöckiges Haus, in dem acht oder neun Leute in einer Wohngemeinschaft lebten. Wir alle aßen vegetarisch und hatten auch alle einen Garten. David und ich saßen meist draußen auf der Veranda vor unserem Petunienbeet, wo Gottweißwer vorbeikam und sich unaufgefordert zu uns setzte.

Dann machten wir Tee. David redete mit den Leuten über die Widerstandsbewegung, und ich stand nach einer Weile wieder auf, um allen Brote zu machen. Im Nebenhaus wohnten Robert und Christy. Robert war Kriegsdienstverweigerer, doch ist seine Einberufungsnummer nie auf den Listen aufgetaucht. Im Sommer liefen beide ohne Kleider herum. Später, als Robert und Christy schon fast eine Familie bildeten, kam er oft zu uns, um unsere Bleistiftspitzermaschine zu benutzen. Am Küchentisch sitzend, hatte ich dann seine Leistengegend in Augenhöhe und im Abstand von einem halben Meter vor mir, wobei es mir natürlich freistand, ihm beim Bleistiftspitzen zuzusehen oder nicht.

Kurz nach Davids Inhaftierung habe ich es mir auch angewöhnt, keine Kleider mehr zu tragen, was übrigens die gesamte Struggle-Mountain-Gemeinschaft tat, zumindest, wenn sie sich auf dem eigenen Grundstück befand. Eines Tages fuhr die Feuerwehr vor unserem Zaun vor. Etwa fünfzehn Männer stiegen unter dem Vorwand aus, sich um irgendeinen Schwelbrand hier in der Nähe kümmern zu müssen. Als sie mit ihren Ferngläsern Ausschau hielten, warfen sie natürlich auch ihren Blick über unseren Zaun. Ich fühlte mich keineswegs frei und ungeniert. Sondern genau so, wie man sich fühlt, wenn man im Traum über den Broadway geht und plötzlich merkt, daß man nackt ist.

Ich habe mich so sehr bemüht, eine gute Ehefrau zu sein. Aber meine Dämonen attackierten mich derart, daß ich stundenlang bei meinem Psychiater saß und versuchte, mich von einer Königin in eine Ehefrau zu verwandeln.

David hatte sich einen Hund angeschafft, einen reizenden, wenn auch nicht allzu intelligenten Samojeden namens Moonie. Eines Tages, als Moonie von draußen kam, an der Tür kratzte, jaulte und David ihn einließ, platzte mir der Kragen, denn ich hatte eben im ganzen Haus Staub gesaugt.

»Verdammt nochmal!« fluchte ich beim Anblick der frischen Schmutzspuren. »Eben habe ich alles saubergemacht. Außerdem kratzt der Köter uns Löcher in die Tür!«

David fragte mich, was wohl wichtiger sei, der Hund oder eine Holzplanke. »Du vergißt nur eins dabei«, erwiderte ich, »mich. Ich bin wichtiger.« Aber David meinte nur, ich hätte meine Probleme der Analphase nicht ganz überwunden und es wäre sicher gut für mich, mal wieder zum Abendessen auszugehen. Allerdings, schränkte er ein, sei es konterrevolutionär, sich in einem Restaurant von Kellnern bedienen zu lassen. Ich hätte trotzdem Lust, einmal ausgeführt zu werden, sagte ich, und außerdem würde er ja auch Bücher kaufen. Bücher zu kaufen sei ein bürgerlicher Luxus, den arme Leute sich nicht leisten könnten. Und wenn er monatlich fünfzig Mark für Bücher ausgäbe, könnte er das eine Mal auch für mich tun. Nun lebten wir zwar überwiegend von meinem Geld, aber ich wollte nichts anderes erreichen, als daß er mich mal ein bißchen verwöhnte.

Eines Tages tauchten drei Abgeordnete der Frauenbewegung bei uns auf, um sich wegen eines Posters zu beschweren, das die Kriegsgegner mit einem Bild von Pauline, Mimi und mir herausgebracht hatten. Der Text dazu lautete: »Frauen sagen ja zu Männern, die nein sagen.« Ich hielt diese Zeile für sehr wirkungsvoll, aber die Feministinnen lehnten sie ab, weil da »Frauen« stand und weil Frauen niemandem, vor allem nicht Männern, eine Antwort schuldig sind, weder ein Ja noch ein Nein. Das Poster müsse vom Markt, verlangten sie. Ich hatte keinen Schimmer, was sie eigentlich meinten, aber ich lief brav zwischen Küche und Wohnzimmer hin und her, um ihnen Sandwiches und Limonade vorzusetzen. Die drei stießen sich heimlich an, tuschelten oder sahen nur erzürnt zur Decke. David schwärmte ihnen von der Bewegung der Kriegsdienstverweigerer vor und nannte alle Frauen »Küken«.

Trotz der Schwierigkeiten zwischen David und mir war ich sehr zuversichtlich, selbst dann, wenn gar nichts mehr zu funktionieren schien und ich halbe Nächte durchheulte. Dann war David unendlich geduldig mit mir und hoffte, daß sich alles wieder einrenken, alles wieder gut werden würde. Manchmal war auch alles gut, und dann konnte ich so stolz sein. Stolz darauf, tatsächlich eine Ehefrau und eine Zeitlang glücklich und zufrieden sein zu können.

Kurz nach Davids Weigerung, dem Einberufungsbefehl Folge zu leisten, traf der Gerichtsbescheid ein. Der Prozeß begann zu einem Zeitpunkt, wo die Richter längst die Erwartung aufgegeben hatten, daß sich bei ihrem Einzug in den Gerichtssaal alle von den Plätzen erhoben. Wir sind jedoch aufgestanden – schon aus Respekt vor Davids Anwalt, Francis Heisler, einem bekannten und hochgeachteten alten Herrn mit Einstein-Mähne und messerscharfem Witz, der David gern auf der Grundlage von Verfahrensfehlern freibekommen hätte, sich aber in einem Konflikt befand. Denn einerseits wußte er, daß David sich aus moralischen Gründen vor Gericht zu verantworten hatte, andererseits aber hätte er ihn gern aus Verfahrensgründen freigepaukt. Patchoulidüfte schwebten durch den Gerichtssaal, Mütter stillten ihre Babys, wir alle hielten Blumen in den Händen und sangen schon im Treppenhaus des Gerichtsgebäudes.

David war großartig. Als sich die Geschworenen zur Urteilsverkündung zurück auf ihre Plätze begaben, zitterte ich am ganzen Körper. Unter den Geschworenen saß auch eine Quäkerin, von der wir alle gehofft hatten, obwohl es nichts mehr zu hoffen gab, daß sie sich auf ihre Religion berufen und sich über die Instruktionen des Richters hinwegsetzen würde. »Schuldig« lautete das Urteil, und David ließ es sich von jedem einzelnen wiederholen. Als auch sie ihr »schuldig« aussprach, fühlten wir uns alle verraten.

Wir befanden uns auf Vortragsreise, als ich schwanger wurde. Wir besuchten Colleges, ich sang meine Lieder, David hielt Reden, und das junge Volk hörte fasziniert zu. Mir schien, als könne David die Welt aus eigener Kraft verändern. Und wenn es ihm möglich gewesen wäre, dies allein durch sein Charisma zu erreichen, er hätte es über Nacht geschafft. Manchmal verstand ich nicht, was er sagte, und stellte später fest, daß auch andere ihn nicht verstanden. Aber das hinderte uns nicht, einfach dazusitzen und ihm mit offenem Mund zuzuhören.

Es war in North Carolina. Ich hatte fleißig jeden Morgen und jeden Abend mit meinem Spezialthermometer die Temperatur gemessen und sah jetzt, daß die Kurve genau den Zeitpunkt der kritischen Phase anzeigte. Ich kann mir romantischere Dinge vorstellen, als das Thermometer aus dem Mund zu nehmen und »Jetzt!« zu sagen. Am nächsten Morgen spülte ich mit meiner alten Freundin Betsy das Geschirr. Betsy hatte einen Alexandritring von mir immer bewundert, den ich seit der Zeit mit Kimmie ständig trug. Jetzt zog ich ihn in einer spontanen Anwandlung von meinem nassen Mittelfinger und fragte, ob sie ihn haben wolle. Betsy war völlig überrascht, wußte sie doch, daß ich diesen Ring nie ablegte. Betsy sah auf den Ring in meiner Handfläche und nahm ihn. In diesem Augenblick wußte ich, daß ich schwanger war.

Als meine Periode elf Tage nach der fälligen Zeit ausgeblieben war, ging ich zu meiner Ärztin und ließ einen Schwangerschaftstest machen. Danach kam sie zu mir und verkündete: »Ich habe gute Nachrichten für Sie!« und, als ich zu heulen anfing: »Ich dachte, Sie hätten sich das gewünscht!« »Habe ich ja!« schluchzte ich und rief David an, der aber nicht zu Hause war. Auf der Heimfahrt verlor ich mich in die schönsten Phantasien über Kinderbettchen und Einschlaf-Mobiles, über David, den man aus der Haft entließ, obwohl er noch gar nicht im Gefängnis war, über uns beide als Führer einer gigantischen Demonstration für die Gewaltlosigkeit, die uns über die Haupt- und Nebenstraßen der ganzen Welt führte, über Spaziergänge mit unserem kleinen Windelpaket auf der Hüfte, das irgendwann einmal groß genug sein würde, um hinter uns herzulaufen.

Als ich heimkam, war niemand da. Ich trödelte herum, machte mir Tee und versuchte, mich zu beruhigen. Als ich das Auto vorfahren hörte, rannte ich zur Tür, sah Davids Mutter mit Lebensmitteln beladen den Gartenweg hochkommen und gleich hinter ihr David. Elaine strahlte wie ein Sommermorgen, desgleichen David – bis ich mit meinem »Ich kriege ein Baby!« herausplatzte. Elaine ließ fast ihre Tüten fallen, und David bemühte sich, freudige Überraschung zu zeigen. Aber er war verletzt, daß ich es ihm nicht zuerst und ganz privat mitgeteilt hatte. Ich bereute es sofort, aber es war zu spät. Zwei Wochen danach ist mir bei einem Konzert dasselbe passiert. Ich konnte mich einfach nicht beherrschen und verkündete meinen Zuhörern noch vor Schluß des Konzerts: »Ich bin schwanger!« David, der irgendwo im Osten unterwegs war, las es am nächsten Morgen in der Zeitung. Er hätte es gern gesehen, wenn die privaten Dinge in unserem Leben auch privat geblieben wären.

Eines Tages beschloß ich, mir die Haare abschneiden zu lassen, obwohl die lange Mähne seit Beginn meiner Karriere eine Art Markenzeichen war. Ich schluckte zwei Beruhigungstabletten und ging zum Friseur, ließ mir den Kopf scheren und fühlte mich beim Verlassen des Ladens wie eine italienische Filmdiva.

Als David von seiner Vortragsreise zurückkehrte, sagte er nur: »Du hast dir die Haare abschneiden lassen, ohne mich zu fragen.« Dann versuchte er, einen Witz darüber zu machen, aber ich spürte, daß ich ihn erneut verletzt hatte.

Bevor David am 15. Juli 1969 ins Gefängnis abgeholt wurde, schien die gesamte Widerstands-Kommune in unseren Vorgarten übergesiedelt zu sein. Ich verbrachte die Tage mit Brot- und Pfannkuchenbacken, machte für die zahllosen Freunde und teilnahmsvollen Mitmenschen Unmengen von Obstsalat. Schon bald würde ihr Held außer Reichweite sein, nicht mehr verfügbar für den täglichen Kaffee und die Zigaretten, für all das, was er so bereitwillig mit allen andern geteilt hatte. An dem Tag, als wir fest damit rechnen konnten, daß der Sheriff bei uns auftauchte und David abholte, weckte uns der schwebende Klang einer Flöte, der durch die warme, diesige Morgenluft an unser Schlafzimmerfenster drang. Einer von Davids jungen, leicht versponnenen Verehrern saß wie Pan in einem Baum und spielte für uns. Ich war müde und gereizt und fragte David, ob der Kerl nicht ganz bei Trost sei. »Der Bursche ist schon in Ordnung«, sagte David. »Eine kleine Macke hat er ja, aber er meint es gut.« Also stand ich auf und begann mit Christys Hilfe Frühstück für alle zu machen, für Hausbewohner, Sonnenanbeter, Körnerfresser, Kinder des beginnenden Wassermann-Zeitalters, Urbarmacher fremden Bodens, Widerständler, treue Freunde allesamt. Ich stand in der Küche, schreckte jedesmal zusammen, wenn ein Auto vorbeikam, und lenkte mich so gut es ging bei Kräutertee- und Kaffeekochen ab.

Im Lauf des Vormittags erschien einer unserer Spione mit heulendem Motor vor dem Gartentor und verkündete, daß der Streifenwagen schon unterwegs zum Struggle Mountain sei. David lächelte nur – für ihn war die Wartezeit vorbei. Das Leben würde sehr viel leichter für ihn sein, wenn es eine Realität gab, die er anpacken konnte – und nicht nur Phantasien, die ihn nachts nicht schlafen ließen.

Der Sheriff und seine Begleiter staunten nicht schlecht, als wir sie freundlich begrüßten, ihnen Kaffee, Obstsäfte und selbstgebackenes Brot anboten. Natürlich lehnten sie ab. David, der umrahmt von seinem Empfangskomitee und in dessen sicherem Schutz auf der Couch saß und mit ein paar Freunden plauderte, erhob sich, als der Sheriff eintrat, begrüßte ihn und seine Leute mit herzlichem Händeschütteln. Klar, daß sie das noch mehr aus der Fassung brachte und sie sich noch blöder vorkamen, als sie es ohnehin schon taten. Dann legten sie ihm Handschellen an, David streckte noch einmal die Hände zum Siegeszeichen hoch und setzte sich auf den Rücksitz des Wagens. Bis zur letzten Minute hatte ich das Ganze aus einer gewissen Entfernung verfolgt. Jetzt ging ich auf ihn zu, umarmte ihn und sagte noch irgend etwas – was das war, weiß ich nicht mehr.

Als sie in der Hitze dieses schönen Sommertags wegfuhren, prangte genau über dem Nummernschild des Streifenwagens ein Aufkleber der Kriegsdienstverweigerer. Wir lachten ein letztes Mal. Ich wurde zusehends ruhiger, so ruhig, daß ich mich zu einem Spaziergang entschloß. Ich wanderte lange über die Hügel, blieb lange in der Hitze dieses schönen, dieses freundlichen und einsamen Tages oben auf der Höhe des Struggle Mountain.

Die erste Aufgabe, die ich nach Davids Inhaftierung übernahm, war die Fertigstellung des gemeinsam gedrehten Films *Carry It On*. Das Filmteam blieb mir während einer Tournee durch die gesamten Vereinigten Staaten, von Denver bis zum »Madison Square Garden« auf den Fersen. Ich hatte vier Mark für die Eintrittskarten angesetzt und gab alles, was ich dabei verdiente, an die Widerstandsbewegung. Zwei Widerständler arbeiteten mit mir zusammen: Jeffrey Shurtleff und Fondle. Der Manager unserer Tournee war der ausgeflippte Mensch, der an jenem Morgen vor unserem Haus in Struggle Mountain im Baum gesessen und Flöte gespielt hatte. Unterwegs konnte es vorkommen, daß er an einer Raststätte für Lastwagenfahrer vom Tisch aufsprang und vor den Augen der versammelten Zweizentnermänner anfing, das Geschirr zu spülen. Oder er räumte gleich nach der Ankunft in einem Hotel sämtliche Möbel aus dem Zimmer und hängte ein Bild mit dem Mandala-Zeichen an die Wand, zündete Kerzen und Räucherstäbchen an und meditierte fünfundvierzig Minuten lang im Lotussitz. Wenn Jeffrey sich zu ihm gesellte, kochten die beiden sich braunen Naturreis auf irgendeinem Gerät, das sie im Bioladen erstanden hatten, brühten sich Ginseng-Tee auf und zelebrierten ein kleines Fest. Fondle und ich bestellten uns Hamburger. Wenn wir unter freiem Himmel auftraten und Jeffrey, der im Lotussitz auf der Bühne hockte, von Mücken überfallen wurde, kämpfte er einen schweren Kampf mit sich selbst. Nicht so sehr, wie ich meine, wegen seiner Achtung vor allem Leben, sondern weil er das Gebot der Selbstdisziplin nahezu besessen einzuhalten suchte.

Auf Anraten einiger Widerständler beschloß ich, ein Konzert im südlichen Kalifornien mit einer Kundgebung zu verbinden. Es gab da einen jungen Mann, der sich nach langer Überlegung dazu entschlossen hatte, seinen Einberufungsbescheid zurückzugeben und dies in aller Öffentlichkeit zu tun, wobei er hoffte, daß ich seine Karte in einem kleinen Zeremoniell vor dem Publikum entgegennahm. Ich war einverstanden und überlegte mir die Szenenfolge: Nach dem ersten Teil meines Programms wollte ich verkünden, daß mein nächster Song den Kriegsdienstverweigerern gewidmet sei und daß ich, falls es jemanden im Saal gäbe, der seine Karte hier und heute zurückgeben wollte, diese gern entgegennähme. An dieser Stelle sollte der junge Mann vortreten und mir die Karte aushändigen. Soweit verlief auch alles nach Plan, nur kamen auf meinen Aufruf dreißig junge Männer nach vorn und drückten mir ihre Karten in die Hand. Da ich wußte, daß sie letztlich nicht zur Verweigerung bereit waren, gab ich sie ihnen zurück und erklärte ihnen, wo sie sich über Einberufungsfragen beraten lassen konnten (nämlich gleich hier, hinter der Bühne). Dann legte ich erst einmal eine Pause ein.

Eine Platte für David aufzunehmen, schien mir ein besonders schönes Geschenk. So fuhr ich nach Nashville und nahm eine Auswahl von zwölf Country-und-Western-Songs auf. Ich hatte seitenweise Porträtzeichnungen von David gemacht, wenn er abends über seinen Büchern saß. Jetzt suchte ich mir die beste für das Plattencover aus, das ich selbst auf silbernem Grund entwarf: in die Mitte kam Davids Profil, den Rahmen bildete ein knapp neun Zentimeter breites, umlaufendes Band, eine Art Girlande aus vielfarbigen Tarotkartenbildern. Das war *Portrait*.

Da ich zur gleichen Zeit ein Doppelalbum mit Dylan-Songs aufnahm – *Any Day Now* –, hatte ich nicht wenig zu tun und machte mir erst, als ich wieder nach Hause fuhr, ernsthaft Gedanken über die Ankunft meines Babys.

Von ihrem College in Berkeley war Gail Zermeno an unser Institut für Gewaltlosigkeit gekommen und als tätiges Mitglied unserer Widerstands- und Gewaltlosigkeitsbewegung in Kalifornien geblieben. Später ist sie meine persönliche Hilfe und eine gute Freundin geworden.

Mit Gails Hilfe nahm ich an einem Kurs für die natürliche Geburt teil. Eines Nachts wachte ich von heftigen Leibkrämpfen auf, mein Herz jagte wie wild. Erregt und zugleich voller Zweifel preßte ich meine Hand vor den Mund und versuchte, mich zu beruhigen. Ich stand langsam auf, um zu sehen, ob die Krämpfe nachließen. Das war nicht der Fall. Ich ging in die Küche, um mir ein Instant-Getränk zu machen, füllte einen kleinen Topf mit Wasser, riß ein Päckchen mit Erdbeergeschmack auf, verschüttete die Hälfte, gab den Rest in eine Tasse, ließ die Verpackung ins kochende Wasser fallen, fischte sie mit den Händen heraus und verbrannte mir die Finger. Da gab ich auf und ging wieder ins Bett. Die Krämpfe müssen wohl aufgehört haben, denn ich schlief bis früh um sieben durch. Es war ein Dienstag, als sie mich zum zweiten Mal weckten. David rief immer dienstags an. Gail kam zu mir und fuhr mich den Berg hinunter zur Klinik. Als der Arzt sagte, daß es noch lange dauern könnte, fuhren wir den Berg wieder hinauf. Die Fahrt dauerte fünfundzwanzig Minuten, aber ich hoffte immer noch auf Davids Anruf. Ich ließ mich aufs Sofa fallen und begann, mit Atemübungen gegen die Schmerzen anzugehen. Viele Stunden vergingen, Freunde aus der Kommune gaben sich die Klinke in die Hand. Wenn ich zu angestrengt atmete, um sprechen zu können, signalisierte ich ihnen mit hochgestreckter Hand, wie stark ich beschäftigt war. Wir warteten, bis die Wehen im Abstand von eineinhalb Minuten aufeinander folgten, und fuhren ein zweites Mal den Berg hinunter zur Klinik. Unterwegs hielt ich die Hand fast nur noch oben. David hat fünf Minuten nach unserer Abfahrt angerufen.

 Ursprünglich hatte ich vor, das Baby im Sitzen zur Welt zu bringen. Nach der ersten, starken Kontraktion aber landete ich auf dem Rücken und blieb die restlichen Wehen über so liegen. Als so ein Würstchen von Praktikant bei mir auftauchte und mir ein Laken überlegen wollte, stieß ich es mit dem Fuß beiseite und fuhr ihn an, daß ich so ein verdammtes Tuch nicht auf meinem Körper haben wollte. Da verzog er sich und kam nie wieder. Im vorgeschriebenen Rhythmus weiteratmend, japste ich schon wie ein Fisch auf dem Trokkenen, als der Arzt kam und mir sagte, daß mir, wenn ich so weitermachte, noch vor der Entbindung endgültig die Luft ausgehen würde. Was danach kam, weiß ich nicht mehr, nur, daß er mit einer Spritze anrückte. Ich riß seine Hand weg und brüllte aus Leibeskräften »Verdammte Scheiße!« denn nichts ist schmerzhafter als eine schmerzstillende Spritze. Dann rollten sie mich irgendwohin, der Arzt fragte andauernd: »Spüren Sie so etwas wie Preßwehen?« und ich log und sagte nein, weil ich höllische Angst hatte. In meinem Sauerstoffdelirium glaubte ich schon, im Nebenraum eine Katze schreien zu hören, aber das sei ich selber, sagten die Schwestern, und dann preßte ich mir fast die Seele aus dem Leib, oh Gott, ein ganzes Gebirge, dachte ich und hörte den Arzt sagen: »Sieht ganz nach einem gesunden Jungen aus«, und da war ich plötzlich hellwach und ganz Ohr, ich fühlte mich wundervoll, hatte keine Schmerzen, ich weinte und wollte ihn sehen. Er war puterrot und pitschnaß, aber ich streckte die Arme nach ihm aus und sang ihm das *Hello Little Friend* von Joe Cocker vor. Als sie ihn mir auf die Brust legten, konnte ich einfach nicht glauben, daß es meiner war. Dann merkte ich, daß ich gewaltigen Hunger hatte. Mein kleiner Junge war ja da – und jetzt wollte ich nichts anderes als essen. Als sie mich hinausrollten, stand meine Mutter im Flur, kam auf mich zu und küßte mich mit Tränen der Freude in den Augen. Sie war gleich auf meine Nachricht hin von Carmel hierhergefahren. Da lag ich nun in meinem Krankenhausgewand auf meinem Bett, dachte nur an Essen und hörte die Schwester sagen: »Haben wir schon etwas Wasser zu uns genommen?«

»Wir haben literweise Wasser zu uns genommen und wollen endlich was zu essen!«

»Hatten Sie das Gefühl, sich übergeben zu müssen?«

»Das Gefühl hatte ich fast mein Leben lang, aber jetzt nicht!«

Da brachte sie mir etwas zu essen, Robert und Christy brachten mir zu essen, und ich habe alles verschlungen und danach David angerufen: »Wir haben einen Gabe.« Wir hatten uns seit langem auf einen Gabe oder einen Joaquin geeinigt (für ein Mädchen hätten wir keinen Namen gehabt). Eine Woche später bekam ich den schönsten Brief, den David mir je geschrieben hat. In Erwartung des Anrufs aus der Klinik war er bei strömendem Regen im Hof herumgelaufen. Danach wollte er nur allein sein und schloß sich in einer Besenkammer ein. An der kleinen Glut, die von Zeit zu Zeit aufleuchtete, schwächer wurde und fast verlosch, um gleich darauf wieder aufzuglimmen, merkte er, daß er rauchte. »Wir haben einen Gabe«, hatte ich zu ihm gesagt. Ein Kind der sechziger Jahre und unseres ruhelosen, ziellosen Lebens, ein Kind, aus unserer Sorge heraus und in unsere Träume hinein geboren, wir hatten einen Gabe.

Bald nach seiner Geburt war ich viel mit ihm auf Reisen. Es gibt Fotos von ihm aus St. Tropez, wo er sich im Swimmingpool auf einem Schlauchboot aalt. Kurz zuvor hatte er Himbeeren in Champagner gegessen, eine Mischung, die sich in unserem Reise-Mixer für Kindernahrung zubereiten ließ. Ich trug ihn durch die Warschauer Innenstadt, Gabe sonnte sich an den Stränden Italiens. Gail war immer dabei, war eine Art Ersatzmutter für Gabe. Als er siebzehn wurde, schenkte sie ihm einen Erste-Hilfe-Koffer für sein Auto und einen chinesischen Wok.

Als David zehn Monate im Gefängnis war, hatte ich eine Affäre. Ich schlich durchs Haus, lauerte aufs Telefon und zuckte jedesmal zusammen, wenn es klingelte, ich machte mysteriöse Ausflüge nach Los Angeles, quälte mich mit dem Gedanken, ein abgrundschlechter Mensch zu sein, und hatte Angst vor Davids Heimkehr.

Da rief mich die Frau eines Widerständlers an und

schwärmte mir vor, ihr Mann sei vorzeitig aus dem Gefängnis entlassen worden, sei eines Tages einfach durch die Tür gekommen, habe sie hochgehoben und aufs Bett getragen. Mir brach der Schweiß aus. Ich sehnte mich nach Gabe. Bis zum frühen Morgen blieb ich wach, hielt das Kind im Arm und schrieb ihm ein Wiegenlied. Die Eichen betrachtend und darauf wartend, daß die erste Sonne die Kronen der Eukalyptusbäume berührte, entfloh ich mit Gabe auf dem Rücken eines schweigsamen, flügellosen, fliegenden Pferdes. »Das friedliche graue Pferd birgt das Herz der Morgenröte ... und niemand weiß, von welchem Berg es kommt ... es trägt den goldenen Schlüssel im Maul ... und niemand weiß von ihm außer Gabriel und mir, Gabriel und mir.«

Es war kalt in Texas an jenem Morgen, als wir Dich zehn Monate später vom Gefängnis abholten. Gabe hatte blaue Wollhosen und einen Kamelhaarmantel an, ich meinen zotteligen Afghanen mit der Stickerei und Du den Anzug, den ich Dir mitgebracht hatte. Auf dem Flughafen von San Francisco wimmelte es von Presseleuten, und am Institut haben sie Dir zu Ehren ein großes Fest gegeben. Gabe tummelte sich in der kalifornischen Sonne, alle machten unseretwegen ein glückliches Gesicht und lächelten uns zu, aber in mir schien alles zu Eis erstarrt. Gail kümmerte sich um Gabe, damit wir beide eine Zeitlang allein sein konnten.

Unser Haus war so klein, David, und Du warst so groß! Ich bin wütend geworden, als Du Deine Macho-Geschichten aus dem Gefängnis erzählt hast, diese Stories über die mieseste und brutalste Zeit, die Du je erlebt hast. Immer wieder hast Du sie Deinen Dich anhimmelnden Groupies erzählt und mir nie eine Antwort gegeben, wenn ich Dich fragte, was Du zum Abendessen haben wolltest. (Ich war eifersüchtig auf die Groupies, und Du wußtest einfach nicht, was Du essen wolltest, zu lange hatte Dich das niemand mehr gefragt). Ich konnte Gabe nicht teilen, nicht so, wie ich es mir gedacht und gewünscht hatte. Denn in meinen Augen gehörte er mir — und Dir nur leihweise. Als mir die Erkenntnis dämmerte, daß Du ja tatsächlich sein Vater warst und ein Recht auf ihn, auf seine Zeit und seine Liebe hattest, packte mich nur die Wut.

Wir haben uns nicht wegen Gabe entzweit. Auch nicht wegen meiner Affäre, obwohl sie recht handfest und alles andere als eine flüchtige Träumerei gewesen war. Wir haben uns nicht wegen der Politik entzweit. Sondern, wenn überhaupt, weil ich nicht mehr atmen konnte, weil ich mich nicht mehr anstrengen konnte, eine gute Ehefrau zu sein. Und weil ich allein sein wollte, wie ich es seither gewesen bin — mit gelegentlichen Unterbrechungen, wie es Picknicks sind, kurze, schwärmerische Wochen, nächtliche Abenteuer auf einer Tournee oder meine Träume. Was ich damals, als unsere wechselvollen drei Jahre in einem Scherbenhaufen endeten, instinktiv spürte, konnte ich erst zehn Jahre später erkennen und mir selbst bewußt machen. Ich bin zum Alleinsein geboren. Wahrscheinlich ist es mir gar nicht möglich, mit irgendeinem Menschen in einem Haus zusammenzuleben. Das alles ist heute kein Problem mehr für mich. Manchmal bin ich sehr, sehr einsam. Aber diese Einsamkeit ist mir lieber als das verzweifelte Gefühl, versagt zu haben, das ich damals empfand, als ich es nicht schaffte, Deine Frau zu sein.

Es tut mir leid, Gabe, daß wir keine Familie sein konnten. Aber ich glaube, daß ich eine gute Mutter gewesen bin. Ich habe Dich sehr geliebt. Es war auch einfach, Dich zu lieben. Die Leute haben mich immer davor gewarnt, wie schrecklich die Phase mit zwei, wie fürchterlich die mit drei und wie gräßlich die mit vier Jahren sei. Aber Du hast diese Phasen nie gehabt. Du warst das reinste Vergnügen. Ein herrliches

Vergnügen. Aber Du hast mir auch Kummer gemacht. Wenn ich Dich so friedlich schlafen sah, umrahmt von Stoffenten und Teddybären und Deinen Basset-Hunden, die Bäckchen noch ganz heiß und rot vom vielen Spielen, dann mußte ich daran denken, daß bestimmte Augenblicke für immer vorbei waren – ganz gleich, wie schön auch der morgige Tag sein würde. Die Zeit läßt sich nicht zurückdrehen. So verlor ich Dich seit Deiner Geburt jeden Tag ein wenig mehr. Ich könnte dieses Buch mit Geschichten über Dich vollschreiben, mit Geschichten, wie Du als Kind gewesen bist. Aber ich weiß, daß Du das nicht leiden kannst. Also erzähle ich nur ganz wenige. Hier ist eine, für die Du mir böse sein wirst: Ich hatte mich immer geweigert, Dir das Töpfchen anzugewöhnen. Und als wir Dich im Kindergarten anmeldeten, warst Du eigentlich noch zu klein. Und sie sagten uns dort auch: »Normalerweise nehmen wir keine Kinder, die noch Windeln tragen. Aber wenn er die andern sieht, ist es nur noch eine Frage von Tagen, höchstens einer Woche.« Es hat Wochen, es hat Monate gedauert. Und als Du drei Jahre alt warst, hast Du die Klämmerchen selbst herausgenommen und mir gegeben, hast die Windeln zusammengeknüllt und in den Abfalleimer im Badezimmer geworfen. Ein Malheur ist uns nie passiert.

Nach der Trennung von David lebte ich in Woodside und David in den Bergen, eine halbe Stunde von mir entfernt. Zwischen uns beiden pendelnd wuchs Gabe auf. Keiner von uns war glücklich über diese Lösung, aber da wir beide unsere Zeit mit ihm verbringen wollten, lief es eben darauf hinaus.

Ich habe Gabe niemals zu einem Friedensmarsch mitgenommen.

Eines Tages beschwerte er sich bei mir, daß ich nie richtig Krieg mit ihm spielte. Gut, sagte ich, spielen wir Krieg. Wir stellten Zinnsoldaten auf und bezogen unsere Stellungen.

»Meine sind die Guten«, sagte Gabe.
»Verstehe. Und wer sind sie?«
»Die Amerikaner. Du hast die Bösen.«
»Und wer sind die Bösen?«
»Hmmm. Die Japaner.«
»Wirklich? Meinst du Leute wie Gene, unseren Gärtner?«
»Oh, na gut, dann sind es eben Deutsche.«
»Du lieber Himmel! Doch nicht Leute wie Shorty? Du, weißt doch, der Junge aus Deutschland, der dir die Törtchen zum Geburtstag gemacht hat.«
»Mensch, Mama, du machst wirklich das ganze Spiel kaputt.«
»Tut mir leid, Gabe. Vielleicht sind sie aus Dänemark, wie die Rachel aus deiner Klasse, die an Weihnachten oder wenn jemand Geburtstag hat, vor der ganzen Schule singt.«
»Ja, gut.«
»Und was machen wir jetzt?«
»Jetzt fangen wir mit dem Krieg an«, verkündete er strahlend.
Mit Zunge, Gaumen, Kehle und gurgelnder Spucke ahmte er wildes Schlachtengetöse nach, durchbrach meine Linien, mähte meine Soldaten reihenweise um und schaffte es, meine schwer angeschlagene Armee mit nur einem Mann endgültig zu erledigen. Meine zaghaften Versuche, seine Truppen anzugreifen, schlugen sämtlich fehl. Nach sechzig Sekunden war alles vorbei, es galt nur noch, die Toten zu begraben.
»Das war toll, Mama! Das müssen wir öfter machen!«
»So oft du willst, Herzchen!«
Vermutlich stand ich unter dem Zwang, Gabe von dem Druck befreien zu müssen, das Kind einer fanatischen Pazifistin und zweier bekannter, gesellschaftspolitisch engagierter Aktivisten zu sein. Als er zehn Jahre alt war, hat mich

eine Bemerkung von ihm sehr erleichtert, die alles andere als ein militärisches Bewußtsein im herkömmlichen Sinne verriet. Es war an einem Nachmittag beim Fernsehen, das die Vorführung eines neuen Lenkwaffengeschosses als Ereignis des Tages zeigte. Verzückt sahen die Spitzen des Militärs zu, wie sie aus ihrem Schaft gleitend auf die Kameras zufuhr. Ich sagte so etwas Ähnliches wie »Uff!«, und Gabe, leicht herablassend: »Ich *weiß*, was du denkst, Mama.«

»Was denn, Gabe?«

»Du denkst: Sieh dir bloß diesen riesigen, nagelneuen, glänzenden Penis an. Und die ganzen Generäle ringsum kriegen einen Steifen.«

»Du hast vollkommen recht, mein Sohn«, sagte ich entzückt.

Wie sind wir mit allem fertiggeworden, als in die Brüche ging, was das *Time*-Magazin die »Ehe des Jahrhunderts« nannte? Wie sind wir mit unserem Sohn fertiggeworden? Genauso, wie andere Leute auch – indem wir uns stritten und vor Enttäuschung heulten, indem wir an Gabe herumzerrten und uns um seine Zuneigung balgten, bis wir in die Knie gingen und einsahen, wie miserabel wir uns benommen hatten, bis wir zu lernen versuchten, uns gegenseitig zu vertrauen. Dieses Vertrauen ist ganz allmählich und nur durch einen immensen Arbeitsaufwand gewachsen. Und wir haben daran gearbeitet, weil wir Gabe liebten. Keiner von uns beiden war im Recht oder im Unrecht. Wir waren nichts anderes als hoffnungslos vernarrte, besitzergreifende, liebende Eltern. Wir taten, was wir konnten, und tun es heute noch.

TO LOVE AND MUSIC
Woodstock

Woodstock — das war Rauschgift und Sex und Rock 'n' Roll. Woodstock war Janis coitus interruptus Joplin und Jimi Genius Hendrix und die schweißglänzende Brust Roger Daltreys von *The Who*. Woodstock war Country Joe McDonald, schön wie ein wilder Indianer. »Eins zwei drei, frag mich nicht, wofür wir kämpfen, ich scheiß was drauf, der nächste Halt ist Vietnam.« Woodstock war *Dirty Sly* und *Family Stone*, »High« wie die halbe Million Menschen. Woodstock war Joe Cocker, besoffen, kaputt und abgewrackt wie ein Straßensänger und so gut wie Ray Charles. Woodstock war Regen und Matsch, waren verkleidete Soldaten und Bullen, die ihre Waffen wegsteckten und den hungrigen Hippies Hot dogs machten. Woodstock war Wavy Gravy und seine *Hog Farm* — »Was haltet ihr von einem Frühstück für vierhunderttausend Leute?« und seine Worte für die, die es hören wollten: »Laßt die Finger von verunreinigten Drogen — okay!« Woodstock war Abbie Hoffman, der mir beim *Creedence-Clearwater-Revival*-Getöse ins Ohr brüllte, ich solle sein Klappmesser einstecken, was ich aber nicht tat, weil er sich nur über meine Gewaltlosigkeit lustig machen wollte, so glaubte ich wenigstens... Woodstock? Zum Teufel, ich war bereits dabei, mein Glück aufs Spiel zu setzen. Seit zehn Jahren gehörte ich jetzt zur Musikszene und nahm noch immer keine Drogen, brauchte auch keine Band zur Verstärkung.

Woodstock, das war auch ich, Joan Baez, die Anständige, die Saubere, die Frau eines Kriegsdienstverweigerers, im sechsten Monat schwanger, unermüdlich in ihrem Bekehrungswillen, ihrer Antikriegsmission. Ich gehörte hierher. Ich gehörte zu den sechziger Jahren und war doch bereits ein Überbleibsel.

Ich hatte meine Mutter gleich hinter Janis Joplin in den Hubschrauber geschubst, mit dem wir über die ländlichen Gegenden New Yorks flogen, über den Flickenteppich der Äcker und die wandernden Rucksackhorden hinweg. Janis umklammerte ihre allzeit griffbereite Schnapsflasche, und wir alle lehnten uns weit aus der Tür, ließen uns vom Wind zerzausen und in Wilde verwandeln. Waren es die jagenden, blauschwarzen Wolken über und unter uns, war es nur das verrückte Wetter oder spürten wir alle das Besondere eines historischen Augenblicks?

Im Hotel wies man mir die Hochzeitssuite zu. Überall zwischen Treppenhaus und Empfangshalle drängten sich die Menschen – und *mir* gab man die Hochzeitssuite! Ich muß sie weitervergeben haben, denn am nächsten Morgen erwachte ich in einem anderen Zimmer, aufgeschreckt von dem donnernden Getöse eines Hubschraubers, der direkt vor meinem Fenster auf dem Parkplatz landete. Ich stopfte mir ein paar Bissen Toast in den Mund und gab dem Piloten, der grinsend in mein Schlafzimmer sah, mit wedelnden Armen ein Zeichen, daß er auf mich warten solle. Er nickte. Ich schaffte mir die Presseleute und ich weiß nicht mehr wen sonst noch vom Hals. Durch den ganzen Betrieb war ich so aufgedreht, daß es mir überhaupt nichts ausmachte, durch Sturm und Gewitterwolken zu fliegen. An diesem Tag war dies der letzte Flug in die goldene Stadt. Meine Mutter ist wegen dem Matsch erst am nächsten Tag nachgekommen. Scoop, dieser Irrsinnsmensch von Tourneeleiter, saß am Steuer, flog tiefer und immer tiefer und erzählte meiner Mutter, daß alles in Ordnung sei. Unten angelangt, stoppte er die Maschine und rauchte einen Joint. Es *war* auch alles in Ordnung, zumindest für ihn.

Woodstock war Manny, der meine Mutter zu einem Joint überreden wollte. Sie lehnte ab. Sie hätte Angst davor, sagte sie.

Es gibt Zeiten und Ereignisse, wo Berühmtsein etwas Phantastisches ist. Woodstock war so ein Ereignis. Ich hatte freien Zugang zu allem, konnte mich auf dem gesamten Veranstaltungsgelände überall aufhalten, konnte jeden treffen, den ich wollte, auch hinter der Bühne, ich brauchte mich weder um Essen und Trinken noch um einen Platz zum Ausruhen zu kümmern.

Als einer der gewaltigen Wolkenbrüche niederging (ausgerechnet nachdem die Massen »kein Regen! kein Regen!« angestimmt hatten), schob man mich sofort in einen Lastwagen. Er gehörte Joe Cocker. Und so hockte ich (die Saubere) mit seiner Band (den Fixern) zusammen, quatschte und trank Bier mit ihnen und fühlte mich rundum akzeptiert, obwohl sie mich nicht gut genug kannten, um über meine Witze zu lachen. Nach einer Weile steckte ein Bühnenarbeiter den Kopf durch die Tür.

»Alles in Ordnung, Joan?«
»Klar, alles bestens!«
»Bestimmt?«
»Ganz bestimmt . . .«
»Brauchst du irgendwas?«
»Nein, wirklich nicht. Ich habe alles, danke.«

Wie ich später erfuhr, hatte man sich gerüchtweise erzählt, daß meine Wehen eingesetzt hätten.

Woodstock, das war in der Tat auch die Geburt von zwei Babys und der Tod dreier Menschen. Woodstock war eine Stadt. Ja, es waren drei beispiellose Tage aus Regen und Musik. Nein, es war keine Revolution. Es war ein Spiegel der sechziger Jahre – in Technicolor mit Schlammspritzern.

Ich habe mitten in der Nacht gesungen. Ich habe vor den Bewohnern dieser goldenen Stadt gesungen, die im Matsch und ineinander verschlungen auf dem Boden lagen und schliefen. Ich habe ihnen alles gegeben, was ich in dieser

Zeit geben konnte. Und sie haben meine Songs angenommen. Es war ein Augenblick innerster Demut und Bescheidenheit, trotz allem. Nie zuvor hatte ich vor einer Stadt gesungen.

Live Aid hat später nur bewiesen, was ich der Presse an jedem Jahrestag des Woodstock-Festivals erklärt hatte. Es wird nie ein zweites Woodstock geben. Mit seinem ganzen Matsch und seiner Glorie war es ein Teil der sechziger Jahre, dieser aufsässigen und romantisch verklärten, heiß zurückersehnten, tragischen, irrsinnigen, widersprüchlichen und vergoldeten Epoche. Sie ist vorbei und wird nie wiederkehren. Ich weine ihr nicht nach. Aber manchmal bin ich auf die achtziger Jahre nicht sehr gut zu sprechen.

I WILL SING TO YOU SO SWEET
Meine Lieder und Schallplatten

Irgendwann um die Mitte der sechziger Jahre hatte Maynard Solomon von Vanguard den Vorschlag gemacht, Lyrik aufzunehmen, gesungene und gesprochene, begleitet von Musik. 1968 haben wir dann *Baptism* produziert, eine Platte, die Texte von Rimbaud, Lorca, Prévert, Blake, Joyce und anderen mit klassischer Musikbegleitung enthielt. In den letzten vier Monaten des Jahres 1968 stand sie auf den Hitlisten: Offensichtlich konnte mein Publikum ein weit höheres Maß an Experimenten verkraften, als es viele für möglich gehalten hatten.

Portrait/David's Album und *Any Day Now,* ein Doppelalbum nur mit Dylan-Songs, waren die nächsten Studio-Projekte. Ich habe sehr gern in Nashville gearbeitet, und *Any Day Now* gehörte schon wegen des Reichtums und der Vielfältigkeit der Musik Bob Dylans zu den leichtesten Platten, die ich je aufgenommen habe. Ich brauchte nur die Notenblätter auf dem Boden des Tonstudios auszubreiten, die Augen zu schließen und mit dem Finger irgendwohin zu zeigen – schon hatte ich meine Auswahl an Songs beieinander. Beides, *Any Day Now* und *David's Album*, hat mich und meine alten Kumpels vom Nashville-Studio nur vier Tage Arbeit gekostet. *Any Day Now* hat mir eine goldene Schallplatte eingebracht, und *David's Album* gehörte monatelang zu den Bestsellern.

1970 erschien bei Vanguard das Doppelalbum *The First Ten Years*, ein Rückblick auf meine bisherige Arbeit. Im selben Jahr nahm ich auch *One Day at a Time* auf, eine zweite Platte, die sich an Countryliedern orientierte und drei gemeinsam mit Jeffrey gesungene Lieder enthielt. Beide, *The First Ten Years* und *One Day at a Time*, standen monatelang auf den Hitlisten.

In diesen Jahren wußte ich nicht, was es heißt, aus kommerziellen Gründen unter Druck gesetzt zu werden: Meine Platten verkauften sich gut, und Maynard Solomon war mehr an meiner Kunst interessiert als an meinen Vermarktungseigenschaften. Daß ich so gefragt war und es lange Zeit blieb, war der immer noch hochbrisanten politischen Lage zu verdanken. Und der Tatsache, daß ich singen konnte.

1971 habe ich, wiederum in Nashville, *Blessed Are...* aufgenommen, die erste Platte, die eine Auswahl meiner eigenen Songs enthielt.

A Song for David handelt davon, wie ich mit dem Kleinen auf dem Arm vor dem Gefängnistor auf David wartete, es handelt von den Sternen, die für ihn dieselben waren wie für mich, und von dem alten Earl, einem Mitgefangenen, der später Gabes Patenonkel wurde. Den *Hitchhiker's Song* schrieb ich für die Rucksackgeneration. *Blessed Are...*

habe ich für die Eltern jener Kinder geschrieben, die sich wie Janis Joplin treiben ließen und sich um ein Weiterleben nicht kümmerten. *Last, Lonely and Wretched* erzählt von dem verrückten, verdreckten und von allen guten Geistern verlassenen Jungen, der eines Tages bei uns hereinplatzte und in unserer Wanne badete. *Outside the Nashville City Limits* schildert einen zauberhaften Tag auf dem Land, den ich mit meinem heimlichen, aber nicht allzu heimlichen Freund verbrachte, es beschreibt, wie sich meine Liebe zu ihm auch auf die Schönheit der Landschaft ringsum erstreckt – »und die Blätter kamen so sacht hervor, als der Winter zu Ende ging. Ich glaubte, die Augen gingen mir über, als wir miteinander sprachen...«. *When Time Is Stolen* handelt vom Ende dieser Liebe. Obwohl ich mich danach verzweifelt bemühte, wieder irgendwo zur Ruhe zu kommen, träumte ich in dem Wiegenlied *Gabriel and Me* von unerreichbaren Fernen. Als ich mit Gabe auf der Hüfte durch Europa reiste, schrieb ich *Milanese Waltz* und *Marie Flore*, das von meiner kleinen, zehnjährigen Freundin aus Arles handelt. Manche dieser Songs sind sehr schnell entstanden, oft mitten in der Nacht, aus einem plötzlichen Einfall heraus. Andere brauchten ihre Zeit, mußten mühsam erarbeitet werden. Es sind sehr persönliche Lieder, nicht sehr anspruchsvoll, aber befriedigender als nur die Lieder anderer zu singen.

Für *Blessed Are...* hat David die Schallplattenhülle entworfen, als er im Gefängnis war. Eine Zeitlang war die Platte in der Hitliste und brachte mir schließlich auch eine goldene Platte ein. Davon konnte ich *Let it Be* auskoppeln, das ebenfalls bis in die Hitliste aufrückte.

Ende der sechziger bis Anfang der siebziger Jahre war ich auch weiterhin viel auf Tournee, allein oder mit Jeffrey und Fondle. Mein Image in der Öffentlichkeit schien dabei ein für allemal festzustehen: ein Mädchen, eine Gitarre, ihre Lieder und eine Botschaft. Für mein Programmheft hatte ich Texte wie diesen verfaßt:

»(I) . . . was ich früher einmal werden wollte,
Krankenschwester,
Tierärztin,
Cellistin,
Heldin,
Schön.
Niemals eine Sängerin.
Ich bin keine Sängerin.
Ich singe,
ich kämpfe,
ich weine,
ich bete,
ich lache,
ich arbeite und wundere mich.
. . . Die Unterhaltungsindustrie sähe es gern, wenn ich Euch etwas über ›Joan Baez, die Folksängerin‹ erzählte. Wie ›alles anfing‹, wo ich überall gesungen habe und welche Lorbeeren ich mir erwarb, die langsam unter meinem Bett verstauben.
Dazu kann ich Euch nur sagen, daß es ›Joan Baez, die Folksängerin‹ gar nicht gibt.
Aber mich gibt es: achtundzwanzig Jahre alt, schwanger, verheiratet mit einem Mann, der wegen Kriegsdienstverweigerung und organisierten Widerstands eine dreijährige Gefängnisstrafe absitzen muß . . . Mich gibt es: eine Frau, die Merle Haggards *Sing Me Back Home* hört und an die Kinder denkt, die in Vietnam sterben, in Biafra, in Indien, in Peru und den USA . . .

... Wie könnte ich bei alledem behaupten, Euch zu unterhalten?
Für Euch singen – ja.
Euch Anstöße geben, Euch zum Nachdenken bringen, Euch Freude, Kummer oder Ärger machen ...
Was ich sagen will ...
Achtet das Leben.
Stellt das Leben über alles andere.
Über das Land.
Über das Gesetz.
Über den Profit.
Über die Versprechungen.
Über alles.«

Heute, nach siebzehn Jahren, erscheinen mir diese Zeilen überaus hart. Es war ein langer, ein sehr langer Weg von unserem Petunienbeet in Struggle Mountain bis zum »Hotel Raphael« in Paris, bis zur Via Veneto in Rom.

Während der ganzen Zeit, die David im Gefängnis verbrachte, ging die Arbeit an *Carry It On* weiter, an unserem schönen kleinen Dokumentarfilm über zwei Menschen und ihre Botschaft. *Carry It On* zeigt David, wie er spricht, er zeigt uns beide unterwegs. Er zeigt meine Konzerte, als sie David schon eingesperrt hatten, und die Nelken auf der Bühne des »Madison Square Garden«, wo die Eintrittskarte vier Mark kostete. Der Titel stammte aus einem Lied von Gil Turner:

There's a man by my side walking
There's a voice within me talking
There's a voice within me saying
Carry it on, carry it on ...

(Da ist ein Mensch, der neben mir geht,
Und eine Stimme, die in mir spricht,
Eine Stimme, die mir sagt
Mach weiter, mach weiter ...)

Kurz vor meiner Trennung von David kam *Carry It On* als Filmmusik auf den Plattenmarkt. Etwa um die gleiche Zeit hielten Maynard Solomon von Vanguard und ich den Augenblick für gekommen, uns zu trennen. Vielleicht spürte er, daß die Zeit allmählich zu Ende ging, wo ich singen konnte, was mir Spaß machte, wo ich Platten mit selbstgemachter Plattenhülle auf den Markt bringen und dennoch in den Bestenlisten plazieren konnte.

Es war eine Trennung in aller Freundschaft. Maynard hat seitdem die Stücke der dreizehn Jahre bei ihm immer wieder neu aufgelegt, in immer neuen Zusammenstellungen herausgebracht: als *Hits, Greatest Hits and Others* (die ich lieber als *Hits and Misses,* Hits und Flops, bezeichnet hätte, aber das fand er gar nicht komisch), als *Joan Baez Ballad Book,* als *The Joan Baez Lovesong Album* oder als *Greatest Folksingers of the Sixties.* Jedesmal, wenn Maynard mir schrieb und eine weitere, »neue« Platte ankündigte, kam ich mir vor wie eine alte Kuh, die man, auch wenn sie längst ausgedörrt ist, immer noch melken kann. Aber ich muß zugeben, daß die Platten durchweg gut zusammengestellt waren und sich bis zum heutigen Tag gut verkaufen, was man von vielen der neueren nicht behaupten kann. Als ich Vanguard verließ, hatten wir kurz zuvor noch *The Night They Drove Old Dixie Down* herausgebracht, das bis heute mein einziger »Schlager« ist, der sich unter den Hits der Popmusik den fünften Platz erobern und fünfzehn Wochen lang halten konnte.

Danach unterzeichnete ich einen Vertrag mit der Firma

A & M Records – ein Wechsel, der viel frischen Wind mit sich brachte. Ich kam mir vor, als sei ich über Nacht zur Weltspitze aufgestiegen – Büros und Studios in Los Angeles, Limousinen, sämtliche Privilegien eines Stars. Hinter all dem äußeren Glanz aber spürte ich, daß A & M, schon weil es kein Riesenbetrieb war, mir mehr künstlerische Freiheit einräumen konnte als eine größere, womöglich noch glänzendere Schallplattenfirma.

Ich sollte recht behalten. Meine erste Platte bei A & M hieß *Come from the Shadows*, ein Titel, der einer Zeile des französischen Widerstandsliedes *Der Partisan* entnommen war. »Kommerziell« konnte man sie bestimmt nicht nennen. Das Foto auf dem Cover zeigt ein älteres Ehepaar der weißen Mittelschicht, das bei einer Antikriegsdemonstration festgenommen wird. Der Gedanke, etwas weniger Hochpolitisches herauszubringen, wäre mir damals nie gekommen. Von meinen eigenen Liedern auf dieser Platte schätze ich zwei etwas höher ein, als die vorigen – *Prison Trilogy* und *Love Song to a Stranger*.

Noch in diesem Jahr, 1972, machte ich meinen Weihnachtsbesuch in Hanoi, um bei meiner Rückkehr ein Projekt zu realisieren, das für jede Plattenfirma ein Alptraum gewesen wäre. Ich versprach A & M, daß auf den späteren Platten keine Bomben, keine Sirenen, keine Flak und keine weinenden Mütter mehr auftauchen würden. Wundersamerweise aber stand *Where Are You Now, My Son* 1973 einige Monate lang auf den Bestenlisten. Ich selbst halte die Platte für ausgezeichnet, aber sie geht in bester Absicht doch ziemlich weit. Der Massentrend, »Selbstgefälligkeit«, hatte die amerikanische Öffentlichkeit noch nicht erfaßt, sonst hätte man die Platte lebendig verbrannt.

1974 dann, habe ich in Reaktion auf den Militärputsch in Chile eine Platte in spanischer Sprache aufgenommen, als eine Botschaft der Hoffnung für das chilenische Volk, das unter der Diktatur Pinochets so viel zu leiden hatte. Die Platte heißt *¡Gracias a la Vida! / Here's to Life* und ist musikalisch sehr reizvoll. Begleitet von einer Mariachi-Band, die gleich neben dem Studio in einem Restaurant spielte, von einem chilenischen Harfenisten und einem Farmarbeiterchor für das *No Nos Moveran*, gehört sie bis heute zu meinen Lieblingsplatten und war weniger in den USA, um so mehr aber in Lateinamerika erfolgreich.

Alles in allem war A & M eine gute Sache für mich. Gewiß, ich verkaufte immer noch gut, zieht man die Tatsache in Betracht, wer ich war und was ich sang. Allmählich aber änderten sich die Zeiten. Obwohl ich seit Jahren, zumindest offiziell, keine »Folksongs« mehr gesungen hatte, nannte man mich immer noch eine Folksängerin.

4. How Stark Is the Here and Now

LYING IN A BED OF ROSES
Italien, das mein Herz eroberte

Obwohl ich mich später in Frankreich verliebte und es heute als meine zweite Heimat betrachte, war Italien das Land, das als erstes mein Herz eroberte und mich durch seine Sprache und seine Schönheit, durch seine Mode, seine Blumen, seinen Intellekt und seine Menschen verführte. Als ich im Mai 1967 zum allerersten Mal in dieses Land kam, war es, als tauchte ich in einem Fellini-Film auf, als einer seiner Stars. Gemessen an jeder Norm, glich meine Wirklichkeit einem phantastischen Traum: Filmemacher und Politiker luden mich zu Wein und Dinners ein, in Rom und Mailand verwöhnte man mich als den Liebling linksintellektueller Kreise. Ich lernte Furio Colombo kennen, den ich Marco nannte und der vermutlich das klügste, witzigste und eleganteste menschliche Wesen war, dem ich je begegnet bin. Als Journalist, der für *La Stampa* schrieb, eine der größten Tageszeitungen Italiens, und als Autor zweier Bücher über das Amerika Kennedys und das amerikanische Theater, hat Marco damals auch für das italienische Fernsehen gearbeitet. Er nahm mich in kleine Restaurants mit, wo jedermann ihn und jedermann mich kannte, er sprach so gescheit über Politik und Philosophie, über Kunst und Religion, daß ich ihm nur mit großen Augen und voller Ehrfurcht vor seinem enormen Wissen zuhören konnte.

In den teuersten Läden überließ man mir die neuesten Modelle mit großzügigem Rabatt, in den Hotels wies man mir die schönsten Suiten mit Blick auf Parks und Gärten an, Schauspieler, Schriftsteller, Dichter, Liedermacher, Maler, Senatoren und Professoren schickten mir Rosen. Von soviel Aufmerksamkeit zunächst irritiert, aalte ich mich später regelrecht darin und war dem Glanz dieses Lebens bald mit Haut und Haaren verfallen.

Meine Konzerte waren weniger Konzerte als glanzvolle Spektakel, festliche Gala-Ereignisse, politische Foren. Als ich im Mailänder »Teatro Lirico« auftrat, füllte eine begeisterte und erwartungsvolle Menge das schöne alte Opernhaus bis auf den letzten Stehplatz. Plötzlich aber, während der ersten Hälfte meines Programms, entstand eine merkliche Unruhe auf den Rängen. Eine Politgruppe hatte auf dem obersten Rang die Vietkong-Flagge entrollt und war, als ich nicht darauf reagierte, wütend geworden. Ihre lautstarke Forderung nach Anerkennung wurde von einem Teil des Publikums unterstützt, andere verlangten nicht weniger geräuschvoll, sie sollten endlich Ruhe geben. Als die Unruhe sich steigerte und fast in einen Aufstand mündete, setzte ich früher als geplant die Pause an.

Geblendet von den Bühnenstrahlern hatte ich selbst die Flagge nicht sehen können, aber die Fahnenschwenker verlangten jetzt eine Stellungnahme von mir. Als ich wieder auf der Bühne stand, sagte ich ein paar Worte über die amerikanische Invasion in Vietnam, die Marco übersetzte. Unseligerweise aber gab Marco, um mir die Reaktion der Konservativen im Saal zu ersparen, die Worte »amerikanische Invasion« mit »amerikanischem Engagement« wieder, was ein erneutes Protestgeschrei auslöste. Viele sprangen von ihren Sitzen auf, warfen sich zerknüllte Programmhefte an den Kopf, brüllten, schwenkten die geballten Fäuste und zogen, wie ich vermute, über die Familienehre des jeweiligen Gegners her, wobei sie der mütterlichen Seite besonders üble Verwünschungen angedeihen ließen.

Schließlich streckte ich beschwörend die Arme aus und sang *Pilgrim of Sorrow* – jenes herzbewegende Spiritual, das in der richtigen Tonart oft genug das langgedehnte hohe F erlaubt, um auch das schwierigste Publikum zu erobern. So war es auch jetzt: die Mailänder opferten ihre große Liebe zum Streit ihrer nicht minder großen Liebe zum Gesang und ließen sich, möglicherweise beim Gedanken daran, daß ihr Vaterland das eines Verdi und Puccini war, von meiner ungeschulten, aber beeindruckenden Vokalakrobatik verführen, setzten sich wieder auf ihre Plätze und hörten bis zum Ende des Konzerts aufmerksam zu.

Nach der vierten Zugabe verließ ich die Bühne und ließ mich, die Arme voller Blumen, erschöpft auf das kleine Plüschsofa in meiner Garderobe fallen. Alles war voll mit Blumen – die letzten mußte man ins Waschbecken und in die Toilettenschüssel stellen. Meine Betreuer verließen auf Zehenspitzen den Raum, damit ich zehn Minuten ruhen konnte, dann aber kamen sie zurück – höflich, aber bestimmt: Das Publikum applaudierte noch immer und verlangte stehend eine weitere Zugabe. Also ging ich noch einmal auf die Bühne und sang *a capella* ein letztes Lied. Meine Liebesgeschichte mit den Italienern wurde durch meine unerschrockene Entgegennahme ihrer stürmischen Huldigungen besiegelt.

1970 trat ich in »L'Arena« auf, einem Mailänder Fußballstadion. Zuvor hatte ich im Fernsehen auf italienisch über Martin Luther King gesprochen, über den Krieg in Vietnam, über Demonstrationen und Gewaltlosigkeit, ich hatte, ebenfalls auf italienisch, *C'era un Ragazzo* gesungen, ein Lied über zwei junge Männer, einen Italiener und einen Amerikaner, die beide Gitarre spielen. Eines Tages bekommt der Amerikaner den Marschbefehl seiner Regierung und geht nach Vietnam. Von da an ist die Gitarre vergessen und er spielt ein anderes Instrument, eins, das nur eine einzige Melodie kennt, das »Ta ta rrra tata, ta ta rrra tata«. *C'era un Ragazzo* war damals ein bekannter Schlager, der von Gianni Morandi mit ihrer heiseren, sexy Stimme gesungen wurde. Mein Fernsehauftritt mit *C'era un Ragazzo* war ein Volltreffer. Sechzehntausend Menschen strömten am ersten Abend ins Stadion, um die amerikanische Sängerin und radikale Pazifistin zu hören, die als Gegnerin des Vietnamkriegs kein Blatt vor den Mund nahm.

Zunächst las ich ein paar einführende Worte auf italienisch von einem Zettel ab, auf dem die Worte in Lautsprache notiert waren, und sang dann anderthalb Stunden lang Lieder wie *Where Have All the Flowers Gone* (Sag mir, wo die Blumen sind), *The Ghetto, Swing Low, Sweet Sir Galahad, C'era un Ragazzo* und andere, in Italien bekannte und beliebte Songs. Trotz größter Begeisterung verhielten sich meine Zuhörer sehr zivilisiert, und der Abend wurde zu einem Erfolg.

Vierundzwanzig Stunden später, im nächsten Konzert, hatte sich das Publikum verdoppelt. Teenies kletterten über den Zaun, um kein Eintrittsgeld zahlen zu müssen, überall stand Polizei – und mir war es beschieden, mehr als dreißigtausend aufgekratzte Italiener in Schach zu halten. Hinter der Bühne hatte Marco ein Mikrophon, falls ich Hilfe brauchte, denn auch Mitglieder der verschiedensten Politgruppen kamen in Massen angerückt, wobei die Maoisten, Stalinisten, Trotzkisten und Anarchisten sich am lautesten aufführten und das Konzert in regelmäßigen Abständen durch Zwischenrufe, durch antiamerikanische Lieder oder Anti-Nixon-Parolen unterbrachen.

Während die Studenten und die militanteren Politgruppen sich im geschlossenen Kreis um das erhöhte Podium, auf dem ich stand, auf dem Rasen drängten, saßen die Konservativen, die Bürgermeister und Lokalpolitiker, die Stars und das bürgerliche Publikum in einiger Entfernung auf den Tribünen. Die Rechtsradikalen hockten in kleinen Gruppen beieinander und begegneten den Parolen der Linken mit ihren »Viva-Il-Duce«-Rufen (»Es lebe Mussolini!«).

Angesichts der vielen roten Fahnen, die in der Menschenmasse wie ein rotes Punktemuster aufleuchteten, bemühte ich mich nach Kräften – mit Witzen, Nettigkeiten und sämtlichen mir bekannten Ablenkungsmanövern – um einen friedlichen Ablauf des Abends.

Plötzlich aber sprangen die jungen Leute wie auf Kommando auf die Beine und zeigten unter lautem Gejohle auf eine Szene, die sich offenbar auf dem Spielfeld hinter meinem Rücken abspielte. Ich drehte mich um und sah einen jungen Burschen im Eiltempo vor einem Carabiniere, einem Polizisten, davonlaufen, der ihn vermutlich festnehmen wollte, weil er über den Zaun gesprungen war. »No carabinieri!« rief ich ins Mikrophon, das meine Stimme durch das riesige Stadion dröhnen ließ, »Per piacere, no carabinieri!« Als der arme Polizist daraufhin ganz erschrocken von seinem Opfer abließ und zu seinen Kollegen flüchtete, reagierte die Menge mit lautem Siegesgebrüll und Hochrufen für den jungen Eindringling. Man bot ihm einen Sitzplatz an, umarmte und küßte ihn, kurz, man empfing ihn wie einen Helden.

Die älteren Herrschaften auf den Tribünen beobachteten das Phänomen der politischen Prinzessin und ihrer aufsässigen Horden mit Vergnügen und, wie man mir später erzählte, auch mit Bewunderung. Jedesmal, wenn ich auf das Thema Gewaltlosigkeit zu sprechen kam, brüllten mir die militanten Linken ihre Parolen entgegen, aber ich ließ mich nicht einschüchtern und war überzeugt davon, mir mit oder ohne Marcos Hilfe Gehör zu verschaffen zu können.

Als ein plötzlicher Wind aufkam, empfand ich mit einem Mal die unglaubliche Verletzbarkeit, allein auf der Bühne zu stehen. In der Tat verschlechterte sich das Wetter jetzt zusehends, aber ich sang The Ghetto bis zur letzten Strophe:

> And if there's such a thing as revolution
> And there will be, if we rise to the call,
> When we build, we build, we build the new Jerusalem
> There won't be no more ghetto at all.

> (Wenn es so etwas gibt wie Revolution,
> Und es wird sie geben, wenn wir dem Ruf folgen,
> Wenn wir das neue Jerusalem bauen,
> Wird es kein Getto mehr geben.)

Bei dem Wort Revolution geschah zweierlei: wie elektrisiert von dem Begriff entfachten die Studenten einen heftigen Tumult, und gleichzeitig fielen die ersten Regentropfen auf die Menge und die nicht überdachte Bühne.

Dreißigtausend Köpfe reckten sich himmelwärts. Die Bourgeoisie stürmte zu den Tribünen, und die Jungen, die der Regen nicht weiter scherte, rannten in Richtung Bühne, die etwa einen Meter zwanzig hoch war.

Wellenartig flutete das junge Volk auf meine Plattform zu, es drängte, schob und wurde geschoben, derweil der Himmel mit Blitz, Donner und Wolkenbruch sämtliche Schleusen zu öffnen schien.

In meinem Kopf jagten sich die Gedanken, fieberhaft suchte ich nach einem Lied, das jeder mitsingen konnte, was mir als die einzige Möglichkeit erschien, die wachsende Hysterie einzudämmen. Als ich *Kumbaya* anstimmte, goß es in Strömen, das erste Halbstarken-Bataillon erklomm bereits das Podest und ein heftiger Windstoß fegte meinen Hocker, die Noten und das Wasserglas in die Nacht.

Meine letzten Worte über den Lautsprecher waren: »Manny! Manny! Der Hocker!« – Dann war Ende, Kurzschluß.

Ich wußte mich in Gottes Hand, und in der von Irren. Umzingelt von Italienern, lächelte ich tapfer weiter und hielt die Gitarre hoch über meinen Kopf in den Regen. So schien sie mir geschützter, als wenn ich sie mit den Armen an den Körper gedrückt und womöglich zerdrückt hätte.

Dann sah ich, wie Marco sich seinen Weg durch die johlende und triefende Menge bahnte. Und ich sah Gail, die bislang friedlich mit Gabe hinter der Bühne gespielt hatte, wie sie sich mit den Ellbogen und dem Mut einer Löwenmutter den Weg zu mir freikämpfte.

Mit einem Mal tauchten bekannte Gesichter um mich auf, Mitglieder einer Studentengruppe für Gewaltlosigkeit, die ich kurz zuvor in Mailand kennengelernt hatte. Friedlich und freundlich versuchten sie, mit untergehakten Armen eine Kette um mich zu bilden, um mich abzuschirmen und sicher von der Bühne zu geleiten.

Garderoben oder Ähnliches gab es natürlich nicht, nur das Podium und dahinter das Spielfeld, das sich rasch in einen See verwandelte. Irgendwem gelang es, mich in ein großes Tuch zu hüllen. Als ich an mir heruntersah und erkannte, daß es eine anarchistische Fahne war, rief ich: »No, grazie, no!« und schälte mich wieder heraus. Die Gitarre immer über meinem Kopf.

Und wieder entdeckte ich Marco, der auf mich zusteuerte und, wie wir alle, einem treibenden Korken in der Badewanne glich und mir irgend etwas wegen meiner Gitarre zurief.

Francesco, ein bärtiger Student von der Gewaltlosigkeitsgruppe und ein wahrer Riese, hob mich auf den Arm, stieß die Leute zur Seite und trug mich die Stufen der provisorischen Podiumstreppe hinunter.

Als er ein unerwartet freies, wenn auch sintflutartig überschwemmtes Rasenstück erreichte, begann er zu laufen was das Zeug hielt, rannte patschend und nach allen Seiten spritzend quer durchs Feld an den johlenden Fans vorbei und schleuderte mich in einen Lautsprecherwagen.

Gail war uns nachgelaufen: »Macht die Türen zu!« Die Türen kaum verriegelt, saß mir der Schreck noch in allen Gliedern, ich fror in meinem kurzen, tropfnassen Minirock, preßte die Arme um die hochgezogenen Knie und saß da wie eine verängstigte Flußratte, die sich im Schilfrohr verfangen hat.

Da pochte es mit heftigen Schlägen ans Fenster und eine Stimme schrie, ich solle die Tür aufmachen.

Es war Francesco, der mich, sobald ich geöffnet hatte, packte und aus dem Auto riß – ganz so, wie eine Mutter ihr Kind vom Abgrund zurückreißt.

»Eeleektriziteet!« brüllte er und stürmte mit mir auf ein wartendes Auto zu.

Wieder im Hotel, saßen wir – Manny, Marco, Francesco, Gail und ich – triefend und durchnäßt auf dem Boden der Empfangshalle. Wenig später traf auch Colleen ein, meine Freundin aus der Carmel-Zeit. Den schlafenden Gabe im Arm, erzählte uns Colleen ihre Geschichte, die so unglaublich war wie die unsere. Als es zu regnen angefangen hatte, war sie zwischen den Tribünen auf einen überdachten Raum zugelaufen, wo sie und eine Reihe anderer Frauen den Regen abwarten und sich zugleich von der unruhigen

Menge absondern wollten. Als das Unwetter aber immer schlimmer wurde und immer mehr Menschen schutzsuchend ihre Plätze verließen, geriet eine der Frauen in Panik und schlug aus Angst vor den eindringenden Massen die Tür zu. Da donnerten die Leute so wütend dagegen, daß Colleen sich entschloß, zu öffnen und die Menschen hereinzulassen – das einzig Richtige, denn andernfalls hätten sie sich gewaltsam Zutritt verschafft und ihren Zorn ausgetobt. So aber lief alles glimpflich ab und Gabe, damals zehn Monate alt, war der Held des Tages. Denn so wütend die triefend nassen Italiener auch sein mochten, dem Baby gegenüber verhielten sie sich alle als Beschützer und waren so stolz darauf wie auf ihr eigenes. Fürsorglich geleitete man Colleen durch das Gewühl und besorgte ihr ein Taxi.

Da saßen wir nun auf den kalten Fliesen, erzählten uns unsere Abenteuer und lachten, bis uns die Tränen kamen.

»Wißt ihr eigentlich, weshalb wir noch am Leben sind?« fragte ich.

»Nein, warum?« kam es im Chor.

»Weil ich die Polizei beschimpft habe und sie daraufhin in Streik getreten war. Wenn sie versucht hätte, die Massen zu kontrollieren oder gar Gewalt anzuwenden, hätte man uns kaltgemacht.«

»Dabei fällt mir ein, Marco, was hast du mir die ganze Zeit eigentlich zugerufen?«

»Ich schrie, daß du die Gitarre nicht über deinen Kopf halten sollst.«

»Aber warum denn, um Gottes willen? Man hat mich doch fast zerquetscht!«

»Ja, das weiß ich. Aber verstehst du, wenn die Italiener sehen, daß einer etwas über den Kopf hält, so hoch, daß sie es nicht erreichen können, so wie du deine Gitarre, dann meinen sie, es unbedingt haben zu müssen, wie eine Fahne auf dem Schlachtfeld. Jedesmal, wenn du die Gitarre nur einen Zentimeter höher hieltest und je öfter das geschah, desto wilder wurden sie darauf, sie zu erwischen und als Trophäe einzuholen. Darum, Giovanna.«

Am nächsten Morgen kam der Oberkellner an unseren Frühstückstisch.

»Et, il concerto. Come va? Successo o fiasco?« – (»Erfolg oder Mißerfolg?«)

»Fiasco« (»Mißerfolg«), witzelte ich.

»Ha!« entgegnete er nur und zauberte eine Zeitung hinter seinem Rücken hervor. Begeisterte Kritiken beherrschten die Titelseite.

»Successo, non fiasco!« (»Erfolg, kein Mißerfolg«), meinte er grinsend.

»Ja, ich weiß. Un gran successo. Es war großartig!« sagte ich und küßte ihm die Hand.

SILENCE IS SHAME
Amnesty International

1972 erschien Ginetta Sagan vor meiner Gartentür. Klein, mollig, mit kurzgeschnittenem, schwarzen Haar, großen, glänzenden, braunen Augen und einem Ausdruck, als bräche eben die Sonne durch die Wolken. Unter dem Arm hielt sie ein ungeordnetes Bündel von Schriftstücken. Sonst weiß ich nicht mehr viel von dieser ersten Begegnung, ich erinnere mich nur an ihren harten, italienischen Akzent und an die grauenhaften Bilder gefolterter Gefangener aus der Türkei, Griechenland, Südafrika und Kuba.

Ginetta erzählte mir von einer damals noch wenig bekannten Organisation, die sich Amnesty International nannte, sie berichtete von der Arbeit für alle politischen

Gefangenen, ungeachtet ihrer Ideologie, ihrer Rasse oder Religion.

Im Lauf der folgenden Jahre habe ich viel von Ginettas unglaublicher Vergangenheit erfahren. An dieser Stelle möchte ich indes nur ein paar Einzelheiten wiedergeben, weil sie selbst, auf unser aller Drängen hin, endlich ein Buch schreibt. Darin wird von all den Schrecken die Rede sein, die diese kleine Frau schon als Neunzehnjährige durchleben mußte. Als Gegnerin des Nationalsozialismus und als Mitglied der antifaschistischen Widerstandsbewegung in Norditalien wurde sie verhaftet und verbrachte vierzig entsetzliche Tage im Gefängnis, wo man sie, um Informationen zu erpressen, nach allen zu jener Zeit üblichen Methoden gefoltert hat. Sie ist knapp mit dem Leben davongekommen.

Amnesty International, soviel hatte ich nach zwei oder drei Besuchen Ginettas verstanden, war eine Organisation, die sich für die Freilassung von Menschen einsetzte. Von Menschen, die vornehmlich aus Gewissensgründen, wegen ihrer Rassenzugehörigkeit, ihrer religiösen oder politischen Überzeugung im Gefängnis saßen und niemals Gewalt angewendet oder befürwortet hatten. Auch für die Abschaffung der Folter und der Todesstrafe setzte Amnesty International sich ein, ganz gleich, welche Art von Verbrechen die Gefangenen begangen hatten. In London hatte die Organisation ihr Hauptquartier und ein großes Büro in New York. Ginetta wollte an der Westküste ein weiteres Zentrum errichten und mich als Mitarbeiterin gewinnen.

Ich brauche keine weithergeholten Erklärungen, um zu wissen, weshalb ich mich so zur Amnesty hingezogen fühlte: Ich brauchte ganz einfach eine Arbeit mit greifbaren Ergebnissen. Die Ziele, für die ich mich mein Leben lang eingesetzt hatte und auch weiterhin einsetzen wollte — etwa, die Zahl der Nationalstaaten zu verringern oder dem Wettrüsten ein Ende zu setzen −, ließen keine sichtbaren Resultate erwarten. Auch das Institut reizte mich nicht mehr: Es gab dort genug gute Menschen, die mich, als ständig abwesende Hausherrin, eher als Störung empfanden. Ira hatte ich seit meiner Heirat kaum noch gesehen. In dieser Situation wies Ginetta mir den Weg.

Ich nahm ein Jahr meines Lebens, um Amnesty International West Coast zu organisieren. Spenden eintreibend, klapperten wir die gesamte Westküste ab, trafen uns mit Presseleuten, klingelten an Privathäusern und hielten Vorträge, wie man eine Amnesty-Gruppe bildet; denn Amnesty arbeitet auf der Basis eines verzweigten Geflechts einzelner Gruppen. Um als Gruppe zu gelten, mußten die Mitglieder sich zumindest einmal im Monat treffen und sich bei der Londoner Zentrale melden, die ihnen dann die Namen dreier Gefangener nannte: jeweils einen aus einem sozialistisch regierten Land, einem westlichen und einem Land der Dritten Welt.

Dann begann eine Briefkampagne, bei der man alles nur Denkbare veranstaltete, um die Behörden hinsichtlich des oder der Gefangenen aufzurütteln und sie so zu bedrängen, bis sie einer Freilassung zustimmten. Eine der Gruppen kam auf die Idee, im Gefängnis selbst anzurufen und sich einzeln nach dem Gefangenen zu erkundigen. Rund um die Uhr riefen die verschiedenen Mitglieder an, Stunde um Stunde. Dieser Trick bewirkte fast immer, daß die Folter zumindest zeitweise eingestellt wurde, oft sogar die Freilassung erreicht werden konnte.

Schon bald schossen die Gruppen wie Pilze aus dem Boden. Ich selbst wurde Mitglied des Nationalen Beratungsausschusses.

Als Salvador Allende am 11. September 1973 durch einen vom CIA unterstützten Militärputsch ums Leben kam und wir von den verheerenden Folgen für das unterdrückte Volk erfuhren, konzentrierten wir uns ganz auf Chile. Letztlich ist auch die Schallplatte *Gracias a la vida* in diesem Zusammenhang produziert worden.

Gerüchteweise hatten wir von den Folterungen und Morden gehört und hofften, Genaueres aus dem Stadion zu erfahren, in dem man die Opfer der Diktatur gefangenhielt.

Um einen Arzt und einen Juristen nach Santiago zu schicken, brauchten wir dringend zweitausend Dollar. Ginetta zauberte im Handumdrehen eine Karte aus ihrem Adressenverzeichnis. Darauf stand der Name eines distinguierten und liberalen Millionärs aus Italien, der zehn Autominuten von uns wohnte. Ich schnappte mir die Adresse, schwang mich in den Wagen und brauste barfuß los. Na gut, dachte ich unterwegs, vielleicht ist er ein verknöcherter Geizkragen. Das war er nicht. Sondern ein freundlicher, eleganter Mann, der mir Tee anbot und meine bloßen Füße taktvoll übersah. Fünfundvierzig Minuten später verließ ich ihn mit einem Scheck über eintausend Dollar in der Tasche.

Zusammen mit Ginettas Mann besuchte ich einen anderen Millionär am Ort, bei dem sich aber rasch herausstellte, daß er mehr an einem Flirt mit mir interessiert war als daran, etwas über Amnesty International zu erfahren. Da wir beide spürten, daß wir bei ihm nicht viel ausrichten konnten, erzählten wir ihm von Ginetta, die er unbedingt kennenlernen müsse. Schön, meinte er und, zu mir gewandt: »Dann laden Sie mich doch zum Abendessen ein.«

»Mit Vergnügen«, erwiderte ich. Dann diktierte er mir, offensichtlich der Meinung, daß ich die Köchin sei, die von ihm gewünschte Speisefolge.

»Rohe Gurken, von einem Mikrotom in Scheiben geschnitten.«

»Schön«, sagte ich mit zustimmender Handbewegung und überlegte mir, was ein Mikrotom sein könnte.

»Danach gedünstetes Hirn.«

»Kein Problem.«

»Passierten Spinat mit einer Spur Muskat.«

»Sehr wohl.«

»Und zum Dessert«, sagte er und beugte sich vor, »zum Dessert hätte ich gern Schokoladensoufflé. Aber ich möchte, daß Sie zwei Portionen davon machen und die zweite eine Minute nach der ersten in die Röhre schieben, damit wir, falls die erste zusammenfällt, noch eine in Reserve haben.«

»Lassen Sie mich das alles kurz notieren«, sagte ich beflissen und schrieb mit. Ich wagte nicht, zu Ginettas Mann Leonard hinüberzusehen, wir hätten sonst zu kichern angefangen.

»Ist das alles?« fragte ich liebenswürdig, worauf er mir noch die gewünschten Weine aufzählte. Wieder an der frischen Luft, wären Leonard und ich fast gestorben vor Lachen.

»Ist das denn zu fassen? Mein Gott! Ich kann es kaum erwarten, Ginetta von diesem Typ zu erzählen. Gut, daß Christine für die Kocherei zuständig ist. Der denkt bestimmt, daß ich koche, haha! Das wäre das unrühmliche Ende von Amnesty West Coast.« Unser Dinner verlief reibungslos, bis auf die Tatsache, daß ich statt des Hirns einen Hamburger aß...

Nach dem Essen begab man sich zu Cognac und Likör ins Wohnzimmer, ich holte eine Gitarre und sang unserem Gast etwas vor. Nein, sehr spendabel war er nicht, unser Millionär. Möglich, daß er mehr erwartet hatte, als ich ihm schicklicherweise anbieten konnte...

Abend für Abend sind wir damals die Autostunde nach San Francisco gefahren, um den Film *Etat de Siège/L'Amerikano (Der unsichtbare Aufstand)* von Costa-Gavras mit Flugblättern zu unterstützen. Unter anderem prangerte dieser Film auch die Korruption im Programm der Entwicklungshilfe-Organisation AID (Agency for International Development) an, die dem Erlernen von Foltermethoden in Latein- und Mittelamerika durch Finanzhilfen Vorschub leistete. Wir sammelten Unterschriften gegen jede Anwendung der Folter und warnten vor der Gefahr, die Folter als reguläres, regierungspolitisches Mittel einzusetzen, und betonten, daß auch die US-Regierung, wenngleich weniger betroffen, doch alles andere als unschuldig sei.

Bei einem meiner internationalen Konzerte versuchte eine Gruppe die Versammlung zu stören und Amnesty anzugreifen. Kurzerhand nahm ich ihnen das Mikrofon weg und sang eins meiner Lieder, womit die Ordnung wieder hergestellt war. Man rechnete es mir hoch an, daß ich dabei geholfen hatte, Amnesty eine Katastrophe zu ersparen.

Ich beschloß, mit meiner direkten Arbeit für Amnesty erst dann aufzuhören, wenn man in allen Zeitungs-, Rundfunk- oder Fernsehredaktionen über ihre Ziele Bescheid wußte und die Berichte, die aus London kamen, nicht mehr in Zweifel zog. Das hat nicht länger als ein Jahr gedauert.

Da ich Amnesty schon gehegt und gepflegt habe, als die Organisation noch in den Kinderschuhen steckte, fühle ich mich ihr bis heute zutiefst verbunden und bin nach wie vor Mitglied im Nationalen Beratungsausschuß. Es war ein phantastisches Erlebnis für mich, 1986 zusammen mit *U 2*, Sting, Peter Gabriel und anderen an der Konzerttournee *Conspiracy of Hope* teilzunehmen, einer Tournee, die anläßlich des 25jährigen Bestehens der Organisation veranstaltet worden war und ihr 20 000 neue Mitglieder einbrachte.

DANCING ON OUR BROKEN CHAINS
Hand in Hand gegen den Krieg in Vietnam

Frühjahr 1972.

Es war Iras Idee.

Die Frauen und Kinder Amerikas sollten nach Washington ziehen und Hand in Hand um den Kongreß der Vereinigten Staaten von Amerika eine Menschenkette bilden. In einem symbolischen Akt der Solidarität mit den Frauen und den Kindern der Vietnamsoldaten wollten wir die Forderung stellen, daß keine weiteren Gelder zur Verlängerung des Krieges aufgebracht werden durften. Keine Gelder mehr für Bomben, Napalm, Tiefflieger, Gas, Folter und Massaker an den Menschen, die im Kreuzfeuer dieses Krieges standen. Wir forderten – zumindest, was unsere Seite betraf – die Einstellung jeder Gewalt.

Es dürfte eine der größten Demonstrationen gewesen sein, die Washington je gesehen hat. Und sie war schwieriger, entmutigender und deprimierender als alle Aufgaben, die ich in meinem Leben angepackt hatte. Aber ich lernte dabei, wie stark mein Glaube sein konnte, wenn ich mich im Recht wußte. Und ich lernte, was es heißt, sabotiert zu werden.

Ich bat Coretta King, die Witwe Martin Luther Kings, die Kundgebung, der wir später den Namen *Ring Around Congress*, Ring um den Kongreß, gaben, mit mir gemeinsam zu organisieren und eine Art Schirmherrschaft zu übernehmen. Als wir uns zu ersten Gesprächen in New York trafen – sie eine Schwarze und ich eine Dunkelhäutige, wir beide Anhängerinnen der Gewaltlosigkeit –, war sie hellauf begeistert von dem Plan.

Wir fragten Cora Weiss von der Friedensgruppe Woman's Strike for Peace, ob sie uns bei der Organisation helfen wolle. Als radikale Linke ist Cora keineswegs eine Pazifistin, doch war und ist sie eine der besten Organisatorinnen, denen ich je begegnet bin. Cora sagte zu und gewann noch vier weitere, tatkräftige Frauen für unseren Plan: Amy Swerdlow, Edith Villastrigo, Barbara Raskin und Barbara Bick. Wir bildeten ein großartiges Team.

Entsprechend der Gebiets- und Aufgabenverteilung hatte ich den Auftrag, Kontakt mit der Friedensgruppe Another Mother for Peace aufzunehmen und anzufragen, ob sie uns finanziell unterstützen und unsere Kundgebung in ihren Rundschreiben und Mitteilungsblättern ankündigen könnten. Radikale Aktionen waren ihre Sache nicht, und niemals hätten sie zu einem Akt zivilen Ungehorsams aufgerufen. Wir planten nichts in dieser Richtung, doch mußten wir, falls in Washington das geringste schiefgehen sollte, diesen Punkt in Erwägung ziehen. Ohne zu zögern stimmten die Frauen unserem Plan zu.

Coretta King verschaffte dem Projekt ein Ansehen, das ich ihm nie hätte geben können. Another Mother for Peace zögerte den Versand ihres Rundschreibens lang genug hinaus, um jedem der hunderttausend Exemplare unsere Ankündigung beilegen zu können. Und postwendend flatterten die ersten Reaktionen auf unseren Schreibtisch: Ja, sagten die Mütter, ja, tausendmal ja.

Ein ähnlich begeistertes Echo konnten die Büros an der Ostküste verzeichnen, so daß Ira und ich uns schon fragten, ob Transportprobleme auftauchen könnten. Immerhin sah es ganz so aus, als wollten einhunderttausend Menschen das Kongreßgebäude, das Capitol, einkreisen.

Der erste Schlag traf uns, als Coretta King nach zweiwöchiger Planung absprang. Corettas Sekretärin hatte Cora angerufen. Ich fiel aus allen Wolken, als ich davon erfuhr und arrangierte eine telefonische Viererkonferenz zwischen

Cora, Amy, Coretta und mir in New York, Washington, Atlanta und Carmel Valley. Was immer hier schiefgelaufen war, es mußte wieder in Ordnung kommen. Als ich aber Coretta am Telefon beschwor, uns eine vernünftige Erklärung für ihren Sinneswandel zu geben, sagte sie nur, daß sie ihre Meinung geändert habe und den angesetzten Termin nicht für den richtigen Zeitpunkt halte. Ihre Absage war rätselhaft.

Da mir jetzt aller Wind aus den Segeln genommen war, rief ich Ira an und fragte, ob es überhaupt noch sinnvoll sei, weiterzumachen. Wir beschlossen trotz allem, nicht aufzugeben.

Wenig später flogen Ira und ich nach Washington und schlugen im »Georgetown Inn«, einem kleinen Hotel in der Nähe des Chesapeake-Ohio-Kanals, unser Hauptquartier auf. Das kleine Hotel bot uns sowohl im wörtlichen als auch im übertragenen Sinn Schutz vor den Stürmen, die uns erwarteten. Ganz langsam bahnte sich in den dunklen Wolkenmassen über uns die schlimmste Sintflut an, die Washington je erlebt hatte. Und irgendwo im Capitol braute sich ein Komplott, eine Kampagne gegen unsere Kundgebung zusammen.

Ungeachtet der drohenden Ungewitter hielten wir unser erstes Treffen ab, das zunächst recht erfreulich verlief. In hellen Scharen waren die Frauen gekommen, Schwarze und Weiße, die vor Ideen übersprudelten und nur darauf warteten, sich an die Arbeit zu machen. Dann aber, ganz plötzlich und wie aus heiterem Himmel, beschuldigte mich eine der Frauen, eine Schwarze für ihre Arbeit bezahlt zu haben. Der Konflikt war da. Es roch förmlich nach Machtkämpfen. Einige der schwarzen Frauen sagten, daß sie von der »schwarzen Gemeinde in Washington« eine Genehmigung für ihre Teilnahme an der Kundgebung brauchten und verlangten eine Sondersitzung. Gut, sagten wir, treffen wir uns am nächsten Tag. In der Zwischenzeit trugen sich Clubs, Mitglieder der Kirche, Schulkinder und Familien gruppenweise in unsere Listen ein. Noch war ich mir sicher, daß wir die internen Nahkämpfe im Handumdrehen beilegen konnten.

Am nächsten Tag öffnete der Himmel über Washington mit aller Macht seine Schleusen, ganze Stadtteile wurden überflutet. Keller und Parkplatz des »Georgetown Inn« standen unter Wasser.

Im Hotelzimmer begrüßten wir die Teilnehmer unserer Sondersitzung, eine Gruppe von tropfnassen, aufgebrachten, sich ereifernden Leuten, die sich als »Vertreter der schwarzen Gemeinde in Washington, D. C.« bezeichneten. Als auch Ira und sein vollzählig versammeltes Organisationsteam Platz genommen hatten, herrschte zunächst ein allgemeines, peinliches Schweigen, so daß man nur das ständige Klatschen des Regens vernahm. Mein Versuch, ein paar Takte mehr als die Begrüßungsworte zu sagen, wurde auf der Stelle und in unmißverständlichem Ton von Mary Treadwell unterbrochen, einem wahren Dragoner von Frau, furchteinflößend und zu jener Zeit mit Marion Barry verheiratet, der offensichtlich der andere Führer der Abordnung war.

»Ich werde als erste sprechen«, verkündete sie.

Und wahrhaftig, das tat sie auch.

Sie sagte, daß wir in Washington nichts verloren hätten. Daß die Schwarzen in Washington es leid wären, den weißen Demonstranten und Friedensbewegten den Dreck hinterherzuräumen, den sie bei ihren Kundgebungen hinterließen und sich dann aus dem Staub machten. Sie sagte, daß der eigentliche Streitpunkt nicht der Vietnamkrieg, sondern die Rassenfrage sei und daß wir darauf einzugehen hätten. Wir sollten unsere sinnlose Protestkundgebung abblasen. Allgemeines Nicken ringsum.

Es war, als wollten unsere Gegner unsere verwundbarsten Stellen aufspüren. Als ich mich im Schneidersitz auf den Boden hockte, rutschte mir die Handtasche vom Schoß. Dabei kam alles mögliche zum Vorschein, auch ein Foto von einem zehnjährigen vietnamesischen Mädchen, das mit Napalm übergossen durch die Straßen Saigons lief. Ein hagerer Schwarzer, der in einem Anzug mit Weste neben mir saß, hob das Foto auf.

»Hm«, brummte er verächtlich, »das Bild da hat wohl mächtig Eindruck auf Sie gemacht.«

»Ja«, sagte ich, »das hat es.«

»Na schön. Aber laß dir sagen, Mädchen, das ist gar nichts. Ihr Rücken ist voll mit Napalm, na und? Jeden Tag werfen sie das Zeug in meiner Nachbarschaft ab. Eine Kleinigkeit, die euch Weißen wahrscheinlich entgangen ist. Mir jedenfalls bedeutet das Foto nichts, absolut nichts.«

Schließlich war auch ich an der Reihe etwas zu sagen. Ich habe es versucht, so wie es nach mir und der Reihe nach jeder der Organisatoren von *Ring Around Congress* versucht hat. Wir wurden verspottet, angebrüllt, abgewiesen. Unsere Besucher, das wurde uns allmählich klar, gedachten unser bescheidenes Hotelzimmer so lange mit uns zu teilen, bis wir uns fügten und versprachen, Washington zu verlassen.

Als keiner von uns eine solche Absicht erkennen ließ, sagten die »Vertreter der schwarzen Gemeinde in Washington, D. C.«, daß sie für den Tag unserer Kundgebung ein »Gipfeltreffen« anberaumt hätten, um die wirklichen Probleme zu behandeln. Und daß sie, falls wir töricht genug wären, unsere Kundgebung tatsächlich stattfinden zu lassen, auf die Straße gehen und mit Pflastersteinen nach uns werfen würden.

Gegen drei Uhr früh einigten wir uns auf einen Kompromiß, und sie verabschiedeten sich mit den Worten, daß wir alles, was sie gesagt hätten, überdenken und sie am Vormittag anrufen sollten.

Ein Mann, der den ganzen Abend kein Wort gesagt hatte, flüsterte mir beim Hinausgehen zu: »Ich bin in einer Stunde wieder da.« Wir fragten uns, wer er sein könnte und ob wir es riskieren durften, ihm zu trauen. Ira und ich löschten das Licht und sahen durchs Fenster, wie zwei Schwarze nach Hause gingen, die seit unserer Ankunft auf der anderen Straßenseite gestanden hatten. Eine Stunde später klopfte es an die Tür.

Wenn dieser Mann nicht zurückgekehrt wäre, um uns zu früher Morgenstunde noch etwas zu sagen, wären wir vielleicht schon so mutlos gewesen, daß wir auf die ganze Mau-Mau-Aktion hereingefallen wären und Washington tatsächlich verlassen hätten. »Da läuft eine ganz faule Kiste ab«, erklärte der Mann uns freundlich. »Kein Schwarzer in Washington wird am 22. Juni auf den Beinen sein und um neun Uhr früh zum Capitol ziehen und mit Steinen nach euch werfen. Alles Quatsch. Kümmert euch nicht darum. Euer Marsch ist in Ordnung. Ihr seid in Ordnung. Macht weiter, laßt euch von denen nicht davon abbringen.« Damit verließ er uns.

Wir machten weiter. Wir ließen uns nicht abbringen. Aber sie haben uns verdammt in Verzug gebracht, soviel stand fest.

Als erstes verloren wir sämtliche Schwarzen, die wir an Bord hatten. Einer hübschen Frau, die uns viel geholfen hatte, zerschnitt man alle vier Autoreifen. Daß sie am Tag der Kundgebung in der Menge auftauchte, bedeutete meiner Ansicht nach ein hohes Risiko für ihre persönliche Sicherheit.

Unsere »Opposition« nahm jetzt Kontakt zur gesamten Prominenz innerhalb der Antikriegsbewegung auf und lud sie für den 22. Juni zu ihrem »Gipfel«-Gespräch über die Rassenfrage ein. Das rief natürlich unter all denen, die sich bereits in unsere Listen eingetragen hatten, beträchtliche Verwirrung hervor. Die Mehrzahl der überzeugten, weißen Liberalen und gewiß auch die Mehrzahl der überzeugten, weißen Radikalen ließ uns im Stich oder hielt es mit Rücksicht auf die Schwarzen für die diplomatischste Lösung, an diesem Tag ganz zu Hause zu bleiben.

Ich nutzte jede Chance, in die Fernseh-Nachrichten zu kommen, und weinte fast vor Freude, als man mir einen Auftritt in einer der Vormittags-Shows anbot. Über die internen Washingtoner Streitigkeiten erhaben, würde das staatliche Fernsehen mir ein Forum geben, über die Kundgebung zu sprechen und die Mütter und Kinder im ganzen Land aufzufordern, sich uns anzuschließen. Meine Lebensgeister regten sich wieder.

Ich rief die namhafte, marxistische schwarze Bürgerrechtlerin Angela Davis an und bat sie, uns zu unterstützen. Allein ihr Name war für eine ganze Reihe amerikanischer Hausfrauen ein rotes Tuch. Für mich aber zählte, daß sie eine Frau war, eine Schwarze und eine Gegnerin des Vietnamkriegs. Noch bevor ich mit Angela selbst gesprochen hatte, sagte ihre Sekretärin mir zu. Auch als ich erklärte, was sich in Washington abspielte und daß man Angela unter Druck setzen und zum Aussteigen zwingen könnte, meinte sie nur, daß Angela über alles im Bilde sei und nichts darauf gäbe. Dann rief ich Marion Barry an.

»Marion?« fragte ich von einem Münztelefon aus. »Es gibt da etwas, worüber Sie informiert sein sollten. Angela Davis hat sich uns angeschlossen.«

Langes Schweigen am anderen Ende der Leitung, dann

die Frage: »Sie wollen einfach nicht aufgeben, was?« Darauf ich: »Würden Sie nicht jede Achtung vor mir verlieren, wenn ich es täte?« Ich weiß nicht mehr, ob er mir eine Antwort gab.

Als bekannt wurde, daß wir Angela Davis für uns gewonnen hatten, erhielten wir auch telefonische Drohanrufe. Dann erhielt Cora eine Reihe von Anrufen von einem ihrer Freunde, George Wiley. Er versuchte, sie zu überreden, daß die Kundgebung abgeblasen werden müsse. Als Cora wenig Einsicht zeigte, verlegte er sich aufs Bitten. Zum ersten Mal verunsichert, kam Cora zu mir und fragte, ob es wirklich das Richtige sei, an unserem Projekt festzuhalten.

Die einzige, die niemals gezweifelt oder gezögert hat, war Edith Villastrigo. Sie war es auch, die als erste den Verdacht äußerte, daß die Angriffe gegen uns von höherer Stelle als von einer feindseligen lokalen Gruppe ausgingen.

Die Sabotage-Akte setzten sich bis zum 22. Juni fort und dauerten auch den Tag über an. Nach wie vor standen die beiden Aufpasser vor unserem Hotel auf der anderen Straßenseite. Die »Vertreter der schwarzen Gemeinde in Washington« hörten auf, uns anzurufen, und verlegten sich jetzt darauf, im ganzen Land herumzutelefonieren, um alle Welt zu ihrem »Gipfeltreffen« einzuladen. Ich war viel unterwegs und reiste von Fernsehanstalt zu Rundfunkstation zu Fernsehanstalt.

In Washington hörte der Regen nicht auf. Als ich eben im Begriff war, nach New York zu fliegen, rief mich die Redaktion der Vormittags-Show an.

»Es tut uns sehr leid, aber wir mußten Ihre Sendezeit anderweitig vergeben. Der Ablauf unseres Programms . . .«

»Aber das können Sie nicht! Sie haben mir doch gesagt . . .«

»Ja, ich weiß, aber so etwas kommt eben vor. Immerhin können Sie froh sein, daß Ralph Nader an Ihrer Stelle auftritt, der im Prinzip den gleichen Standpunkt vertritt wie Sie . . .« Was er sonst noch sagte, weiß ich nicht mehr.

Ich weiß nur noch, daß ich die Treppe hoch aufs Dach unseres Hotels rannte, wo ich zusammen mit meiner Mutter ein paar Stühle aufgestellt hatte, damit wir zwischen den Wolkenbrüchen in der Sonne sitzen und dem Klang der Washingtoner Klimaanlagen lauschen konnten. Ich fühlte mich so leer, so ausgelaugt und mutlos, daß ich nur noch in die Wolken starren konnte, die sich da oben zusammenbrauten.

Im Rückblick auf mein gesamtes bisheriges Leben kann ich mich nicht erinnern, mich je so kraftlos, so geschlagen gefühlt zu haben. Noch nie hatte mein Lebensmut ein solches Tief erreicht wie nach diesem Telefongespräch.

In seiner Unverwüstlichkeit war Ira meine beste Medizin. Liebevoll redete er mir zu und erklärte mir, daß man in einer Zeit wie dieser trotz aller Widerstände nicht aufgeben dürfe, vor allem dann nicht, wenn man sich moralisch im Recht wisse. Was die Show betraf, tat er sie mit verächtlichen Worten ab und erläuterte mir den jüngsten Stand der Dinge: Aus New York wurde ein ganzer Zug mit Müttern und Kindern erwartet, ein zweiter aus Baltimore. LaDonna Harris, die hochgeachtete Ehefrau des Senators Fred Harris, wollte die Teilnehmer auf den Stufen des Capitols begrüßen. Frauen aus allen Teilen des Landes hatten sich angemeldet, teils von weit her – aus Idaho, Iowa, Kentucky, Mississippi und Kalifornien. Gleichzeitig sollten in San Francisco, in Palo Alto, Minneapolis und Boise ähnliche Kundgebungen stattfinden.

Ich wagte mir nicht vorzustellen, was geschehen wäre, wenn Coretta King sich mit ihrer Persönlichkeit hinter uns gestellt hätte. Und wenn die »Vertreter der schwarzen Gemeinde in Washington« im Juni 1972 etwas Besseres mit ihrer Zeit angefangen hätten. Coretta und ich haben unseren Zwist inzwischen beigelegt, aber nie darüber gesprochen, was sich damals wirklich abgespielt hat. Meine Hochachtung vor ihr ist im Lauf der Jahre nur noch gewachsen.

Am Morgen des 22. Juni hatte der Hurrikan »Agnes« auch das letzte trockene Fleckchen überschwemmt. Wir überlegten uns daher, die Kundgebung in *Surf Around Congress* umzubenennen. Dann bezog jeder von uns seinen Posten, Edith und Ira übernahmen den Telefondienst, um den Anrufern zu versichern, daß die Demonstration stattfand. Der Regen setzte eine Zeitlang aus, lange genug, um unsere Heerschar von zweitausendfünfhundert Frauen und Kindern in einer Kirche zu versammeln und gemeinsam zum Capitol zu marschieren. Der Zug aus New York, der Hunderte von Marschierern von der New Yorker Penn Station nach Washington bringen sollte, kam wegen der Überschwemmung nur bis Baltimore und mußte dann umkehren. Wieder in New York, stellten die Frauen, die die Bahnfahrt organisiert hatten, ihre Fahnen am Bahnhof auf und veranstalteten so ihre eigene Kundgebung, den *Ring Around Penn Station*.

Auch Barbara Raskins zehnjähriger Sohn, dem wir den Namen unserer Kundgebung verdankten, wollte eine Ansprache halten und ließ sich von LaDonna Harris und mir ans Mikrophon heben. Meine Schwester Mimi und ich haben gesungen, mit den Kindern gespielt und Botschaften an die vietnamesischen Kinder auf Band gesprochen. Andere bearbeiteten ihre Kongreßabgeordneten. Als wir den eigentlichen Kreis um das Capitol bildeten, ergriff Cora Weiss das Mikrophon und rief: »Wir haben den Ring um den Kongreß! Die Frauen und Kinder Amerikas haben den Ring um den Kongreß!« Beim Versuch, eine geschlossene Kette zu bilden, rissen wir uns freilich fast die Arme aus. Die drei großen Fernsehgesellschaften haben über den *Ring Around Congress* berichtet, außerdem *Time, Newsweek* und die Presseagentur AP. Später haben wir uns über unsere etwas dürftige, einreihige Menschenkette amüsiert. Unter den gegebenen Umständen aber war es keine schlechte Darbietung. Im Jahr darauf rief mich ein Freund an und sagte, er habe eben in den Anhörungsprotokollen der Watergate-Affäre gelesen, daß der *Ring Around Congress* zu den Demonstrationen gehört habe, die die Nixon-Regierung zu verhindern versucht habe. Unsere ehrenvolle Erwähnung muß ziemlich kurz ausgefallen sein, denn ich habe das Zitat nirgendwo gefunden. Mimi glaubt immer noch, daß sie die Wolken durch Silberjodid zum Abregnen gebracht hatten.

WHERE ARE YOU NOW, MY SON?
In den Bunkern von Hanoi

Dies ist die Geschichte meines Aufenthalts in Hanoi, der dreizehn Tage dauerte. Elf Tage davon dauerte die Weihnachtsbombardierung – das Resultat der »schwierigsten Entscheidung«, die Präsident Nixon im Lauf seiner Amtszeit zu treffen hatte. Wie man später feststellte, war diese Weihnachtsbombardierung der schweste Luftangriff der Geschichte.

Im Dezember 1972 rief Cora Weiss mich an. Eine von Cora geleitete Gruppe, The Liaison Committee, hatte seit ihrer Gründung eine stets gleichbleibende Anzahl amerikanischer Besucher nach Nordvietnam vermittelt – ein Versuch, so etwas wie eine freundschaftliche Verbindung mit dem vietnamesischen Volk aufrechtzuerhalten. Auch dann noch, als unsere Bomben ihr Land verwüsteten, als wir ihre Dörfer in Schutt und Asche legten, ihre Kinder mit Napalm bewarfen. Vor dem Watergate-Skandal wurde jeder, der über die Grausamkeiten des US-Militärs in Vietnam sprach oder schrieb, von einem hohen Prozentsatz der amerikanischen Bevölkerung mit Mißtrauen, Ärger und Abscheu betrachtet.

Wie Cora mir sagte, würde eine nordvietnamesische Gruppe mich aufnehmen, die sich der Solidarität mit dem amerikanischen Volk verschrieben hatte und sich Committee for Solidarity with American People nannte. Da im Norden des Landes seit Monaten schon keine nennenswerten Gefechte mehr stattgefunden hatten, waren vier Amerikaner eingeladen worden, unter anderem auch, um den Kriegsgefangenen in Hanoi die Weihnachtspost auszuhändigen. Bis zu meiner Rückkehr am 25. Dezember sollte Gabriel bei seinem Vater bleiben.

Meine drei Reisebegleiter sollten der konservative Rechtsanwalt und Ex-Brigadegeneral Telford Taylor sein, der liberale Geistliche der Episkopalkirche Michael Allen, und Barry Romo, ein Maoist, Vietnam-Veteran und Kriegsgegner. Nur ein paar Stunden vor dem Abflug lernten wir uns auf dem Kennedy-Flughafen, in den Räumen der Scandinavian Airlines kennen.

Wir flogen nachts. In der Sitzreihe hinter mir saßen Mike Allen und Telford, die sich ein paar Gläschen hinter die Binde kippten und sich entsprechend angeregt unterhielten, während Barry auf der anderen Seite des Gangs wohl eingedöst war. Ich mußte daran denken, daß beide, der Geistliche und der General, bei unserem ersten Anruf etwas ängstlich waren und daß Barry, der in Vietnam gekämpft hatte und an einigen Feuergefechten beteiligt war, sich (meiner Ansicht nach) mit dem Gedanken quälte, was er wohl empfinden würde, wenn er als Freund in ein Land zurückkam, in das er einmal, offen gesagt, als bezahlter Killer eingedrungen war.

Mir selbst ging es dank eines sanften Flugs und einer Menge Valium erstaunlich gut.

In Bangkok schien Barry den inneren Konflikt, den ich seiner Angst vor der Rückkehr nach Vietnam zuschrieb, kaum noch ertragen zu können, so daß ich ihn mit Beruhigungsmitteln vollpumpte und mit ihm zu reden versuchte. Als mich selbst auf dem Flughafen von Bangkok heftige Bauchkrämpfe überfielen, gelang es einer Angestellten der Thai Airlines, mir ein Tampon zu besorgen – einen Luxus, der mir für den Rest einer ausgiebigen, beängstigend verfrühten Monatsvisite der Natur nicht mehr beschieden sein sollte.

Irgendwie gelangten wir nach Viangchan (Vientiane), der Hauptstadt von Laos, wo wir mit dem unglaublich netten Korrespondenten der *New York Times* zu Abend aßen. Bitter enttäuscht erzählte er uns, daß man in New York keinen seiner Berichte abdruckte, ohne ihn zuvor bis zur Unkenntlichkeit verstümmelt zu haben. Am nächsten Tag bekamen wir von der Provisorischen Revolutionsregierung für die Vorweihnachtswoche unsere Einreisevisa nach Nordvietnam ausgestellt.

Gemeinsam mit ein paar Japanern und einer Gruppe grimmig dreinschauender Russen bestiegen wir die Maschine für unsere letzte Etappe. Der Flug war kurz und heiß, und an den abweisenden Mienen der Russen änderte sich nichts.

Ich erinnere mich, wie ich bei unserer Ankunft auf der kurzen Landebahn aus dem Fenster sah und daß wir von den liebenswürdigsten Menschen, die man sich denken kann, begrüßt wurden. Unsere Gastgeber, ausschließlich Männer, überreichten uns Blumen und forderten uns auf, während der Gepäckkontrolle Platz zu nehmen. Quat, der Wortführer der Gruppe, war ein lebhafter, intelligenter und witziger

Mann, dessen Frau noch während unseres Aufenthaltes in Hanoi bei einem der Luftangriffe ein Kind zur Welt brachte. Ein anderes Mitglied der Gruppe verlor in einer Bombennacht seine Frau und acht Kinder, ein dritter forschte vergeblich nach dem Verbleib seiner Frau: außer den Stunden, die er mit uns verbrachte, hat er der Suche nach ihr seine ganze Zeit gewidmet, ohne zu wissen, ob sie überhaupt noch am Leben war. Alle aber kümmerten sich so liebevoll um uns, als hätte man sie zu unseren persönlichen Schutzengeln ernannt und als hätten sie auf der Welt nichts anderes zu tun.

Zusammen mit Telford bestieg ich dann eins der Autos, die uns zum »Hoa Binh Hotel« bringen sollten. Als wir an Tausenden von Menschen und kilometerlangen, vielfach stockenden Autoschlangen vorbeifuhren, sah ich mir die Kinder an den Straßenrändern an und fand bestätigt, was ich von ihnen gehört hatte: Schüchtern und zurückhaltend, lachten sie doch sehr gern und hielten auch uns für lustige Leute. Als unser Auto im Stau steckenblieb, scharten sie sich zusammen und lachten vor Vergnügen, als mir eins der Kinder eine Blume überreichte. Später wollte ich die Blume weitergeben, an ein kleines, scheues Mädchen, das ein wenig abseits stand. Aber die andern ließen es nicht zu und sagten (wie ich mir übersetzen ließ), daß die Blume ein Geschenk an mich gewesen sei und ich sie darum auch behalten müsse.

Telford schien sich weniger für die Kinder als für die Autos zu interessieren, die uns entgegenkamen. »Das da könnte aus der Tschechoslowakei sein, stimmt's?« fragte er den Fahrer. Mich amüsierte es, wie verschieden wir die Dinge um uns her betrachteten, und ich sagte: »Sehen Sie doch mal, die vielen schönen Kinder!«

»Was für Kinder?« fragte er ehrlich erstaunt zurück.

Dann sah ich, wie Barry aus einem Wagen stieg und sich die Beine vertrat. Recht hat er, dachte ich und stieg ebenfalls aus, um nicht länger herumzusitzen. Im Nu war ich von zehn oder fünfzehn Kindern umringt, die nach meiner Hand griffen und mich offensichtlich irgendwohin entführen wollten. Ich lachte ihnen zu und ließ sie gewähren. Was sie mit mir vorhatten, merkte ich freilich erst, als sie mich von einem regulären, unbefestigten Fahrradweg ab auf einen noch schmaleren Fußpfad führten und wir uns einer schuppenartigen Kombination aus Hühnerstall und Plumpsklo näherten. Das Gebilde bestand aus zwei »Wänden« aus verrostetem Stahl, die von einem baufälligen Zaun gestützt wurden. Die Einrichtung, kaum weniger luxuriös, bestand aus ein paar zerbrochenen Schüsseln, die, anstatt im Müll zu landen, hier noch eine ehrenvolle Verwendung fanden. Angesichts der erwartungsvollen Mienen ringsum blieb mir nichts anderes übrig, als mich höflich vor den Kindern zu verbeugen und sie knapp fünf Meter vor ihrem Gehäuse stehenzulassen. Unerschrocken schritt ich vorwärts, hob den Tweedrock hoch und ging so würdevoll wie ich nur konnte und zum größten Vergnügen meiner kleinen Zuschauer in die Hocke. Daß ich nicht den geringsten Erfolg vorweisen konnte, lag nicht nur an den versammelten Dreikäsehochs in meiner nächsten Nähe, sondern auch an dem russischen Konvoi, der siebzig Meter weiter im Schneckentempo vorbeizog. Wie dem auch sei – als ich wieder aufstand und mir den Rock glattstrich, tat ich so, als sei ich sehr erleichtert und sagte den Kindern mit wiederholten Verbeugungen ein herzliches Dankeschön.

Als wir die Stadt erreichten, ließ der Verkehr allmählich nach. Bäume säumten die Straßen, Menschen die Gehsteige. Die Schönheit der Frauen verblüffte mich: In weißen Blusen und schwarzen Pyjamahosen hielten sie ihr Baby oder ein

Bündel auf der Hüfte. Neugierig lugten ihre Augen unter spitzen Strohhüten hervor. Ihre Gesichter umspielten ein paar lose Haarsträhnen, die sich aus den prächtigen Zöpfen im Nacken gelöst hatten. Die Frauen alterten erbarmungslos schnell. Die Gesichter der Alten wiesen Hunderte von Falten und Runzeln auf und, wenn sie lachten, dunkle oder silberne Zahnlücken. Die jungen Männer hatten eine Haut, von der jede Frau im Westen nur träumen konnte.

Wir alle hatten Bilder der vietnamesischen Männer gesehen, wie sie über Märkte oder durch die Straßen schlenderten und in die aufdringlichen Kameras blickten. Wir hatten ihre Augen in tausend Zeitungen gesehen. Und wir kannten auch die anderen Bilder dieser Männer, dieser sanften Männer aus Stahl, von Kugeln durchsiebt, tot, im eigenen Reisfeld gefallen. Die Männer auf den Straßen Saigons im amerikanisierten Südvietnam schienen verwestlicht – im schlimmsten Sinn des Wortes. Hier aber, in den Straßen Nordvietnams, trafen uns keine argwöhnischen, eher amüsierte Blicke. Wir waren Eindringlinge. Weil wir aber – wie sonst hätte man uns die Besuchserlaubnis erteilt – Freunde sein mußten, lächelten uns die meisten freundlich zu.

Am späten Nachmittag trafen wir im »Hoa Binh« ein. Unsere Gastgeber rieten uns, vor dem Abendessen ein wenig auszuruhen und uns frischzumachen. Mein Zimmer war wie das der andern geräumig und, nach althergebrachter französischer Bauweise, über drei Meter hoch, es hatte einen Holzfußboden und einen kleinen Balkon mit Blick auf eine schmale Straße und die Häuser der Armen gegenüber.

Die Einrichtung meines Zimmers bestand aus einem Bett mit einem Moskitonetz, einem kleinen Tisch, auf den man mir einen Aschenbecher mit Streichhölzern, eine weiße Kerze und eine Karaffe mit Trinkwasser gestellt hatte. Eine Thermosflasche mit heißem Wasser, eine Teekanne mit zwei

Tassen standen auf einem zweiten Tisch mit zwei Stühlen neben der Balkontür.

Da Hanoi einen Bombenangriff hinter sich hatte, war es schwierig geworden, die Versorgung mit fließendem Wasser überhaupt noch aufrechtzuerhalten. Die Toilette – Wasserspülung mit Kettenzug – funktionierte je nach Lust und Laune. Neben dem Waschbecken hingen fadenscheinige, aber saubere Handtücher, auf der Ablage darüber stand eine weitere Karaffe mit Wasser, daneben lag ein Stück Seife.

Ich legte mich auf das quietschende Bett und lauschte den Geräuschen der geschäftigen, kaum noch von Autos befahrenen Stadt. Irgendwoher aus einem Lautsprecher hörte ich noch ein paar Takte vietnamesischer Musik, dann schlief ich tief und fest ein.

Eine Stunde mochte vergangen sein, als man mich für mein erstes, offizielles Gespräch mit einem der Komitee-Mitglieder weckte. Jeder von uns hatte ein solches separates Gespräch zu führen. Meins fand an meinem Teetisch statt, mein Gesprächspartner war Quat, der mir von den gemeinsamen Vorhaben erzählte, die sich, wie er hoffte, auch ausführen ließen: Besichtigungsfahrten an sehenswerte Orte, Besuche von Kriegs- und Mahnmälern und Gespräche mit Nordvietnamesen, die, wie ich annahm, uns von den Schrecken der amerikanischen Invasion in ihrem Land erzählen wollten. Am dritten Tag unseres Besuchs hofften unsere Gastgeber, uns in Jeeps verfrachten und Richtung Haiphong fahren zu können. Der Ausflug versprach, sehr schön zu werden... Haiphong sei einmal eine sehr schöne Stadt gewesen.

Als Quat sprach, beobachtete ich sein Gesicht, ein freundliches und nachdenkliches, ein besonnenes Gesicht. Wir unterhielten uns ein wenig über den Pazifismus. Quat

schien meine Überzeugungen zu respektieren, meinte aber
— wie so viele Menschen, denen ich in aller Welt begegne —
daß in seinem Land kein Platz für Pazifismus sei. Als ich ihn
daraufhin fragte, ob er wisse, daß die Nationale Befreiungsfront in der Auseinandersetzung mit Frankreich Praktiken
der Gewaltlosigkeit angewandt habe, und das mit einigem
Erfolg, lächelte er höflich und meinte, daß sich die Dinge
seitdem doch gewandelt hätten.

Ich versicherte ihm, daß ich nicht hergekommen sei, um
die Menschen zu bekehren, sondern um sie kennenzulernen
und Freundschaft mit ihnen zu schließen. Später, in einem
Luftschutzbunker, weinte ich wegen Quat und einem Mann
namens Chuyen, weil ich den Gedanken nicht ertragen
konnte, daß ihnen auch nur das Geringste zustoßen könnte.
Chuyen war einer der ganz wenigen Menschen, die ich in
Hanoi weinen sah. Quat und Chuyen brachten auch die
üblichen Hochrufe zum Schweigen, wenn die Nachricht
eines abgeschossenen B-52-Bombers im Radio kam und ich
mich zufällig in einem Raum mit ihnen befand. Ich glaube,
daß Chuyen in seinem Herzen ein Pazifist gewesen ist.

Beim Abendessen waren wir etwa fünfzehn bis zwanzig
Leute. In mehreren Gängen wurden die köstlichsten Speisen
aufgetragen, dazu gab es einen Wodka von gelblicher
Farbe, den ich aber ablehnte. Die einzige Speise, die ich
unmöglich anrühren konnte, war ein im Ganzen zubereiteter
Vogel, dessen Kopf mit geöffnetem Schnabel über den Schalenrand hing. Sonst aber hatte ich meine Neurosen unter
Kontrolle und fand allmählich Spaß daran, die zunehmend
gelöste Gesellschaft zu beobachten. Quat soff wie ein Loch,
desgleichen Telford und Mike. Für Barry war die Stunde der
Herausforderung noch nicht gekommen.

Der Stimmungspegel stieg und erreichte einen neuen
Höhepunkt, als man sich Witze erzählte: einen vietnamesi-

schen zuerst, der aber, um die kulturelle Kluft zu überspringen, zahllose Erläuterungen brauchte. Dem zweiten, einen amerikanischen Witz, erging es nicht anders. Als man ihn schließlich verstanden hatte, brach alles in triumphierend lautes Gelächter aus. Nur lachte man weniger über den Witz selbst, als über das Kunststück, die Pointe erkannt zu haben. Als Quat mit zwei Gläschen Wodka auf meinen Platz zusteuerte, konnte ich ihm das Angebot kaum abschlagen, aber unmöglich konnte ich mein Glas »auf Ex« trinken. Quat fand schließlich selbst die Lösung und erklärte, daß der Wodka für meine Stimmbänder schädlich sei und mich keiner mehr dazu auffordern dürfe. Als man auch Barry zum Trinken nötigte, stand er heldenhaft seinen Mann und trank zwei, drei, vier, ich weiß nicht wie viele Gläser von dem widerlich gelben Zeug. Zusehends wurde er gelöster – und rosiger.

Als der Lärm immer lauter und die Stimmung immer ausgelassener wurde, rief Quat mit erhobenen Armen: »Musik«, worauf sich eine Reihe vietnamesischer Sänger von ihren Plätzen erhoben. Ihre Stimmen waren geschult, kräftig und kristallklar, die Männer sangen wie irische Tenöre und die Frauen wie Nachtigallen. Dann holte ich meine Gitarre und fragte sie, was sie gern hören wollten. Sie wünschten sich Songs von Pete Seeger und alles, was irgendwie als Antikriegslied zu bezeichnen war. Quat, der traditionelle Lieder bevorzugte, erkor zuletzt das *Hush Little Baby* zu seinem Lieblingslied: »Hush Little Baby, Don't Say a Word, Daddy's Gonna Buy You a Mockingbird«, – »Still, kleiner Schatz, sage kein Wort, Papa kauft dir ein Vögelchen«. Mitten in dem allgemeinen Trubel bemerkte ich plötzlich, daß Barry unter extremen Spannungen zu stehen schien. Es war, als könne er die Schuld, die er zu begraben versucht hatte und die sich jetzt ganz langsam wieder an die Oberfläche schob, nicht länger ertragen.

Da sang ich mein nächstes Lied für alle Vietnamesen und Amerikaner, die in diesem Krieg getötet worden waren, ich sang für alle, die sich von Anfang an zu kämpfen geweigert hatten und schließlich auch für jene, die erst während der Kämpfe, enttäuscht (oder erleuchtet) die Waffen niedergelegt hatten. Während ich sang, legte Barry den Kopf auf die Arme und weinte. Ich vermute, daß sich das ganze Grauen, das er erlebt hatte, noch einmal vor seinen Augen abspielte — ein Grauen, das wir übrigen bezahlt und nur aus der Ferne verfolgt hatten. Als ich aufhörte, bot Quat ihm einen weiteren Wodka an, Barry schneuzte sich die Nase, lachte und weinte zugleich. Dann geschah etwas Seltsames: Die Vietnamesen führten ihn ans obere Ende des Tisches und setzten ihn auf einen Stuhl, als wollten sie ihn vor allem Unheil bewahren. Dann redeten sie auf ihn ein, scherzten und lachten mit ihm, bis seine Tränen getrocknet waren. Auf diese Art haben sie Barry Romo, dem Ex-Frontkämpfer, vergeben.

Am nächsten Morgen besuchten wir eine Gedenkstätte. Es war gräßlich. Ich haßte die Bilder von Kindern, deren Köpfe von Kugeln durchlöchert waren, die Bilder von Frauen mit zerfetzten Leibern und hervorquellendem Gedärm, ich haßte die Horrorgeschichten. Ich hatte sie mir jahrelang angehört und angesehen.

Mit den meisten Einzelheiten wandte man sich an Telford, der in seiner Eigenschaft als Rechtswissenschaftler gekommen war und entscheiden sollte, ob hier Kriegsverbrechen begangen wurden oder nicht. In dieser Hinsicht konnte ich von keinerlei Nutzen sein, schon wegen meiner tiefverwurzelten Überzeugung, daß der Krieg selbst ein Verbrechen ist und daß die Ermordung eines einzigen Kindes, das Einäschern eines einzigen Dorfes und der Abwurf einer einzigen Bombe uns in solche Abgründe der Unmenschlichkeit stürzt, daß sich jeder Streit um irgendwelche bürokratische Einzelheiten erübrigte.

Telford aber, ein unglaublich gewissenhafter Mann, erfüllte seine Aufgabe bis ins letzte Detail, stellte endlose Fragen über Daten, Fakten und Begleitumstände. Ich bemühte mich sehr um Geduld und sagte mir, daß Telford, soweit es unsere Glaubwürdigkeit zu Hause betraf, vermutlich der wichtigste Teilnehmer unserer Reise war.

Bevor wir das kleine Gebäude verließen, bot man uns Tee und Mandarinen an. Später haben wir zwischen den politischen Propagandaveranstaltungen die schönsten Spaziergänge gemacht, haben ein Restaurant am Seeufer besucht, wo die Kellnerinnen und ich uns im Wechsel Lieder vorsangen. Auch in eine Musikschule nahm Chuyen mich mit, wo ich mehr als eine Stunde lang im Wechsel mit den Studenten sang, bis wir auf das amerikanische Engagement in Vietnam zu sprechen kamen und das Ganze in eine politische Diskussion mündete. All das habe ich übrigens auf Tonband aufgenommen.

Und immer war Quat dabei, lächelnd, lebhaft und vergnügt, der uns gutgelaunt seine Witze und Geschichten erzählte, sich aber jede unserer Fragen aufmerksam anhörte und versuchte, uns vieles Unverständliche zu erklären. Bei einem dieser Gespräche war es auch, daß Quat auf die Dinge zu sprechen kam, die mir später, im Luftschutzkeller, immer wieder durch den Kopf gingen. Wir saßen im Foyer unseres Hotels, wo wir uns vor und nach den Mahlzeiten trafen und bei einem Gläschen miteinander redeten. Da fragte ich Quat, was er tun wolle, wenn dieser ganze Wahnsinn je ein Ende fände und er ein paar freie Tage hätte.

»Oh!« sagte er und sah mit aufleuchtendem Gesicht an mir vorbei auf irgend etwas Fernes, Imaginäres. »Nördlich von Haiphong gibt es Inseln, die ich noch nie gesehen habe.

Ich würde mir ein kleines Boot nehmen und mir genug Zeit lassen, um an jeder einzelnen anzulegen. Die Inseln sollen ja so schön sein. Alles hier in Vietnam war einmal sehr schön. Aber diese Inseln müssen etwas ganz Besonderes sein.« Es war, als kenne er die Inseln bereits und als wären sie sein geheimes Paradies. Dabei wußte ich nur zu gut, daß er in seinem bisherigen Leben noch nie die Zeit für Paradiese hatte.

»Ja«, sagte er lächelnd, als er mit seinen Schilderungen am Ende war, »ja, das würde ich tun.« Sein Lächeln hatte nichts Trauriges an sich, und es war auch kein gezwungenes oder verbittertes Lächeln. Das also stellte dieser liebenswerte Mann sich vor. Ein kleines Boot und ein paar Inseln. Das schien mir nicht zuviel verlangt, nichts Extravagantes. Als ich ihm sagte, wie sehr ich ihm wünschte, daß sein Traum eines Tages in Erfüllung ginge, sagte er nur »Ich weiß nicht« und lachte.

Am zweiten Abend zeigte man uns im Speisesaal des Hotels patriotische Filme über das vietnamesische Volk, Waffenübungen begleitet von heroischer Musik. Ich entschuldigte mich und ging auf mein Zimmer. Als ich später wieder herunterkam, sagte einer vom Komitee: »Sie waren bestimmt müde und brauchten ein wenig Schlaf.«

»Ich war nicht müde«, erwiderte ich, »aber ich kann solche Filme nicht ausstehen.« Er lächelte.

Mit weiteren Besuchen an Orten, die an den Krieg gemahnten oder ihn beschrieben, vergingen die ersten beiden Tage. Wie gern wäre ich einmal ohne Begleitung, ohne die Gruppe und einen festen Stundenplan durch die Straßen Hanois gegangen. Was mir bisher am besten gefiel, war, allein auf meinem Balkon zu sitzen und jener fremdartig schönen Musik zu lauschen, oder mich mit Quat und Chuyen zu unterhalten, allein, und ohne die politische Propaganda.

Am dritten Abend machte ich mich zum Abendessen zurecht und ging zu den anderen in den Speisesaal. Von allem, was danach geschah, existieren nur schlaglichterartige Rückblenden in meinem Gedächtnis.

So weiß ich noch, daß man uns weitere Filme vorführte, diesmal aber solche, die mich interessierten, weil sie von Kindern handelten und von den Schäden, die bei den Ungeborenen durch die verschiedenen, vom US-Militär eingesetzten giftigen Chemikalien verursacht wurden. Dabei erinnere ich mich an das Bild eines amerikanischen Soldaten, der eine Hütte in Brand setzte, an Flugzeuge, die ganze Dschungelgebiete mit weißen Giftwolken einnebelten, an das Bild eines kleines Mädchens im Säuglingsalter, das aufgrund der Chemikalien mit Mißbildungen zur Welt gekommen war, auf dem Bauch lag und keine Muskeln zu haben schien. Neben ihr standen ein Arzt und eine Krankenschwester und hoben eins ihrer Ärmchen an, das aber, als sie es losließen, schlaff und leblos wie ein Stück Holz zurückfiel.

Ich war betroffen und verstört von diesen Bildern. Ich war drauf und dran, mich ein weiteres Mal davonzumachen. Plötzlich fiel der Strom aus.

Das Hotel lag in tiefster Dunkelheit. Alles erstarrte. Nervöse Unruhe bei den Amerikanern, rasche, aber in ruhigem Tonfall gesprochene Worte bei den Vietnamesen. Und dann hörte ich eine Sirene, hörte, wie sie stufenlos vom dunklen Baß bis zum höchsten, langgezogenen Ton anstieg, diesen Ton eine oder zwei Sekunden lang hielt, um dann, durch alle Töne gleitend, wieder abzusinken. Ich saß ganz still da, wartete auf die Anweisungen der Vietnamesen und spürte, wie sich mein Herzschlag verdoppelte. Als die Sirene zu einem zweiten Heulton ansetzte, zündete einer unserer Gastgeber eine Kerze an und sagte mit ruhigem Lächeln: »Bitte entschuldigen Sie. Alarm.«

Was für eine Ironie! Bitte entschuldigen Sie – wen? Als man mich mit achtsamen, aber schnellen Schritten aus der Tür und den Korridor entlangführte, dachte ich zunächst, daß das Ganze bestimmt nur eine Übung, eine Routine-Übung wäre. Bald tauchten aus anderen Korridoren auch die übrigen Hotelbewohner auf. Wir löschten die Kerzen und begaben uns stolpernd in den nur vom Mondlicht erhellten Hinterhof.

Einige Inder waren da, Lateinamerikaner und, wie ich später erfuhr, Polen und Franzosen.

»Was ist eigentlich los?« fragte ich einen Kubaner.

»Niemand weiß etwas. Vielleicht Flugzeuge. Ich höre sie aber nicht. Wir müssen eben abwarten. Der letzte Bombenangriff ist lange her.«

Bombenangriff? Gewiß, ich hatte so etwas vermutet, als die Sirenen losgingen. Dieses Wort aber zu hören, noch dazu von einem Mann, der sich dabei ganz nüchtern den Himmel betrachtet, das war doch ein großer Unterschied. Dann stellte ich fest, daß wir unmittelbar vor dem Eingang zu einem Luftschutzkeller standen. Als die Inder Witze erzählten und alle lachten, glaubte ich schon, daß außer mir keiner nervös war oder gar Angst hatte. Telford war zuvor schon in Kriegsgebieten gewesen. Barry konnte ich nirgendwo entdecken. Möglich, daß Mike ebenso nervös war wie ich, aber er redete mit irgendwelchen Leuten und schien sich keine Gedanken zu machen. Das beruhigte mich ein wenig.

Da wies ein langer Inder mit dem Zeigefinger nach oben und machte »Pscht!« Aus einiger Entfernung konnte ich sie hören: Flugzeuge. Die andern blieben im Mondlicht stehen – nur, daß jetzt keiner mehr ein Wort sagte. Die Stimmen regten sich erst wieder, aber merklich leiser als zuvor, als das Geräusch in der Ferne erstarb. Die Leute stießen Seufzer der Erleichterung aus. Zum zweiten Mal schlug mein Herz wie wild. Ich fühlte mich allein in meiner Panik. Ringsum begann erneut das Gewitzel. Die Stimmen wurden wieder lauter, normal wie zuvor.

Und dann schlug es ein.

Die Flugzeuge kamen schnell, und sie waren laut. Die Menschen stürzten wie ein Mann auf die Tür des Luftschutzkellers zu und die Stufen hinunter. Irgendwo krachte es, die Kellerwände schwankten und die Menschen rannten die Treppe hinunter. Der Kubaner setzte mich ans Ende einer langen, schmalen Bank gegenüber einer anderen, langen und schmalen Bank. Ich mußte dringend zur Toilette. Da krachte es zum zweiten Mal.

»Das war schon sehr nahe«, war alles, was der Kubaner sagte. Er und die anderen Veteranen bemühten sich, die Situation richtig einzuschätzen. Ich selbst hatte keine Ahnung, was hier wirklich vorging. Der Kubaner riet mir, mich nicht an die Wand zu lehnen und immer wieder zu schlucken, um den Druck in den Ohren loszuwerden. Mit beiden Händen umkrallte ich seinen Arm und konnte für kurze Zeit nur an diese angespannten Muskeln denken. Die Bomben fielen in regelmäßigen Abständen. Der Kubaner schrie mir ins Ohr: »Es ist gleich vorbei. Sie sind weiter entfernt, als es klingt. Machen Sie sich keine Sorgen!«

Aber ich merkte sehr wohl, daß ich nicht die einzige war, die sich Sorgen machte. Der lange Inder wahrte die Würde, saß vornübergebeugt da und hielt den Kopf gesenkt. Die andern warfen sich unsichere Blicke zu, schüttelten die Köpfe und sahen zur Decke, als eine kurze Pause eintrat. Als es wieder losging, geschah dies mit einer solchen Wucht, daß uns die Erschütterung fast von den Bänken geschleudert hätte. Jeder Muskel meines Körpers war bis zum Zerreißen angespannt, ich saß auf dem Sprung. Dem Kubaner habe ich bestimmt die Adern abgedrückt. Bei jedem neuen Einschlag lehnte ich mich schutzsuchend an seine Brust. »Ich sterbe vor Angst«, sagte ich.

»Ja«, meinte er, »das kenne ich. Nach kurzer Zeit gewöhnen Sie sich daran. Noch ein paar Bombenangriffe, und Sie sind ein kriegserprobter Veteran.«

Eine Pause trat ein. Das Summen wurde leiser. Ich lockerte den Griff. Ein allgemeines Gemurmel entstand.

»Vielleicht ziehen sie ab.«

»Ja, vielleicht. Aber es kann auch sein, daß sie Kreise fliegen.«

»Haben Sie vorher irgend etwas darüber gehört?«

»Nein, nichts.«

»Vermutlich ein verfrühtes Weihnachtspäckchen von Präsident Nixon.« Alle lachten.

Ich sah mich im Bunker um. Die schmale Betontreppe, über die wir gekommen waren, ließ nicht mehr als eine Person durch. Unser Raum war etwa drei Meter fünfzig lang und so schmal, daß man fast die Knie seines Gegenübers berührte, wenn man auf einer der längsseits aufgestellten Bänke saß. In der Mitte der Decke hing eine nackte Glühbirne, die den Raum nur spärlich erleuchtete. Die Tür am andern Ende des Raums führte in einen Anbau, den die vietnamesischen Angestellten des Hotels als Unterstand benutzten. Sie hatten auch einen separaten Eingang. Erst nach einer ganzen Reihe weiterer Luftangriffe haben Barry und ich protestiert und Decken in den Anbau gebracht, um bei den Vietnamesen sein zu können.

Die fünf Inder unserer Bunkergemeinschaft gehörten zur International Control Commission und lebten bereits seit sechzehn Monaten in Hanoi. Die Kubaner kamen von einem Schiff, das im Hafen von Haiphong von unseren Bombern getroffen worden war. Unter den drei Mitgliedern der Pathet Lao (der Kommunistischen Befreiungsbewegung von Laos) war einer drei Tage zuvor Vater geworden: Seine Frau saß mit dem Säugling im Arm bei uns. Die meisten der Franzosen sind nicht in den Bunker gegangen. Als Angehörige einer französischen Presseagentur, der Agence France Press beobachteten sie das Geschehen vom Hotel aus, von ihrem Balkon im dritten Stock. Oder sie versuchten, auf der Straße etwas Genaueres über die Vorfälle zu erfahren, um ihre Berichte liefern zu können.

KRACH – BUMM!!! Diesmal explodierte die Bombe, bevor auch nur einer von uns die Flugzeuge hatte kommen hören. Der Kubaner Monti erklärte mir, daß wir jetzt den Abwurf eines Bombenteppichs hörten. Es klang wie Donnergrollen. Immer wieder mischte sich auch ein Krachen in das Donnergrollen, das vom Innenhof des Hotels zu kommen schien. Ich wußte nicht, daß es Flak-Geschütze waren.

Die Minuten dehnten sich. Bombenteppiche sind erbarmungslos. Mit Scham und Entsetzen stellte ich fest, daß ich nicht um den Abzug der Flugzeuge beten konnte, ohne zugleich darum zu beten, daß sie ihre Bomben anderswo abwarfen. Allmählich spürte ich, daß ich mich in den Griff bekam. Und als der ohrenbetäubende Krach um ein Geringes nachließ, fühlte ich mich sogar zu Witzen aufgelegt. Nach und nach wurde es wieder ruhiger.

»Ich glaube, es hat aufgehört«, sagte Monti. Ich ließ seine Hand los und spürte, wie mein ganzer Körper sich entspannte. Ich fühlte mich schlapp, aber die Angst war weg. Nur eine leichte Unruhe war geblieben.

Im Anbau erhoben sich die Vietnamesen aus ihrer Hockstellung. Die Sirene setzte mit dem tiefen Brummton ein und stieg bis zum hohen Entwarnungston, den sie etwa fünfzehn Sekunden lang hielt. Alle erhoben sich, ergingen sich lachend und schwatzend in allen möglichen Spekulationen und stiegen die Treppe hoch zum Ausgang.

Auf dem Rückweg folgte ich Mike durchs Hotel bis zu dem Raum, wo wir uns den Film angesehen hatten. Durch die offene Tür sah ich, wie die Vietnamesen Anstalten machten, die Filmvorführung fortzusetzen, ganz so, als wäre nichts geschehen.

»Ach du großer Gott«, flüsterte ich Mike zu. »Nein, besten Dank. Ich gehe schlafen.«

Ich ging durchs Foyer, wo sich unsere Bunkergesellschaft bei gelbem Wodka und Bier zusammengefunden hatte. Auf dem Weg in mein Zimmer kam ich an Barrys Tür vorbei. Sie war verschlossen. Er hatte den gesamten Angriff verschlafen.

Die Musik aus dem kleinen, kratzenden Lautsprecher klang wie russische Marschmusik. Ich mußte lachen. So ganz echt klang es nicht, der Einfluß aber war unverkennbar. Mit einem seltsamen Gefühl der Ruhe lehnte ich mich ans Geländer meines Balkons. Die Leute auf der Straße verhielten sich wie immer. Nur eins war anders als sonst – der entfernte Heulton der Sirenen und die gespenstische Helligkeit am Himmel.

Dann nahm ich ein Bad und zog mir mein langes, wollenes Nachthemd an. Ein sträflicher Leichtsinn! Arglos, wie ich war, legte ich die Kleider nicht einmal in Reichweite, sondern hängte sie neben der Balkontür über einen Stuhl. Dann zündete ich die Kerze an und kroch unter das Moskitonetz. Innerhalb von drei Minuten war ich fest eingeschlafen.

Eine durchdringende Stimme kreischte mir etwas zu, in einer Sprache, die ich nicht verstand.

Von irgendwoher aus dem Innern des Hotels und durchs Fenster kam der Heulton einer Sirene, der alles übertönte.

Dann hörte ich Schritte auf dem Flur. Ich sprang aus dem Bett und griff nach der Kerze. Es klopfte an der Tür. Mike: »Brauchen Sie Hilfe? Soll ich Sie nach unten bringen?«

»Ja, gern. Danke. Ich muß mir nur schnell was anziehen.«

Mike stand mit seiner Kerze neben der Tür. »Okay«, sagte er, »aber beeilen Sie sich.«

Ich tastete nach meinen Sachen, fand aber nur meine Seemannsjacke. Als ich, über den Stuhl gebeugt, nach den langen Hosen greifen wollte, rissen mich ein plötzlich taghell erleuchteter Himmel und ein krachendes RATTA–TAT–TAT, das vom Balkon zu kommen schien, vom Fenster weg. Ich griff nach der Jacke, Mike stürzte auf mich zu und packte mich am Arm.

»Pfeif auf die Klamotten! Los jetzt!« Mein Herz klopfte wie wild. Die Kerze war ausgegangen. Im Dunkeln rannten wir über den Flur. Durch ein offenes Fenster: das strahlende Leuchten am Himmel.

Plötzlich stand ich allein auf der Treppe. Vermutlich wollte Mike nach Barry und Telford sehen. Unten sah ich die Menschen hastig durchs Foyer laufen. Noch auf der Treppe packte mich plötzlich die Wut, und ich setzte mich auf die unterste Stufe. Diesmal gehe ich nicht in den Keller, dachte ich empört. Es ist idiotisch. Da kam eine Gruppe kubanischer Seeleute an mir vorbei. »Kommen Sie«, sagte einer von ihnen, »Sie dürfen hier nicht bleiben. Es ist gefährlich.«

»Alles ist gefährlich. Es kotzt mich an.«

»Bitte, kommen Sie. Es kann jeden Augenblick losgehen.« Da stand ich auf und ging mit.

Beim ersten Flugzeuggeräusch schrumpfte mein Mut zu einem Nichts zusammen. Wir begannen zu laufen.

Der Kubaner hatte mich am Ellbogen gepackt. Als wir wie die gehetzten Hasen über den Hinterhof rannten, waren die Flugzeuge genau über uns. Und wir hatten eben die Kellertreppe erreicht, als es am Himmel aufleuchtete.

Diesmal war der Keller überfüllt, die Menschen drängten sich schon im Eingang, auf der Treppe und im unteren Gang. Mike und Telford kamen in letzter Minute.

Für kurze Zeit war Ruhe. Dann kamen die Flugzeuge wieder zurück. Ich suchte Schutz. Mike nahm mich in den Arm, aber zu sagen gab es nichts. Endlos schien der Bombenangriff zu dauern. Sogar ein paar Franzosen hatten sich jetzt zu uns gesellt.

Endlich legte sich der Lärm, das Summen der Flugzeuge entfernte sich. Sie hatten die Stadt verlassen. Diesmal aber war keiner zu Witzen aufgelegt. Beim Entwarnungssignal der Sirene erschienen die Vietnamesen an der Kellertür. Ernst und nachdenklich gingen wir hinaus. Als die Vietnamesen fragten, wo Barry Romo sei, sagte Mike, daß er es vorgezogen habe, im Bett zu bleiben. Da lächelten sie.

Ich wünschte Mike und den anderen eine gute Nacht, ging auf mein Zimmer und zog mich an: lange Unterhosen, Rollkragenpullover, Blue jeans, Stiefel, Seemannsjacke. Dann machte ich mir Tee und löschte die Lichter, zündete die Kerze an, setzte mich auf einen Stuhl und versuchte, über alles nachzudenken. Aber die Lautsprechermusik wirkte wie Hypnose. Kurz bevor ich ins Bett ging, stellte ich meinen kleinen Kassettenrecorder griffbereit auf den Nachttisch.

Mehr als eine halbe Stunde kann ich nicht geschlafen haben, als ich zum zweiten Mal die Stimme über den Lautsprecher hörte. Ich richtete mich auf und wartete. Wieder erklang die Stimme, diese scharfe, schneidende Frauenstimme, die leiernd ihre Durchsage machte. Mit eingezogenem Kopf kroch ich unter dem Moskitonetz durch, stieg aus dem Bett und klemmte mir das Tonbandgerät unter den Arm. Beim ersten Aufheulen der Sirene gingen die Lichter im Korridor aus. Ich löschte die Kerze und tastete mich zur Tür. Aufleuchten am Himmel und ein Flugzeug kam in rasender Geschwindigkeit näher. Aber es klang anders als die vorigen. Ich begann zu rennen und versuchte, im Laufschritt das Tonbandgerät einzuschalten. Ich war allein im Treppenhaus. Entweder waren die andern noch nicht auf oder schon im Keller. Als ich an einem Fenster vorbeikam, sah ich, begleitet von dem RATTA—TAT—TAT, einen weißen Blitz aufzucken. Ich stolperte und schlug mit dem einen Knie am Boden auf, wobei mir der Recorder auf die Fliesen fiel. Als ich weiterlaufen wollte, wurde mir plötzlich klar, daß ich nicht beim Laufen sterben wollte. Vor Angst — ja. Aber nicht beim Laufen. Ich testete das Tonbandgerät und stellte fest, daß es noch funktionierte: Es hatte die Sirene aufgenommen, meinen Laufschritt über die Fliesen, das RATTA—TAT—TAT und das Klirren, als es auf dem Boden aufschlug. Meine ganze, wenig heldenhafte Flucht befand sich auf dem Band. Ich wollte es behalten, um mir jederzeit in Erinnerung rufen zu können, daß man nicht einfach weglaufen darf wie ein verschreckter junger Hund.

In den elf Bombentagen, die uns noch bevorstanden, bin ich nur einmal noch gerannt, und zwar auf Anweisung von und gemeinsam mit Angehörigen der schwedischen Botschaft, die zwei Straßen überqueren mußte, um ihren Luftschutzkeller zu erreichen.

In dieser ersten Bombennacht heulten die Sirenen zehnmal Alarm. Monti hatte recht: gegen Morgen war ich ein Veteran. Als wir nach dem letzten Angriff in dieser Nacht ins Freie taumelten, stand die Sonne am Himmel, ein Hahn flatterte krähend über den Hof, Frauen hängten ihre Wäsche auf die Leine, und Kinder tummelten sich an der frischen Luft.

Zu meinen Erstaunen erfuhr ich, daß unsere Fahrt nach Haiphong trotz allem stattfinden sollte. Zur vereinbarten Zeit packten wir unsere Sachen und brachten sie nach unten.

Aber dann kam es anders. Mit vielen Entschuldigungen

erklärten unsere Gastgeber uns, daß die Straße nach Haiphong sowohl durch ihren Zustand als auch durch ihre geographische Lage höchst gefährlich wäre und wir darum in Hanoi bleiben müßten. Ich war erleichtert und zugleich enttäuscht. Ein Rest von Abenteuerlust aber war mir geblieben, und der lockte mich hinaus aus der Stadt, weg von hier aufs Land.

Telford und ich saßen im selben Wagen, als wir in die Umgebung von Hanoi fuhren und an einer Stelle vorbeikamen, die noch am Abend zuvor ein Dorf gewesen war. Zwischen den riesigen, mit Schlammwasser gefüllten Bombentrichtern waren nur ein paar Hütten stehengeblieben, und die Menschen suchten in den Trümmern nach den Überresten ihrer Habe. Die Vietnamesen hatten uns immer den Eindruck vermittelt, daß nur wenig Menschen verwundet wurden. Heute weiß ich, daß sie uns nicht über die Zahl der Todesopfer informieren wollten.

Die Menschen nahmen keine Notiz von uns. Als wir wieder im Auto saßen, kam ein Mädchen ans Auto, steckte den Kopf durchs Vorderfenster und sagte etwas zu dem Fahrer. Ich hatte das Wort »Nixon« verstanden und versuchte, den Fahrer zu einer Übersetzung zu bewegen:

»Was hat sie über Nixon gesagt?«

»Sie fragte, ob Sie gekommen sind, um sich Nixons Frieden anzusehen.«

Wir kehrten ins Hotel zurück. Während des Mittagessens heulte die Sirene auf. »Scheiße«, sagten wir, schoben uns noch ein paar Bissen in den Mund und gingen zum Luftschutzkeller. Die Luftwaffe gab uns eine Art Programmvorschau auf die nächsten Tage: zahlreiche Angriffe in der Nacht, einer am Mittag, einer am Nachmittag. In den Ruhepausen dazwischen versuchten wir zu schlafen, so oft es eben ging.

Diese seltsamen, vietrussischen Märsche kamen jetzt den ganzen Tag lang über den Lautsprecher. Nach dem Mittagsangriff legte ich mich schlafen.

Barry war ein fanatischer Maoist, der die pazifistischen Reden – das »Heile-Welt-Gewäsch«, wie die Befürworter bewaffneter Auseinandersetzungen das nennen – ebenso haßte wie ich sein endloses Gelaber über die faschistischen und rassistischen Imperialistenschweine. Einmal, in der Nacht, waren wir im Keller geblieben, um eine angefangene Diskussion über Gewalt kontra Gewaltlosigkeit nicht abbrechen zu müssen. Da aber keiner von uns mit dem Dogma des andern etwas anfangen konnte, kamen wir keinen Schritt weiter. Unsere Positionen hatten wir längst geklärt und hielten eisern an der Überzeugung fest, daß der andere im Unrecht war. Als das Ganze in Tränen zu enden drohte, schlossen wir einen Pakt und schworen uns, nie wieder ein Wort darüber zu verlieren. Ich habe nie wieder von Gandhi gesprochen. Und er hat nie wieder mit den »Kanonenkugeln der Liebe« angefangen.

In einer der Nächte, die wir wartend im Keller verbrachten, bat mich jemand um das Lied *Kumbaya*. Bei der ersten Strophe schon hörten wir aus der Ferne das Summen der Bomber. Ich hatte mich auf den Boden gekauert und das Tonband gleich neben mir aufgebaut. Die Flugzeuge kamen näher, ihr Dröhnen verstärkte sich. »Save the children, Lord«, hieß die nächste Strophe. Mitten in der ersten Zeile schlugen die Bomben so dicht neben unserem Bunker ein, daß mein Aufnahmegerät durch die Erschütterung auf den Boden fiel. Ich sprang auf, hielt mich an Barry fest und sang weiter. Als der Bombenhagel endlich aufhörte, sagte einer meiner Zuhörer, dies sei das letzte Mal gewesen: Nie würden sie ausgerechnet mich in einer so ruhigen Nacht wie dieser um ein Lied bitten.

Am dritten Tag wurde das Bach-Mai-Hospital bombardiert. Auf dem Weg dorthin sah ich eine tote Frau am Straßenrand liegen. Weitere Tote in ihrer Nähe hatte man sorgfältig mit Matten zugedeckt. Sie nicht. Sie war alt. Ich wollte zu ihr gehen und mich neben sie legen, wollte sie umarmen und küssen. Ich hätte es auch getan, wenn die Leute nicht dabeigewesen wären. So aber fürchtete ich, jemanden in seinen Gefühlen zu verletzen, oder daß man mich für theatralisch hielt, falls ein Pressefotograf in der Nähe war und Bilder machte.

Eine Frau kam rasch auf mich zu, die mit ruhigem, gefaßten Gesicht, aber noch tränenfeuchten Augen ihr Kind auf dem Rücken trug, einen bandagierten kleinen Jungen. Telford fragte, wann dieser oder jener Bombentrichter entstanden sei, ob erst kürzlich oder schon bei den Bombenangriffen im Juni. Ein Vietnamese gab ihm mit seinen schnellen Worten Auskunft über alle Einzelheiten. Auch Quat war mitgekommen und schlug mir vor, mich hinzusetzen und die andern weitergehen zu lassen. Barry blieb bei mir. Von irgendwoher kam der Geruch nach verbranntem Fleisch. In der Nähe des Parktors sahen wir einen Kran und eine kleine Gruppe von Arbeitern, die den Eingang eines Luftschutzbunkers von Beton- und Steinbrocken freizuräumen suchten: Ein Teil der Menschen, die sich in den Keller geflüchtet hatten, mußte noch am Leben sein. Wie ich später hörte, war die Mühe der Arbeiter umsonst. Achtzehn Menschen sind in dem Bunker umgekommen.

Es war in diesem Hospital und an diesem Tag, daß ich Chuyen weinen sah. Er hatte für unsere Gruppe gedolmetscht und sich dann wortlos entfernt. Schließlich ging einer von uns zu ihm und sprach mit ihm, da kehrte er zu uns zurück, mit Tränen in den Augen. Ich legte einen Augenblick den Arm um ihn. Chuyen schüttelte nur den Kopf. Erst in der Nacht nach der Bach-Mai-Katastrophe konnte ich dann seelisch ganz empfinden, was ich bei unserem Besuch im Hospital nur verstandesmäßig registriert hatte. Ich war in den Keller der Vietnamesen gegangen, wo Barry mir schon meine Wolldecke ausgebreitet hatte. Einer der Inder hatte ebenfalls seine Decke in den Gästeraum des Kellers geschafft und sich hingelegt. Barry schlief. Oben hielten die Vietnamesen Wache und schliefen abwechselnd jeweils drei Stunden lang in einem Bett, das sie gleich neben dem Hintereingang des Hotels aufgestellt hatten. Sie waren die geduldigsten Menschen, die mir je begegnet sind... und die mutigsten.

Ich sah Chuyens Gesicht vor mir, sah die Tränen in seinen Augen. Und gleich darauf Quat, lebhaft und vergnügt... »Nördlich von Haiphong gibt es Inseln... Ich würde mir ein kleines Boot nehmen... und an jeder einzelnen anlegen...« Ganz plötzlich begann ich zu schluchzen. Barry wachte auf, setzte sich und meinte, ich solle ruhig weiterheulen.

»Laß es raus. Du hast es viel zu lange in dir aufgestaut.«

Mein Schluchzen weckte auch den Inder. Der nun versuchte mir klarzumachen, daß ich keinesfalls weinen dürfe, weil mich das nur noch mehr aus der Fassung brächte. »Da, nehmen Sie die Mandarine. Essen Sie etwas. Dann geht es Ihnen gleich besser.«

»Ich pfeife auf die Mandarine«, knurrte ich. Barry lachte. Er ermunterte mich zum Heulen, und der Inder wollte nichts davon hören: Ich schrieb es den kulturellen Unterschieden zu und nahm die Mandarine an.

Gut, ich hatte ein wenig an meiner Oberfläche gekratzt. Aber ich fragte mich, was wirklich in meinem Innern vorging. Ich dachte über die Kinder nach, die ihr Leben damit verbrachten, sich vor den Bomben zu ducken. Dabei schienen sie mir sehr stabil, zumindest die, denen ich bisher begegnet war. Vielleicht war es besser, sich mit konkreten Dingen auseinanderzusetzen und mit ihnen fertig werden zu müssen, als die ganze Kindheit über auf alle Wehwehchen zu achten und die Ängste selber heraufzubeschwören, wie das bei mir der Fall gewesen war. Hier lag der Unterschied, über den ich so oft schon nachgedacht hatte. Ich und diese ganzen Jahre meiner Therapie! Ich und meine Freunde, die wir uns nie entscheiden konnten, ob wir leben oder sterben wollten und die Psycho-Stationen der Kliniken wechselten wie andere das Hemd. Hier aber, wo die Kinder nichts anderes kannten als den Krieg, vielleicht zählte hier das Leben noch ein wenig mehr – ganz im Gegensatz zu dem widerlichen Klischee über die Asiaten, das ich mein Leben lang gehört hatte: »Das Leben des einzelnen gilt da unten ja nichts.«

Es ging weiter. Elf Bombentage, elf Bombennächte. Ich lernte die französischen Presseleute kennen, Jean Thoroval und seine Frau Marie, die im obersten Stock des »Hoa-Binh«-Hotels wohnten. Sie schienen keine Angst zu haben. Amüsant und immer gutgelaunt, lenkten sie mich ab und machten mir neuen Mut. Wenn wir so in der Runde saßen – Mike, Telford, Barry, Jean und Marie Thoroval und zwei andere französische Presseleute – holte ich die Gitarre und sang. Dann leuchtete Thorovals Gesicht auf und er tanzte ein paar Schritte. Wenn die Frauenstimme über den Lautsprecher kam, ging Jean nur zum Schreibtisch und notierte die Nummer des Angriffs.

Eines Nachts, als wir wieder einmal plaudernd, Bier trinkend und wartend bei den Thorovals saßen, war ich sehr unruhig: es hatte in dieser Nacht schon mehrere Angriffe gegeben, die ich schweißgebadet im Keller überstanden hatte. Als sich der nächste ankündigte, rief Mike mich ans

Fenster. Mir war nicht sehr wohl zumute, als ich auf den Balkon trat und auf eine Stadt hinuntersah, die schon vielerorts von den vorherigen Angriffen in Brand geschossen worden war. Und wieder nahmen die Flieger Kurs auf die Stadt, Mike stand neben mir und redete mir aufmunternd zu. Wir hörten das Dröhnen der B-52, das immer lauter wurde und den Krieg immer näherbrachte. Ich fühlte mich plötzlich sehr elend und griff nach Mikes Arm. »Ich will das nicht sehen«, sagte ich und ging zu Marie, die lässig in einem Sessel saß, im flackernden Widerschein der Helligkeit, die durchs Fenster kam und über die Wände huschte. Ich setzte mich neben sie und nahm ihre Hand.

»J'ai peur«, »ich habe Angst«, sagte ich.

»Moi aussi«, »ich auch.« Marie streichelte meine Hand. »Wir können nur abwarten.«

Als das dumpfe Grollen einer neuerlichen Bombenwelle einsetzte, hörte ich von Marie nur ein kurzes »Mon Dieu«, »Mein Gott«. Aber dann kam es zu einer so gewaltigen Explosion, daß es die Fenster fast aus den Angeln riß und die Gegenstände von den Schreibtischen fegte. Ich sprang auf.

»Ah. Bon. Descendons à l'abri.« Es war Jean der Stoiker, der das sagte. »Also gut, gehen wir in den Keller.« Dann ging er in aller Ruhe in sein Schlafzimmer und kam mit einer Schachtel Gauloises zurück. Marie drängte ihn zur Eile. Aber Jean ließ sich Zeit.

Mit düsteren Mienen standen die Inder im Eingang des Luftschutzkellers. Jean, der unbedingt wissen wollte, ob und wie viele Flugzeuge man schon abgeschossen hatte, entwischte immer wieder in den Hof. Und ebenso oft rief Marie ihm verzweifelt nach, er solle sofort zurückkommen. Dabei fiel mir ein Ausspruch ein, den ich vor zehn Jahren gehört hatte.

»Sie können doch französisch, oder?« brüllte ich Mike ins Ohr.

»Oui, un peu.«

»Dann gefällt Ihnen das bestimmt: Je n'ai pas peur – je tremble avec courage! – Ich habe keine Angst – ich zittere vor Mut!« Mike gefiel der Witz, der, in die verschiedensten Sprachen übersetzt, rasch die Runde durch den Keller machte. Währenddessen lief Barry durch die Straßen Hanois und zählte die B-52-Bomber, die am Himmel explodierten.

Über die ersten sechs abgeschossenen Piloten hat man eine Menge Aufhebens gemacht. Man lud uns zur Pressekonferenz ein, um uns die Piloten vorzuführen. Das Gebäude, wo sie der internationalen Presse vorgestellt werden sollten, stand unter schärfster Bewachung. Im Innern hatten sich Lokalpolitiker und Militärs versammelt, tonnenweise hatte man Kameras und Tonbandgeräte aufgefahren. Barry, der neben mir saß, schien in keiner guten Verfassung. Vielleicht fürchtete er, sich selbst zu begegnen, wenn die Piloten herauskamen.

Was sich dann wirklich ereignete, war alles andere als sensationell. Man brachte die Gefangenen in einen Nebenraum und ließ sie dann einzeln eintreten. Sie trugen Verbände und schienen noch unter Schock zu stehen. Dann gingen sie der Reihe nach ans Mikrophon, nannten ihre Namen, ihren Dienstgrad und ihre Dienstnummer. Wenn sie der Presse etwas mitzuteilen wünschten, könnten sie es jetzt tun. Er hoffe, meinte daraufhin einer der sechs, daß dieser schreckliche Krieg bald zu Ende ginge. Ein anderer übersandte Liebesgrüße an seine Frau Sally und wünschte seiner Familie fröhliche Weihnachten. Mein Gott, dachte ich, wie vergeßlich diese Burschen doch sind. Sie haben sich des Völkermords schuldig gemacht und sind sich nie darüber klar geworden.

Auch als Weihnachten näherrückte, ließen die Bombenangriffe nicht nach. Gegen Ende der Woche erfuhren wir, daß nach einem Angriff auf den Flughafen Hanois sowohl das Hauptgebäude als auch die Start- und Landebahnen erheblich beschädigt worden waren. Das bedeutete, daß es bei unserem Abflug zu leichten Verzögerungen kommen konnte. Gelegentlich landeten noch chinesische Verkehrsmaschinen in Hanoi. Da wir aber für China kein Transitvisum hatten, stand es weitgehend fest, daß wir Weihnachten im »Hoa-Binh-Hotel« feiern würden.

Die Vietnamesen besorgten einen künstlichen, etwa siebzig Zentimeter hohen Christbaum, stellten ihn in die Mitte der Hotelhalle auf einen Tisch und behängten ihn sogar mit etwas Weihnachtsschmuck. Alle Geschichten über Weihnachten sind aufgeschrieben worden. Sie handeln alle von überströmender Liebe, von Opfermut, Wiedergeburt und Vergebung. Sie handeln von den Kindern ihrer Zeit, von ihrer Freude, ihrem Wunderglauben. Jedes Jahr werden sie erzählt, immer und immer wieder. Sie sind neu wie am ersten Tag, und sie erwärmen die Herzen der Alten und Schwachen. All diese Geschichten werden einmal im Jahr Wahrheit, auch wenn es nur wundersame Dichtungen sind. Weil dies das einzige Mal im Jahr ist, daß diejenigen unter uns, die dieses Fest feiern, sich an das ungeschriebene Gesetz halten, netter zueinander zu sein. Ein oder zwei Gramm extra an Liebe. Weihnachten ist für mich etwas ganz Besonderes.

Ich weiß nicht, was es 1972 für den Präsidenten der Vereinigten Staaten und Henry Kissinger gewesen ist. Aber ein Teil von dem wahren Geist des Weihnachtsfestes muß ihnen entgangen sein.

In Hanoi veranstalteten wir einen kleinen Gottesdienst. Mike sprach ein Gebet auf englisch und hielt eine kurze, improvisierte Predigt, wie sie unserer Situation angemessen schien. Mehr als fünfundzwanzig Menschen waren nicht gekommen. Ich sang *The Cherry Tree Carol* und, nachdem Mike auf französisch aus der Bibel vorgelesen hatte, eine Calypso-Version des Vaterunsers.

Obwohl mir eine Erkältung in Hals und Nase steckte, klang meine Stimme klar und vernehmlich. »Unser Vater, der du bist im Himmel, geheiligt sei dein Name.« Was für ein seltsames, klägliches Weihnachtsfest. »Unser täglich Brot gib uns heute. Geheiligt sei dein Name.« Vielleicht kommt Quat doch noch zu seinen Inseln. Das soll mein Gebet für ihn sein. »Und vergib uns unsere Schuld. Geheiligt sei dein Name.« Lieber Gott, segne und beschütze Gabriel. Gib ihm ein gutes Weihnachten und schütze auch seinen Vater. »Wie wir vergeben unseren Schuldigern. Geheiligt sei dein Name.« Ob meine Familie wohl das letzte Telegramm erhalten hat, das letzte, das wir abschicken konnten. Darin stand, daß es uns allen gut ging, und Fröhliche Weihnachten. Lieber nicht an zu Hause denken. »Und führe uns nicht in Versuchung. Geheiligt sei –« irgendwo in der Stadt schlug eine Bombe ein. Ich sang weiter – »dein Name. Sondern erlöse uns von dem Übel.« Die Lichter gingen aus. Ich sang nicht weiter. Die Franzosen baten mich, weiterzumachen. Die Vietnamesen forderten uns auf, in den Keller zu gehen. Die Sirene heulte. Mike fluchte. Die Leute zündeten Kerzen an. Ich versuchte, weiterzusingen. Aber meine Stimme klang jetzt so matt und leise, daß ich sie für die einer anderen hielt. Ich ließ eine Strophe aus und sang das Vaterunser beim Geräusch der vielen huschenden Schritte, der ermunternden Worte der Franzosen und des letzten Sirenentons zu Ende. »Amen, Amen, Amen, Amen. Geheiligt sei dein Name.«

»Diese Schweinehunde«, sagte ich zu Mike, als wir zum Keller eilten. »Wenn es etwas gibt, das ich nicht ertragen kann, dann ist es, mitten in einem Lied unterbrochen zu werden.« Mike hatte seit dem ersten Bombeneinschlag ununterbrochen und im Flüsterton geflucht.

Als wir am späten Abend noch in die Stadt fuhren, um an einer Mitternachtsmesse teilzunehmen, war ich den Tränen nahe. Der Gottesdienst war fürchterlich. Der Priester, der seine Predigt auf vietnamesisch, französisch und deutsch hielt, schien mir nach jedem Textdurchgang noch aufgeblasener und unpersönlicher als zuvor. Als der Kollektenteller herumgereicht wurde, stellte Mike mit Freuden fest, daß Quat ihn unbeachtet vorbeigehen ließ.

Nach dem Gottesdienst fühlte ich mich ein wenig frömmer als zu Anfang, trotzdem hatte ich nur den einen Wunsch, nach Hause und ins Bett zu gehen, keine Sirenen und keine Flieger mehr zu hören und einen Tag lang von den Explosionen verschont zu bleiben. Mein Wunsch ging in Erfüllung – ich habe sechzehn Stunden lang durchgeschlafen.

An dieser Stelle glaube ich, etwas hinzufügen zu müssen. Während dieser »Feuerpause« ging eine spürbare, sowohl seelische als auch körperliche Veränderung mit mir vor. Die Erschöpfung, der Schlaf, die Ruhe – nach vierundzwanzig Stunden war das fast langweilig geworden. Es glich jener Art des »Durchhängens« und der inneren Leere, die sich so oft nach einem lang vorbereiteten Auftritt oder nach einer aufregenden Konzerttournee einstellt. So fremd mir alles war und so verängstigt ich die vielen Tage auch gewesen sein mochte – jetzt, in diesen Ruhestunden, schien ein Teil in mir dieses Leben auf Messersschneide zu vermissen. Das zuzugeben, müßte ich mich eigentlich schämen. Aber ich habe andere Menschen, die von ihren Erlebnissen im Zweiten Weltkrieg sprachen, dieselben Gefühle beschreiben hören.

Eines Morgens nach einer besonders schlimmen Bombennacht zeigte man uns das Kan Thiem, ein Geschäftsviertel, das völlig verwüstet worden war und dessen Anblick uns stärker erschütterte als alles, was wir zuvor gesehen hatten. Selbst unsere Gastgeber schienen äußerst betroffen. Die Menschen liefen verstört durcheinander, manche standen nur wortlos da und starrten kopfschüttelnd in die Trümmer, andere sprachen aufgeregt aufeinander ein. Ruhig und gelassen trug eine Frau die Überreste ihres Lebens zusammen, ein Mann weinte leise vor sich hin, Eltern irrten mit ihren Kindern über ihr kleines, zerstörtes Grundstück. Überall sah man die Stirnbänder aus weißem Leinen, das Symbol der Trauer um einen Angehörigen.

Hunderte von Menschen zogen an uns vorüber. Manche blickten stumm auf die Ruinen, andere gingen weiter, ohne sich umzusehen.

Inmitten des Menschenstroms sah ich einen alten, uralten Mann mit langem weißem Bart und einem freundlichen Gesicht. Vornübergebeugt, hielt er die Hände so dicht über dem Erdboden, daß er seinen Körper auffangen konnte, wenn er stolperte oder auf dem losen Geröll ausglitt. Als sein Schritt einen Augenblick lang unsicher wurde, streckte ich ihm spontan die Hand entgegen, um ihn stützen zu können. Er nahm meine Hilfe an und sah zu mir hoch: ein langer, tiefer Blick in die Augen. Nach sekundenlangem Zögern lächelte er freundlich und nickte mit dem Kopf. »Dankeschön«, sagte er auf deutsch, »dankeschön!« und nahm meine Hand in seine beiden Hände. Ich verbeugte mich vor ihm und er sich vor mir, dann zog er weiter.

Auf einem Schutthaufen sah ich eine Frau sitzen, die mit geballten Fäusten auf ihre Schenkel einhämmerte und verzweifelt schrie. Ihr Schreien ging in Heulen und dann in ein klägliches Schluchzen über. Ihr Mann nahm sie liebevoll bei der Hand und redete ihr freundlich zu, ihre Elendsinsel zu verlassen und mit ihm zu kommen. Mehrfach bemühte sie sich, aufzustehen, um doch immer wieder von ihrem Schmerz überwältigt zu werden, der ihr alles nahm, ihre Kraft, ihren Stolz und ihren Verstand. Heul doch, wollte ich ihr zurufen. Heul doch, in Gottes Namen. Heul weiter, bis die Quellen versiegen. Mein gesunder Menschenverstand riet mir, mich nicht zu nähern. Aber ich konnte nicht. Ich lief zu ihr, hockte mich neben sie und legte meinen Arm um ihre Schultern. Ein paar der Vorübergehenden sahen sich die Szene an, genauso, wie sie sich die vielen anderen Szenen ringsum angesehen hatten. Einen verzweifelten Augenblick lang warf die Frau sich laut aufweinend und mit ihrem ganzen Gewicht an meine Brust. Dann blickte sie auf und sah, daß ich nicht nur eine Fremde, sondern auch eine Ausländerin war. Sie geriet sichtlich in Verlegenheit, hörte aber nicht auf zu schluchzen. Da stand ich rasch auf, ging zu Barry zurück und griff nach seiner Hand.

An den Rändern der mit Schlamm und Unrat gefüllten Krater standen Männer und verkündeten die Zahl der Todesopfer. Diesmal wollten unsere Gastgeber, daß wir sie erfuhren: sie ging in die Hunderte. Die kleineren Kinder lachten übermütig und kletterten von einem Krater zum nächsten, als hätten sie den schönsten Spielplatz entdeckt. Da lag ein Schuh, dort, halb verschüttet, ein kleiner Pullover, zersprungenes Geschirr, ein aufgeblättertes Buch mit feuchten, aneinandergeklebten Seiten. Die Presse hatte ihre Kameras aufgebaut. Vor uns gingen Jean Thoroval und sein Dolmetscher.

Auf der anderen Seite eines neun Meter breiten Trichters sah ich eine Frau, die tief über die Erde gebeugt ein seltsames Lied sang und dabei kleine, hoppelnde Sprünge machte – vor und zurück, über ein schmales, kaum drei Meter langes Stück Boden. Zuerst dachte ich, daß sie ein Freudenlied sang, weil sie und ihre Familie verschont geblieben waren. Als wir aber näherkamen, erschien mir ihr kleines Lied noch seltsamer als zuvor. Sie war allein. Thoroval fragte seinen Dolmetscher, was sie da sang. Als dieser ein paar Sekunden lang zugehört hatte, sagte er: »Elle dit, ›Mon fils, mon fils, où êtes-vous maintenant, mon fils?‹« – »Mein Sohn, mein Sohn, wo bist du jetzt, mein Sohn?« O Gott, nein. Solche Tiefen der Traurigkeit darf es nicht geben. Ich krümmte mich am Erdboden zusammen, schlug die Hände vors Gesicht und weinte. Irgendwo lag der Sohn dieser Frau verschüttet, lag dicht unter ihren Füßen in einem Grab aus Schlamm. Und sie konnte nichts anderes tun, als auf dieser einen Stelle, diesem Fleckchen, wo sie ihn zum letzten Mal gesehen hatte, hin- und herzuspringen, vor und zurück, konnte nur immer wieder ihr vergebliches Klagelied wiederholen. »Wo bist du jetzt, mein Sohn?«

Barry richtete mich wieder auf und sagte: »Laß uns gehen.« Er mußte mich stützen, weil ich mich kaum auf den Beinen halten konnte. Überall Schlamm, Verwüstung und Tod – ich konnte es nicht mehr ertragen. Nicht wegen mir. Sondern der Menschen wegen, die hier so viele Jahre gelebt hatten. Einer der Jüngeren aus dem französischen Team kam auf uns zu und sagte wütend: »Ah bon. Nun, was sagen Sie jetzt? Immer noch Pazifistin? Würden Sie nach alldem immer noch sagen, daß man die Waffen niederlegen soll?« Ich wies mit der Hand auf die weite Mondlandschaftskulisse. »Sollte ich vielleicht darum meine Meinung ändern?« fragte ich in stillem Zorn: »Sie sind verrückt.« Er gab Barry ein Zeichen mit der Hand. Ich sollte es nicht merken, aber ich sah, worauf er zeigte: auf eine Kinderhand, die einen Meter weiter in einem Schutthaufen lag. Es war, als ragte das Händchen einer Puppe aus dem Ärmelbund und als sei der Rest der Puppe nirgendwo mehr zu finden. Barry brachte mich zurück ans Auto.

Nach unserem Besuch in Kan Thiem hatte sich bei uns allen eine tiefe Mutlosigkeit breitgemacht. Thoroval wurde krank. Er könne nichts mehr essen, sagte uns seine Frau. Jean selbst bezeichnete es als Magenverstimmung, aber es war mehr als nur Widerwillen gegen das Essen. Seit zwei Jahren lebte er jetzt in Hanoi. Die vietnamesischen Kinder sahen blaß und mitgenommen aus. Ich hatte es mir angewöhnt, mich wie die Vietnamesen zu kleiden, und trug zu meiner Seemannsjacke und den T-Shirts schwarze Pyjamahosen und Sandalen. An zu Hause wagte ich nicht zu denken. Unerschütterlich las Telford während der Angriffe bei Kerzenlicht in seinen Büchern. Die Franzosen wirkten müde und erschöpft. Das Pathet-Lao-Pärchen, vor allem die junge Mutter, schaffte es nicht mehr, ständig mit dem Säugling die Treppen rauf- und runterzulaufen. Unsere Gastgeber zogen eines Tages los und kauften für Gabriel einen Pullover, als wollten sie mir die Gewißheit geben, daß ich meinen Sohn bald wiedersehen würde. Wir hatten zwei erfolglose Fahrten zum Flughafen hinter uns, beide Male schickte man uns schon am Kontrollpunkt zurück. Keine Maschinen, keine Flüge. Eine gespenstische Vorstellung, die in jedem von uns herumspukte, ohne daß sie je ausgesprochen worden wäre, kam schließlich offen zur Sprache.

Wenn ich nicht irre, wurde sie zum ersten Mal oben bei den Thorovals beim Namen genannt, in gebrochenem Englisch, bei Bier und Zigaretten. Sie ließ sich nicht widerlegen. Denn jetzt stand es fest, worauf die Strategie der Amerikaner abzielte, nämlich, die Nordvietnamesen zurück an den Verhandlungstisch zu bombardieren. Nur funktionierte ihre Taktik nicht. Denn die Russen besaßen die Frechheit, ihre neuen Lenkwaffengeschosse einzusetzen und die B-52-Bomber wie fette Krähen vom Himmel zu schießen. Und Präsident Nixon hatte sich schon zu sehr von der amerikanischen Bevölkerung isoliert, um zu bemerken, daß er ihr Vertrauen verlor und nach Meinung jedes einzelnen – mit Ausnahme der extremen Rechten und der Idioten – die Toleranzgrenzen weit überschritten hatte. Am Weihnachtstag ist ein Christbaum mit abgeknickten Zweigen und kaputtem Baumschmuck am Weißen Haus abgegeben worden. Eine unmißverständliche Botschaft.

In diesen Tagen begann Quat seinen Feldzug, der unsere bedrückten Gemüter wieder aufrichten, unsere Hoffnung neu beleben sollte. Er plante bereits eine Reihe von Abschiedsessen, als hätten wir konkrete Aussichten, lebendig aus dieser Stadt herauszukommen. An zwei dieser Essen erinnere ich mich noch gut – wir haben wie zu Anfang getrunken, gelacht und musiziert und den vielen Leuten, die wir hier kennengelernt hatten, Lebewohl gesagt. An einem der Abende sang eine Frau uns Lieder auf vietnamesisch vor und erzählte dann mit Tränen in der Stimme, daß ihr Sohn an der Front sei und sie jetzt ihr Lieblingslied auf englisch singen wolle, für uns und ihren Sohn. Dicht neben mir stehend und mit den Tränen kämpfend, sang sie mit gefalteten Händen und wiegender Bewegung ein altes Stephan-Foster-Lied, Strophe für Strophe. Daß wir den Text, den sie nur nach Gehör wiedergab, überhaupt verstanden, lag einzig daran, daß wir ihn alle in unserer Schulzeit, im Musikunterricht, gelernt hatten. Aber wie sie das sang, war über die Maßen schön und so ergreifend, daß Mike sich mehrfach räuspern mußte und selbst Telford feuchte Augen bekam. Als ich mitzusingen versuchte, konnte ich die Töne nicht halten. Auch ihre Stimme brach ab, wenn sie von der hohen Lage zu einer tieferen überging. Jedesmal, wenn ihre Stimme versagte, stürzten ihr die Tränen aus den Augen. Als sie das Lied mit einem leicht schwankenden Ton beendet hatte, streckte sie mir die Arme entgegen und sagte:

»Danke, danke!«, worauf ich nichts zu erwidern wußte. Während Quat den Wodka herumreichte, habe ich dann selbst noch alle Lieblingslieder unserer Gastgeber gesungen.

Beim zweiten Abendessen, das von Angriffen unterbrochen wurde, zogen wir singend in den Keller. Ungerührt von den Detonationen sangen zwei Frauen zur Begleitung eines Akkordeons, das die Flugzeuggeräusche übertönte. Ihre beiden Stimmen klangen wie eine einzige und harmonierten so wunderschön miteinander, daß ich während der wenigen Minuten ihres Liedes glaubte, dem Tod mit einer gewissen Würde begegnen zu können.

Noch in der Nacht nach unserer unterbrochenen Party bin ich auf Barrys Anraten zu den Thorovals gegangen. Barry hatte mich überzeugt, daß es besser für mich war, meiner Angst nicht auszuweichen und den Himmel zu beobachten. Und so stand ich auf Thorovals Balkon, atmete die Nachtluft ein und wartete auf die Rückkehr der Flugzeuge.

»Wenn Sie wirklich mutig sein wollen«, sagte Barry leise, »dann sollten Sie singen.«

Und ich sang. Ganz leise zuerst und zögernd, dann immer kräftiger sang ich *Oh, Freedom*. Ich sang alle Strophen des Liedes und sah Barry lächelnd an, als unter uns, aus den kleinen Straßenbunkern, vernehmliches Beifallklatschen zu hören war.

»Sehen Sie?« sagte er. »Auch denen da unten geht es jetzt schon sehr viel besser.«

Ich bin auf dem Balkon geblieben und habe weitergesungen.

Bei diesem Angriff sind keine Bomben gefallen. Wenn doch, wäre vielleicht alles anders gekommen. So aber verließ ich den Balkon mit einem wahren Triumphgefühl.

Man hatte beschlossen, daß wir versuchen sollten, Hanoi

auf dem Luftweg über China zu verlassen. Denn noch immer waren die chinesischen Maschinen die einzigen, die den Flughafen von Hanoi anzufliegen wagten. Für uns bedeutete das, die chinesische Botschaft aufzusuchen und Transitvisa zu beantragen.

Telford, Mike, Barry und ich trafen am Nachmittag vor der Botschaft ein, fünfzehn Minuten früher als vereinbart. Man führte uns in ein altes, düsteres Gebäude in französischem Stil, führte uns weiter durch einen langen, rechts und links mit Bildern von Ho Chi-minh und Mao behängten Korridor und hieß uns im Empfangszimmer Platz nehmen, das ebenfalls mit Bildern von Ho Chi-minh und Mao behängt war. Zwei Dolmetscher standen uns zur Verfügung. Einer, der aus dem Chinesischen ins Vietnamesische und einer, der aus dem Vietnamesischen ins Englische übersetzte. Man setzte uns chinesisches Bier vor, bot uns Zigaretten an, und nach geraumer Weile erschien auch der Botschafter, der, als wir uns zur Begrüßung erhoben, nichts weiter sagte als »Hmmmm«. Dann sagte er etwas zu dem einen Dolmetscher, der daraufhin etwas zu dem andern Dolmetscher sagte, und dieser wiederum wandte sich an uns.

»Der Botschafter sagt, daß er die letzte Nacht nicht besonders gut geschlafen hat.«

Wir rutschten auf unseren Stühlen herum und suchten angestrengt nach einer passenden Antwort auf seine Erklärung, aber da sprach er schon weiter.

»Er sagt, daß er vielleicht deshalb so schlecht geschlafen hat, weil die Bombenangriffe die ganze Nacht über andauerten.«

»Zweifellos, zweifellos«, pflichtete Telford ihm bei.

»Sagen Sie ihm bitte«, wagte ich einzuwerfen, »daß auch wir nicht gut geschlafen haben und daß er die Luftangriffe entschuldigen möge.« »Hmmmm«, machte der Botschafter, als man es ihm übersetzte.

»Der Botschafter möchte wissen, warum Sie heute hier sind und ihn sprechen wollen.« Er weiß verdammt gut, warum wir hier sind, dachte ich.

»Nun gut.« Als Wortführer unserer Gruppe war jetzt Telford an der Reihe. »Der Botschafter ist sich gewiß der Tatsache bewußt, daß es sehr schwierig ist, aus Hanoi herauszukommen. Und soweit wir das beurteilen können, sind die chinesischen Maschinen die einzigen, die überhaupt noch mit einer gewissen Regelmäßigkeit zu fliegen scheinen.« Erneutes Übersetzen.

»Der Botschafter möchte wissen, ob dies der einzige Grund Ihres Besuches in der chinesischen Botschaft ist.«

»Oh nein!« beeilte Telford sich zu sagen. »Nein, natürlich nicht. Es ist vielmehr so, daß wir uns überlegten, was für ein phantastisches Erlebnis es für uns wäre, auch nur einen winzig kleinen Teil Ihres großen Landes auf unserer Heimreise zu sehen.«

Telford, du Heuchler, dachte ich. Wen glaubst du damit zum Narren halten zu können? Jetzt mischte sich auch Mike Allen mit seinen Bierkommentaren ein. Großartig, sagte er, das chinesische Bier. Made in Peking? Großartig! Der Maoist Barry wand sich auf seinem Stuhl und legte sich vermutlich eine Taktik zurecht, wie er an ein Souvenir in Form einer Flasche Pekingbier herankommen konnte. In seiner Undurchschaubarkeit wirkte der Botschafter fast komisch. Zweifellos aber genoß er es sehr, uns allesamt in die Klemme gebracht zu haben.

»Ich möchte nicht unhöflich sein«, legte ich schließlich los, »aber bitte, sagen Sie dem Botschafter, daß ich für meinen Teil vor Angst schier umkomme und Himmel und Hölle in Bewegung setzen würde, um auf dem schnellsten

Weg aus dieser Stadt herauszukommen. Sagen Sie ihm, daß ich darum hier bin und ihn sprechen wollte.« Die Antwort des Botschafters bestand aus einem matten Lächeln und einem neuerlichen »Hmmmm«.

Das zähe Gespräch ging noch eine Weile weiter. Danach ließ der Botschafter unsere Pässe einsammeln, um uns – was er offensichtlich von vornherein vorgehabt hatte – die Visa für den nächsten Tag auszustellen. Wir bemühten uns, so gut es ging, unsere Freude und Erleichterung zu verbergen – ich zum Beispiel hätte ihn am liebsten umarmt und geküßt, aber dies schien denn doch gegen alle Regeln zu verstoßen. So erhoben wir uns nur und deuteten redend und gestikulierend unsere Dankbarkeit an, schüttelten ihm die Hand und verbeugten uns.

Am nächsten Morgen trafen wir uns zum letzten Mal beim Frühstück und schleppten unser Gepäck, die Tonbandgeräte, Kameras und Geschenke in die Hotelhalle. Wie früher schon einmal versuchte ich, meinen Schutzhelm irgendwo verschwinden zu lassen. Als ich aber ins Auto stieg, mußte ich feststellen, daß man ihn mir nachgetragen und zu meinen Füßen plaziert hatte. Zum dritten Mal steuerten unsere drei Autos den Flughafen an. Und wieder kamen wir am Gerippe eines Eisenbahndepots vorbei, an ausgebrannten Hütten und Bombentrichtern. Als wir an einer Pontonbrücke anlangten, schluckte ich zwei Beruhigungstabletten. Außer dieser Brücke gab es keinen Weg mehr über den Fluß. Jeweils eine halbe Stunde lang ließ man den Verkehr in die eine, danach in die andere Richtung passieren. Ich verkroch mich in meinem Sitz und wartete nur auf das Aufheulen der Sirenen. Während eines Angriffs auf dieser Brücke festzusitzen, das mußte die Hölle sein. Der riesige, weite Himmel über uns: eine idealere Zielscheibe als wir und diese Brücke ließ sich kaum denken. Die Überfahrt dauerte ungefähr eine Stunde.

Im Flughafen waren die Stühle noch in derselben Reihe aufgestellt wie bei unserer Ankunft vor zwei Wochen. Heute aber besaß der Raum nur noch ein halbes Dach und einen Teil seiner Wände. Den Schutt hatte man in die Ecken geschoben, den Raum gefegt und feucht aufgewischt. Ein grauer Belag aber war trotzdem geblieben, überall lag dikker Staub, dem einfach nicht beizukommen war. Die Schranke stand noch. Als ich nach der Damentoilette fragte, wies man mir den Weg zu einem Gehäuse, das eben noch intakt genug schien, ein gewisses Maß an Privatsphäre zu garantieren. Die Wasserspülung funktionierte nicht mehr. Durch die kaputten Fensterscheiben sah ich ein paar Russen, Vietnamesen und einen Trupp verwundeter polnischer Soldaten ankommen, die offenbar denselben Flug gebucht hatten.

Wir gingen nach draußen, um uns dort die Schäden anzusehen. Als sich die Halle rasch mit Menschen füllte, wußte ich, daß uns ein Angriff bevorstand. Irgendwo klingelte ein Telefon und alles hastete quer über das verwüstete Gelände vor dem Terminal auf den Luftschutzraum des Flughafens zu.

Rechnet man die beiden Toten in ihren Särgen dazu, waren die Polen zu elft. Auch ihr Schiff war, wie das des Kubaners Monti, im Hafen von Haiphong zerschossen worden. Auf dem Weg zum Luftschutzraum kamen wir noch kurz vor dem Eingang mit ihnen ins Gespräch. Als ein paar von den polnischen Soldaten ein Autogramm von mir wollten, erfüllte ich ihnen den Wunsch und schüttelte ihnen die Hand. Andere litten sichtlich unter ihren Verwundungen und starrten nur stumm ins Leere.

Man führte uns in den Keller, wo rabenschwarzes Dunkel herrschte, bis jemand eine Kerze ansteckte. Der Keller glich einer Katakombe. Von Raum zu Raum tasteten wir uns vorwärts durch die Dunkelheit, bis der Kerzenträger uns einholte und ein kleines Kabuff beleuchtete, in dem wir uns – eine Gruppe von zehn oder zwölf Leuten – niederließen und abwarteten. Einer der Polen stand an der Tür, ich saß bei Barry und Mike und neben mir ein anderer Pole, dessen Kopf auf die Knie gesunken war. Beim ersten Geräusch der Flugzeuge, das sich aus einiger Entfernung hören ließ, zuckten die Soldaten zusammen. Einer begann zu weinen. Nach einer Weile zogen die Flugzeuge wieder ab. Keiner sagte etwas, als wir langsam die Treppe hochstiegen und ins Freie traten.

Die chinesische Maschine landete. Die Soldaten waren zu müde, um sich zu freuen. Wir gingen zur Rollbahn und stellten uns an. Die Särge wurden zuerst eingeladen, dann folgten die Polen, danach die Amerikaner. Auf jeder Stufe der Landetreppe drehten wir uns um und winkten Quat, Chuyen und den andern immer wieder zum Abschied zu. Im Flugzeug war es eng und heiß. Die Anweisungen ergingen auf chinesisch, und chinesische Musik kam über die Lautsprecher. Die Motoren heulten auf.

Als wir über die zerschossene Startbahn rollten, sah ich aus dem Fenster unsere kleine Gruppe stehen. Sie winkten immer noch. Plötzlich wandten sich alle auf einmal ab und reckten die Köpfe zum Himmel: Die Flugzeuge kamen zurück. Aber dann, als sei nichts geschehen, drehten sie sich wieder um und winkten uns noch so lange zu, bis wir aufgestiegen waren und sie in der pockennarbigen Landschaft unter uns nur noch kleinen Punkten ähnelten.

Am Neujahrstag sind wir wohlbehalten in San Francisco gelandet. Am International Airport rannte mein Sohn von den anderen weg, lief auf mich zu und drückte mir einen Akazienstrauß in die Hand, der so groß war wie er selbst.

»Hallo, Mama«, sagte er. Ich nahm ihn in die Arme, sagte »Hallo, mein Schatz« und überreichte ihm ein Feuerwehrauto, das ich auf dem Flughafen in Tokio gekauft hatte.

Die ersten beiden Wochen nach meiner Rückkehr wohnte ich in Davids Haus, wo ich die meiste Zeit verschlief und den Rest mit Interviews für Illustrierte und Tageszeitungen verbrachte. Jedesmal, wenn ich auf der Couch einschlief, hörte ich Gabriel durchs Haus toben. Aufgewacht aber bin ich nur, wenn er mir ein Spielzeugauto auf den Kopf, eine Katze auf den Bauch oder sich selbst auf meine Brust fallen ließ. Dann nahm ich ihn fest in die Arme und versprach, in den nächsten Tagen wieder ganz auf den Beinen zu sein und mit ihm zu spielen.

Nachts ließ ich neben meinem Bett eine Kerze brennen, damit ich, wenn ich das Geräusch eines Flugzeugs hörte, mich sofort orientieren konnte und wußte, daß ich zu Hause war. Ein Teil meiner Seele aber war immer noch in Hanoi.

Als ich wieder völlig bei Kräften war, kehrte ich in mein eigenes Haus zurück und hörte mir die Bänder an, die ich in Vietnam aufgenommen hatte – Bänder von fünfzehn Stunden Spieldauer mit den Sirenen, den Bomben, den Phantom- und B-52-Flugzeuggeräuschen, dem Geschützdonner der Flak. Ich hörte die Kinder lachen und Monti erzählen, ich hörte die Lieder der Vietnamesen und meine eigenen im Luftschutzraum. Danach traf ich eine strenge Auswahl und ging mit dem Ergebnis zu meiner Plattenfirma, um dort die Geschichte meines Weihnachtsfestes in Hanoi so gut ich konnte aufzuzeichnen. Es ist ein langes, teils gesungenes Gedicht geworden. Und es beginnt mit der Flucht in den Luftschutzkeller der Schweden, mit dem Einschlag der Bomben und dem Lied der Frau in Kan Thiem: »Wo bist du jetzt, mein Sohn?« Die letzten Strophen des Titelsongs lauten:

Oh, people of the shelters what a gift you've given me
To smile at me and quietly let me share your agony
And I can only bow in utter humbleness and ask
Forgiveness and forgiveness for the things
we've brought to pass.

The black pajama'd culture that we tried to kill
    with pellet holes
And the rows of tiny coffins we have paid for
with our souls
Have built a spirit seldom seen in women and in men
And the White Flower of Bach Mai will surely blossom once
    again.
I've heard that the war is done
Then where are you now, my son?

(Ihr Menschen in den Bunkern,
    was für ein Geschenk habt ihr mir gemacht
Mit eurem Lächeln und der stillen Erlaubnis, euren Schmerz
mit euch zu teilen.
Ich kann mich nur in tiefster Demut neigen
Und um Vergebung bitten für die Dinge,
    die durch uns geschehen sind.
Die Kultur der schwarzen Pyjamas, die wir mit Kugel-
    löchern zu vernichten suchten,
Und die Reihe kleiner Särge, für die wir mit unseren
    Seelen bezahlten,
Sie haben einen Geist geboren, der selten ist bei Frauen
    und Männern,
Und die Weiße Blume von Bach Mai
    wird eines Tages wieder blühen.
Ich hörte, daß der Krieg zu Ende ist:
Wo bist du jetzt, mein Sohn?)

Das Album *Where Are You Now, My Son?* ist mein Geschenk an das vietnamesische Volk und mein Dankgebet für die Tatsache, am Leben geblieben zu sein.

WARRIORS OF THE SUN
In der Stille des aufdämmernden Morgens

Botschafter Harold Edelstam habe ich 1973 bei einem Garten- und Spendenfest für Amnesty International kennengelernt. Er lebte als schwedischer Botschafter in Chile, als es dort 1973 zum Militärputsch kam. Folgende Geschichte habe ich von ihm gehört.

Es war in den blutigen Wochen nach der Ermordung Allendes. Die Straßen steckten voller Angst, voller verlorener Hoffnungen, voller Leichen. Da bekam Edelstam eines Nachts den Hinweis, daß Panzer der Junta auf die mexikanische Botschaft zurollten und das Feuer zu eröffnen drohten, falls sich die Menschen im Botschaftsgebäude nicht freiwillig ergeben und herauskommen würden. Aus den Fenstern ragten Gewehre, ein entschlossener, aber aussichtsloser Widerstand schien sich zu formieren. Über Megaphone stellte die Besatzung der Panzer ein Ultimatum. Da es sich auch hier um einen gesetzwidrigen, reinen Willkürakt handelte, stand es außer Frage, daß die Menschen in der Botschaft in Lebensgefahr schwebten. Da betrat Harold Edelstam den Schauplatz, ging mit hocherhobener, schwedischer Fahne an den Panzern vorbei in die Botschaft und geleitete die Menschen unter dem Schutz der Flagge zur schwedischen Botschaft. Dort sind sie geblieben, bis ihre Ausreise nach Mexiko gewährleistet war.

»Hat man mir diese Geschichte richtig erzählt?« fragte ich ihn.

»Ja, mehr oder weniger«, sagte er in seinem singenden, skandinavischen Tonfall.
»Warum haben Sie das getan?« fragte ich.
Er lachte, als freue er sich über einen guten Witz.
»Ganz einfach«, meinte er, »Ungerechtigkeit habe ich noch nie ertragen können.«
Und ich habe nie diese schlichte Erklärung vergessen können.

Das Konzert, das ich 1974 in Venezuela gab, ließ sich chaotisch an und sorgte gleich von Beginn an für beachtliche Aufregung. Die Regeln für das Konzert im Stadion lauteten: niemand auf das Spielfeld, alle Mann auf die Tribünen. Nun hatten mich voraufgegangene, sehr ähnliche Fälle gelehrt, daß solche Regeln völlig unrealistisch waren. Außerdem sagten sie mir ebensowenig zu wie den sechstausend Leuten, einem vorwiegend studentischen Publikum.
Die Tribünen füllten sich, als eine junge Folksängerin aus Venezuela unter allgemeinem Gejohle, Geschrei und Getrampel die Show eröffnete: mit Liedern, die nicht weniger politisch gefärbt waren als der größte Teil des Publikums. Als man dann meinen Auftritt ankündigte, ging ich von ein paar Leuten begleitet quer über das weitläufige Spielfeld zum Podium. Schon beim allerersten Ton strömte das junge Volk von den Tribünen weg aufs freie Feld und in geschlossener Phalanx auf das schmale Podium zu. Ihre Gesichter waren schön, lebendig und voller Erwartung. Zwischen Bühne und Rasen kam es zu einer gebrüllten Unterhaltung. Wenn das so weitergeht, dachte ich, sind wir noch vor Ende des zweiten Songs eine große Familie.
Kaum aber hatte ich mit dem zweiten Lied angefangen, als der Strom ausfiel. Ein vielstimmiges Buh war die Antwort, dann ein riesiges Durcheinander, ein emsiges Herum-

probieren an der Lautsprecheranlage. Am vorderen Bühnenrand kauernd unterhielt ich mit mit ein paar Leuten aus dem Publikum – sie auf Schulbuchenglisch, ich mit einzelnen Brocken meines Berlitzspanisch.

Dann machte das Gerücht die Runde, daß der Rektor der Universität persönlich die Anweisung erteilt habe, den Ton so lange abzuschalten, bis die jungen Leute wieder auf den Tribünen saßen. Manny, der sich inzwischen den Weg durch die Menge gekämpft und das Podium fast erreicht hatte, verstand erst nach mehrfachem »Wie?« und »Was sagst du?«, daß ich mit dem Rektor reden wollte, um ihm eine Minute Strom abzuhandeln.

In Erwartung der Antwort des Rektors unterhielt ich mich weiter mit den Leuten und erhob mich nur gelegentlich aus der Hocke, um ans Mikro zu klopfen. Dann hieß es unter allgemeinem Jubel, der Rektor sei mit der einen Minute einverstanden. Aber nur, damit ich den jungen Leuten klarmachen konnte, daß sie sofort auf ihre Plätze zurückkehren sollten. Der Strom wurde eingeschaltet.

»Ich möchte dem Rektor dieser Universität dafür danken«, fing ich in meinem gebrochenen Spanisch an, »daß er den Strom wieder einschalten ließ. Wie Sie sehen, benimmt sich das Publikum so anständig, daß sich hier auf dem Spielfeld keinerlei Probleme ergeben.« (»Danke Señor Rektor mir Strom geben. Die Studenten hier machen neben mir kein Problem.«) »Meine Dankbarkeit möchte ich dadurch zum Ausdruck bringen, daß ich Ihnen mein nächstes Lied widme. Wenn es Ihnen gefällt, können Sie mir das mitteilen, indem Sie den Strom anlassen. Vielen herzlichen Dank, wir alle sind Ihnen sehr dankbar.« (»Ich möchte danke sagen durch daß ich Ihnen ein Lied widme, und wenn Sie lieben das Lied, Sie werden für uns Strom machen. Vielen Dank von uns an Sie.«)

Vielleicht meinte der Rektor, daß ein Analphabet wie ich keinen großen Schaden anrichten konnte, jedenfalls blieb der Strom eingeschaltet, und für alle ist es noch ein wunderschöner Abend geworden. Mein Publikum und ich hatten im Namen des Volkes einen glorreichen Sieg errungen, und der Rektor ist zu guter Letzt noch als eine Art Held des Abends gefeiert worden.

Bei diesem Konzert habe ich einen Großteil meiner Lieder den »Refugiados« und »Prisioneros« des blutigen Regimes in Chile gewidmet. Denn seit dem Militärputsch war erst ein Jahr vergangen und viele Chilenen hatten sich nach Venezuela geflüchtet, um ihr Leben zu retten.

Nach dem Konzert war ich zu einem privaten Essen im Hause einer venezuelanischen Schriftstellerin, Frezia Barria, eingeladen. Nur etwa zehn Leute nahmen daran teil, darunter Frezias Kinder und ein Mann namens Orlando Letelier.

Ich hatte von Orlando gehört, wie man unweigerlich von außergewöhnlichen Menschen reden hört. Man sprach von ihm nur mit größter Zuneigung und einem hohen Maß an Respekt. Als ehemaliger Botschafter Chiles in den Vereinigten Staaten war er während des Militärputschs inhaftiert worden und seither eine Quelle der Kraft und Zuversicht für jeden, der ihn kannte.

Hätte man Goya den Auftrag erteilt, einen liebenswerten Rotschopf mit Sommersprossen zu malen, seine Wahl wäre sicherlich auf Orlando Letelier gefallen, hatte dieser doch die schlanke Größe und das Auftreten romanischer Aristokraten, die Goya so oft und so treffend dargestellt hat. Noch immer waren Orlandos Handverletzungen nicht abgeheilt, die er sich an einem Stacheldrahtzaun zugezogen hatte, als er und seine Mitgefangenen von einem Gefängnishof in den andern getrieben wurden. Obwohl er sich beim Gitarrespielen weh tun mußte, wollte er spielen, singen und die *Cueca* tanzen, einen chilenischen Volkstanz. Er war glücklich, mit alten Freunden zusammenzusein, sprudelte förmlich über von Geschichten, Anekdoten, Liedern und guter Laune. Zum allgemeinen Vergnügen und vom Beifall der Umstehenden ermuntert, ließ ich mich beschwatzen und tanzte die *Cueca* mit ihm. Dabei hat es mir nicht das geringste ausgemacht, nur mit dem Taschentuch durch die Luft zu wedeln, Orlandos Schritte zu imitieren und die allgemeine Heiterkeit mit einem kindlich glücklichen Lächeln zu erwidern.

Als die Energien erschöpft schienen, wurde der Tanz merklich langsamer und Orlando begann, ernsthafter und sehr viel leiser zu sprechen. Die Kinder gingen ins Bett, und draußen zirpten die Grillen im Chor durch die feuchtwarme Nacht. Da es mit meinem Spanisch wirklich nicht weit her war, begnügte ich mich damit, beim Zuhören auf die einzelnen Silben, das rollende R und das zischende S zu achten und über die grenzenlose Dummheit nachzudenken, einen Mann wie Orlando in seinem eigenen Land auf den Kalten Inseln ins Gefängnis zu stecken.

Wie durch ein Wunder war er mit dem Leben davongekommen, hatte mit der Kraft seines Geistes und einem hohen Maß an Selbstdiziplin Hunger und Kälte besiegt, hatte Schläge, Demütigungen, Entbehrungen und Angst überwunden. Als ein zweites Wunder erschien mir die Tatsache, daß man ihn nicht ermordet hatte, daß er hier bei uns war und lächelnd, witzig und aufgedreht alle andern im Geschichtenerzählen übertraf.

Mehr als einmal schien er den Tränen so nahe, daß auch seine Freunde sich die Augen wischten. Ich glaubte, mein Herz müsse vor Zärtlichkeit für diesen Mann zerspringen. Dann aber, in einem langen Augenblick des Schweigens, ging mit einem Mal eine Veränderung mit uns vor. Es war, als hätten wir alle zur gleichen Zeit denselben Atemzug getan und als würde uns erst jetzt das ganze Ausmaß des Grauens bewußt, das Orlando vor so kurzer Zeit noch durchlebt hatte. In diesem Augenblick, an anderen Orten, als wir in der Stille des aufdämmernden Morgens den Atem anhielten, geschehen in einem langen, weißen Schrei andere, mörderische Verbrechen, die zu verhindern nicht in unseren Kräften stand ...

Wieder zu Hause, faßte ich den Entschluß, ein Buch zu schreiben. Seit Jahren hatte ich nichts mehr zu Papier gebracht und konnte jetzt, noch unsicher, was ich eigentlich sagen wollte, nur feststellen, daß ich immer wieder auf das Thema des langen, weißen Schreis zurückkam.

Als ich eines Morgens – es war im Jahr 1976 – an der Schreibmaschine saß, abwechselnd nach Worten suchte und aus dem Fenster sah, tauchte unangemeldet meine Sekretärin zwischen den Oleanderbäumen auf, ging mit vorgeschobenem Kopf und düster gerunzelten Brauen auf das Haus zu. Sie war eine überaus tüchtige, eine gutherzige und sehr gefühlsbetonte Frau, die mir jetzt allein durch ihre Haltung verriet, daß sie schlechte Nachrichten brachte. Sie setzte sich mir gegenüber an den Tisch und sprach mit zitternder Stimme, aber klaren Worten, wobei sich ihre Augen mit Tränen füllten, als nähme sie meine Reaktion auf ihren Bericht schon vorweg. Woran ich mich danach noch erinnere, ist, daß ich in der Küche saß, auf den Kaffee in meiner Tasse starrte und meine Zähne unkontrollierbar aufeinanderschlagen hörte. Eben erst war ich von einer Reise in den Osten zurückgekehrt, wo ich an einem Benefizkonzert für die chilenischen Gefangenen teilgenommen und auch Orlando wiedergesehen hatte, den ich, sooft ich mit ihm zusammen war, genauso lebhaft und anregend erlebte wie bei unserer ersten Begegnung, wo wir als einander völlig Fremde Freundschaft geschlossen und diese Freundschaft durch den Tanz der *Cueca* besiegelt hatten.

Um an Orlandos Begräbnis teilzunehmen, bin ich nach Washington geflogen und ich bin, bevor sich der Trauerzug formierte, singend durch die lange Reihe der Menschen gegangen, die sich in einem Park, fassungslos und zutiefst betroffen, zu einem würdevollen und herzzerreißend traurigen Geleit zusammengefunden hatten – Akademiker, Dichter, Diplomaten, Bürokraten, Exil-Chilenen, Arbeiter, Studenten und Politiker. Eine tiefe Stimme rief übers Megaphon in die Menge: »Compañero Orlando Letelier!« – »Kamerad Orlando Letelier!« und die vieltausendköpfige Trauergemeinde antwortete: »Presente!« – »Hier!« Dann wieder die Stimme: »Ahora!« – »Jetzt!« und die Menge: »Y siempre!« – »Und für immer!« Wer von uns Blumen mitgebracht hatte, trat nach vorn und legte sie an der Stelle nieder, an der Orlando gestorben war.

Durch einen Sprengsatz war Orlandos Wagen an der Embassy Row explodiert, er und seine junge Mitarbeiterin, Ronni Moffitt, waren sofort tot. Der Mörder, ein professioneller Killer der chilenischen Geheimpolizei DINA, war durch Kungeleien mit der Verteidigung zum Hauptzeugen der Anklage aufgerückt. Zwei DINA-Beamte wurden angeklagt, aber nie vor Gericht gestellt. Für schuldig befunden und verurteilt hat man dann zwei Exil-Kubaner. Die Haltung der US-Regierung war mehr als dubios – schließlich hatte sie den Militärputsch mitfinanziert und den Sturz Allendes ebenso unterstützt wie die Amtsübernahme durch den schlagkräftigsten Diktator Lateinamerikas, den General Augusto Pinochet.

An der St. Matthew's Cathedral endete der Trauerzug. Vor Beginn des Gottesdienstes verhalf ich ein paar Leuten zu einem Sitzplatz, indem ich einige unangenehme Vertreter der kommunistischen Partei an ihrem Vorhaben hinderte, die erste und zweite Reihe der Kirchenbänke in Beschlag zu nehmen. Mit festen Worten und einer Selbstverständlichkeit, als hätte man mich offiziell mit dieser Aufgabe betraut, verwies ich sie von den Plätzen und erklärte, daß der vordere Bereich für die Angehörigen reserviert sei. Natürlich brachte sie das noch mehr als sonst gegen mich auf, aber der Zorn beruhte auf Gegenseitigkeit. Ich wußte ja, daß sie den Geist dieses brillanten Diplomaten für sich beanspruchen und auf ihre Art benutzen wollten. Nur war Orlando größer als jede politische Partei: Sein Geist gehörte den Dichtern.

Als ich beim Hochamt mitsang und den Blick über die riesige Gemeinde schweifen ließ, sah ich Orlandos Frau Isabel mit verweinten Augen und seine vier hübschen Söhne. Beim *Gracias a la Vida* versuchte ich, die Menschen vor mir nicht anzusehen, denn viele hatten zu weinen angefangen. Ich erinnere mich an Ronni Moffitts jungen Ehemann, wie er von Wut und Schmerz verzehrt auf der Kanzel stand und zu sprechen versuchte. Seine Tränen und seine Worte gingen ineinander über.

Ein paar Wochen lang habe ich noch versucht, an meinem Buch weiterzuarbeiten. Dann aber legte ich es beiseite und ließ es zehn Jahre liegen.

Als ich Betty Williams und Mairead Corrigan, den Friedensnobelpreisträgern 1977, zum ersten Mal begegnete, begrüßten sich mich mit »Hallo, Jane!« Mein Gott, dachte ich, sie haben mich mit Jane Fonda verwechselt. Aber es lag nur an ihrem Belfaster Akzent.

Zwei Erinnerungen an meinen Besuch in Nordirland 1976:

Eine Mutter von Zwillingen erzählte uns – Ira, seiner neuen Frau Molly und mir – von der ersten, spontanen Friedenskundgebung im August 1976. Die Mütter, sagte sie, wären aufeinander zugegangen, die katholischen aus der einen Richtung, die protestantischen aus der andern. Sie hatten keine Ahnung, was bei einer Begegnung passieren würde. Sie selbst habe man in die vorderste Reihe geschoben, wegen ihres großen Kinderwagens mit den Zwillingen darin. Niemand, dachten sie, würde den Kindern etwas tun wollen. Nun, erzählte sie weiter, da setzten denn alle, die Mütter, die Kinder und die Kinderwagen, schweigend, neugierig und ein wenig ängstlich ihren Weg fort, vorbei an der Barriere aus Ölkanistern, der Grenze zwischen den beiden Territorien. Das hatte es noch nie gegeben. Niemand hatte vorher diese Schranke überschritten. Und jetzt bewegten sich zweitausend Menschen in der Falls Road aufeinander zu.

Sie trafen sich. Sie lachten, weinten und umarmten sich, konnten das Unglaubliche nicht fassen und hatten es doch fertiggebracht. Dann zogen sie in den Park, um zu reden und noch einmal zu reden, um einander zum Tee einzuladen und Pläne zu schmieden, die über diesen Tag hinausreichten. Aber keine der Frauen wagte es, über diesen Tag hinauszudenken. Aus Angst, daß der Zauberbann brechen könnte, wollten sie nicht einmal den Park verlassen.

Es habe da eine Frau gegeben, erzählten sie sich, die sei wahnsinnig geworden und hätte sich ans Grab ihres Sohnes gesetzt, hätte Tag und Nacht geweint und sich geweigert, den Ort zu verlassen. Ihr Sohn war eines Tages losgegangen, um Freunde zu besuchen. Als sie ein Klopfen an der Tür hörten und schon aufgestanden waren, um zu öffnen, ging das Klopfen plötzlich in ein wildes Gehämmer über. Dann hörten sie ein Maschinengewehr. Sie öffneten die Tür. Der Junge stürzte vornüber in den Flur, tot, mit einem schiefen, ins Jackett geschossenen blutenden Kreuzeszeichen.

Meine zweite Erinnerung ist Mairead, durch die der Atem Gottes wie ein sanfter Sommerwind zu wehen schien. Sie war ein Lächeln. Sie war ein Gebet. Sie war unendlich tapfer, ging unbewaffnet und mit fröhlicher Zuversicht in die Straßen und Häuser »des Feindes«. Das Böse konnte ihr nichts anhaben, sie nicht einmal berühren. Ich bin mir ganz sicher, daß sie heute noch so ist. Sie wird erzürnt sein, wenn sie diese Zeilen liest, denn wie so viele Heilige ist sie von großer Demut und Bescheidenheit. Gott schütze dich, Mairead Corrigan. Gott schütze die tapferen irischen Frauen, die während eines kurzen, aber bedeutsamen Augenblicks in einem der gewalttätigsten Länder der Erde ihren Massenfeldzug der Gewaltlosigkeit führten.

Einen Tag, bevor Andrej Sacharow und Elena Bonner nach Gorki ins Exil geschickt wurden, habe ich sie angerufen – nur, um Hallo zu sagen und zu fragen, wie es ihnen geht. Sie telefonisch zu erreichen mußte, wie ich zunächst annahm, unglaublich kompliziert sein. Es hat drei Minuten gedauert.

»Ihr Teilnehmer in Moskau ist am Apparat.« Die Stimme der Telefonistin klang, als spräche ich mit Los Angeles.

Mein Gott, dachte ich, so schnell. Und dann überlegte ich zum ersten Mal, was ich, verdammt noch eins, überhaupt sagen wollte. Und in welcher Sprache.

»Hallo?« begann ich mutig.

»Da?« kam die Antwort aus 18 000 Kilometern Entfernung.

»Ähm... Do you speak English?«

»Njet.«

»Parlez-vous français?«

»Njet.«

»Sprechen Sie deutsch?«

»Njet.«

»Oh.« Was bin ich doch für ein Idiot. Das war alles, was

ich denken konnte. »Hier ist Joan Baez. Ähm. Amnesty International.«

»Da.«

»Ich rufe Sie lieber später nochmal an«, rief ich, legte den Hörer auf und kam mir ungeheuer dämlich vor. Ich stellte mir die Moskauer Wohnung der Sacharows vor, ein Zimmer mit vielen Gästen, die sich jetzt alle am Kopf kratzten und sich vorstellten, daß es sich dabei nur um einen neuen Trick des KGB handeln konnte. Ich rief Ginette an.

»Mensch, bin ich ein Esel«, sagte ich. »Ich hatte ihn sofort an der Strippe!«

»Ruf zurück und sing ihm etwas vor!«

Natürlich! Ich rief zurück, wartete drei Minuten oder auch weniger, bekam ihn an den Apparat und brüllte: »JOAN BAEZ. AMNESTY INTERNATIONAL. HALLO, ANDREJ SACHAROW! HALLO, ELENA BONNER!« Dann sang ich fünf Strophen von *We Shall Overcome*. Am Ende jeder Strophe hörte ich ein «Da!« und auf englisch: »Bitte, ja! Gut, gut, bitte, ja, meine Frau!« Ich sang weiter, während sie den Hörer von einem zum andern reichten. Als ich am Schluß noch ein »AUF WIEDERSEHEN! Do Svidanija!« brüllte, riefen am andern Ende der Leitung alle durcheinander. Ich legte auf, setzte mich aufs Bett und heulte.

Im Sommer 1978 fuhr ich nach Rußland und lernte die Sacharows kennen.

Geplant und angekündigt war ein Konzert mit *Santana*, den *Beach Boys* und mir, das in Leningrad zu einem ganz großen Ereignis hätte werden können. Ich hatte Russischunterricht genommen und ein wunderschönes russisches Lied gelernt, dessen Text von einem sehr beliebten Dichter namens Bulat Okudschawa stammt. Ich hatte Gabe für ein Ferienlager angemeldet und Berge von Kaugummi, Süßigkeiten, Tonbändern und Schallplatten eingepackt, dazu alles, was ich an Anziehsachen aus Jeansstoff besaß. Und ich hatte für den Fall, daß ich einen Besuch bei Sacharow arrangieren konnte, mit seiner Stieftochter Tanja, der Tochter Elenas, Verbindung aufgenommen.

Unsere Reise wurde in einer großen Pressekonferenz angekündigt, bei der sich die *Beach Boys* mit einem Surfbrett präsentierten und Carlos Santana viel über Liebe und Frieden redete. Ich sagte, daß ich die Reise mit keiner vorgefaßten Meinung über die UdSSR antreten würde, und enthielt mich jeder Bemerkung über die Menschenrechte.

Zwei Wochen vor dem vereinbarten Termin sagten die Russen das Konzert ab. Ohne Erklärung.

Ich tobte vor Wut und beschloß, ein Touristenvisum zu beantragen und Sacharow trotz allem zu besuchen. So habe ich ihn und Elena denn kennengelernt. Ich fuhr gemeinsam mit John Wasserman vom *San Francisco Chronicle* und Grace Warnecke, einer Fotografin und Dolmetscherin. Nachdem wir den Zeitpunkt unseres Besuchs vereinbart hatten, war alles sehr einfach. Wir betraten das Haus, nahmen den schmalen Aufzug bis zur genannten Etage, gingen nach rechts und klopften an eine Tür.

Den Friedensnobelpreisträger und seine Frau habe ich als Großvater und Großmutter kennengelernt. Schweigend und tief bewegt nahmen sie die Briefe und Tonbänder entgegen, die wir ihnen von ihren Kindern und Enkeln mitgebracht hatten. Ganz langsam, Blatt für Blatt und Seite für Seite lasen sie die Briefe durch. Ich wollte schon gehen und erst am nächsten Tag wiederkommen, um sie mit ihrer Freude über den frischen Kontakt mit ihren Kindern alleinzulassen, mit den Menschen, die ihnen in einer Weise fehlen mußten, wie sie für die meisten von uns unvorstellbar ist. Doch die Sacharows luden uns zum Abendessen ein. Damals sagte Andrej zwei Dinge, die ich nie vergessen werde. Das eine, nachdem ich ein Lied gesungen hatte: »Sie wissen, daß uns der KGB zuhört.«

»Ja, das vermute ich«, sagte ich.

»Nun«, meinte er, »warum auch nicht? Das sind auch Menschen.«

Das zweite war sein Rat, den ich seiner Ansicht nach bei meiner Rückkehr in die Staaten beherzigen sollte: nämlich, die Erweiterung unseres Waffenarsenals, auch der Atomwaffen, zu unterstützen. Nur so könne man mit den Russen verhandeln.

»Sind Sie nicht der Mann, der den Nobelpreis für den FRIEDEN erhalten hat?«

Sacharow lachte, aber es war kein hartes Lachen. Ich hatte mir immer überlegt, daß es einen Preis für den Frieden und einen zweiten für die Menschenrechte geben sollte. Und einen dritten für Zivilcourage. Den Sacharows müßte man die beiden letzteren verleihen.

5. Free at Last

Mit Bob Dylan auf Tournee

Bob trug Halstücher, einen grauen, breitkrempigen Filzhut, den er mit Blumen bekränzt hatte, nadelgestreifte Hemden mit Stehbündchen, Westen, Bluejeans und Cowboystiefel. Mit Band und Freunden spielte er einen zweistündigen Set.

Während der Show wurden mehrfach andere Leute vorgestellt. Zum Beispiel eine halbverhungerte Handleserin namens Scarlett Rivera mit kastanienbraunem Lippenstift und schwarzem Haar, das ihr in langen Wellen bis zur Hüfte fiel. Mit Federn und Pailletten behängt, spielte sie auf einer Zigeunergeige, wiegte sich im Takt und schielte gelegentlich zu Bob Dylan hinüber.

Ein kleiner Engel namens David Mansfield spielte Steel-Gitarre, Geige und Klavier. Weil er ein so hübsches, lockenumrahmtes Gesicht hatte, haben die *Rolling-Thunder*-Frauen ihm eines Tages auch noch Flügel und einen Heiligenschein angeklebt. Mehr als seine Shorts hatte er dabei nicht an. Ein großer Albino aus dem Süden, ein Mann mit glatter Haut und schwarzen Ringen um die Augen sang einen Siebenminutensong von einem japanischen Mädchen, das, soviel ich mitkriegte, Harakiri beging. Roger McGuinn sang *Chestnut Mare* und wurde beim letzten Ton vom Lasso Ramblin' Jack Elliots eingefangen, der eines Nachts splitternackt durch sämtliche Wohnwagen geflitzt war. Mit seinem

Vierzig-Liter-Faß von Hut und fransigen Lederbeinschutz stürmte Cowboy Kinky Friedman mit großen Tamtam auf die Bühe und sang *Asshole from El Paso*.

Ronee Blakely sah aus wie eine Mischung aus Greta Garbo und einer Nutte aus dem Mittelwesten. Jeden Abend saß sie am Klavier und sang ein langes, trauriges Lied mit einem herzzerreißenden Refrain. Ihre Lippen waren wie die von Marilyn Monroe immer leicht geöffnet. Ich hatte ihr zweihundert Mark versprochen, falls es mir je gelingen sollte, sie mit geschlossenem Mund anzutreffen. Wer für Gelächter und Wahnsinn sorgte, war Neuwirth – mein Retter vor so vielen Jahren, auf der England-Tournee, den ich schon lang vor Bob Dylan kennengelernt hatte. Neuwirth machte sich als Clown zurecht – weißes Gesicht, dicke rote Nase, Glatze mit grünen Haarbüscheln an den Seiten. Dann ging er auf die Bühne und sang zusammen mit Bob *Where Did Vincent Van Gogh?* Bob hatte sich eine durchsichtige Plastikmaske aufgesetzt, mit der er wie sein Ebenbild in einem Wachsfigurenkabinett aussah. Als Ronee sah, daß sich die anderen alle verkleideten, setzte sie sich eine irre, flammenförmige Glitzerbrille und eine Mütze auf, malte sich rote Herzen auf die Backen und einen dicken, schwarzen Schnurrbart auf ihre hübsche Oberlippe.

Rob Stoner, der Bandleader, war ein ehrgeiziger, schöner Mann mit sexy Augen und Pockennarben. In Bobs Film über diese Tournee hat er in einer Menge Szenen mitgespielt. Ich hatte von dem Film gehört, der anders als *Don't Look Back* (der Dokumentarfilm über die England-Tournee von 1964) vor allem Spielszenen enthalten sollte, mit Darstellern und einer richtigen Handlung. Gerüchtweise war mir zu Ohren gekommen, daß ich meine Mitwirkung an diesem Film abgelehnt hätte. Alle andern traten darin auf – die Gitarrespieler, die Schlagzeuger, die Ton- und Beleuchtungsleute.

Also setzte ich mir eines schönes Tages eine rote Lockenperücke auf, zog ein langes T-Shirt mit Gürtel und hochhakkige Stiefel an, klatschte mir eine Menge Make-up ins Gesicht (einschließlich einiger schwarzer Schönheitspflästerchen von gewaltiger Größe), steckte mir einen grünen Kaugummi in den Mund und begab mich kauend und mit den Absätzen klackend auf die Veranda des Hotels, wo eben eine Szene mit dem mächtig aufgeputzten Stoner im schwarzen, goldbehängten Cowboyhemd gedreht wurde. Ich ging auf ihn zu und schwang mich aufs Verandageländer, umschlang ihn mit den Beinen, nahm das grüne Kaugummiklümpchen aus dem Mund und klebte es ihm auf die Backe. Dann nahm ich sein hübsches, pockennarbiges Gesicht in die Hände und gab ihm einen Zungenkuß. Auf diese Weise habe ich zu verstehen gegeben, daß ich sehr wohl bei dem Film mitmachen wollte.

Eines Tages, als eine weitere Szene in den Kasten sollte, stapfte ich auf einer Farm in Kanada durch den Schnee. Eine halbe Stunde hatte ich mich mit dem Ankleben falscher Wimpern abgeplagt und mir dann eine neue Perücke mit langen, dunklen Locken aufgesetzt. Natürlich spielte ich eine mexikanische Hure – alle *Rolling-Thunder*-Frauen spielten Huren. Die Szene begann damit, daß Bob mich durch den Schnee auf eine Scheune zuschubste. Da es weder eine verbindliche Handlung noch ein Drehbuch gab, »entwickelten« die Darsteller ihre Rollen ganz wie es kam.

Ich betrat die Scheune und machte mich an den Helden unseres Dramas heran, Harry Dean Stanton, den einzigen Profischauspieler der Truppe, den man extra aus Hollywood hatte kommen lassen. Dann mußten wir beide *Cucurrucucu Paloma* singen und spanisch sprechen, uns verlieben und uns küssen. In diesem Augenblick sollte zu unserem größten Schrecken Bob Dylan hereinplatzen (oder auch Jack Elliot, so genau weiß ich das nicht mehr). Daraufhin sollte ich, ermutigt durch den neugefundenen Helden an meiner Seite, ihn in meinem harten mexikanischen Akzent beschimpfen. Es war ein kalter Tag, und ich fragte mich wirklich, was ich in diesem gigantischen Schwachsinnsprojekt verloren hatte und ob Bob es tatsächlich ernst nahm.

Eigentlich hatte Sam Shepard das Drehbuch schreiben und auch Regie führen sollen, aber keine Zeile ist je geschrieben worden und von Regie konnte kaum die Rede sein. Bob stand hinter der Kamera, kicherte bloß in sich hinein und kriegte jeden von uns dazu, herumzurennen und seine Ideen, Einfälle und Phantasien durchzuspielen. Die ganze Filmerei vollzog sich in verrückten kleinen Happenings und setzte jeweils das in Szene, was Dylan in der Nacht zuvor geträumt hatte.

Bob wollte mal wieder eine »Szene« mit mir drehen. Zuvor aber sind wir den Hügel hinunter zu einem kleinen See gegangen. Es war ein kalter Herbsttag, die Sonne stand tief an einem grauen Himmel. Ich ging barfuß. Dann standen wir unter einem Baum und sprachen leise und wie ganz normale Menschen miteinander (worüber, weiß ich nicht mehr). Einige wenige Minuten lang waren wir in einer anderen Zeit, waren wieder neunzehn Jahre alt, und braune Blätter fielen um uns her und Schnee auf unser Haar ... Ich wußte, daß der Zauber vorbei sein würde, wenn wir uns umdrehten, aber das machte mir nichts. Wir stiegen den Hügel hinauf zu einem Lokal, um die »Szene« zu drehen. Vor den Kameras sagte ich alles, was mir gerade einfiel. Ich fragte Bob, warum er mir nie von Sara erzählt habe und was seiner Ansicht nach geschehen wäre, wenn wir damals geheiratet hätten. Weil er aber nicht so gut improvisieren konnte, beantwortete ich meine Fragen selber und sagte, es hätte nur schiefgehen können, weil ich zu politisch war und er zuviel log. Bob stand nur da, legte die Hand auf den Tresen und lächelte verlegen, weil er nicht wußte, was er sonst hätte tun sollen. Dabei war das, was ich ihm sagte, nichts Neues für ihn.

Im Zug saß Sara auf Bobs Schoß. Die Kinder – vier Dylans, Gabe und Gabes Freund Iggy – setzten sich mal hierhin und mal dorthin. Anders als ich erwartet hatte, war ich nicht eifersüchtig auf Sara, hatte eher das Gefühl, sie beschützen zu müssen. Sie war zu zerbrechlich, um Mutter zu sein. Ihr Haut war blaß und durchsichtig, ihre Augen groß und dunkel. Alles in ihrem Gesicht wirkte zerbrechlich: die Ringe unter den Augen, die kleinen Falten auf ihrer Stirn, die je nach Gemütslage kamen und verschwanden, ihr feines, flaumiges Haar, das schwarzem Engelshaar glich, ihre vorgeschobenen Lippen, die gerade Nase, die hohen Bögen ihrer Augenbrauen. Sara fror leicht im Winter, sie schien keine großen Reserven zu haben. Wir lächelten uns an. Und eines Tages haben wir über alles gesprochen – was natürlich heißt: über Bob. Sie war rücksichtsvoll. Und sie stand zu ihm. Irgendwie aber spürte ich, daß wir ein Überlebensbündnis gegen ihren Mann geschlossen hatten.

Irgendwann einmal habe ich mich als Bob verkleidet: mit Hut, Blumen und Halstüchern, Hemd und Weste, mit Zigarette, aufgemalten Bartstoppeln und Cowboystiefeln. Damit schlenderte ich in den Raum, wo Bob hinter der Kamera stand, machte mich an einen der Sicherheitsleute heran und sagte mit Bobs Stimme: »Gib mir 'nen Kaffee.« Im Bruchteil einer Sekunde war der Kaffee da. »Gib mal 'ne Zigarette rüber«, sagte ich. Simsalabim! Die brennende Zigarette materialisierte sich vor meinen Augen.

»Na, wie gefällt Ihnen das?« fragte ich mit meiner eigenen Stimme und grinste den Wachmann an.

»Himmel? Sind Sie das, Joan?«

»Tja, nicht übel, wie?«

Sogar Bob war beeindruckt. Wir drehten eine ziemlich irre Szene, die damit endete, daß ich als Bob Dylan das Lied sang, das ich für Sara geschrieben hatte. Bob spielte einen unbekannten Musiker, der zu Bob Dylan kommt, um ihm seine Songs vorzutragen, und ich spielte Bob Dylan, der den unbekannten Musiker grob abfahren läßt. Als Sara in der Tür auftauchte, hob sie erstaunt den Kopf, lachte dann kopfschüttelnd und setzte sich, um uns mit ihrem rätselhaften, unergründlichen Blick zuzusehen. Ich sang das Lied zu Ende, machte ein paar abrupte, Dylaneske Bemerkungen, dann war Schluß.

»Okay«, sagte Bob, »das wär's.«

»Ich will die Szene nochmal drehen«, sagte ich mit Bobs Stimme. Er sah mich wütend an.

»Hey, red keinen Stuß. Das war gut, das war Klasse!«

»Hey, red keinen Stuß! Wessen Scheißszene ist das denn? Sie war nicht gut, und ich will sie nochmal drehen.« Ich ließ Zigarettenasche auf den Fußboden fallen, riß an den Haaren meiner Perücke und machte ein finsteres Gesicht. Wir haben die Szene noch einmal gedreht. Mit mir selbst zufrieden, ging ich in mein Zimmer.

Diese erste *Rolling-Thunder-Tournee* fand am 9. Dezember 1975 im »Madison Square Garden« ihren Abschluß.

Die zweite *Rolling-Thunder-Tournee* ließ sich weniger gut an. Gereizt und unzufrieden war ich der Ansicht, daß sowohl mein Status in der Show als auch die Gage zu meinen Gunsten geändert werden sollten. Bob wollte nicht mit mir proben, weder jetzt noch zu einem späteren Zeitpunkt. Prompt kriegte ich eine Erkältung, legte mich ins Bett und schrieb, in Selbstmitleid badend, einen Song über Bob. Darin heißt es an einer Stelle: »Wir haben nicht allzuviel gemein, außer, daß wir uns sehr ähnlich sind.« Das war in der Tat das Merkwürdigste von allem. Wir haben und hatten nichts gemein, außer, daß er mein mystischer Bruder war, durch die Zeit und die Umstände miteinander verbunden.

So lag ich glühend und schniefend im Bett, genau so wie vor zehn Jahren in England. Da kam Louis, einer von Bobs getreuen Dienern, ins Zimmer und fragte, was er für die kranke Königin tun könne. Louis war immer freundlich und aufmerksam zu mir, wenn Not am Mann war. Und das war sie jetzt: Das erste Konzert sollte in zwei Tagen steigen, Bob und ich hatten nichts geprobt, und ich war drauf und dran, nach Hause zu fahren.

Es bedurfte keiner allzu großen Überredungskünste, mich wieder zur Vernunft und zur Tournee zurückzubringen. Sogar Bob ließ sich bei mir sehen und brachte es fertig, so etwas wie nett zu sein. Als er gegangen war, kam Neuwirth ins Zimmer gehüpft und brüllte mit italienischem Akzent: »Sie LEBT wieder! DIE KÖNIGIN LEBT WIEDER!« Dann riß er das Fenster auf und schrie es quer über die Höfe und den ganzen, weitläufigen Hotelkomplex. Plötzlich fühlte ich mich wieder wie neu, war nur ein bißchen verlegen wegen der Röte, die mir ins Gesicht flutete, und weil ich mit dem Lachen nicht aufhören konnte. Ich steckte meinen Kopf nach draußen wie ein Maulwurf im Frühling.

Aber diese *Rolling-Thunder-Tournee* fand ich weder so schön noch so lustig wie die erste, und es wurde mir klar, daß ich mich in musikalischer, geistiger, politischer und in jeder anderen Hinsicht immer mehr abzugrenzen begann.

Gegen Ende der Tournee ließ auch Sara sich wieder blicken. Sie kam eben vom Flughafen und wirkte ziemlich verstört mit ihren Körben voll zerdrückter Kleidung am Arm, den zerzausten Haaren und den dunklen Ringen unter den Augen. Erst nach zwei Tagen sollte sie ihre »Kräfte«, wie ich das nannte, wiederfinden. Bob ignorierte sie, er hatte sich eine krausköpfige Mopsy vom Ort aufgetan. Sara begrüßte mich mit einem reservierten »Hallo« und sprach ebenso reserviert über dies und das, wobei sie ständig auf die verschlossene Tür zum Ballsaal starrte.

Die Tür öffnete sich und Mopsy kam herausgestolpert.

»Wer ist das?« fragte Sara und sah das Mädchen mit großen und argwöhnischen Augen von der Seite an.

»Irgendein Groupie«, antwortete ich.

Das nächste, woran ich mich erinnern kann, hat sich noch am selben Abend während der Vorstellung hinter der Bühne abgespielt. Durch eine merkwürdigerweise weit offenstehende Tür sah ich Sara in ihrer Garderobe sitzen. Sie thronte in ihren Wildledersachen und etwas abseits von den Neonlampen auf einem Stuhl mit hoher Rückenlehne. Vor ihr kniete ihr barhäuptiger und sichtlich zerknirschter Ehemann. An diesem Abend sang ich *Sad-Eyed Lady of the Lowlands* und widmete es Sara.

An Bobs Geburtstag sangen zehntausend Menschen für ihn in einem Stadion, bei strömendem Regen. Bob hielt den Kopf an den Verstärker bis das Lied zu Ende war, dann sang er *A Hard Rain's A-Gonna Fall*. In der Nacht haben wir noch mit Geburtstagstorte und allem, was dazugehört, eine wilde Party gefeiert. Bob betrank sich und sah so müde aus, daß ich beschloß, ihn auf sein Zimmer zu bringen. Als er, wenn auch nur zaghaft, zu flirten versuchte, sagte ich ihm, daß er stehenbleiben sollte, wo er stand, rannte los, um Sara zu suchen, und lieferte sie dann bei Bob ab. Die beiden lächelten etwas verlegen und sahen leidlich zufrieden aus. Dann sagte ich noch »Happy Birthday« und ging stolz auf mich selbst in mein Zimmer.

Irgendwo im Nordwesten ging die Tournee dann für mich sang- und klanglos zu Ende.

Draußen wurde es immer kälter, ich mochte mein Hotelzimmer nicht, hatte Heimweh und das Gefühl, meine Zeit in einem Irrenhaus zu verplempern. In den letzten Tagen hatte ich von Bob nicht viel gesehen und war überrascht, als er zu mir an den Tisch kam, wo ich mit einigen der andern »Insassen« beim Abendessen saß. Er wollte mir den Gedanken ausreden, die Tournee abzubrechen, und sagte, daß wir nur noch die angekündigten Konzerte an der Westküste zu absolvieren brauchten und danach andere Termine vereinbaren könnten, überall, wo es uns gefiel. Er sagte, wir wären die größte Show, die je unterwegs gewesen sei. Und ich sagte, daß ich nach Hause wollte.

»Warum? Kann dein Zuhause dir denn etwas bieten, das *Rolling Thunder* nicht hat?«

»Ja«, sagte ich, »mein Kind und meinen Garten. Und Dinge, die ich tun möchte.«

»So? Zum Beispiel?«

»Erstens, damit aufhören, verrückt zu sein.«

»Du willst mir doch nicht erzählen, daß du zu Hause weniger verrückt bist. Wir können einen Haufen Leute zusammenholen – Kindermädchen, Lehrer, Aufpasser und so was. Für die Gören wär' das doch toll, sie könnten schnell eine richtige Bande werden. Tu's für Gabe, sei nett. Ohne dich kann ich nicht weitermachen, Joanie.«

Das klang so schön, so aufregend ... Bob hörte nicht auf mit seinen Lobreden, wie toll und wie einmalig ich doch sei. Ja, ich war die Einzige, alle andern schrumpften dagegen zu einem wahren Nichts zusammen. Ein Dreck waren sie.

»Du bist wirklich die Einzige«, sagte er und nickte entschieden mit dem Kopf.

»Danke, Bob. Und du bist betrunken.«

Nachdem er noch eine Weile so weitergeredet hatte, ließ er sich auf die Knie nieder und kramte nach einem Taschenmesser. Wir müßten Blutsbruder und -schwester sein, meinte er. Dann klappte er das Messer auf und säbelte ergebnislos an seinem Handgelenk herum. Ich bat ihn, einen Augenblick zu warten, und holte mir beim Kellner ein sauberes Steakmesser, tauchte es in Whisky und ritzte uns kleine Kratzer in die Haut, tief genug für ein paar Blutstropfen. Dann preßten wir die Handgelenke aneinander. Bob nickte selig und betrunken und sagte, das sei jetzt fürs Leben.

»Was ist fürs Leben?« fragte ich.

»Ich und du«, sagte er sehr ernsthaft.

Trotz allem waren die beiden *Rolling-Thunder-Tourneen* ein Erfolg, zumindest in musikalischer Hinsicht. Deshalb wohl habe ich Jahre später auch gemeint, daß es 1984 mit einer Europatournee ebenfalls klappen könnte. Auf Drängen unseres Veranstalters in Europa schlug ich dann eine kürzere Tournee vor, aber Bob sagte nein, auf keinen Fall. Er ginge jetzt mit Santana nach Lateinamerika.

Mein Konzertagent Fritz Rau und sein Mitarbeiter José Klein, die ich beide sehr gern mochte und mit denen ich viele Jahre lang zusammengearbeitet hatte, wollten sich einen fünfzehn Jahre alten Traum erfüllen und in Europa eine große Dylan/Baez-Reunion auf die Beine stellen. Als sie mich daher einen Monat nach meinem Gespräch mit Bob über Lateinamerika anriefen und mir hocherfreut verkündeten: »ER MACHT MIT! ER WILL MITMACHEN!«, nahm ich an, daß sie ein großzügiges, selbst für Bob attraktives Angebot gemacht hatten. So ganz aber traute ich der Sache nicht, weil die Tournee bereits als Dylan/Santana-Tournee angekündigt war.

Ich bestand darum auf verbindlichen Angaben über jedes Detail – angefangen mit der Größe und Anordnung der Namen auf den Plakaten bis hin zur Reihenfolge unserer

Auftritte und der jeweiligen Länge der Sets. Vor allem aber bestand ich darauf, daß Bob und ich in gleicher Weise angekündigt wurden, irgendwann im Lauf der Show gemeinsam auftraten und daß Santana die Show eröffnete.
Vieles ist versprochen worden.
Nichts hat man mir schriftlich gegeben.
Alles wurde nur angedeutet, angenommen oder auch nur als wünschenswert hingestellt.
»Ich brauche eine gewisse Zusicherung, daß Bob die Absicht hegt, mit mir gemeinsam aufzutreten.«
»Bill Graham spricht heute mit ihm darüber.«
»Und wie ist es mit der Reihenfolge unserer Auftritte?«
»Für Frankfurt ist alles geregelt, und ich denke, daß sich auch die andern einigen werden.«
Ein persönlicher Manager hätte schon an diesem Punkt abgewinkt und mich aus dem Verkehr gezogen. Aber seit 1978, seit meiner Trennung von Manny, hatte ich keinen persönlichen Manager mehr.
Wie Fritz und José habe ich mich völlig ahnungslos in die Sache hineinbegeben und sie mit wachsender Unruhe verfolgt. Erst zwei Tage vor dem ersten Konzert konnte ich Bob erreichen. Der Versuch, meinen Blutsbruder an den Hörer zu bekommen, lief meistens so ab:
»Hallo, hier ist Joan. Ich hätte gern mit Bob gesprochen.«
»Oh, hallo, ja, ich weiß auch nicht, eben war er noch da. Ich sag' ihm, daß er zurückrufen soll.«
»Nein, ich möchte ihn jetzt sprechen. Ich kann warten.«
»Ähm. Ich habe ihn wirklich eben noch gesehen, irgendwo...«
Andere Stimme.
»Hallo, Joan. Hier ist Stanley. Was kann ich für Sie tun?«
»Vermutlich nichts, Stanley, weil ich Sie nicht kenne. Es sei denn, Sie holen mir Bob ans Telefon...« Mehrfaches

Klicken und Abdecken der Muschel, schließlich geruht Bob, an den Apparat zu kommen, offenbar in der richtigen Erkenntnis, daß er mich so leicht nicht los wird.

Seine Stimme klingt furchterregend. Aber ich schmeichle mich bei ihm ein und sage, daß ich schon viel von seinem tollen Eröffnungskonzert in Venedig gehört hätte. Bob scheint heute nur grunzen zu wollen. Ich schlage ihm vor, ein paar Songs für die Show einzuüben. Aus seiner gräßlichen Reaktion aber kann ich nur schließen, daß er auf das Wort »Proben« allergisch ist. Schließlich meint er, daß wir »von dem Zeug ja mal was durchgehen« können.

Ich flog nach Hamburg, um ihn zu treffen und »von dem Zeug was durchzugehen«, doch nur, um festzustellen, daß er nicht im Hotel war und vor morgen auch nicht in Hamburg sein würde. Tatsächlich ist er erst am nächsten Abend mit seiner Privatmaschine angekommen, eben rechtzeitig zu Beginn seines Sets.

So begann Fritz Raus und Josés Balanceakt zwischen Bill Grahams Organisation und ihrem eigenen »Schmetterling« (diesen Kosenamen hatte Fritz mir gegeben). Und so begann eine der deprimierendsten Ketten von Ereignissen, die ich je erlebt habe und die sich nur noch mit dem *Ring Around Congress* unter den Stürmen des Hurricans »Agnes« vergleichen ließ.

Irgendwie haftete dem ersten Konzert noch eine gewisse, abbröckelnde Ähnlichkeit mit all den Dingen an, die man mir versprochen hatte. Carlos Santana warf sein stolzes Ich über Bord und eröffnete die Show. Mein Set war trotz eines nur zur Hälfte besetzten Stadions und trotz des Regens ein Erfolg. Während einer Unterbrechung seines Sets ging ich zu Bob auf die Bühne, der bis dahin von Leibwächtern umgeben und unnahbar gewesen war. Jetzt stand er nur wartend da und bohrte in der Nase.

Links und unten: Mein Ehemann David Harris und ich rühren die Werbetrommel für die Wehrdienstverweigerung, 1967 und 1968 (© Jim Marshall und Diana Davies)

Oben: Die Hochzeit, 1967

Rechts: Kurz bevor David für seine Arbeit ins Gefängnis kam (© Jim Marshall)

Oben: Mein Sohn Gabriel und ich (© Ken Regan/Camera 5)

Rechts: Mein Konzertagent Manny Greenhill, 1974 (© Jeremy Salz Lezin)

Links: Von links: Michael Allen, ich und Barry Romo auf dem Flughafen *Gialam International Airport* bei Hanoi, nach seiner Bombardierung durch die amerikanische Luftwaffe, 1972/73 (© UPI/Bettmann Newsphotos)

Links: Mit Präsident Jimmy Carter nach einem Konzert. Dank für unsere Arbeit in kambodschanischen Flüchtlingslagern (© Weißes Haus, Washington)

Oben: Auf einer Pressekonferenz der *Amnesty International* Konzerte, 1986. Von links nach rechts: Aaron Neville, ich, Bono, Sting, Brian Adams, Peter Gabriel, Fela, Lou Reed (© Ken Regan/Camera 5)

Oben: Mit Lech Wałesa in Danzig, 1985
(© Ginetta Sagan)

Links: Begrüßung durch
Jack Nicholson beim
Live Aid Konzert, 1985
(© Ken Regan/Camera 5)

Im Uhrzeigersinn von links oben: Siebzehnjährig in Belmont, Massachusetts (© Albert Baez); zwanzig Jahre alt in Claremont, California (© William Claxton); Nashville (© Katsugi Abe); Japan 1967 (© Marshall Fallwell, jun.)

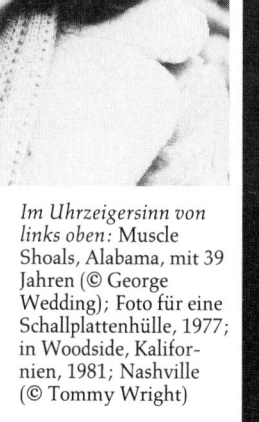

Im Uhrzeigersinn von links oben: Muscle Shoals, Alabama, mit 39 Jahren (© George Wedding); Foto für eine Schallplattenhülle, 1977; in Woodside, Kalifornien, 1981; Nashville (© Tommy Wright)

Ganz oben links: Mein Vater um 1980

Ganz oben rechts: Meine Mutter um 1980
(© Henson Associates)

Oben: Publicityfoto 1981
(© David Montgomery/ Diamonds & Rust Productions, Inc.)

Links: Gabriel als Sportler in St. Mark's School, Southborough, Massachusetts

»Hallo, Robert«, fing ich an.
»Wollten wir nicht was zusammen machen?« fragte er.
»Na ja, wär' wohl ganz angebracht, was zusammen zu machen. Ich glaube, die erwarten was in der Art.« »Scheiße. Mein verdammter Rücken bringt mich noch um.« Er hörte mit dem Nasebohren auf, rieb sich das Kreuz und humpelte grimassierend über die Bühne. Ich hatte den Verdacht, daß ich an Bobs Rückenschmerzen nicht ganz unbeteiligt war. Aber da ich immer noch glaubte, es mit einer Dylan/Baez-Reunion zu tun zu haben, sagte ich ihm, daß ich nachher zu ihm und Santana auf die Bühne gehen würde, um gemeinsam mit ihnen *Blowin' in the Wind* zu singen.
»Sicher, wenn dir danach ist«, sagte Bob.
Die Ergebnisse hätten nicht haarsträubender sein können. Mein Tournee-Manager startete eine Kampagne, um mich von Bob zu trennen. Bald verlor ich auch die nächste Schlacht: anstatt nach Santana aufzutreten, wurde ich zur Eröffnungsnummer degradiert. Finanziell stand ich nicht so gut, um acht gutbezahlte Konzerte in den Wind schießen lassen zu können, weshalb mich auch jede neue Zurücksetzung völlig fertigmachte.
Eines Abends in Berlin versuchten Fritz und José mich zu überreden, mit meinem Set schon eine Viertelstunde vor Beginn der Show anzufangen. Es gäbe da ein Problem mit der Sperrstunde, sagten sie. Na gut. Eine halbe Stunde vor Beginn standen siebzehntausend durchnäßte Deutsche im Regen und schoben mir die Schuld an ihrem Mißgeschick in die Schuhe. Zehn Minuten nach Beginn machte ich weiter – vor einem aufgeweichten, betrunkenen und schlechtgelaunten Publikum. Später, als es dunkel war und der Regen aufgehört hatte, sah ich mir Bobs Show an. Ein paar Sterne funkelten am Himmel, und bunte Lichter tanzten über die Bühne. Ich hatte es längst aufgegeben, Bob mit einem

gemeinsamen Auftritt in den Ohren zu liegen. Das mit der Sperrstunde störte ihn natürlich nicht: Er zog wie immer seine zwei Stunden durch.

Als ich in dieser Nacht im Bett lag, tat mir vom Kopf bis zu den Zehenspitzen alles weh, überall hatte ich Schmerzen, besonders im Hals, hinter den Augen und im Magen. Um drei Uhr morgens bin ich dann aufgestanden und drei Stunden lang durch die Straßen Berlins gelaufen.

Aus dem Fenster meines Hotelzimmers hatte ich Blick auf einen riesigen Ahornbaum. Als ich von meiner Nachtwanderung zurückkam, legte ich mir die Sofakissen so auf dem Boden zurecht, daß ich im Liegen direkt in die Blätter sehen konnte. Ich kroch förmlich in diese schönen Zweige hinein und ruhte mich vier Stunden lang, nur wenig schlafend und nur langsam genesend, in der freundlichen Umarmung des Baumes aus.

Gegen Mittag stand ich auf und konzentrierte mich ganz auf die Aufgabe, für die Konzerte in Frankreich zu retten, was zu retten war. Ich rief José an und nahm ihm das Versprechen ab, daß er persönlich die Plakate und Vorankündigungen unserer drei Shows überwachen werde. José versprach es mir. Vielleicht hat er es auch versucht. Aber nicht geschafft. In einer Sauna in Wien sah ich auf dem knochigen Knie einer vornehmen Österreicherin eine aufgeschlagene Seite der Pariser Tageszeitung *Libération*: In einer kaum lesbar kleinen Druckschrift wurde Joan Baez einmal mehr nur als Gaststar angekündigt.

Ich rief Bill Graham an und erklärte ihm, daß ich nicht mit nach Paris fahren würde. Zuerst dachte er, ich wolle mehr Geld. Das wollte ich nicht. Ob ich gemeinsam mit Bob Dylan auftreten wolle? Nein, sagte ich, dafür ist es jetzt zu spät. Vermutlich würde ich nie wieder mit Bob zusammen auftreten wollen. Ich legte auf, als Bills Stimme merklich lauter wurde, und fühlte mich ganz so, als hätte ich ein Dampfbad hinter mir, einen Sprung ins Eiswasser, eine Gesichtsmassage, eine Maniküre und als sei ich danach bei einer Quäkerversammlung gewesen. Zum ersten Mal seit vier Wochen hatte ich meinen Seelenfrieden wieder.

Eine Welle von Telefonanrufen, Telegrammen und Drohungen war die Folge. Ich schickte ein Telex an die französische Presse, darin ich mich ausgesucht höflich dafür entschuldigte, bedauerlicherweise meinen Auftritt in Paris absagen zu müssen. Der Veranstalter in Paris berief daraufhin seine eigene Pressekonferenz ein und erklärte, Madame Baez werde selbstverständlich auftreten. Alle anderslautenden Gerüchte seien falsch.

Dies eine Mal zumindest wirkte sich unsere Schludrigkeit zu meinem Vorteil aus. Wir hatten mit Bill keinen verbindlichen Vertrag geschlossen. Als feststand, daß meine Worte keine leeren Drohungen gewesen waren, verkündete der Pariser Veranstalter, das Nicht-Erscheinen von Madame Baez sei auf ihre Launenhaftigkeit und ihr Gefühl zurückzuführen, die Pariser brüskieren zu müssen. Sie werde nie wieder in Paris auftreten.

Er war der Sieger in der Public-Relations-Schlacht, ich der Verlierer im Kampf um meinen Schlaf. Aber ich war standhaft geblieben. Ich fuhr nach Italien.

Vor meinem Flug aber habe ich Bob Dylan zum letzten Mal in Kopenhagen gesehen, hinter der Bühne.

Lebwohl, Bob. Vielleicht hätte ich das ganze Zeug über dich nicht schreiben sollen. Letztlich aber geht es dabei wirklich um mich, nicht wahr? Es wird dir bestimmt nichts ausmachen. Der Tod von Elvis hat dir etwas ausgemacht. Aber darauf bin ich nicht eingegangen.

LOVE SONG TO A STRANGER
Liebe auf Tournee

Auf der Reise nach Berlin waren wir zu sechst: Jeanne, meine Freundin Nancy, die früher meine geschäftlichen Angelegenheiten geregelt hatte, Nancys Freund, Fritz Rau und José Klein. Jeanne war in José verknallt, Nancy hatte ihren Freund, Fritz trank Schnaps und fand immer eine schöne Frau, mit der er schlafen konnte. Nur ich war allein.

Am Frankfurter Flughafen konnte ich mir die Bemerkung nicht verkneifen, daß alle außer mir jemanden hätten, mit dem sie schlafen konnten. Nun war Nancy eine Frau, die für mich wegen frischer Sahne den Ärmelkanal durchschwommen hätte, um mich glücklich zu machen. So zog sie auch jetzt die Stirn in Falten, dachte angestrengt nach und schlenderte dann durch die Wartehalle. Mit einem Mal blieb sie stehen, kam zu mir zurück und zeigte mit dem Finger quer durch die Halle.

»Siehst du das?« fragte sie und gab mir einen Rippenstoß.

»Was? Was soll ich sehen?«

»Das da!« sagte sie ganz aufgeregt und zeigte wieder in die Richtung. »Das!«

Was da mit billigem Gepäck zu Füßen und friedlich auf einer der Bänke saß, war ein junger Mann, eher noch ein Junge, mit einem schönen, braungebrannten Gesicht und schulterlangem, braunem Haar, das von sommerblonden Strähnen durchzogen war. Eher klein und schmächtig, trug er eine leichte Lederjacke, die für den Winter in Deutschland bestimmt nicht warm genug war. Wirklich, ein hübscher Junge.

»Willst du, daß ich ihn dir hole?« sagte Nancy in voller Lautstärke.

»Nancy, nicht so laut!«

»Nun, WILLST du?? Er ist hinreißend!«

Und weg war sie. Ich hätte vor Scham in den Erdboden versinken mögen. Ich sah ihr nicht nach. Dann kam sie zurück, zog die braungebrannte Schönheit am Arm hinter sich her. Er hatte große braune Augen, einen Engelsmund, einen schönen Körper und die Passivität eines Menschen, der sich wie ein Blatt im Winde treiben läßt. Er wirkte unschuldig, lieb und arglos. Obwohl mir der ganze Auftritt sehr peinlich war, fand ich ihn unwiderstehlich.

»Das ist Andy«, verkündete Nancy stolz. »Er hört gern Folk Music.«

Andy lächelte schüchtern. Er hatte fürchterliche Zähne. Aber das störte mich nicht. Nancy setzte ihn neben mich.

»Tschohn? Tschohn Betz?«

»Ja. Joan Betz«, sagte ich.

Dann kamen Fritz und José dazu und unterhielten sich auf deutsch mit ihm. Als sich ihre Mienen während des Gesprächs zunehmend aufhellten, fragte ich Nancy, was zum Teufel sie dem Jungen gesagt hätte, wo er doch kein Englisch konnte. Noch ganz begeistert von ihrem Streich, fing Nancy lachend an, ihre Geschichte zu erzählen. Im Hinblick auf Lautstärke, Ansteckungsgefahr und reinsten Wahnsinn hatte Nancys Lachen nicht seinesgleichen. Die Köpfe sämtlicher Reisenden in der Wartehalle wandten sich uns zu.

»Ich ging einfach hin und fragte: ›Was dagegen, wenn ich mich setze?‹ Als er mir erklärte, daß er kein Englisch sprach, sagte ich: ›Na, phantastisch! Kennst du Joan Baez?‹ Er hat nicht sofort kapiert, was ich meinte, und da habe ich dann so Handbewegungen gemacht, als ob ich Gitarre spielte, bis er endlich kapierte und lachend sagte: ›Ach so, Tschohn Betz!‹ Dann packte ich ihn am Arm und schleppte ihn her. Ist er nicht süß?«

Da Andy denselben Flug nach Berlin gebucht hatte, tauschte Jeanne mit ihm den Platz, damit er neben mir in der ersten Klasse sitzen konnte. Wir fühlten uns wie zwei Kinder, die von zu Hause weggelaufen waren.

»Der Sonne?« fragte ich und zeigte auf seine braunen Arme und Hände.

»Ja. Ai'm daifing. Sri Lanka. Ai laff se san. Ich hasse Tschermany. So kalt.«

»Hast du Lust, in Berlin in mein Konzert zu kommen?«

»Ja. José tells mi. Ai kamm.«

Ich schob meinen Arm unter den seinen, nahm seine schöne, bronzefarbene Hand und schlief ein, den Kopf an seine Schulter gelehnt. Als wir landeten, streifte ich meinen goldenen Türkisring ab und steckte ihn Andy an den Finger.

»Wie heißt du mit Nachnamen?«

»Was?«

Seitdem nannten wir ihn Andy Was.

Andy Was ist während der ganzen Tournee bei uns geblieben und hat uns auch danach bei der Spanien-Tournee begleitet. Er blieb für sich, ging spazieren, rauchte, hörte seine Tonbänder, genoß die Konzerte, liebte seine »femily«, wie er uns nannte, träumte von Sri Lanka und der Sonne und schlief mit mir. Es war ideal.

NO NOS MOVERAN
Zwei Gesichter Spaniens

Ich hatte mich geweigert, während der Herrschaft des Franco-Regimes in Spanien aufzutreten. Erst 1977, ein Jahr nach Francos Tod, gab ich dort mein Debut.

Nach vierzig Jahren erbitterter Kämpfe und großer Verluste durch den Bürgerkrieg und das Franco-Regime, herrschte jetzt unter den spanischen Liberalen, den Sozialisten und den Kommunisten allgemeiner Jubel und allgemeine Verwirrung.

Viele Menschen fürchteten sich vor Rückschlägen und vielen fehlte die Orientierung. Wie sie zuvor auf den Mut und die Tapferkeit der andern angewiesen waren, um das Franco-Regime zu überleben, so brauchten sie jetzt den Beistand der andern, um sich zu vergewissern, daß Franco wirklich tot war.

Konservative Spanier hatten seit je meine Platten gekauft, vornehmlich *Gracias a la Vida*, obwohl zwei Titel dieses Albums – Lieder, die den Befreiungskampf unterstützten – der Zensur zum Opfer gefallen waren.

In Madrid wohnten Andy und ich in einer gemeinsamen Suite im »Ritz«. Gleich nach unserer Ankunft versanken wir in der versenkten Wanne unseres Badezimmers und tranken Champagner, den wir wie auch die vielen Rosen im Zimmer vorgefunden hatten: eine kleine Aufmerksamkeit der Veranstalter, der Hoteldirektion und der Kommunistischen Partei.

Eine Pressekonferenz: »Señora Baez, warum sind Sie jetzt nach Spanien gekommen?«

»Señora Baez, warum sind Sie nicht schon früher nach Spanien gekommen?«

»Gefällt Ihnen Madrid?«

»Ist Bob Dylan mitgekommen? Wenn ja, warum? Und wenn nein, warum nicht?«

»Meiner Ansicht nach kümmern Sie sich überhaupt nicht mehr um Politik, sondern nur noch ums Geldverdienen.«

»Warum nehmen Sie hier Eintrittsgelder für Ihre Konzerte? Meinen Sie nicht, daß sie gratis sein sollten?«

»Sind Sie verheiratet?«

»Warum heißt es in Ihrem Vertrag, daß man Sie in einem Rolls Royce chauffieren soll?«

»Señora Baez, warum treten Sie morgen in dieser kommerziellen Fernsehshow auf? Wissen Sie denn nicht, daß dies die kommerziellste Show von ganz Spanien ist?«

In meinem ganzen Leben hatte ich nicht so viele Gerüchte über mich gehört. Das spektakulärste war zweifellos die Sache mit dem Rolls Royce. Um etwas Lustiges zu sagen, erzählte ich den Presseleuten, daß ich um einen Rolls Royce gebeten hätte, weil mir der spanische Veranstalter keine zwei zur Verfügung stellen konnte. Als ich sie alle eifrig in ihre Notizblöcke kritzeln sah, fügte ich rasch hinzu, daß ich nur einen Witz gemacht hätte: Noch nie wäre ich in einem Rolls Royce gefahren und noch nie hätte ich einen angefordert. Bis zum heutigen Tage aber erzählt man sich in Spanien die Legende von meinem weißen Rolls Royce.

Am nächsten Tag stand die Fernsehshow auf dem Programm, die reichlich anstrengend zu werden versprach. Fritz hatte alles auf diese Karte gesetzt, weil uns jeder hier sagte, daß »ganz Spanien« an diesem Nachmittag um fünf Uhr alles stehen und liegen ließ und vor der Mattscheibe saß. Der erste Akt sollte bei zuckenden Disco-Lichtern und mit stummen Lippenbewegungen zu Konservenmusik über die Bühne gehen. Danach war *Boney M.*, eine bekannte europäische Rockgruppe eingeplant, und später sollte sich ein schwarzer Vorhang über das ganze Geglitzer senken, um die Gemüter in eine weihevollere Stimmung zu versetzen: Mit drei Liedern sollte ich die Show beenden. Auf Interviews hatte man verzichtet, auch sollte nach mir keiner mehr auftreten, um die Stimmung nicht zu beeinträchtigen.

Es war ein hartes Stück Arbeit für mich, mit nur drei Songs einen Set zusammenzustellen, der der Situation angemessen war und zugleich ein Maximum an Aussagekraft enthielt. Zwei dieser Lieder wollte ich auf spanisch singen und studierte auch ein paar einführende Worte auf spanisch ein.

Das Studio war nervenaufreibend. Andy begleitete mich in das unterirdische Labyrinth mit seinen winzigen, die Platzangst befördernden Garderoben. Ich lief auf und ab, lernte meine spanischen Texte und versuchte, mich auf den Abend vorzubereiten; die Show sollte live gesendet werden. Plötzlich hörte ich Fritz brüllen. Nun kam es nicht selten vor, daß er brüllte, diesmal aber grenzte seine Stimme an schrillen Wahnsinn.

»SIE IST DER STAR! WER ZUM TEUFEL IST *BONEY M.*? NIEMAND TRITT NACH MEINEM STAR AUF!« Rasches Übersetzen, nervöses Füßegetrappel, beschwörende Worte, dann erneutes Gebrüll.

»SIE SINGT NUR MIT DEM SCHWARZEN VORHANG! UND SIE WIRD DIE SHOW BEENDEN, GENAU SO, WIE ES IM VERTRAG STEHT. ODER DIE GANZE SHOW FINDET NICHT STATT, MUY BIEN?«

Kurz darauf erschien Fritz in der Tür. »Mach dir keine Sorgen. Aber diese Arschlöcher sollen endlich kapieren, daß ich sie mit meinen eigenen Händen erwürgen werde... O ja, gewaltlos natürlich.«

Wir bekamen unseren schwarzen Vorhang, und ich habe die Show auch beendet. Es war nur ein kleines Studio, und man hatte das Publikum – alles Leute der mittleren Oberschicht – sorgfältig ausgewählt, zumindest jenen Teil, der gut sichtbar in den vorderen Reihen saß. Auch ein paar Kinder waren dabei, ebenfalls Kinder der Reichen, wie ich vermutete.

Ich erinnere mich noch genau an eine Frau mit Perlenkette, die gleich vorn an der Rampe saß und ihre feinen Finger unentwegt durch die Perlen gleiten ließ. Wohin ich auch sah – gebräunte Gesichter, gepflegte Frisuren und elegant gekleidete Menschen. Kein leichtes Publikum für mich und meine Lieder. Immer wieder mußte ich mir in

Erinnerung rufen, daß dies eine Live-Sendung für Millionen von Menschen außerhalb dieses Studios war, für ein Spanien, das sich sehr von dieser handverlesenen Gruppe unterschied. Jetzt verstand ich auch die brummige Reaktion der linken Journalisten bei der Pressekonferenz.

Was dann geschah, gehörte zu jenen seltenen Ereignissen, die man weder planen noch jemals vergessen kann.

In meinem Einführungstext sprach ich von der berühmtesten Heldin des antifaschistischen Widerstands: »Dieses Lied möchte ich einer mutigen Frau widmen, die für ihren tapferen Widerstand berühmt geworden ist. Auch ich bin ein Kämpfer für die Gerechtigkeit, aber ich kämpfe ohne Waffen, gewaltlos. Mit größter Hochachtung singe ich dieses Lied für La Pasionaria.«

Meine Worte schlugen wie eine Bombe ein.

Die Dame mit den Perlen hörte auf, mit ihnen zu spielen, und die wohlerzogenen Pärchen warfen sich Blicke zu, die ich nicht zu deuten vermochte. Dann begann ich mit meinem Lied zu Ehren von La Pasionaria, dem Lied *No Nos Moveran*. Es gehörte zu den beiden Liedern meiner spanischen Platte, die nicht erscheinen durften, und es soll in Spanien seit vierzig Jahren nicht mehr öffentlich gesungen worden sein.

»Unidos en la lucha, unidos en la vida, unidos en la muerte« – »Vereint im Kampf, vereint im Leben, vereint im Tod.« Als anklagende, emotionsgeladene und zugleich schlichte Feststellung beginnt es in langsamer und rhythmischer Bewegung. Wir werden nicht weichen.

Ich hätte mir nicht träumen lassen, daß dieses schlichte Lied einen so starken Eindruck machen könnte und daß so viele Menschen sich davon anrühren ließen. Ich wußte, daß die juwelenbehängten Damen und ihre sonnengebräunten Ehemänner mit sehr gemischten Gefühlen reagierten, ich sah es ihrem dünnen Lächeln und den niedergeschlagenen schwarzen Wimpern an. Am Schluß des Liedes aber wischten auch sie sich wie die Kameramänner die Tränen aus den Augen und stimmten stehend in den Refrain ein. Mächtiger Beifall am Schluß, mein Beitrag für das kommerzielle Fernsehen Spaniens war abgeleistet.

Auf dem Weg zu meiner Garderobe entstand ganz plötzlich ein gewaltiges Gedränge, von überall und nirgendwo kamen die Menschen, die mich weinend umringten und zu küssen versuchten. Fritz brüllte sich den Weg frei und versuchte zusammen mit José, Jeanne und Nancy den Flur zu meiner Garderobe abzuriegeln. Ich schlug die Tür hinter mir zu und sah Andy ratlos an. Von dem, was danach kam, weiß ich nicht mehr viel. Aber Jeanne hat mir noch kürzlich erzählt, daß sie Angst gehabt hätte, die Menschen könnten in dem engen, überfüllten Flur außer Kontrolle geraten, denn es habe nur einen einzigen Ausgang gegeben. Auch von meinem Weg zum Auto weiß ich nur noch, daß es abermals zu einem Geschiebe und Gedränge kam, daß die Menschen mir Haare vom Kopf rissen und mich im Gesicht, an Schultern und Händen zu berühren versuchten. Irgendwie hat Fritz mich dann bei der Hand genommen und zum Auto gebracht, wobei er die Szene mit seinen wenigen, in unüberhörbar deutschem Akzent vorgebrachten Brocken Spanisch durchsetzte.

Als wir im Auto saßen und vor einer Ampel warten mußten, fuhr ein Mann in seinem Mercedes dicht an uns heran und rief mir etwas zu. Ich kurbelte die Scheibe herunter. Obwohl mir sein Gesicht nicht gefiel, lächelte ich und winkte ihm zu.

»Sie sollten sich nicht in die politischen Angelegenheiten Spaniens mischen«, sagte er.

Um ihm zu signalisieren, daß ich nichts verstanden hatte, legte ich die Hand ans Ohr. Da wiederholte er seine ominöse

Warnung, lächelte frostig und fuhr weiter, als die Ampel auf Grün sprang.

»Verdammter Mist«, sagte Fritz. »Aber Franco ist ja noch nicht mal ein Jahr tot.«

Wie man mir später erzählte, hatten das *No Nos Moveran* und der Name La Pasionaria einen Bann gebrochen oder die Schutzschicht ängstlichen Schweigens aufgesprengt, die den großen Generalissimo Franco noch immer umgab, obwohl er längst tot und begraben war. Überall in den spanischen Bars und Wohnzimmern wurde gefeiert, die Menschen umarmten und küßten sich, weinten und prosteten sich zu. Ich hatte Jubel und Genesung gebracht – das war mein Geschenk an Spanien. Darum haben mir auch die Linken verziehen, bei der kommerziellsten Fernsehshow Spaniens aufgetreten zu sein.

Der Produzent der Show wurde gefeuert. Er hatte die Auswahl meiner Songs gekannt, das hat ihn den Job gekostet.

Was wir nicht wußten, war, daß unser Fahrer unsere Gespräche auf Tonband aufgenommen hatte und sich seitenweise Aufzeichnungen machte, wenn wir nicht im Auto saßen. Wir wußten nicht, daß ein Fotograf, der sich als begeisterter Fan ausgab, von einer großen Tageszeitung für die Beschaffung pikanter Fotos bezahlt worden war und daß man den Zimmerkellnern im Ritz entsprechende Angebote gemacht hatte, damit sie hinter uns herspionierten. Das alles stellten wir erst Tage später fest, als wir aus einer Klatschkolumne alles über uns erfuhren: wer mit wem schlief (nämlich José mit mir und Andy mit Jeanne, aber was soll's), was wir zu essen, trinken und wie wir uns zu kleiden pflegten und worüber wir uns unterhielten. Jede noch so belanglose Kleinigkeit wurde ausgeschmückt, scharf gewürzt und aufgetischt.

Als der Artikel erschien, waren wir bereits in Barcelona. Und dort machten mir neue und ganz andere Dinge zu schaffen.

Ich armer Idiot hatte nämlich völlig übersehen, daß Barcelona in Katalonien lag, daß mithin ein Großteil der Bevölkerung nicht spanisch, sondern katalonisch sprach (oder zumindest das Katalonische bevorzugte), eine Sprache, die mit dem Französisch der südlichen Provence verwandt scheint, in meinen Ohren aber unklassifizierbar klang. Wie in Madrid hatte ich Lieder und Einführungstexte auf spanisch vorbereitet. Als ich auf die Bühne trat, wurde ich stürmisch begrüßt. Als dann aber meine einstudierten Sätze und Begriffe folgten, klang der Applaus schon weniger begeistert. Auch die spanischen Lieder ernteten nur lauwarmen Beifall. Es ist schon ein lausiges Gefühl, jeden nur denkbaren Trick zu benutzen, die anständigsten zuerst, und doch zu wissen, daß einem der Boden unter den Füßen wegrutscht. An diesem Abend hat mir Juan Manuel Serrat, ein katalanischer Liedermacher, das Leben gerettet.

Vor Beginn meines zweiten Konzerts kam Manuel mit großem Gefolge und einem noch größeren Blumenstrauß zu mir in die Garderobe, ließ sich neben meinem Stuhl auf den Boden nieder und erklärte mir, daß ich bloß ein oder zwei Sätze auf katalonisch zu sagen brauchte, und der Abend sei wie durch ein Zauberwort gerettet. Als ich ihm sagte, daß ich sein Lied *Rossinyol* einstudiert hätte, fand er das wundervoll und gab mir noch den katalonischen Text für *No Nos Moveran*, den ich mir — wie auch die katalanischen Worte für »Guten Abend«, »Danke«, »Herzlich willkommen« usw. — in Lautschrift aufschrieb. Dann hatte Manuel eine wahrhaft geniale Idee.

Er erzählte mir, daß der Regierungspräsident von Katalonien, Josep Farradellas, bei der Machtergreifung Francos nach Frankreich ins Exil geschickt worden war und seine geliebte Heimat erst nach Francos Tod wiedergesehen hatte. Bei seiner Rückkehr bereitete man ihm einen triumphalen Empfang und wählte ihn erneut zum Präsidenten. Mit seinen Begrüßungsworten: »Bon anite, amigas y amiks! Ja estoc aqui!« (Guten Abend, meine Freunde, ich bin da!) löste er einen wahren Begeisterungstaumel aus.

Ich brauchte nichts weiter zu tun, meinte Manuel, als auf die Bühne zu kommen und »Bon anite, amigas y amiks! Ja estoc aqui!« zu sagen, dann sei alles in schönster Ordnung.

Ich war ganz begeistert und auch gerührt von dieser Geschichte und schrieb emsig die katalonischen Worte für alles, was ich sagen wollte, in Lautschrift auf. Manuel umarmte mich, wünschte mir viel Glück.

Als ich die Bühne betrat, das Mikrophon ergriff und mit den Worten begann, die Manuel mir vorgeschlagen hatte, schien das Haus einstürzen zu wollen. Der Stolz dieser Menschen, ihre Freude und Begeisterung über die Tatsache, anerkannt zu werden, grenzte fast an Hysterie. Nach diesen ersten Sätzen spielte es praktisch keine Rolle mehr, was ich sang.

Als ich an einer Stelle von *Poor Wayfaring Stranger* von irgendwoher aus dem Publikum die klagenden Töne einer Mundharmonika hörte, pfiffen und zischten 8000 Menschen, um den ungebetenen Mitspieler zum Schweigen zu bringen. »Oh nein«, sagte ich, »das ist schon in Ordnung. Lassen Sie ihn spielen!« Und so hat denn ein katalonischer Musikant während einer langen und ausnehmend schönen Strophe seine ganze Seele in das Lied gelegt. Kein Laut mehr war zu hören, außer einer Gitarre, einer Singstimme und einer schluchzenden Mundharmonika.

Als ich gegen Ende des Konzerts *Rossinyol* sang, gingen Tausende von Kerzen an, die den Saal taghell erleuchteten.

Das war nicht nur ein Lied in ihrer Sprache, sondern eins, das sie alle zu meiner größten Freude auswendig kannten. Jede Strophe sangen sie stehend mit, die brennende Kerze in der Hand, und jubelten mir am Ende glücklich wie Kinder zu. Dann sang ich in den begeisterten Lärm hinein die ersten Takte von *No Nos Moveran – No Sarem Mugoots*. Das war nun fast schon zuviel. Unter Tränen zündeten sie noch einmal ihre Kerzen an und warfen mir Blumen zu.

Madrid.
Das Konzert.
Zuviel Presse. Zuviele Fotografen. Aber Andy war da, um mir beizustehen. Und ich hatte ein neues, ein besseres Programm. Ich trug einen schweren Lederrock und braune Stiefel, einen Noppenpullover und um den Hals ein Tuch von Saint Laurent in Rosa, Beige und Dunkelgrün. Wieder warteten zehntausend Spanier in einem Stadion auf mich.

Schon beim ersten Lied feuerten die Fotografen wie eine geschulte Miliz ihre Blitzlichter auf mich ab. Zuerst ignorierte ich sie, bis ich nach dem zweiten Lied höflich anfragte, ob sie nicht, bitte und »por favor« die Knipserei nach dem dritten Lied einstellen könnten. Es half nichts. Ihre wilde Entschlossenheit, sich mit mir anzulegen, machte mir angst, aber am Schluß des dritten Liedes versuchte ich es erneut, diesmal in meinem gebrochenen Spanisch. Das Klicken der Kameras hörte nicht auf, sowenig wie das Geschiebe, Geschubse und Geschrei einer wildgewordenen Horde: »Aqui! mira, Joan, aqui!« »Hierher, Joan! Schauen Sie hierher!« Das Publikum brüllte die Fotografen an, endlich Ruhe zu geben, die Fotografen brüllten zurück, und ich merkte, daß ich langsam die Fassung verlor. Inmitten dieses totalen Durcheinanders sang ich ein weiteres Lied. Ich haßte dieses Lied und diese Leute. Ich kam mir klein und hilflos vor, und ich war wütend, enttäuscht und ziemlich verzweifelt. Dann tauchten von beiden Seiten Sicherheitsbeamte auf. Jesus, dachte ich, was wird jetzt. Denn sie taten genau das und nur das, worauf sie sich verstanden – nämlich mit roher Gewalt den Schwarm der Fotografen von der Rampe wegzuzerren. Die Leute im Publikum verstanden mich und meine mißliche Lage, hatten sie doch selbst die Nase voll von dem Chaos, das ihnen das ganze Konzert verderben konnte. Jeder einzelne aber trug in seinem Gedächtnis Bilder mit sich herum – Bilder von Unterdrückung, brutaler Gewalt und, angesichts der Polizei, auch das Gefühl der Ohnmacht. Die Szene geriet immer mehr aus den Fugen. Sie wieder ins Lot zu bringen, überstieg meine Erfahrung und meine Fähigkeiten. Je wütender die Fotografen brüllten, desto brutaler griffen die Beamten zu. In dem Augenblick aber, als fast alle »abserviert« waren, duckte sich so ein Ekel unter dem Arm eines riesigen Wachmanns und zielte ein letzte Mal mit seinem Blitzlicht auf mich. In plötzlich aufflammendem Zorn schlug ich mit der geballten rechten Faust auf meinen linken Ellbogen – eine Geste, mit der die Spanier den Begriff »butifarra« zum Ausdruck bringen und die, soweit ich es verstanden hatte, soviel wie ein kräftiges »Verpiß dich!« bedeutete.

Das Blitzlicht zuckte auf, die Menge brüllte vor Lachen und der Fotograf machte ein Gesicht, als hätte man ihn eben erschossen. Ich fühlte mich plötzlich sehr erleichtert. Die Show ging weiter und, mit angezündeten Kerzen und großen Jubelchören am Schluß, auch erfolgreich zu Ende. Die unangenehmen Ereignisse von vorhin hatte ich fast schon vergessen. Aber die eigentliche Show fing jetzt erst an.

In einem Hotel hatte man eine Pressekonferenz angesetzt. Mit meinem Gefolge im Schlepptau machte ich mich auf den Weg.

»Gehen Sie da nicht rein«, sagte eine Frau, die plötzlich neben uns in der Hotelhalle aufgetaucht war.

»Warum nicht?«

»Sie sind wütend«, fuhr die Frau fort.

»Wer ist wütend?«

Was mir bisher keiner zu sagen gewagt hatte, war, daß meine »charmante«, gegen den Fotografen gerichtete Geste etwas weit Schwerwiegenderes bedeutet hatte, als ich annahm. Ebensowenig wußte ich, daß ein tief in katholischer Prüderie verwurzelter Presseverband sehr empfindlich reagiert hatte. Empört über meine wenig damenhafte Geste und erbost durch das Verhalten der Sicherheitsbeamten, hatten sie ein »sindicato« gegen mich gebildet und waren in den Boykott getreten. Ohne von all dem die geringste Ahnung zu haben, ging ich mit der größten Selbstverständlichkeit ans Mikrophon, lächelte freundlich und fragte, ob ich mich den Fotografen jetzt gleich oder erst nach den Fragen stellen sollte.

Als man auf mein Millionen-Dollar-Lächeln mit der ganzen Ausdrucksskala zwischen Amüsiertsein und heller Wut reagierte, versuchte ich angestrengt, mich an die Worte der Frau von vorhin zu erinnern.

»Könnte wohl jemand so nett sein und mir sagen, was es hier für ein Problem gibt?« fragte ich schließlich. Da sprang ein Mann von seinem Sitz auf und las aus einem getippten Text ab, den er immer wieder durch die Mitteilung seiner eigenen Ansichten und Empfindungen unterbrach. Als ich ihn ans Mikrophon bat, kam er nach vorn gestampft und las die lange Liste seiner Beschwerden vor, die mehr oder minder alle das eine besagten, daß sie von einer Ausländerin, noch dazu von einer Frau, beleidigt worden wären.

Ob sie glaubten, ich hätte die Sicherheitsbeamten gerufen? Nein, das glaubten sie nicht. Der Mann ereiferte sich weiter. Der letzte Punkt am Ende zweier dicht beschriebener Anklageseiten enthielt die Forderung, daß ich mich entschuldigte.

»Selbstverständlich entschuldige ich mich bei Ihnen«, sagte ich ohne zu zögern. »Ich hatte ja keine Ahnung, daß meine Geste hier in Spanien von so schwerwiegender Bedeutung ist. Sie unterlief mir in einem Augenblick der Wut – einer Wut, die ich für berechtigt halte. Es tut mir leid, taktlos gewesen zu sein und Sie beleidigt zu haben.«

Schweigen.

Nichts hatte man weniger erwartet als meine bereitwillige Entschuldigung. Ganz offensichtlich wollten sie Kampf.

»Über eine so offensichtliche Tatsache nicht Bescheid gewußt zu haben, nehme ich Ihnen einfach nicht ab!«

Zustimmendes Gemurmel im Saal.

»Es tut mir leid, aber da haben Sie unrecht. Aus welchem Grund sollte ich mir wünschen, die Presse vor den Kopf zu stoßen, wo ich sie doch brauche? Und warum sollte ich mich einer Attacke wie dieser hier aussetzen, wenn ich die volle Bedeutung dieser für mich beiläufigen Geste gekannt hätte? Dies ist in der Tat nicht das erste Mal, daß ich aus der Rolle gefallen bin und ähnliche Sachen machte. Aber noch jedesmal war das nach fünf Minuten vergessen. Noch einmal: Ich entschuldige mich für meine Unkenntnis.«

Schweigen.

»Es genügt nicht, daß Sie sich bei uns entschuldigen. Sie müssen sich beim Publikum entschuldigen.«

»Sir. Wie bereits erörtert, war ich, erstens, über die wahre Natur meiner Beleidigung nicht im Bilde. Und zweitens hat das Publikum gelacht. Ich war der Meinung, daß die Leute sich amüsierten. Nur Sie haben sich aufgeregt, nicht das Publikum.«

Erneutes Gemurmel, sowohl untereinander als auch jeder für sich.

»Trotzdem«, fuhr ich fort, »möchte ich jedem einzelnen Spanier, der durch mich verletzt oder beleidigt worden ist, hiermit sagen, daß ich mich für beides entschuldige: für die Beleidigung und für meine Unkenntnis.«

Weiteres Gemurmel.

»Und falls Sie jetzt eine Pressekonferenz wünschen, stehe ich ganz zu Ihrer Verfügung.« Fragen wurden noch viele gestellt, aber keine Fotos gemacht. Wie mutig ich doch vor so vielen Leuten war! In der Nacht aber, wenn alle in ihren Betten lagen, würde ich bloß noch heulen. Andy würde mich verstehen und festhalten.

Am nächsten Morgen kam es dann ganz dick. Da sahen wir es an jedem Kiosk und an jeder Zeitungsstellwand hängen, das wenig schmeichelhafte Foto von La Señora Baez, hübsch angezogen und schlecht gelaunt. Wie schlecht, ließ das mies gedruckte Zeitungsfoto nicht einmal erkennen – um so deutlicher die berühmte Faust. »Butifarra con la guitarra« hieß eine der humorigeren Schlagzeilen. Ich war total am Boden. Ich hatte so hart gearbeitet und so gut gesungen. Und ich hatte geglaubt, daß mich die Menschen in der ganzen Welt, zumindest in ganz Spanien liebten. Und jetzt brachten sie dieses gemeine Foto von mir, das meine ganze Spanienreise als einen einzigen, gigantischen Fauxpas erscheinen ließ.

Ich heulte mir die Augen aus dem Kopf und verließ Spanien in einer kleinen, düsteren Unglückswolke. Als ich ins Flugzeug stieg, kaufte ich mir die *International Herald Tribune*. Da starrte mich das gleiche Alptraumfoto an. In der knappen Bildunterschrift hieß es, daß La Baez in Spanien die Kontrolle über die Massen verloren und die Polizei gerufen habe . . .

FOR SASHA
Ulm – ein strahlender Tag

Ulm, August 1978.

Es war ein strahlender, sonniger Tag. Fünfzigtausend Menschen, fast durchweg junge Leute, saßen, standen und lagen auf dem Festivalgelände, das ringsum mit Seilen abgesperrt war. Ich kam in einem Mercedes an und wurde zu meinem kleinen Wohnwagen gebracht, wo ich Frank Zappa kennenlernte. Bisher hatte ich nur das berühmte Poster von ihm gekannt, wo er mit heruntergezogenen Hosen auf der Toilette sitzt.

Der heutige Abend war ein Experiment. Ich sollte zwischen Zappa und *Genesis* in einer Rockshow auftreten, eine Dreiviertelstunde lang, bei Einbruch der Dämmerung. Ohne mein Wissen schloß Fritz hinter der Bühne mit den anderen Veranstaltern Wetten ab: Sie waren fest davon überzeugt, daß ich von der Bühne gebuht würde, und Fritz meinte, ich sei hier der Star.

Nur war dies ja wirklich eine Rockshow. Und die Leute kamen, um zu knutschen, zu tanzen und sich die Musik »voll reinzuziehen« und auszuflippen. Was konnte ich denen schon bieten, und was sollte ich singen? Dies und jenes von den *Beatles*, ein bißchen Dylan, *Simon & Garfunkel*, und auf deutsch »Sag mir, wo die Blumen sind«. Meine Hände froren zu Eis, mir war kalt bis in die Knochen: Dieser Auftritt konnte zu einer Katastrophe werden.

Fritz bemühte sich redlich, mich und mein Selbstvertrauen wieder aufzurichten. »Sie werden dich lieben, mein Schmetterling«, sagte er und legte den Arm um mich. Dann nahm er mich bei den Schultern und sah mich mit gerunzelten Brauen prüfend an: Seine Brille hatte Schlagseite, und der Rest einer Nudel war in seinem Bart hängengeblieben.

»Ja«, sagte er zärtlich, »diese Arschlöcher haben ja noch nie was Richtiges zu sehen gekriegt.«

Mit rasendem Herzklopfen, weichen Knien und nach Luft japsend wankte ich zusammen mit Fritz, Jeanne und Andy über den Rasen auf das Podium zu. Hinter der Bühne vollführte Zappa Freudensprünge. Er hatte eben die dritte Zugabe hinter sich, hatte die stehenden Menschenmassen mit seinen Klang-Orgien in einen hypnoseähnlichen Zustand versetzt. Ich geriet immer mehr in Panik. Ich würde allein sein, allein mit meinen sechs Saiten und zwei Stimmbändern.

Die Sonne verzog sich hinter den Horizont, als wir das Podium bestiegen. Vor den Schlagzeugen, den Keyboards und Verstärkern ließ man einen schwarzen Vorhang fallen. Schon mit dem Umbau für den Auftritt von *Genesis* beschäftigt, warfen mir die Bühnenarbeiter neugierige, aber respektvolle Blicke zu. Als ich vor den Vorhang trat, sah ich betrunkene GI's im Publikum und viel junges Volk, das sich mit glasigen Augen schon in Woodstock wähnte. Es wurde Zeit. Ich befahl mich und mein Schicksal in Gottes Hand.

Zwischen Vorhang und Mikrophon war nur ein schmales Stück Bühne übriggeblieben. Vor mir ein noch immer unruhiges Publikum, das noch ganz im Bann von Frank Zappa stand und mich mit höflichem Applaus empfing. Guten Abend, sagte ich und ob das nicht ein schöner Tag für Rock and Roll sei. Bei dem Wort »Rock and Roll« kam Beifall auf. Demnach schien über Schlüsselwörter und -sätze eine Art Kommunikation möglich.

Das erste Lied war eine Pleite, weil es niemand kannte. Was für ein Lied das war, kann ich nicht einmal mehr sagen. Ich ließ ein paar Strophen weg und erzählte etwas über die sechziger Jahre (Beifall), über Woodstock (Beifall) und die jungen Leute (kaum Beifall, kein Schlüsselwort). Dann sang ich *Joe Hill*. Und da war es, als hätte ich im Herzen der Älteren eine Saite angerissen und als hätten die Jüngeren, die im Woodstock-Sommer vielleicht zehn Jahre alt waren, das irgendwie gespürt. Ein betrunkener GI kippte einem anderen rücklings in die Arme. Ein dritter beruhigte ihn. Ganz vorn entstand ein merkliches Getümmel, dem von den Seiten ein rhythmisches »Hinsetzen! Hinsetzen!« folgte.

»Ja«, sagte ich in der Diktion einer Deutschlehrerin. »Wenn Sie sitzen, können alle sehen.« Da setzten sie sich, wie es gerade kam, nebeneinander, übereinander, brüllten sich gegenseitig »Ruhe!« zu und krakeelten noch eine Weile, aber sie saßen.

»Sing weiter, Joan!«, rief mir jemand zu. Ich sagte mein nächstes Lied an: »Ein Song von Bob Dylan.«

Starker Beifall. Ich sang *Love Is Just a Four-Letter Word*. Sie kannten das Lied nicht so genau, aber sie klatschten im Takt mit und ließen sich jetzt durch nichts mehr ablenken. Der richtige Zeitpunkt für *Sag mir, wo die Blumen sind*: unter jubelnden Beifallsrufen sangen sie es mit. Ich sah, daß vielen die Tränen in den Augen standen. Warum? Wegen der Jahre, die sie nicht miterlebt hatten? Wegen der »Blumenkinder« in Amerika, denen ihre romantischen Träume galten und die sie nachzuahmen versuchten? Wegen der Erinnerungen, die ihren Eltern, ihren Onkeln und Tanten gehörten, aber nicht ihnen? – Vielleicht.

Ich sang *Swing Low, Sweet Chariot*. Die Verstärkeranlage war hervorragend. Meine Stimme reichte weit über dieses Menschenmeer hinaus, schien an der Sonne abzuprallen und als Echo zurückzukehren. Da sah ich in einer Entfernung von einem Viertelkilometer ein paar hundert Leute am andern Ufer der Donau stehen. Auch sie hörten zu. Ich sah hinüber zu ihnen, hob meine Hand hoch über den Kopf und rief: »Diese Strophe singe ich für die Menschen dort drüben!« Sie winkten zurück und klatschten Beifall, der durch die Entfernung etwas dünn bei uns ankam. Trotzdem drehten sich die Leute um und reckten die Hälse, winkten und klatschten ihnen zu. Als ich meine Strophe für das Flußufer sang, weinten noch mehr, die Menschen hielten sich bei den Händen und streckten die Arme aus.

»Joan! Joan Baez! Sing uns *We Shall Overcome!* jetzt spürte ich, daß mir selbst die Tränen kamen, warf einen Blick zum Bühnenrand und sah, daß es Jeanne und Fritz, die mir lächelnd zunickten, nicht anders ging.

Ich sang noch eine Reihe anderer Lieder und zum Schluß *We Shall Overcome*. Alle standen auf und hielten sich mit hochgestreckten Armen bei den Händen. Wir sangen und weinten miteinander, und der deutsche Sonnenuntergang tat das Seine. Dann verbeugte ich mich, rief »Dankeschön« und verließ unter ohrenbetäubendem Beifallsgeschrei die Bühne. Mit verdächtig roten Augen konnte Fritz nur noch mit dem Kopf schütteln, und auch die schönen Rehaugen von Jeanne waren rotumrändert, als sie mir die Gitarre abnahm.

Dann gesellte sich ein neues Geräusch zu dem Gebrüll und Getrampel der Massen: der Klang leerer Bierdosen, die auf der Bühne landeten.

»Gott im Himmel!« sagte Fritz. »Das machen sie immer, wenn sie jemanden zurückhaben wollen!« Damit wies er mit stolz ausgestrecktem Arm auf die Blechbüchsen, die jetzt aus allen Richtungen auf die Bühne flogen.

»Na, Schmetterling, was hältst du von einer Zugabe?« Fritz wagte sich hinaus in den Hagelsturm fliegender Dosen und verkündete, daß ich, sobald keine Lebensgefahr mehr bestünde, zurück auf die Bühne käme. Da legte sich der Sturm. Ich sang *Blowin' in the Wind* und sah sie träumen, weinen und vor Freude strahlen wie vorhin. Während meines Auftritts hörten die meisten zu trinken auf, und auch von den Rowdys war kein Laut mehr zu hören. Als ich mich aber am Schluß des Liedes noch einmal verbeugte und die Bühne verließ, ging die Fete erst richtig los. Wieder kamen die Bierdosen geflogen, Sprechchöre setzten ein, das Getrampel und Gejohle vermischte sich mit einem wilden Pfeifkonzert.

Ich gab noch sieben Zugaben, bevor Fritz dann doch verkündete, daß jetzt Ende sei und man die Bühne für *Genesis* freigeben müsse. Noch ganz benommen gingen wir über den Rasen zurück. Als Frank Zappa mir gratulierte, konnte ich ihm nur mit einem erschöpften Lächeln danken. Es war Zeit für ein paar kräftige deutsche Würstchen mit Pommes frites.

Am nächsten Tag hieß es in den Zeitungen, ich hätte den andern die Show gestohlen. Am Flughafen erkannten mich mehr Menschen als sonst, und einer von der Sicherheitstruppe brachte uns noch weitere Artikel mit, die er gelesen und ausgeschnitten hatte — Berichte über diesen Tag, über die Bands, die jungen Leute und die Lady mit der Gitarre, die eine ganze Stunde lang auf der Bühne gestanden hatte. Ich umarmte Fritz, wischte ihm ein paar Brotkrümel von seinem grauen Pullover und bestieg die Maschine.

THE WEARY MOTHERS OF THE EARTH
Lateinamerika oder Vom Vergessen

Argentinien. Laura Bonaparte, Psychoanalytikerin. Am 11. Juni 1976 hatte man ihren Mann, Biochemiker, vor ihren Augen aus dem Haus gezerrt. Sie sah ihn nie wieder. Als sie ihre Tochter suchte, die ebenfalls »verschwunden« war, übergab man ihr zur Identifizierung die Hand ihres Kindes in einem Glas.

Bei einem Argentinienbesuch 1981 wurde ich mit Tränengas angegriffen, aus dem Hotel geworfen, an öffentlichen Auftritten gehindert und zweimal durch Bombendrohungen bei einer Pressekonferenz unterbrochen.

Die Mütter von der Plaza de Mayo sagen, daß die glücklichsten unter ihnen noch diejenigen seien, die wissen, daß ihre Kinder nicht mehr leben. Sie sagen, daß die Nächte am schlimmsten sind, daß sie dann die Bilder ihrer verlorenen Kinder in der Dunkelheit an sich vorbeiziehen sehen.

Chile. Dort war es mir verboten worden, öffentlich aufzutreten. Aber Studenten hatten ein Konzert für mich organisiert. In Lastwagen kam die Polizei vorgefahren, umstellte das Gebäude und verfolgte das Konzert über zwei Außenlautsprecher. Obwohl die Studenten nur zwei Tage Zeit hatten, durch Flugblätter und Flüsterpropaganda für meinen Auftritt zu werben, sind siebentausend Menschen zusammengekommen: Pianisten, Geiger, Schauspieler, Tänzer, Singgruppen, Literaten, Dichter, Professoren. Menschen waren darunter, die man mundtot gemacht, ins Gefängnis gesteckt, widerrechtlich festgehalten und gefoltert hatte – Menschen, die seit dem Militärputsch von 1973 nicht mehr in der Öffentlichkeit aufgetreten waren. Wie man mir erzählte, hatte es ein kulturelles Ereignis dieser Art seit sieben Jahren nicht gegeben.

Brasilien. Ich war auf dem Weg zu einem ebenfalls von Studenten organisierten Konzert, als die Polizei vor meinem Hotel auftauchte und erklärte, meine Papiere wären nicht in Ordnung. Wir brachten sie in Ordnung. Ich brachte den Polizeichef dazu, mir zu wiederholen, daß ich nicht auf der Bühne auftreten dürfe, und verließ das Gebäude. Draußen baute ich mich genau unter der Tür mit dem Polizei-Emblem auf und sang so laut ich nur konnte *Gracias a la Vida*.

Danach brachte mich ein Kongreßabgeordneter – ein Mann, der vordem in eben dieser Polizeistation zusammengeschlagen worden war – zur Konzerthalle und wies mir einen Platz unter den Zuhörern an. Mit einem Mal verstummten sämtliche Geräusche in dem vollbesetzten Saal. Da stand ich auf und sang, und alle sangen mit. Als wir gehen wollten, erhoben sich alle von ihren Plätzen und sangen *Caminando*, ihr *Blowin' in the Wind*. Manchmal ist es eben unmöglich, das Gute zu verhindern. Es geschieht, wann und wo es geschehen will.

Nicaragua. »Der Botschafter kann warten«, sagte mir der Innenminister, General Tomas Borges. Er sagte es auf spanisch, in der Pause meines Konzerts, während seine milchgesichtigen Leibwächter sämtliche Ecken und Winkel meiner Garderobe mit ihren Gewehrläufen durchstöberten. Kleiner als ich, musterte er mich von oben bis unten und paffte herausfordernd an seiner Zigarre. Ich hatte ihm zuerst erzählt, daß ich nach dem Konzert mit dem amerikanischen Botschafter verabredet sei und deshalb nicht sein Gast sein könne.

»Ich werde unter einer Bedingung mit Ihnen zu Abend essen«, erklärte ich ihm, »nämlich, daß Sie diese widerliche Zigarre ausmachen.«

Er hat sie nicht nur ausgemacht. Er hat nie wieder in meiner Gegenwart geraucht. Nach dem Konzert kam er zurück.

Er holte mich zum Abendessen ab und nahm mich danach in ein Gefängnis mit, in dem man die Nationalgardisten der früheren Somoza-Regierung scharenweise eingepfercht hatte. Borges ging auf eine verdreckte, düstere Zelle zu, ließ sie von den Aufsehern öffnen und befahl seinen Leibwächtern, draußen zu bleiben. Dann ging er, eine nur kleine

Portion von Mann, zwischen den unglückseligen, verwahrlosten Insassen hindurch und blieb vor einem Jungen stehen.

»Wie alt bist du?«, fragte er.

»Dies y seis.« – »Sechzehn.«

»Wie lange bist du schon hier?«

»Tres años«, sagte der Junge verwundert. »Drei Jahre.«

»Was hast du verbrochen?«

»Mein Vater war Nationalgardist. Ich war bei ihm, als man ihn verhaftet hat. Da haben sie mich gleich mitgenommen. Was anderes habe ich nicht verbrochen.« »Pack deine Sachen. Du kannst nach Hause gehen.« Ein paar Sekunden lang starrte der Junge ihn nur an, dann kramte er seine wenigen Habseligkeiten zusammen.

Borges schien sehr zufrieden mit sich und wiederholte den Auftritt in zwei weiteren Zellen. Dann brachte er mich ein Stockwerk höher zu einer Sonderabteilung, blieb vor einer leeren Zelle stehen und schwieg, offensichtlich von Gefühlen übermannt. Ich ahnte, was kam.

»Aquí está donde ... Hier hat man mich drei Jahre gefangengehalten. Sechs Monate lang war ich mit aneinandergeketteten Handgelenken an dieses Gitter gefesselt, so daß ich mich nicht hinlegen konnte. Sechs Monate lang konnte ich auch nichts sehen, weil man mir einen Sack über den Kopf gezogen hatte.«

»Warum kommen Sie hierher zurück?« fragte ich. »Müssen Sie sich denn immer wieder damit quälen?«

»Auf diese Weise vergesse ich nicht, wie das ist. Ich habe mir das Versprechen abgenommen, nie vergessen zu wollen.«

Da wir eben vom Vergessen sprachen ... hat die US-Regierung den Diktator Somoza vergessen? Oder wird er einmal als braver Mann in unsere Geschichtsbücher eingehen?

6. The Music Stopped in My Hand

BLESSED ARE THE PERSECUTED
Vietnam, fünf Jahre nach Kriegsende

Fünf Jahre nach Ende des Krieges und sieben Jahre nach den Bombennächten in Hanoi engagierte ich mich erneut für die Menschen in Vietnam – diesmal aber gegen das kommunistische Regime, gegen das wir den Krieg verloren hatten.

1979 hatte ich ebensowenig Lust, über Vietnam nachzudenken, wie jeder andere auch. Im ängstlichen Bestreben, Südostasien so rasch wie möglich zu vergessen, nahm der Westen so gut wie keine Notiz von dem ungeheuerlichen Ausmaß der Massaker in Kambodscha. Obwohl eine gewissenhafte Presse darüber berichtete, regte sich doch nur mäßiger Protest. Der linke Flügel zeigte wenig Neigung, weitere, von einer »Revolutionsregierung« begangene Schandtaten zu erörtern. Und die Rechten hatten nicht viel mehr dazu zu sagen als das übliche »Das haben wir ja kommen sehen«, was ja nie viel weiterhilft. Ich selbst hatte mich bislang nicht besonders dafür interessiert und wußte nur wenig von den Verwüstungen, die Pol Pots Politik der verbrannten Erde angerichtet hatte. Der Exodus der Boat People, der Flüchtlinge, die über das südchinesische Meer zu entkommen versuchten, hatte zwar begonnen, noch keineswegs aber seinen Höhepunkt erreicht.

Eines schönen Morgens besuchten mich zwei dieser Bootsflüchtlinge. Der eine, Doan Van Toai, war ein ehemaliger Student aus Saigon, der in den sechziger Jahren wegen seiner Aktivitäten gegen die Nguyen-Van-Thieu-Regierung im Gefängnis saß. Der andere, Hue Hu, war ein buddhistischer Mönch, der von der kommunistischen Regierung zum Austritt aus dem Kloster gezwungen worden war. Beide waren unglaublich nett und freundlich. Wo waren denn jetzt all die Amerikaner, fragten sie, die sich in den sechziger Jahren so stark für das vietnamesische Volk engagiert hatten? Dann begannen Toai und Hu mit einer langen Beschreibung der Menschenrechtsverletzungen in Vietnam. Hungerrationen, erstickende Enge in überfüllten Gefängnissen. Intellektuelle, Ärzte, Zahnärzte, Architekten, Kinder, alte Menschen, jeder, der mit Amerikanern in Verbindung stand, jeder, der in Verdacht geraten war, dem neuen Regime nicht genügend Begeisterung entgegenzubringen, wurde in Umerziehungslager gebracht. Manche kehrten heim, viele nicht. Toai und Hu wollten wissen, ob ich ihnen helfen würde.

Da erinnerte ich mich, wie sehr ich 1976 unter Druck gesetzt worden war. Ich hatte damals einen sehr vorsichtig formulierten Brief an die Regierung in Hanoi mitunterzeichnet, der die Bitte um eine Verbesserung der Menschenrechte enthielt. Dieser Bitte schloß sich die Entschuldigung für unsere langjährige Präsenz in Vietnam an, die für dieses Land so verheerende Folgen gehabt hatte. Dennoch startete man eine Kampagne, um diesen Brief aufzuhalten. Als man dem Brief aber kaum Beachtung schenkte, ließ der Druck nach, der Fall verlor sich im Hintergrund. Möglicherweise war es jetzt an der Zeit, ihn wieder ans Licht zu bringen.

Ich gründete eine kleine, fünfköpfige Forschungsgruppe, zu der auch Ginetta gehörte und die sich, vornehmlich in

Paris, eingehend mit der Suche nach französischen, linken Journalisten befaßte, die schon 1976 die politische Linie Hanois klar erkannt und öffentlich verurteilt hatten. Wir wandten uns an Mitglieder der buddhistischen und katholischen Komitees, an französische und vietnamesische Diplomaten, an ehemalige Kämpfer der Nationalen Befreiungsfront, an Flüchtlinge und Ausgewiesene. Einige von ihnen hatten die provisorische Revolutionsregierung unterstützt und als sicher vorausgesetzt, daß sie nach der Befreiung in ihrem Land als Helden empfangen würden. Nun aber mußten sie feststellen, daß man sie als persona non grata betrachtete und daß es unmöglich für sie war, ein Einreisevisum zu bekommen.

Was die Vereinigten Staaten, den blutigen Fußspuren der Franzosen und Japaner folgend, in Vietnam angerichtet hatten, war nicht unbedingt geeignet, ein politisches Klima zu schaffen, in dem eine neue Friedensgesellschaft hätte gedeihen und sich entfalten können.

Wie sich aus unseren Untersuchungen ergab, war Hanoi im Begriff, sich selbst das Wasser abzugraben. Menschen, die imstande gewesen wären, Vietnam von innen her wieder aufzubauen, saßen im Gefängnis. Nach den Angaben Hanois belief sich die Zahl der politischen Häftlinge auf 50 000, nach Schätzung vieler Flüchtlinge auf 800 000. Anhand unserer Berechnungen, die sich auf Auskünfte gut informierter Personen stützen konnten, kamen wir auf rund 200 000: eine erschreckend hohe Zahl im Vergleich mit anderen, von Amnesty International erfaßten Ländern. Wir wollten dieses Ergebnis so bald wie möglich veröffentlichen. Auch wenn ich immer noch Freunde hatte, die der Ansicht waren, daß die Zeit für eine offene Kritik an Stalins Straflagern noch nicht gekommen sei.

Ich schrieb einen offenen Brief an die Sozialistische Republik Vietnam und sammelte Unterschriften, die meinen Appell unterstützen sollten. Obwohl es nicht einfach war, die Leute zur Unterschrift zu bewegen, hatte ich am Ende immerhin einundachtzig beisammen. Daß die meisten Linken mich hängen ließen, hat mich nicht weiter erschüttert. Und so war ich auch nicht überrascht, als Jane Fonda sich für ein Nein entschied. Aber ich schrieb ihr einen langen Brief.

Darin führte ich aus, wie wichtig ihre Teilnahme für uns sei. Jane und ich kannten uns kaum, hatten uns nur hier und da gesehen und nie zusammen gearbeitet. In meinem Brief wandte ich mich an sie als eine Schauspielerin, die ich verehrte, und als eine Frau, die, wie ich selbst, schärfstens gegen den Vietnamkrieg protestiert hatte. Ihre Antwort bestand aus einem Brief an mich, den sie zugleich an fünfundzwanzig der Mitunterzeichner geschickt hatte. Was sie schrieb, klang freundlich und verständnisvoll. Unsere Bitte aber schlug sie ab.

»Ich zweifle nicht daran, daß in Vietnam ein gewisses Maß an Unterdrückung herrscht. Und ich gebe auch zu, im Hinblick auf die Machenschaften, die Sie in Ihrem Brief anführen, möglicherweise blind zu sein. Ich habe mich darum bemüht, mit beiden Augen hinzusehen. Doch halte ich auch jetzt Ihre Anschuldigungen für nicht berechtigt.« Weiter führte sie aus, daß sie meine Quellen für fragwürdig halte und daß die Unterdrückung weniger schlimm sei als Blutbäder, zu denen es durchaus hätte kommen können. Sie hoffte, fuhr sie fort, daß ich meine »Behauptungen noch einmal überdenken« werde, denn sie stellten mich mit den engstirnigsten und negativsten Elementen in diesem Land in eine Reihe. Mit Leuten, die auch weiterhin glaubten, daß der Tod besser sei als im Kommunismus zu leben.

»Obwohl ich Ihren Ausführungen nicht zustimmen kann und mir Sorgen mache, was Ihr Schritt für Folgen haben könnte, möchte ich doch gern in einen Dialog mit Ihnen kommen. Ihr Ikonoklasmus fasziniert mich, und ich wünschte mir, wir könnten zu einem tieferen Verständnis füreinander kommen.« Den »Ikonoklasmus« habe ich erst nachschlagen müssen, aber heute wieder vergessen.

Jedenfalls war Jane Fonda nicht scheinheilig.

Es kam zu einer neuerlichen Kampagne gegen mich und meinen Brief. Bekannte von früher tauchten bei mir auf und »wollten nur mit mir reden«. Sie versuchten alles, um mich von diesem Brief abzubringen. Mitten in der Nacht wachte ich schweißgebadet auf. Das Telefon schrillte mir die Ohren heiß. Ich hörte nichts als Ratschläge, Vorwürfe, Warnungen. Wie naiv ich doch sei. Und ob ich nicht wüßte, daß Doan Van Toai ein CIA-Agent wäre. Ich sei doch nur ein Werkzeug der Rechten. Und mein Urteilsvermögen hätte ich wohl völlig eingebüßt. Ginetta bemühte sich in New York um ein Gespräch mit dem UNO-Beauftragten Vietnams. Aber er ließ sie abwimmeln.

Nach wochenlanger Vorarbeit waren wir dann soweit, den Brief zu veröffentlichen:

Offener Brief an die Sozialistische Republik Vietnam

Vor vier Jahren beendeten die Vereinigten Staaten ihre zwanzigjährige Präsenz in Vietnam. Ein Geburtstag, der ein Anlaß zum Feiern sein sollte, ist statt dessen ein Grund zur Trauer.

Es ist eine tragische Ironie, daß Grausamkeit, Gewalt und Unterdrückung, die in mehr als einem Jahrhundert der Fremdherrschaft in Ihrem Land ausgeübt worden sind, unter dem heutigen Regime fortgesetzt werden.

Tausende unschuldiger Vietnamesen, darunter viele,

deren einziges »Verbrechen« ihr Gewissen ist, werden in Gefängnissen und Umerziehungslagern widerrechtlich festgehalten und gefoltert.

Anstatt diesem vom Krieg zerrissenen Vietnam Hoffnung und Versöhnung zu bringen, hat Ihre Regierung einen quälenden Alptraum geschaffen, der den bereits erreichten, bemerkenswerten Fortschritt in vielen Bereichen der vietnamesischen Gesellschaft überschattet.

Im Februar 1977 gab Ihre Regierung die Zahl der Gefangene mit 50 000 an. Journalisten, unabhängige Beobachter und Flüchtlinge schätzen ihre Zahl dagegen auf 150 000 bis 200 000.

Wie hoch diese Zahl in Wirklichkeit auch sein mag, die Fakten summieren sich zu einem düsteren Mosaik. In der gesamten Weltpresse – von *Le Monde* und *The Observer* bis hin zu *Washington Post* und *Newsweek* – sind glaubwürdige Berichte erschienen. Wir haben die Horrorgeschichten von den Menschen aus Vietnam gehört – von Arbeitern und Bauern, von katholischen Nonnen und buddhistischen Priestern, von Bootsflüchtlingen, Künstlern, Journalisten und denen, die an der Seite der NLF (der Nationalen Befreiungsfront) gekämpft haben.

— Die Gefängnisse sind mit Tausenden und Abertausenden von »Festgehaltenen« überfüllt.

— Menschen verschwinden und kehren nicht mehr zurück.

— Menschen werden in Umerziehungslager gebracht, wo sie von Hungerrationen an verdorbenem Reis leben müssen. Man zwingt sie in Hockstellung, indem man ihnen die Handgelenke an die Füße fesselt, man pfercht sie in »Connex«-Boxen, wo sie fast ersticken.

— Menschen werden als lebende Minensuchgeräte

benutzt, mit ihren Händen und Füßen müssen sie die Minenfelder absuchen.

Für viele ist das Leben zur Hölle geworden, und sie beten um ihren Tod. Viele der Opfer sind Männer, Frauen und Kinder, die sich für Wiedervereinigung und Selbstbestimmung eingesetzt und dafür gekämpft haben. Es sind Menschen, die sich als Pazifisten oder als Mitglieder religiöser Sekten, die sich aus moralischen und weltanschaulichen Gründen der autoritären Politik von Thien und Ky widersetzten. Es sind Künstler und Intellektuelle, die sich dem schöpferischen Ausdruck verschrieben haben und darum von der totalitären Politik Ihrer Regierung geächtet werden.

Amnesty International und andere Organisationen haben darum gebeten, die Bedingungen in den Gefängnissen unparteiisch untersuchen zu dürfen. Sie erhielten keine Antwort. Angehörige, die nach dem Verbleib ihrer Männer und Frauen, ihrer Söhne und Töchter fragen, werden abgewiesen.

Es war das ständige Engagement für die Grundrechte der Menschenwürde, der Freiheit und Selbstbestimmung, das so viele Amerikaner dazu bewog, gegen die südvietnamesische Regierung und unsere Beteiligung an dem Krieg zu protestieren. Eben dieses Engagement zwingt uns jetzt dazu, uns offen gegen Ihre brutale Mißachtung der Menschenrechte auszusprechen. Wie in den sechziger Jahren erheben wir unsere Stimme, damit Ihr Volk leben kann.

Wir appellieren an Sie, die Inhaftierungen und Folterungen zu beenden – ein internationales Team neutraler Beobachter zuzulassen und ihm Einblick in Ihre Gefängnisse und Umerziehungslager zu gewähren. Wir richten die dringende Bitte an Sie, sich an die Grundsätze der Allgemeinen Deklaration der Menschenrechte und des Internationalen Abkommens über Bürgerrechte und politisches Recht zu halten. Als

Mitgliedsstaat der Vereinten Nationen ist Ihr Land dazu verpflichtet.

Wir richten die dringende Bitte an Sie, Ihre gegebenen Versprechen einzulösen, Freiheit und Menschenwürde... und einen wirklichen Frieden in Vietnam zu gewährleisten.

Joan Baez
Vorsitzende, Humanitas/Internationales Menschenrechtskomitee.

Mitunterzeichnet haben:

Ansel Adams
Edward Asner
Albert V. Baez
Joan C. Baez
Peter S. Beagle
Hugo Adam Bedau
Barton J. Bernstein
Daniel Berrigan
Robert Bly
Ken Botto
Kay Boyle
John Brodie
Edmund G. »Pat« Brown
Yvonne Braithwaite Burke
Henry B. Burnette jr.
Herb Caen
David Carliner
Cesar Chavez
Richard Pierre Claude
Bert Coffey
Norman Cousins

E. L. Doctorow
Benjamin Dreyfus
Ecumenical Peace Institute Staff
Mimi Farina
Lawrence Ferlinghetti
Douglas A. Fraser
Dr. Lawrence Zelic Freedman
Joe Fury
Allen Ginsberg
Herbert Gold
David B. Goodstein
Sanford Gottlieb
Richard R. Guggenhime
Denis Goulet sr.
Bill Graham
Lee Grant
Peter Grosslight
Thomas J. Gumbleton
Terence Hallinan
Francis Heisler

Nat Hentoff
Rev. T. M. Hesburgh, C. J. C.
John T. Hitchcock
Art Hoppe
Dr. Irving L. Horowitz
Henry S. Kaplan, M.D.
R. Scott Kennedy
Roy C. Kepler
Seymour S. Kety
Peter Klotz-Chamberlin
Jeri Laber
Norman Lear
Philip R. Lee, M.D.
Alice Lynd
Staughton Lynd
Bradford Lyttle
Frank Mankiewicz
Bob T. Martin
James A. Michener
Marc Miller
Edward A. Morris
Mike Nichols
Peter Orlovsky
Michael R. Peevey
Geoffrey Cobb Ryan
Ginetta Sagan
Leonard Sagan, M. D.
Charles M. Schultz
Ernest L. Scott
Jack Sheinkman
Jerome J. Shestack
Gary Snyder
I. F. Stone
Rose Styron
William Styron
Lily Tomlin
Peter H. Voulkos
Grace Kennan Warnecke
Lina Wertmüller
Morris L. West
Dr. Jerome P. Wiesner
Jamie Wyeth
Peter Yarrow
Charles W. Yost

Wir haben 110 000 Mark gesammelt, um den Brief in den vier großen Tageszeitungen veröffentlichen zu können: in der *New York Times,* der *Washington Post,* der *Los Angeles Times* und dem *San Francisco Chronicle.* Doch hatte ich das Gefühl, vor seiner Veröffentlichung noch selbst mit dem UNO-Beauftragten sprechen zu müssen.

Ginetta und ich trafen uns mit dem Gesandten und seinen zahlreichen Mitarbeitern bei Tee, Kuchen und in Blumenvasen versteckten Mikrophonen. Eine Zeitlang unterhielten wir uns in freundlichem Plauderton, dann aber legte ich dem Gesandten ein höfliches Ultimatum vor: Entweder gibt Hanoi uns die schriftliche Zusage, daß Vertreter von Amnesty International innerhalb der nächsten sechs Monate nach Vietnam einreisen dürfen und dort überall, wo sie es wünschen, freien Zugang erhalten, oder unser Brief erscheint ganzseitig in den Zeitungen.

Der Gesandte erklärte mir daraufhin, daß ich völlig falsch informiert sei und daß die Menschenrechte in Vietnam die besten der Welt wären. Ich hörte geduldig zu, lächelte dann traurig und meinte, er habe seine Pflicht getan, aber jetzt müsse ich die meine tun.

Unsere Begegnung hatte durchaus ihre lichten Momente. So gestand uns der Gesandte zu, daß es bedauerlicherweise nach jeder Revolution zu vereinzelten Fällen von Gefangenenmißhandlung käme. Er würde sich gern um einen solchen, uns bekannten Fall kümmern. Da holte Ginetta ihren ganzen Aktenkoffer voll mit Unterlagen über Menschen, die zu diesem Zeitpunkt in Vietnam inhaftiert waren, klappte den Deckel auf und verschwand praktisch hinter den Bergen erdrückenden Beweismaterials, wobei sie angeregt plauderte und ihre großen, braunen Augen vor Schadenfreude funkelten. Diese Augen hatten, als Ginetta siebzehn Jahre alt war, die Vergewaltigung ihr Freundinnen und Kolleginnen mitansehen müssen und sich vor den Greueltaten verschlossen, die ihr selbst in den Zellen und Verliesen der italienischen Faschisten angetan worden waren.

Jetzt legte sie einen einzelnen Aktenstapel auf den Tisch, der allein schon ausgereicht hätte, die Regierung in Hanoi in Mißkredit zu bringen. Doch wahrte der Gesandte das Gesicht, hob die Hände, als wolle er ein aufgeregtes Schulkind beschwichtigen, und sagte, dies sei wohl nicht der richtige Augenblick. Wohl wissend, daß sie ins Schwarze getroffen hatte, sagte Ginetta: »Ja, natürlich, Sie haben bestimmt viel zu tun. Ich schicke Ihnen diese Unterlagen später zu.«

Als der Brief erschien, war die Hölle los.

Ich wurde als CIA-Ratte bezeichnet. »Es ist eine Ehre«, entgegnete ich, »sowohl als CIA-Ratte als auch als KGB-Agentin bezeichnet zu werden. Was ich tue, muß also das Richtige sein. Wenn sie mich beide bezahlten, wäre ich reich.«

Man beschuldigte mich des »Verrats« an den Vietnamesen. »An welchen Vietnamesen?« fragte ich.

Ob ich nicht zumindest die Möglichkeit in Erwägung ziehen wolle, daß meine Fakten falsch sein könnten?

»Ich würde eher Regierungsbeamte in aller Welt zu Unrecht angreifen (und mich gern bei ihnen entschuldigen, falls ich mich getäuscht haben sollte), als nur einen politischen Gefangenen zu beschuldigen, dem ich heute vielleicht helfen kann, den zu erreichen mir später aber unmöglich sein könnte.«

Vietnam als Einzelbeispiel herausgegriffen zu haben, war für den bekannten linken Anwalt William Kunstler »ein Akt der Willkür und Unmenschlichkeit«. Er ging noch einen Schritt weiter und sagte: »Ich halte nicht viel von öffentlichen Angriffen auf ein sozialistisches Land, selbst wenn es dort zu Verletzungen der Menschenrechte gekommen sein sollte.« Immerhin war Kunstler aufrichtig und konsequent, wenn auch in meinen Augen lächerlich.

Seine Reaktion aber war mir immer noch lieber als die des bekannten Pazifisten Dave Dellinger. Dem ersten Teil seiner Erklärung konnte ich noch zustimmen: »Sie müssen wirklich naiv sein, um zu glauben, daß eine leninistische Revolution Gedankenfreiheit zulassen könnte. Viele Amerikaner sind im Hinblick auf die Zukunft Vietnams, falls

»unsere« Seite gesiegt hätte, sehr naiv gewesen. Solche Illusionen hatte ich nie, obwohl ich mich darum diesem verbrecherischen Krieg nicht weniger widersetzt habe. Also erwarten Sie heute nicht von mir, daß ich schockiert bin.« Und warum weigerte er sich dann, die Menschenrechtsverletzungen in Vietnam zu verurteilen? »Weil jede Erklärung dieser Art dazu benutzt wird, einer Regierung zu schaden, die nicht nur mit den enormen Problemen, für die wir verantwortlich sind, fertig zu werden versucht, sondern die mit Sicherheit auch auf dem richtigen Weg ist, die Lebensbedingungen der Vietnamesen zu verbessern.«

Die *New York Times* brachte unter der bescheidenen Überschrift »Die Wahrheit über Vietnam« einen ganzseitigen Beitrag, der von sechsundfünfzig liberalen Linken unterzeichnet worden war und mir vorwarf, Tausende als »Gefangene aus Gewissensgründen« bezeichnet zu haben, ohne »den geringsten Beleg dafür anzuführen. (Tatsächlich sind es) 400 000 Handlanger des vorigen, barbarischen Regimes...« Die Unterzeichnenden versicherten mir und der amerikanischen Öffentlichkeit, daß »Vietnam die Menschenrechte in einem Umfang beherzige, der in seiner Geschichte einmalig sei«, und daß der vietnamesischen Bevölkerung heute »eine kostenlose Ausbildung, ärztliche Betreuung und Gesundheitsvorsorge im Sinne der Menschenrechte zuteil würde, wie sie in den Vereinigten Staaten erst erreicht werden müsse«.

Von David McReynolds, Don Luce, Philip Berrigan und anderen erschien ein weiterer offener Brief, der hinsichtlich der gegenwärtigen Menschenrechtsverletzungen keine Stellung bezog, dafür aber auf eine baldige Versöhnung mit Vietnam drängte. Auch ich befürwortete die Anerkennung der Regierung in Hanoi. Einer solchen Versöhnung hätte auch die Tatsache, daß es sich um eine Diktatur handelte, gewiß nichts im Weg gestanden, wenn sie für uns von Vorteil gewesen wäre. In diesem Fall jedoch war sie es nicht.

Die einzige offizielle Reaktion kam von dem vietnamesischen UNO-Beobachter Dinh Ba Thi: Meine Anschuldigungen »entbehrten jeder Grundlage« und stellten eine »Verleumdung des vietnamesischen Volkes« dar.

Die Reaktionen von rechts fielen natürlich noch schlimmer für uns aus. Man nannte mich und die Mitunterzeichner »neuentdeckte Menschheitsbeglücker«, zeigte sich aber, was die Vergebung unserer früheren Missetaten betraf, von enormer Großzügigkeit: »Wie die Bibel uns lehrt, ist der verlorene Sohn stets willkommen, ganz gleich, wie lange er auf sich warten ließ.« Obwohl auch Gouverneur Reagan mich in seiner wöchentlichen Rundfunksendung mit glühenden Worten erwähnte, war meine Existenz als Liebling der Rechten nur von kurzer Dauer. Sie endete mit meiner Reise nach Argentinien und Chile und meinem Besuch bei den Frauen von der Plaza de Mayo im Jahr 1981.

Doch gab es auch andere Reaktionen – ein Echo, das von Menschen aus aller Welt kam, die das Thema ohne ideologische Scheuklappen sahen, die uns bestärkten und uns Mut zusprachen.

Und was hat der Brief, wenn überhaupt, in Vietnam selbst bewirkt?

Wie ich hörte, ist es schon bald zu einigen Veränderungen gekommen. Die Regierung in Hanoi hatte reagiert, wie die meisten reagieren: Sie schätzte es nicht allzusehr, in der internationalen Öffentlichkeit kritisiert zu werden. Viele Gefangene kamen frei. Und die Mauer des Schweigens, die Vietnam um sich errichtet hatte, war durchlässiger geworden. Betrüblicherweise ist heute, 1987, die Situation immer noch schlimm genug.

THE BRAVE WILL GO
Wir flogen nach Thailand

Als Jeanne und ich uns 1976 überlegten, ob man nicht die Sechste US-Flotte zur Rettung der Boat People ins Südchinesische Meer entsenden könnte, war ich an der Ostküste auf Tournee.

Kurzentschlossen flogen wir nach Washington, D. C. Bei einer Cocktailparty wurde ich auf meine Bitte dem Staatssekretär des Marineministeriums vorgestellt, einem liebenswürdigen Mann, dem die Tatsache, daß ich Joan Baez, eine aktive Kriegsgegnerin war, nichts auszumachen schien.

»Was wäre erforderlich, um die Sechste Flotte ins Chinesische Meer zu entsenden, damit sie die Bootsflüchtlinge aufnehmen kann?«

»Befehl von meinem Chef.«

»Von welchem Chef?«

»Vom Präsidenten.«

»Wie müßte man vorgehen, damit es zu diesem Befehl kommt?«

»Warum fragen Sie ihn das nicht selbst?«

Noch am selben Abend rief ich Ginetta in Kalifornien an:

»Du könntest doch ein großes Konzert für die Boat People geben, auf der Wiese vor dem Weißen Haus!« Vielleicht nicht auf dieser Wiese, überlegte ich mir, aber doch nicht weit davon. Und dann ein Marsch zum Weißen Haus, mit brennenden Kerzen.

Es hat nur ein paar Tage gedauert, um das Konzert zu planen, Ort und Zeitpunkt festzusetzen und die Erlaubnis für den Marsch einzuholen. Ich schrieb einen persönlichen Brief an Präsident Carter. Darin erklärte ich ihm, daß dieser Marsch keinesfalls als Protestkundgebung zu verstehen sei, sondern als ein Akt, mit dem die amerikanische Bevölkerung ihre Bereitschaft demonstrieren wolle, ihn, den Präsidenten, in jeder seiner humanitären Bemühungen zur Rettung der Boat People zu unterstützen. Ich schlug ihm vor, die Sechste Flotte auslaufen zu lassen, und lud ihn zu meinem Konzert ein.

Präsident Carter ist nicht gekommen. Aber 7000 Menschen haben sich am Abend des 19. Juli 1979 am Lincoln-Denkmal eingefunden. Nach Abschluß des Konzerts marschierten wir mit brennenden Kerzen zum Weißen Haus, machten vor den Toren halt und beteten. Zurück im Hotel, erreichte ich mein Zimmer noch eben rechtzeitig, um im Fernsehen Jimmy Carter zu sehen, wie er aus dem Weißen Haus trat, über den Rasen auf den hohen Gitterzaun zuging und verkündete, daß er die Sechste Flotte ins Chinesische Meer entsenden werde. Ich rief den Marine-Sekretär an und fragte, ob ich das richtig verstanden hätte. Er bestätigte die Nachricht und sagte, daß der Präsident mich am nächsten Morgen gegen neun Uhr anrufen würde. Als Carter tatsächlich anrief, konnten wir uns nur gegenseitig beglückwünschen.

Die Vietnamesen waren in Laos eingedrungen. Tausende sind zu Fuß oder schwimmend »in die Freiheit« geflüchtet. Kambodscha litt noch immer unter dem Regime der Roten Khmer, die in den Trümmern und dem Chaos, das wir hinterlassen hatten, einen guten Nährboden fanden. Aber die laotischen und kambodschanischen »Land People«, also die Flüchtlinge auf dem Landweg, waren den Medien noch keine Nachricht wert. Und so beschlossen Jeanne und ich, nach Südostasien zu fliegen und vietnamesische, laotische und kambodschanische Flüchtlingslager zu besuchen: Vielleicht gelang es uns, die Öffentlichkeit auf ihre Notlage aufmerksam zu machen.

Wir flogen nach Thailand und nahmen in Bangkok einen

Nachtzug, der voll mit Flüchtlingen, Journalisten und Fernsehteams in den Norden des Landes fuhr. Dort wollten wir am nächsten Tag das Flüchtlingslager der Hmong besuchen, und dort war auch ein Konzert geplant. Die Hmong waren Flüchtlinge aus dem laotischen Bergland, die sich nach Thailand gerettet hatten.

Türen und Holzverkleidungen des Schlafwagens waren aus dunklem Mahagoni und die gläsernen Lampenschirme so alt wie ihre Fassungen. In den Gängen zwängten wir uns aneinander vorbei und stellten uns vor, daß Ingrid Bergman in einem der Salonwagen saß, rauchte und von Humphrey Bogart träumte. Als der Morgen dämmerte, sah ich die Sonne rot über den Reisfeldern aufgehen, die schon zu dieser frühen Stunde von den Bauern mit ihren Ochsen bestellt wurden und im leichten Morgennebel unbeschreiblich friedlich wirkten. Ich sah, wie die rote Sonne erst gelb, dann weiß und schließlich zu hell für die Augen wurde.

Hungrig und schwitzend setzten wir die Reise in einem überfüllten Lastwagen fort, rumpelten über das hügelige Land und hörten von einer Tonbandkassette des thailändischen Fahrers *Kumbaya*, gesungen von Joan Baez. Auf meine Frage hin zeigte er mir das Foto auf der Kassette – ein orientalisches Mädchen mit langem, schwarzen Haar, eine Thailänderin, wie ich vermutete.

»Was steht da geschrieben?« fragte ich.

»Joan Baez' Greatest Hits.«

»Sie machen wohl Scherze«, sagte ich ungläubig und fragte mich, wer hier wohl die Tantiemen einstrich.

Als wir uns dem Lager näherten, sahen wir an einer Kreuzung Leute stehen, darunter unser Filmteam. Sie winkten und riefen uns aufgeregt etwas zu. »Da unten versucht eine Gruppe laotischer Flüchtlinge an Land zu kommen. Sie sind von Laos hergeschwommen, und jetzt droht ihnen die thailändische Grenzpolizei, sie zurückzuschicken oder zu erschießen.«

Auf meine Frage, wer hier Befehle zu erteilen hätte, nannten sie mir einen thailändischen Colonel draußen im Lager. Sie selbst wollten zum Flußufer und versuchen, die Grenzer mit ihren Kameras einzuschüchtern.

Als wir im Lager ankamen, verlangte ich den Colonel zu sprechen. Ein kleiner, fetter Mann, schien er sehr zufrieden mit seiner Position und war über die Vorgänge am Flußufer auch genau im Bilde. Er sprach englisch.

»Es muß ein wundervolles Gefühl sein«, sagte ich, als man uns vorgestellt hatte, »so wie Sie in diesem Augenblick Macht über Leben und Tod zu haben.« Dabei betrachtete ich ihn genau, sah mir sein Lächeln an und seine Augen und überlegte mir, wo seine schwache Stelle sein könnte. Zweifellos in seinem Stolz, dachte ich.

»Was für eine Art Mann sind Sie, Ihrer eigenen Einschätzung nach?« Da er nur lachte, gab ich mir selbst die Antwort.

»Spielt ja auch keine Rolle, was für eine Art Mann Sie zu anderen Zeiten sind. Heute aber könnten Sie ein Mann Gottes sein und diesen Ärmsten da unten am Fluß das Leben schenken. Sie wissen, daß sie auf Ihre Gnade angewiesen sind.« Der Colonel lachte zum zweiten Mal und fragte, ob ich das wirklich so wichtig nähme.

»Wichtig genug, um vor Ihnen auf die Knie zu fallen und Sie um das Leben dieser Menschen zu bitten«, sagte ich und warf mich wirklich auf die Knie, was ihn in riesige Verlegenheit brachte. Sein Lächeln verschwand, als er sich vorbeugte, mich am Arm nahm und wieder auf die Beine stellte. Ein Kreis von Leuten hatte sich um uns gebildet. Noch ganz verwundert, wie ich so spontan hatte reagieren können, machte ich mir klar, daß in der Tat nicht viel Zeit zu verlieren war. Schon in diesem Augenblick konnte jeder einzelne Flüchtline ertrunken sein.

»Werden Sie zu meinem Konzert kommen?« fragte ich den Colonel. »Sie müssen kommen. Wenn ich erfahre, daß alle diese Menschen am Ufer und in Sicherheit sind, wird es ein ganz besonderes Konzert sein. Und eins meiner Lieder werde ich Ihnen widmen.« Dann schüttelte ich ihm herzlich die Hand und ging. Mir zitterten die Knie. Ich wußte nicht, ob meine Mission etwas bewirken konnte, aber es war an der Zeit, den Colonel mit seinem Gewissen alleinzulassen. Zumindest hoffte ich, daß es so etwas wie ein Gewissen gab.

In einer Hütte trank ich Tee und gab der Presse Interviews. Hinter der surrenden Kamera sagte einer der Fernsehleute: »Man hat Ihnen vorgeworfen, daß Sie sich hier nur engagieren, um den Verkauf Ihrer Platten anzuheizen.«

»Ach ja?« Du Arschloch, dachte ich, fährst hierher ans Ende der Welt, schleppst einen halben Zentner an Ausrüstung mit dir herum, hörst und erlebst Geschichten, mit denen du eine ganze Ausgabe des *Enquirer* füllen könntest und stellst mir eine so idiotische Frage.

»Ja«, sagte ich, »ich fahre immer an die laotische Grenze, um meine Platten zu verhökern. Ein toller Markt ist das hier, besonders in den Lagern.«

Die Lagerbeamten schenkten mir ein Kleid aus handgewebtem, hellblauem Leinen mit einer wunderschönen Hmong-Stickerei am Oberteil. Ich wollte es bei meinem Konzert tragen.

Tausende von Flüchtlingen kamen, um das Ereignis mitzuerleben. In freudiger Erwartung saßen sie da auf dem staubigen Boden und mochten sich wohl fragen, wer ich war und warum ich für sie sang. Ich selbst habe nie erfahren, wie und ob sie mich verstanden haben und wie man mich an Orten wie diesem hier eingeführt und vorgestellt hat.

Wir haben erreicht, was wir uns vorgenommen hatten. Es ist uns gelungen, die »Land People«, (ein Begriff, der analog zu den »Boat People« gebildet worden war) in die Abendnachrichten und damit in die Öffentlichkeit zu bringen.

Bei Einbruch der Dunkelheit verließen wir das Lager und hielten an einem großen Gebäude an einem Berghang an, um nach den rund hundert Unglücklichen zu sehen, die von Laos durch den Fluß geschwommen war. Da saßen sie. Mutlos, elend und völlig erschöpft, starrten sie wie betäubt ins Leere. Andere gingen mit langsamen Schritten auf und ab. Wer konnte wissen, wie viele auf dieser Flucht ertrunken waren? Diese hier aber hatten überlebt, zumindest für diesen Augenblick. Sie konnten Luft schöpfen, ein- und ausatmen, sie konnten von den Speisen essen, die man ihnen reichte, und die Augen schließen. Dann würde der matte, unter den Trümmern ihres Lebens verschüttete Hoffnungsschimmer wieder aufleuchten, würde vor allem von den Kindern wieder angefacht, die am nächsten Morgen, wenn es nicht regnete, lachend und spielend ihre neue Umgebung in Augenschein nahmen. Hoffentlich hat der Colonel in dieser Nacht gut geschlafen.

Auf einer Cocktailparty in Bangkok lernten wir einen anderen Colonel kennen, schlank, groß, geschniegelt von Kopf bis Fuß und gefährlich glatt – aalglatt. Aber er verfügte über einen Hubschrauber, und den brauchten wir.

Der Colonel liebte die Frauen. »Sie wollen dorthin, nicht wahr?« fragte er und zeigte auf eine der Landkarten, die er vor einer Wandtafel entrollte. Ja, sagten wir lächelnd und mit großem Augenaufschlag, dorthin wollten wir.

»Die einzige Möglichkeit, unter annehmbaren Bedingungen dorthin zu kommen, wäre ein Hubschrauber.«

»Was könnten wir tun, damit Sie uns Ihren Hubschrauber für einen Tag zur Verfügung stellen?«

»Sie sind doch eine berühmte Sängerin, nicht wahr?« fragte er lachend und setzte sich.

»Ja.« Einen Hubschrauber für ein Lied — genauso hatte ich mir das vorgestellt. Also sang ich *Swing Low*. Er freute sich diebisch und sagte, ich solle noch mehr singen, Antikriegslieder gegen die verdammten Vietnamesen. Unsere Rechnung ging auf. Ein Pilot würde uns im Hubschrauber in zwei weitere Lager fliegen.

Obwohl ich müde bis zur totalen Erschöpfung war, hielt ich mich auf den Beinen und absolvierte mein Programm. Ich traf viele Leute, hörte mir ihre persönlichen Schreckensgeschichten an und überlegte mir jedesmal, was ich ihnen darauf erwidern sollte. Wie üblich hatte man mich auch in diesem Lager als berühmte Sängerin angekündigt und erklärt, daß ich für sie auftreten werde.

Als mich ein Schwarm von Kindern erwartungsvoll umringte, kramte ich in meinem Gedächtnis nach einem Kinderlied, das ihnen Spaß machen könnte. *Ich liebe meinen Gockelhahn* war mein größter Erfolg, auch als Tierstimmenimitator. Ich liebe mein Schaf, Bäääh! Ich liebe meine Kuh, Muuuuh! Na, und so weiter. Ich kam mir reichlich blöd vor, immerhin aber brachte ich die Kinder zum Lächeln. Sie purzelten übereinander und faßten sich dann gegenseitig am Ellbogen, um sich gegen die verrückte Fremde abzuschirmen. Die schwarzen Augen auf mich und die Aufmerksamkeit auf dieses idiotische, aber höchst unterhaltsame Lied gerichtet, kicherten sie mit ihren Piepsstimmchen wie ein Schwarm von Papageien.

Im zweiten Lager wiederholten sich die Szenen. Schrekkensgeschichten über die Flucht vor der Gewaltherrschaft, Berichte über Gefangenschaft, Folter und Tod. Auch hier die Kinder, die dem Tod und der Hoffnungslosigkeit trotzten. Kinder, für die es immer noch ein Morgen gab.

In diesem Lager erfuhren wir auch von Kambodschas blutenden Grenzen. Tausende strömten allein an diesem Abend nach Thailand – krank, ausgehungert, halbtot. Wir verließen das Lager und feilschten mit dem Piloten, uns zur kambodschanischen Grenze zu fliegen. Er rief seine Vorgesetzten an. Die sagten Nein, doch klang dieses Nein nicht endgültig. Wir gaben nicht auf, bis uns der Pilot unter heftigem Protest zur Grenze flog und irgendwo absetzte. Es gelang uns, ein Auto aufzutreiben, das uns bis zum Kontrollpunkt brachte. Hier aber wurde uns gesagt, daß wir nicht weiterdürften, es sei zu gefährlich, vietnamesische Soldaten hielten Kambodscha besetzt und feuerten Raketen auf die Grenze ab. Wir ließen nicht locker, ließen unsere Verbindungsfäden spielen und führten Telefongespräche. Ein netter Mensch vom Außenministerium, den wir auf einer Cocktailparty kennengelernt hatten und der Thai sprach, redete auf die Beamten ein. Achselzuckend ließ der Grenzposten uns durch. Wir marschierten am Kontrollpunkt vorbei auf die Berge zu.

Mit einem Mal tauchten überall auf der unbefestigten Landstraße Fotografen auf. Und dann sahen wir auch die Menschen an den Straßenrändern und weiter weg zwischen Bäumen und Gebüsch. Sie lagen auf der Erde oder humpelten auf ihren Beinstümpfen, einige bauten sich eine Art Zelt, indem sie Kleidungsstücke über die Zweige breiteten, andere machten sich an einer Feuerstelle Essen in Blechbüchsen warm. Da fiel mein Blick auf einen mageren, dunkelhäutigen Jungen, der reglos am Straßenrand lag. Ich ging zu ihm und kauerte mich neben ihn. Er hatte die Augen geöffnet, starrte vor Schmutz und trug nichts als Lumpen am Leib. Als ich mich umsah, schien es mir, als bewegten sich alle diese Menschen im Zeitlupentempo. Ganz anders die Fotografen, die auf der Jagd nach einer guten Story überall herumschwirrten. So bemerkte ich mit Entsetzen, wie sich zwei Fotografen unter lautem Geschnatter gegenseitig im Weg standen und beinahe dem Jungen auf den Kopf getreten wären. »Mistkerle!« schrie ich sie an und sprang auf. Es fehlte nicht viel, und ich wäre handgreiflich geworden. »Hört auf! Hört sofort auf! Los, weg hier!« Da gingen sie ein paar Schritte rückwärts, wobei sie mich natürlich filmten. Was wir brauchten, dachte ich und gewann allmählich meine Fassung wieder, war eine Geschichte über diesen Jungen und keine Story über einen aufgebrachten Star, der Fotografen in den Dschungel jagt.

Ich stand auf und packte Jeanne am Arm: »Wer könnte wohl den Kleinen ins Hospital schaffen?«

Jeanne pickte sich einen jungen Mann heraus, der für die Presseagentur *Reuter* arbeitete. Der kam auch gleich und sah sich den Jungen an, strich ihm mit einem besorgten »ts, ts, ts« über die Stirn und nahm ihn auf die Arme. Weiter als ein paar Meter aber kam er nicht. Thailändische Soldaten umringten ihn, richteten die Gewehre auf ihn und sagten auf Thai, daß er mit dem Jungen keinen Schritt weiterdürfe.

»Dieser kleine Junge ist sehr krank, ich bringe ihn ins Hospital.« Ohne ein weiteres Wort zu verlieren, ging der junge Mann an den Soldaten vorbei und trug seine dunkle, teilnahmslose Last die Straße hinunter. Jetzt schrien sie wild durcheinander und rannten hinterher, aber er sagte nur, es täte ihm leid, er verstünde kein Thai, und ging weiter. Der Kleine verfolgte aufmerksam die Szene und lauschte den beiden fremden Sprachen, die über seinem Kopf hin- und herschwirrten. Die Soldaten richteten noch einmal die Gewehre auf den Aufrührer und seine Beute, gaben dann aber auf. Wir sahen weiter zu, wie die beiden sich mehr und mehr entfernten, und die Fotografen schossen weiter ihre Bilder.

Am Straßenrand stehend, sprach ich in die Kamera eines CBS-Fernseh-Teams, hatte die Berge im Rücken, die Grenze und den unendlich langsamen Exodus der Flüchtlinge, die aus den »Killing Fields« kamen, den Feldern des Todes. Als Titel eines Films über den Niedergang der Hauptstadt Pnom Penh und die späteren Verwüstungen des Landes ist der Ausdruck »Killing Fields« berühmt geworden. Als ganz in der Nähe ein Geschoß explodierte, wäre ich vor Schreck fast umgefallen. Aber ich faßte mich schnell: Kriegsgetöse war noch immer die beste Garantie dafür, daß eine Story in den Abendnachrichten erschien.

Da kam Jeanne sehr erregt und mit Tränen in den Augen auf mich zu: »Joanie, da drüben stirbt ein Baby! Ich schwöre, es kann jeden Augenblick in den Armen seiner Mutter sterben. Können wir nicht irgend etwas tun?«

Das Baby war tot, es gab nichts mehr zu tun.

Später, als wir schweigend in einem Lastwagen saßen, legte ich den Arm um Jeanne. Das Auto brachte uns in ein Dorf ganz in der Nähe, wo wir uns mit unserem Filmteam, Freunden und Reportern zusammensetzten und uns langsam über den Schock hinweghalfen. Mitten in den Gesprächen steckte der junge Mann von *Reuter* den Kopf durch die Tür und verkündete strahlend, daß es dem kleinen Jungen besser ging: Seit seiner Einlieferung ins Krankenhaus habe er bereits vier Mahlzeiten zu sich genommen.

Bei Wodka-Tonics und in weichen Polstersesseln versunken, saßen Jeanne und ich in der schönen Bar des Pariser Hotels »Lennox« am linken Seine-Ufer, sprachen über unser Leben und das, was wir eben in Südostasien erlebt und erfahren hatten.

In Gedanken noch immer in den Lagern und an der Grenze, überlegten wir uns, was wir nach unserer Rückkehr in die Vereinigten Staaten tun konnten, um unsere Arbeit für die Flüchtlinge sinnvoll fortzusetzen. Nun gab es da ja immer noch meine sehr aktive Gruppe, die sich weiterhin mit den Reaktionen auf den offenen Brief befaßte: Wir hatten uns den Namen »Humanitas« gegeben. Als ich Jeannes Fußspitze hin- und herzucken sah, ahnte ich schon, daß ihr etwas durch den Kopf ging.

»Wie wäre es mit einer Direktorin für Humanitas?«

»Hä?« – So allmählich hatten wir uns einen kleinen Schwips angetrunken.

»Wie wäre es mit einer Direktorin für Humanitas?«

»Fänd' ich toll!«

Unter Jeannes Leitung und in Zusammenarbeit mit einer lokalen Fernsehstation und einer Zeitung startete Humanitas für die kambodschanischen Flüchtlinge eine Spendenaktion, die in den zehn Wochen um Weihnachten 1979 2,5 Millionen Mark einbrachte. Nach der ersten großen Planungssitzung hängte Jeanne ihre Konzession als Grundstücksmaklerin an den Nagel und unternahm zwei weitere Reisen zu den Grenzlagern, um an Ort und Stelle die Verwendung unserer Spendengelder zu überwachen. Daß jeder Pfennig für Lebensmittel und Medikamente ausgegeben wurde, weiß ich mit Sicherheit, weil Jeanne das Geld persönlich verwaltet hat. Und wenn ihr ein Versorgungsprogramm nicht gefiel, dann schuf sie selbst eines – etwa jenes für stillende Mütter und für Kinder unter fünf Jahren, für das wir gemeinsam mit CARE die Schirmherrschaft übernommen hatten.

Nach einiger Zeit, als die Aktion beendet war, kam Jeannes vietnamesische Patenfamilie in San Francisco an.

Janny Thai, ihr Mann Cuong Huynh und ihr Bruder Minh Thai hatten ihre gesamte Habe verkauft und sich mit vierundachtzig anderen Menschen in ein Boot von fünfzehn

Metern Länge gezwängt, das sie von Vietnam in die unbekannten Gewässer des Südchinesischen Meers führte. Auch Tai, Jannys achtjähriger Sohn, hat diese Reise mitgemacht, obwohl er zart und kränklich war und in der Nacht, als sie Vietnam verließen, fast vierzig Grad Fieber hatte. Doch gehörten sie und die anderen ihrer Gruppe zu den Glücklichen, die das Flüchtlingslager lebend erreichten. Wir hatten die Familie bei unserem Lagerbesuch kennengelernt. Und dort hatte Jeanne sich auch entschlossen, die Patenschaft zu übernehmen.

Nach ihrer Ankunft in Kalifornien wohnten die vier bei Jeanne. In den ersten Tagen verschwanden sie fröstelnd unter Bergen von Wolldecken. Ganz gleich, in wie viele warme Sachen und Decken wir sie hüllten, sie froren. Jeanne drehte die Heizung hoch und stellte ihnen weitere Heizgeräte ins Zimmer, aber sie schudderten vor Kälte. Trotz des Schudderns hatte Jannys Bruder schon innerhalb von achtundvierzig Stunden einen Job, und Jannys Mann arbeitete nach einer Woche in einem chinesischen Restaurant. Bald fand auch Janny selbst am Junior College Arbeit und der kleine Tai ging brav zur Elementarschule.

Sechs Jahre später, im Januar 1986, führte die Familie Jeanne und mich zum Essen aus, um ihren neuen Status als frischgebackene US-Bürger zu feiern. Tai ist von durchschnittlicher Größe, hübsch und aufgeweckt und ein guter Schüler. Er spricht cantonesisch und englisch, aber kein vietnamesisch. Seinen Namen hat er in Andy umgeändert. Mich nennt er Tante Joan und erinnert sich immer noch an das Lied mit dem Gockelhahn.

MOTHERHOOD, MUSIC, AND MOOG SYNTHESIZERS
Nur Musik

Ermutigt von Bernie — damals mein Tourneemanager/Lachkumpan/Ex-Geliebter (und jener junge Mann, für den *Love Song to a Stranger* eigentlich geschrieben worden war) — beschloß ich 1975, ein Album herauszugeben, das garantiert »unpolitisch« war. Während und neben meiner Arbeit an *Where Are You Now, My Son?* hatte ich fünfzehn Tonbänder überarbeitet, eine ganze Plattenseite geschrieben, Klavier gespielt und dabei geholfen, Bombengeräusche und Musik in die richtige Reihenfolge zu bringen.

Bei der Arbeit an *Diamonds and Rust* ließ ich mich zum ersten Mal ganz auf die Musik ein, komponierte und saß am Synthesizer. So schrieb ich auch ein kleines, jazziges Liedchen für Gitarre. Als es der Band ganz offensichtlich gefiel, ging ich nach Hause, schrieb den Text für drei Strophen und machte ein richtiges Lied daraus: *Children and All That Jazz.* Ich stellte mich auch nicht quer, wenn mein Produzent David Kirschenbaum Überlegungen anstellte, was sich verkaufen ließ und was nicht. Ich machte Kompromisse und erholte mich dabei. Daß bei der Auswahl kommerziell erfolgreicher Schlager eine Diskussion entbrannte, ließ sich nicht vermeiden. Um solche Schlager kommt man einfach nicht herum. Sie gehören nicht unbedingt zu meiner musikalischen Geschichte, und sie kommen auch nicht von selbst, es sei denn, ich bin mit irgendeiner anderen Band zusammen, trinke ein oder zwei Gläschen oder singe etwas auf spanisch. Wir sahen zwanzig oder dreißig dieser Schlager durch, wobei mir *Blue Sky* noch am wenigsten mißfiel, ein kleines, gefälliges Liedchen, das von Richard Betts, Mitglied der *Allman Brothers Band* stammte, mich weder besonders interessierte noch sonderlich störte. Und ich muß zugeben, daß es das Album auf seine Art gut abgerundet hat. In vieler Hinsicht ist *Diamonds and Rust* die beste Platte, die ich je eingespielt habe, und sie hat mir am Ende auch eine goldene Schallplatte eingebracht.

Wenn ich mir kein großes, internationales Publikum gewünscht hätte, wäre ich auch nie zu Kompromissen bereit gewesen. Tatsache war und ist aber, daß ich nicht gewillt bin, bei irgendeiner unbekannten Plattenfirma in begrenzter Auflage herauszukommen. Früher hatte ich nicht gewußt, wie schwierig es für einen Künstler sein kann, die wechselnden Strömungen innerhalb der Musik zu überleben. In diesen Jahren jedoch gehörte die Folk Music, gemessen am kommerziellen Barometer, bereits der Vergangenheit an.

Damals begann auch eine Phase, wo ich eine rezeptfreie Droge nahm, die einzige, die ich je geschluckt habe. Ich liebte mein Quaalude und fand, daß schon eine geringe Dosis mein Lampenfieber lindern half und die Lust zur Liebe steigerte. Ich hörte erst damit auf, als man es nirgendwo mehr bekam. Es fehlte mir, aber irgendwie bin ich auch erleichtert, daß es nicht mehr erhältlich ist.

Bernie gewann immer mehr Einfluß auf mein Leben, schon darum, weil er mich dazu brachte, die Dinge leichter zu nehmen, Spaß zu haben und allein um des Singens willen zu singen. Als ich auf einer Tournee durch die Staaten war, hat er mich sogar persönlich einem hinreißenden Tourneebegleiter namens Carlos vorgestellt. Carlos war Mexikaner, zehn Jahre jünger als ich, mit dunklen Locken und einer Haut aus Seide. Er hatte große, schwarze Augen, die einen Eisberg zum Schmelzen bringen konnten, eine Art, witzig zu sein, die mich oft tagelang zum Lachen brachte, und abrupte Stimmungswechsel, die mich ausgesprochen nervös machten. Zieht man alles in Betracht − puristische Folk-Fans, die sich betrogen, Politisierer, die sich verraten fühlten, neue

Fans, die ganz »up to date« und der Meinung waren, ich sei noch nicht locker genug –, waren die Konzerte dieser Tournee ein Erfolg. Damals haben wir auch *From Every Stage* aufgenommen und 1976 herausgebracht.

Es muß diese Zeit gewesen sein, daß meine Stimme mir Schwierigkeiten machte. Ich war nie zuvor auf die Idee gekommen, daß sich an meinem »schmerzhaft reinen Sopran« etwas ändern könnte. Aber jetzt wurden mir zwei Dinge sehr deutlich: Erstens war ich kein Sopran mehr und hatte in der Tat Schwierigkeiten, die hohen Töne überhaupt noch zu treffen, und zweitens saß mir ein ständiger Reiz in der Kehle, von dem ich mich zwischen den Tönen immer wieder befreien mußte. Doch in der Annahme, unverwüstlich zu sein, habe ich diese Probleme in den folgenden drei Jahren schlichtweg ignoriert.

1976 schrieb ich auf der *Rolling-Thunder-Tournee* eine Reihe von Liedern, von denen *Gulf Winds* das beste war und den Titel für meine nächste und letzte Platte bei A & M abgab.

Bernie war es gelungen, mich Manny abspenstig zu machen. Manny war und ist ein Produzent von Folk Music. Aber ich wollte mit der Zeit gehen. Ohne mir darüber klar zu werden, hatte ich den Wettlauf gegen die Zeit und das Alter angetreten und jetzt den plötzlichen Wunsch, anders zu sein: super, toll, Klasse – all das, was ich vorher nie gewesen war. Von Bernie ermutigt, der in vielen Dingen recht behalten hatte, nicht aber in diesem Punkt, machte ich den dümmsten »Karriereschritt« meines Lebens: Ich verließ A & M und ging zu einer kleinen, überaus rührigen Plattenfirma namens Portrait, einem zukünftigen Ableger von CBS. Dort nahm ich *Blowin' Away* auf, ein gutes Album mit einer fürchterlichen Plattenhülle. Nachdem Bernie und ich uns getrennt hatten, stand ich nun ohne Manager da. Diese

Tatsache lag für jeden auf der Hand, nur nicht für mich, und sie wurde entsprechend ausgenützt. *Blowin' Away* kam mit einem Foto von mir heraus, das mich in einem silbernen Rennfahrerjäckchen zeigt, mit einer Fliegerbrille aus dem Zweiten Weltkrieg und der amerikanischen Flagge am Ärmel. Es sollte komisch wirken, aber es spiegelte nur meine völlige Verwirrung wider und meine Ratlosigkeit, wie es mit meiner Musik und meinem Leben weitergehen sollte.

In meinem neununddreißigsten Lebensjahr stellte ich fest, daß ich einen Gesangslehrer brauchte. Drei Leute hatten mir ein und denselben Mann empfohlen: Robert Bernard.

»Nun, wo liegt das Problem?«
»Meine Stimme funktioniert nicht mehr so recht. Ich habe Schwierigkeiten mit den hohen Tönen.«
»Singen Sie beruflich oder nur zum Spaß?«
»Beruflich.«
»Ja, verstehe. Dann füllen Sie mal das Formular aus . . . Wie heißen Sie?«
»Joan —«
»Oh, haha, Joan, und wie weiter? Joan Sutherland? Haha!«
»Nein, Joan Baez.«
»Ach herrje! Mein Gott, ist das komisch! Das ahnte ich ja nicht!«
Dabei wurde er rot wie eine Tomate und preßte die Hand auf den Mund, um nicht laut loszulachen.

Als meine Stimme allmählich wieder Schliff bekam, ging mein Verhältnis zur »Industrie« langsam in die Brüche. *Blowin' Away* lief nicht besonders gut. Ich verbrachte einen fürchterlichen Abend mit einem der Geschäftsführer von

Portrait, der mir als »ein ganz toller Kerl, du wirst begeistert sein«, angepriesen worden war, der mich aber mit seinem Vorschlag, das nächste Album mit gängigen und gut verkäuflichen Autoren zu bestücken, noch unterhalb meiner ohnehin niedrigen Toleranzschwelle traf. Da ich selbst unter den genannten Autoren nicht auftauchte, schlug ich mich selber vor. »Ja, natürlich«, meinte er, »eines Ihrer Lieder kann ja nicht schaden.« Eine so ausgiebige, gnadenlose Wut hat mich selten gepackt. Ich haßte diesen riesigen Kerl, diesen Laumann mit seinen fetten Fingern und schlechten Manieren. Die Tatsache, daß ich kein »heißer Tip« mehr war, wollte ich einfach nicht begreifen. Und so fuhr ich wieder nach Muscle Shoaes, um *Honest Lullaby* aufzunehmen.

Erst ganz allmählich setzte der für mich so schmerzliche und demütigende Erkenntnisprozeß ein, daß ich, obwohl zeitlos in der Welt der Musik, zumindest in den Vereinigten Staaten im Moment nicht mehr zeitgemäß war.

7. Ripping Along Toward Middle Age

A TEST OF TIME
Wenn die Jahre vergehen

Umringt von Presseleuten und starsüchtigen Gaffern stand er knapp sieben Meter von mir entfernt. Barfuß wie immer und in einem roten Kleid, lehnte ich an einem Pfeiler der Capitoltreppe und versuchte, in der Hoffnung, er würde nur ein Mal zu mir herüberschauen und mir in die Augen sehen, einen Blick auf sein Gesicht zu erhaschen. Als er in der Menge verschwand, klopfte mein Herz wie wild und ich zitterte am ganzen Körper. Das war Marlon Brando 1963.

Ich war etwa fünfzehn Jahre alt, als mich jemand ins Kino mitnahm, wo zwei Brando-Filme hintereinander liefen: *A Streetcar Named Desire* – *Endstation Sehnsucht* und *On the Waterfront* – *Die Faust im Nacken*. Wenig später sah ich dann *The Wild One* – *Der Wilde*. Ade, schöne Welt. Blaue Blitze hatten mich erschlagen. Da war er, der großartige, finstere Held, der Sieger, der Rowdy, das verletzte Kind, der Rebell. Der attraktivste Mann, den ich je gesehen hatte. Ein Schaustück an Sex, brutal und zärtlich. Granit und Seide. Zu allem Überfluß schien er ein fähiger Schauspieler zu sein. Aber vielleicht war man von seiner charismatischen Ausstrahlung so überwältigt, daß man gar nicht anders konnte, als ihn für einen unglaublich guten Schauspieler zu halten.

Mit aller Macht hatte mich meine erste, alles verzehrende

Kinoleidenschaft gepackt. Heiße Schauer überliefen mich. Ich verfiel in Trübsinn und träumte am hellen Tag. Ich betete und malte mir aus, daß er auf seinem Motorrad angerauscht kam und daß ihm beim Anblick meiner langen schwarzen Haare, meiner braunen Haut und meiner klaren, wissenden Augen die Luft wegblieb. Daß er nur den einen Wunsch hatte, mich mitzunehmen, irgendwohin. Überallhin. Und dann, wenn wir nach einer langen, wahnsinnig aufregenden Fahrt dort angelangt waren – ich mit aufgelöstem Haar und glühendem Gesicht –, würde er mich küssen. In meinen Phantasien hat er mich überall und pausenlos geküßt, zärtlich und leidenschaftlich geküßt. Am Strand. Unter Ulmen und Eichen. In der Wüste bei Sonnenuntergang. Wir küßten uns durch die täglichen sieben Schulstunden und die drei Stunden Hausaufgaben am Abend. Wir küßten uns beim Tischdecken, beim Abwaschen und jeder Art von Hausarbeit, bei der ich allein war. Nur bei den gemeinsamen Mahlzeiten rief ich mich widerstrebend zur Ordnung, damit die Familie nichts von meinem Geheimnis erfuhr. Diese Liebe war meine Wirklichkeit und sie gehörte mir allein.

In meinen Phantasien trug ich indianische, mit Perlen bestickte Gewänder aus weicher Tierhaut, besetzt mit Lederfransen, Troddeln und Federn. Die Fransen, Troddeln und Federn hatte ich dabei so geschickt plaziert, daß sie meine hoffnungslos flache Brust versteckten. Raffiniert wie ich war, ließ ich aber die gesamte Aufmachung etwa auf der Mitte meiner Oberschenkel aufhören, was meine zwar dünnen, aber doch recht ansehnlichen, bronzefarbenen Beine gut zur Geltung brachte. Niemals aber wären wir einen Schritt weitergegangen – wir küßten uns, das war alles. Um die Mitte der fünfziger Jahre gab es noch viele, die so dachten wie ich und noch als Fünfzehnjährige Jungfrau waren, oder zumindest Fast-Jungfrauen. »Fast«-Jungfrau zu sein, bedeutete, daß wir in einem unkontrollierbaren Zustand heftigster Leidenschaft und Verwirrung auf dem Rücksitz eines Autos, vorzugsweise auf einem verstellbaren Polstersitz, unsere kostbare Jungfernschaft einer beharrlichen Hand überließen — der Hand eines Älteren, der »eine Menge Erfahrung«, aber sehr wohl begriffen hatte, daß Geschlechtsverkehr im Sinne eines »bis zum Letzten Gehens« nicht in Frage kam, zumindest nicht jetzt. Vielleicht im nächsten Sommer.

Mein Phantom Marlon verstand das alles und begnügte sich damit, von einem Drehbuch ins nächste zu wechseln, ausgedehnte, dramatische Szenen und wilde Motorradrennen zu liefern, die stets in dem einen immer gleichen Kuß ihren krönenden Abschluß fanden. Trotz des merklichen Rückgangs meiner Zensuren und meines Körpergewichts, war diese Affäre sehr viel leichter zu verkraften, als wenn ich eine konkrete Beziehung mit irgendeinem öden Jüngling hätte durchstehen müssen, über dessen Pickel und sonstige Unzulänglichkeiten ich früher noch hinweggesehen hätte, die mir heute aber bestenfalls als Störung, schlimmstenfalls als pure Zumutung erschienen wären. Im blendenden Glanz meines Phantoms verblaßten alle diese Lokalheroen.

Als ich achtzehn war und mir zusammen mit meiner Mutter *The Young Lions — Die jungen Löwen* ansah, gestanden wir uns bei Karamelbonbons zu, jahrelang derselben Leidenschaft gefrönt zu haben. Mochte mein Vater noch so sehr über ein leichtes Zurückweichen des Brandoschen Haaransatzes witzeln: Sein Versuch, mein Idol in den Schmutz zu ziehen, ließ mich völlig kalt. *Die jungen Löwen* habe ich viermal gesehen, hauptsächlich wegen der silberblonden Haarspitze in Marlons Nacken, an der ich mich nicht sattsehen konnte.

Unter dem legitimen Vorwand, für irgendeinen guten

Zweck Geld einzutreiben, habe ich Marlon irgendwann in den späten sechziger Jahren persönlich kennengelernt. Als ich vor seiner Haustür stand und ihn begrüßte, überreichte er mir eine Gardenie. Heute sehe ich diese weiße Blüte durch einen sehnsüchtigen, süß duftenden Schleier. Ich kann sagen, daß er ein Gentleman und daß er lustig war. Obwohl er behauptete, glücklich zu sein, kam er mir müde vor, ein wenig traurig und abgespannt.

Gewiß war Marlon Brando irgendwie älter geworden. Aber ich hatte keine Schwierigkeiten, in seinen Augen die des jungen Löwen, des Wilden und aller meiner Phantasien wiederzufinden. Zeit war ein Schleier. Meine Erinnerungen an diese Begegnung sind so sehr mit einem Gefühl der Ergriffenheit verwoben wie die Gardenie mit ihrem himmlischen Duft.

Erst kürzlich bin ich zusammen mit einer Freundin im Kino gewesen und habe mir *Die Faust im Nacken* angesehen, zum fünften oder sechsten Mal. *Der Wilde,* der am selben Abend als erster Film lief, hatte schon angefangen und riß mich wie im Sturm zurück durch alle Schleier, zurück in die frühen Jahre und zu meinem Phantom. Bei den Nahaufnahmen seufzte ich, gefolgt vom Chor der anderen Frauen, unüberhörbar auf und zischte Johnnys Verfolgern obszöne Schimpfworte zu. Ich wartete auf sein Lächeln in der Schlußszene, wo er auf seiner Maschine ins Nirgendwo braust und die alte Filmspule flimmernd zum Stehen kommt. Das Publikum klatschte und jubelte, jeder einzelne schien das Gefühl zu haben, die andern lange schon zu kennen. Als dann der verkratzte, knisternde Schwarzweiß-Vorspann zum millionsten Mal ablief, versank ich in tiefster Ehrfurcht. *Die Faust im Nacken.* Wie in Trance saß ich da und ließ mich anderthalb Stunden lang gefangennehmen von dem magischen Geschehen da vorn, ließ meinen Tränen freien Lauf, die mir unaufhörlich und ungeniert übers Gesicht und auf den Mantelkragen liefen. Bring mir noch einmal Unendlichkeit. Mach sie greifbar für mich. Leg sie in meine Hand oder halte sie mir vor die Augen. Mach eine Smaragdkette daraus oder einen klassischen alten Film mit Marlon Brando.

Einen Monat danach bin ich Marlon Brando erneut begegnet, bei einem Wohltätigkeitskonzert, zu dem sich über 60 000 Leute in einem Stadion versammelt hatten. Es war ein grauer, stürmisch kalter Tag, der ganz nach Regen aussah. Marlon war gekommen, um für die Indianer Nordamerikas Spenden einzutreiben. Während Brando davon sprach, wie man einer guten Sache dienen könne, machte ich, vor Neugier getrieben, ein paar Schritte auf die Bühne zu. Er selbst wolle 10 000 Mark spenden. Wenn ihr aber, fuhr er fort, kein Geld geben könnt, dann gebt euer Herz, eure Kraft, euren Geist. Ich betrachtete seinen Hinterkopf und sein langes, weißes, zurückgekämmtes Haar, das er immer wieder mit den Fingerkuppen glattstrich. Am Schluß seiner Rede, die mit bewegten Worten zu Brüderlichkeit und Gewaltlosigkeit ermahnte, hob er die Arme hoch und ballte die Fäuste – eine Geste, die die Parole »Alle Macht dem Volk« symbolisierte.

Donnernder Applaus, Jubel, Geschrei und Getrampel von 60 000 Menschen war die Antwort. Marlon ging auf die Menge wartender Presseleute und Groupies zu, die ihn rasch umringten. Für kurze Zeit aber entstand eine schmale Lücke, so daß ich sein Gesicht sehen konnte. Ein blasses, müdes und sehr würdevolles Gesicht. Ein altes Gesicht. Die Schleier schwanden. Erstaunlich, daß er so blaß wirkte, fast durchsichtig, ich hatte ihn dunkel in Erinnerung. Er trug ein hellblaues, mexikanisches Hemd und ein offenes Jackett, undefinierbare Hosen und schwarze Cowboystiefel. Und er hatte Übergewicht. Ich fühlte mich noch immer so zu ihm hingezogen, als wäre er mein Leben lang ein Freund gewesen, den ich jahrelang nicht gesehen hatte. Und mehr als das – ein Blutsbruder. Vielleicht war ich in diesem Augenblick auch seine Mutter. All diese Gedanken gingen mir durch den Kopf, als er meinen Blick auffing. Ich lächelte ihm zu, weil ich wußte, daß ich ihn gleich umarmen würde. Er lächelte zurück und kam wie Moses, das Meer zerteilend, auf mich zu. Die Leute wichen zurück und ließen ihn durch. Als ich ihn umarmte, schien es mir, als hätten wir Dutzende von Kriegen gemeinsam durchlebt. Ich sähe großartig aus, meinte er und fragte, was mich so jung erhalten habe. Mein kluger Kopf? Oder etwas anderes? Mein Kopf, erwiderte ich und umarmte ihn zum zweiten Mal. Er war verdammt fett, aber das störte mich nicht. Ich wollte ihm sagen, wieviel er mir in den letzten zwanzig Jahren bedeutet hatte. Ich wollte sein süßes Lächeln sehen. Ich wollte etwas Lustiges sagen, um ihn zum Lachen zu bringen. Da hörte ich, wie der Moderator mich ankündigte, und ging hinaus in den Sturm, um mich den Mikrophonen und 60 000 tobenden und kreischenden Menschen zu stellen.

Nach meinem Auftritt durchbrach ich die Menschenreihen und war wieder bei Marlon. Als wir uns beim ohrenbetäubenden Krach der Rockgruppe, die jetzt an der Reihe war, schreiend etwas zu sagen versuchten, sah ich ihn aufmerksam an. Schleier flatterten davon. Ich sah die Falten in seinen Mundwinkeln und die kleinen, geraden Zähne, ich sah die Augen, die ich tausendmal in großen Kinos und in kleinen Kinos und einmal sogar in natura gesehen hatte. Wir waren umgeben von Jahresringen. Von Jahren umzingelt.

Mag sein, daß Marlon nur noch ein Schatten des früheren Leinwandhelden war. Aber er strahlte eine große Würde aus und sogar ein wenig Weisheit. Er glich einem alten Löwen. Und er war immer noch der Herr des Dschungels.

Eine lebenslange Liebe gebe ich nicht so schnell auf. Ich lehnte mich an ihn und flüsterte ihm ins Ohr. Ich sagte, daß er ein Teil meines Lebens sei und daß ich oft von ihm geträumt hätte. Ich dankte ihm für alles, was er für mich gewesen war. Marlon sah mich verwirrt und ein wenig distanziert an, als habe er mich nicht so ganz verstanden. Der Tag war auch so laut, so kalt und verwirrend. Als ich uns dann von Fotografen umringt sah, lächelte ich ihm nur noch kurz zu. Ich war ganz erfüllt von Liebe.

Vielleicht bedanken sich die Menschen zu wenig bei den alten Löwen, die ihre Jugend an Millionen Augen verschenken, die sie selber niemals sehen.

RECENTLY I WAS IN FRANCE
Französische Tage

Am Nationalfeiertag, dem 14. Juli 1983, wird der französische Staatspräsident wie jedes Jahr am Fuß des Obelisken auf der Place de la Concorde stehen. Er wird auf einer hölzernen, von der Stadt Paris errichteten Plattform stehen und salutierend die Truppen an sich vorbeimarschieren lassen. Man hat die Genehmigung erteilt, diese Plattform einen Tag länger stehen zu lassen, damit ich am 15. Juli dort ein Konzert geben kann. Dieses Konzert ist, bei freiem Eintritt, dem gewaltlosen Kampf gewidmet.

Ich bin ganz krank vor Aufregung. Wir brauchen dringend Plakate, Ankündigungen in Rundfunk und Fernsehen, wir brauchen Mundpropaganda, damit es »ein Ereignis« wird.

Ich verlasse Frankreich wegen einer Deutschlandtournee und nehme meine Magenschmerzen mit. Wie, wenn ich am Fuß des Obelisken ein Konzert gebe und niemand kommt?

Wenn ich allein auf einer hölzernen Plattform stehe, allein mit dem Publikum, das nicht größer ist als das Polizeiaufgebot? Oh Gott. Auch Marie Antoinette hat man hier hingerichtet.

In Würzburg erfahre ich Näheres aus Paris. Es gibt Ärger mit dem Ministerium. Voilà la France. Ich muß jemanden beleidigt haben. Vielleicht den Kultusminister, weil ich seine Einladung, am Nationalfeiertag selbst zu singen, ausgeschlagen habe. Ich rufe im Kultusministerium an.

»Je suis désolée, Madame Baez, mais nous n'avons pas la permission de la Préfecture de Police.« – »Es tut mir sehr leid, Madame Baez, aber wir haben keine Genehmigung von der Polizei.«

Vielleicht ist meine französische Veranstalterin daran schuld, die gern am Telefon Beamte beschimpft.

Die Tage vergehen. Ich bin auf Tournee. Jeden Morgen hoffe ich auf den Anruf aus Frankreich, auf die Mitteilung, daß mein Konzert genehmigt ist. Bis dahin kann auch niemand Reklame dafür machen. Wir ziehen an sämtlichen Fäden und nutzen jeden Kontakt, den ich je in Paris hatte, um an die polizeiliche Erlaubnis zu kommen.

Nach der Deutschlandtournee brauche ich eine Erholungspause.

Ich fahre nach Canisy, zu meinem geliebten Schloß in der Normandie. Das heißt, »mein« Schloß ist es natürlich nicht, sondern seit achthundert Jahren im Besitz der Familie eines jungen Grafen. Aber der Graf gibt mir das Gefühl, daß es meins ist. Im Augenblick ist er verreist.

Mir bleibt jetzt nur noch eine Woche bis zum Fünfzehnten, und die Erlaubnis ist immer noch nicht da.

Noch sechs Tage.

Ich lebe in einem anderen Jahrhundert, gehe spazieren und pflücke Wiesenblumen, ich reite aus und träume.

Noch fünf Tage.

Ich rufe Madame Mitterand an, die Frau des französischen Staatspräsidenten, die ich gut kenne. Sie sei eben aufs Land gefahren, sagt mir die Sekretärin. Ich lege auf und werfe einen finsteren Blick auf die tiefroten Vorhänge dieses herrschaftlichen Salons aus dem siebzehnten Jahrhundert. Sie spotten meiner Ohnmacht. Mein Hilferuf wird Madame nie erreichen.

Aber was soll die verdammte Quälerei – ich pfeif' was drauf und lege mich lieber ins Gras, draußen auf die Wiese neben dem kleinen Haus, wo die Schloßverwalter wohnen. Ich gehe Gänseblümchen pflücken und puste dem Stalljungen, meinem geliebten Cher Ami, einen Kuß zu. Zum Teufel mit den Ministerien. Ich will hier liegenbleiben und dem Summen der Bienen lauschen. Da kommt Cher Ami auf mich zu, die Ärmel aufgekrempelt.

»Téléphone, Madame Baez.«

»Pour moi, Cher Ami? Qui ça?« – »Für mich, wer kann das sein?«

»Le Président de la République de la France«, witzelt er, aber durch sein langes Haar hindurch sehe ich hinter ihm seinen Vater am Fenster stehen, der mir aufgeregt zuwinkt.

»Ha!« ruft er. »C'est pour toi! C'est François! Oui! Il a dit François! Ooo la la!« – »Es ist François«. Dabei grinst mich sein verledertes Gesicht mit der Zahnlücke an. Seine Augen sind so schön wie die seines Sohnes, aber blau und von Falten umgeben. Er zwinkert mir zu und reicht mir den Hörer aus dem hölzernen Kasten.

»Hallo?«

»Bonjour, Joan Baez?«

»Ja.«

»Hier ist François.«

»Welcher François?«

Das muß ein Scherz sein.

»François Mitterand, le président.«

»C'est-à-dire, calmez-vous, tranquillisez-vous.« Also, ich soll mich nicht aufregen, mir keine Gedanken machen.

Wenn mir ein Intellektueller etwas auf französisch sagt, verstehe ich an einem guten Tag etwa die Hälfte und kann auch jetzt nur vermuten, daß es mit meinem Konzert klappt. Und das hier ist, soweit ich es verstehe, eine Einladung zum Mittagessen. Am Donnerstag, im Élysée-Palast.

Da ich ihn schlecht bitten kann, mir die Sache mit dem Konzert noch einmal zu erklären, bedanke ich mich riesig und lege auf. Was ich nicht weiß, ist, ob mein Konzert für dieses oder das nächste Jahr genehmigt ist. –

»Wollen Sie mich auf den Arm nehmen?« ruft meine Veranstalterin aufgeregt ins Telefon. »Er hat Sie persönlich angerufen? Das ist ja ein Ding!«

»Ja, aber was er genau gesagt hat, weiß ich nicht.«

»Ich will mich erst mal erkundigen, ob die Polizei tatsächlich unsere Genehmigung hat.« Klick, aufgelegt.

Und gleich darauf:

»Bei der Polizei weiß man von nichts. Ich werde noch wahnsinnig! Sie bleiben dabei: kein Konzert!«

Ich gehe in mein Zimmer und nehme ein Schaumbad. Massenweise haben sich tote, gewichtslose Fliegen in der Deckenlampe über der Wanne angesammelt. Gleich ziehe ich etwas Hübsches an und gehe die alte Gräfin in ihrem Haus gegenüber den Ställen besuchen. Bei einem Glas Champagner werde ich ihr von meinem Mißgeschick erzählen und ihr auf dem Fliesenboden die dunklen Muster meiner Reitstiefelsohlen hinterlassen.

Sie ist in den Sechzigern, Ärztin, konservativ und, natürlich, Aristokratin. Für den schlampigen Haufen von Sozialisten, die jetzt das Regiment führen, hat sie nichts übrig. Als sie eine junge Frau war, haben die Deutschen das Schloß besetzt und als Unterkunft für die Insassen der Heilanstalt am Ort benutzt, die in Schutt und Asche gebombt worden war. In der Schloßküche, wo es dumpf nach vergangenen Jahrhunderten und spinnwebenbedeckten Weinflaschen riecht, essen wir gemeinsam zu Abend.

Ich gehe durch die ehrfürchtigen Gänge, vorbei an den düsteren Gemälden, den Schattenbildern der Vergangenheit. Heute ist ein schlimmer Tag, denn ich weiß jetzt, daß mein Konzert erst im nächsten Jahr stattfinden wird.

Mein Zimmer ist ein einziges Chaos. Ich muß ein paar Sachen für Paris und das Essen im Élysée-Palast packen. Aus dem Badezimmerspiegel starrt mich ein deprimiertes Gesicht an. Da höre ich eilige Schritte über den Flur kommen.

Es ist die Gräfin in ihren Reithosen.

»Joanie! Telefon für Sie! Jemand sagt, daß Ihr Konzert genehmigt ist!«

»Wer?«

»Ich weiß es nicht.« Noch ganz außer Atem und mit aufgelöstem roten Haar lehnt sie an meiner Tür. »Irgendein schrecklicher Mensch aus einem der Ministerien.«

Zurück also durch die endlosen, widerhallenden Gänge, zurück in ungläubigem Staunen. Mit einem Seufzer nehme ich einmal mehr den Hörer in die feuchte Hand. Ja, sagt der Mann. Die Polizei hat Weisung erhalten, uns die Genehmigung auszustellen.

»Ich frage mich nur, von wem diese Weisung kam...«

»Oh«, sagt er, »die kam von ganz oben.«

»Das kann ich mir denken.« Ich freue mich. Ich bin glücklich. Ich bin mehr als glücklich. Mir schwindelt vor Glück. Dieses ständige Hin und Her, diese dauernden Wechselbäder und das ewige Warten – endlich vorbei!

Cher Ami wird mich nach Paris und in den Élysée fahren.

Er haßt Paris, hat sich die Route vom Schloß bis zum Hotel »Raphael« aber genau eingeprägt.

Ich nehme eine Dusche, bei dieser Hitze aber und im Vorgefühl auf das Essen mit dem Präsidenten stehen mir gleich wieder die Schweißperlen auf Stirn und Nase. Auf meiner hellen Leinenhose ist ein Fleck und der einzige Gürtel, den ich mitgebracht habe, paßt nicht zu meinen hochhackigen Schuhen.

Ich gehe über den Kies und die Stufen des Palais hinauf. Da ich nicht zum ersten Mal hier bin, kenne ich auch den Mann mit der gipsgestärkten Hemdenbrust und der goldenen Schlüsselkette um den Hals. Mit seiner ausgestreckten, weiß behandschuhten Hand führt er mich lächelnd ins Vestibül. Ich bin allein mit Tagesgespenstern und Tapisserien, bis die »Pinguine« kommen und mich durch die Korridore ins Kaminzimmer führen.

Als ich zum ersten Mal in diesem Raum war, trank ich Tee mit dem konservativen Staatspräsidenten. Wir waren ganz allein, aber saßen so weit voneinander entfernt, daß ich ihn kaum verstehen konnte.

Als ich zum ersten Mal die Mitterands besuchte, war hier die ganze Familie versammelt. Und die Hunde tollten über den Teppich.

Diesmal ist nur der offizielle Freund der Familie da, der bis zum Eintreffen von Monsieur und Madame mit mir plaudert. Als uns ihr Kommen angekündigt wird, stehen wir beide auf, ich gehe auf Madame zu und umarme sie. Meinen Satz »Vielen lieben Dank für Ihre Hilfe« habe ich auswendig gelernt. Wie geht es Ihnen, Monsieur le Président? Entschuldigen Sie das am Telefon, aber ich dachte, wenn ich statt der förmlichen Anrede die familiäre gebrauche, könnte das einen Riesenskandal auslösen. Monsieur le Président lächelt nur, mehr nicht.

Wir setzen uns. Fernsehkameras fahren auf, und weitere weiße Handschuhe servieren Getränke auf silbernem Tablett. Ich nehme ein Gin-Tonic, vergesse den Fleck auf der Hose und rede über Gandhi. Der Präsident ist höflich. Er sei Soldat, erklärt er mir.

»Ja, ich weiß«, antworte ich, »so wie ich.«

Danielle lächelt, aber sie lächelt immer freundlich.

»Ob das mit dem schwarzen Vorhang wohl klappt?« frage ich.

»Ja, Sie werden einen bekommen.«

»Wie ich gehört habe, will die Polizei ein aufgemaltes, zerbrochenes Gewehr nicht dulden.«

Madame greift ein: »Nein«, sagt sie, »das kann mein Mann wirklich nicht zulassen.«

»Einen Tag nach dem Nationalfeiertag?« gibt er mir zu bedenken. Ich lächle. Ein Versuch kann nicht schaden.

Die Kameras ziehen ab, die Förmlichkeit bleibt. Ich mag das helle, weiße Eßzimmer und die ausgesucht schönen, pastellfarbenen Blumen in der Mitte der riesigen Tafel. Danielle sitzt meilenweit entfernt, der Präsident zu meiner Linken, der Freund der Familie zu meiner Rechten. Außer dem Dolmetscher ist sonst niemand da.

Der Präsident erzählt Geschichten, und Madame sieht ihn mit aufgestützten Ellbogen über die Tafel hinweg an. Ich glaube, sie ist in ihren Mann verliebt. Der Präsident fragt mich, ob ich auf französisch träume. Ja, sage ich, wenn ich in Frankreich bin. Er mag mich gern, aber er weiß nicht, worüber er mit mir reden soll. Er ist ein kultivierter Intellektueller. Und ich eine kultivierte Zigeunerin.

Kaffee im Kaminzimmer.

Ich singe ein Lied für den Präsidenten, weil er nicht zu meinem Konzert kommen kann. Seine Frau lächelt wie ein kleines Mädchen, sie freut sich, weil er sich freut.

Beim Aufbruch küsse ich beide auf beide Wangen. Der »Pinguin« mit den Schlüsseln bittet mich an ein Schreibpult und fragt, ob ich ihm diese Schallplatte signieren würde. Das tue ich. Dann küsse ich auch ihn. Am Abend bin ich im staatlichen Fernsehen. Sie zeigen das Kaminzimmer und fragen mich, worüber ich mit dem Präsidenten gesprochen haben.

»Über Gandhi«, sage ich.

Auf dem anderen Kanal ist der Präsident zu sehen. Unter den vielen Fragen, die ihm als Staatschef vor dem Nationalfeiertag gestellt werden, wird er auch gefragt, worüber wir bei Tisch gesprochen haben.

»Über Gandhi«, sagt er. »Joan Baez ist eine ernst zu nehmende Sängerin und Kämpferin.«

Am nächsten Tag schlendern Cher Ami und ich über die Champs-Élysées. Ich bin erleichtert, als eine Eisverkäuferin mich fragt: »Vous êtes Joan Baez, n'est-ce pas?« — »Sie sind Joan Baez, nicht wahr?« und ihrer Freundin erklärt, daß ich morgen auf der Place de la Concorde auftreten werde.

Der 14. Juli. Schon früh am Morgen donnern Panzer durch die Stadt. Cher Ami und ich schauen ungläubig aus dem Hotelfenster.

Der 15. Juli. Ich habe gräßliche Magenkrämpfe und bin ganz sicher, daß höchstens fünftausend Menschen zu meinem Konzert kommen. In den Zeitungen stand kein Wort darüber. Cher Ami lacht und wettet mit mir, daß es über fünftausend sein werden.

Fritz und José sind aus Deutschland hergeflogen. Sie kommen zu mir ins Hotel, aber ich bin blaß, nur halb angezogen und habe eine heiße, blaue Bettflasche auf dem Bauch. Weil sie deutsche Männer sind und nicht wissen, was sie sagen sollen, ziehen sie los, um die Bühne zu prüfen.

Um sieben Uhr fahren wir zum Obelisken, wo sich schon

fünftausend Menschen so nah wie möglich um die Bühne versammelt haben.

Das Konzert soll um neun Uhr anfangen. Ich mache die Augen zu und lasse eine ganze Brust voll Luft ab. Noch leicht benommen von den Pillen, gehe ich langsam aufs Mikrophon zu.

Tap, tap. Es funktioniert.

Ein neugieriger Polizist, den man aus dem Urlaub aus der Provinz abgerufen hat, schlendert gemächlich auf mich zu. Es ist mir peinlich, daß ein paar junge Leute sich über ihn lustig machen.

»Ne soyez pas bête!« sage ich. »Seid nicht so eklig. Diese Leute opfern ihren freien Tag und schwitzen drei Stunden lang in einem Bus, mitten im Hochsommer. Sie sind nicht freiwillig hier wie ihr.« Später signiere ich ihre Mützen, Unmengen von Polizeimützen.

Dann setzt von allen Straßen und Gehwegen ein stetiger Strom von Menschen ein. Sie setzen sich schweigend oder geräuschvoll hin und bilden rund um den Obelisken bald einen brodelnden Ozean. Dort, wo der Himmel über dem Orange der untergehenden Sonne wieder ins Blaue spielt, sind zwei Drittel der silbernen Scheibe des Mondes zu sehen. Drei Kilometer weiter, noch immer im vollen Sonnenlicht, steht still und winzig wie eine am goldenen Ende der Champs-Élysées postierte Maus der Arc de Triomphe, wo ich als Zehnjährige inmitten wilder Hupkonzerte und wütender Autofahrer mit meinem Vater Fahrrad fuhr.

In einem Wohnwagen versuche ich, meine Gitarre zu stimmen, springe aber immer wieder auf, um durch die Autotür die Menschen auf den Platz strömen zu sehen: Japaner, Deutsche, Amerikaner, Engländer, Skandinavier, Ostinder, Italiener und viele andere. Bald werden sie eine große Familie bilden und ein freudiges Danklied singen. Und ich werde die Antwort Amerikas auf Edith Piaf sein.

Der Mond steigt höher in den verdämmerten Abendhimmel. Über den Champs-Élysées bis zum Arc de Triomphe flammen die Lichter auf, und meine Lieder steigen auf zu den Dächern und Dachterrassen und verflüchtigen sich in der Luft.

Zu »Zwischenfällen« mit der Polizei kommt es nicht. Im Gegenteil – die Polizisten hören zu und klatschen sogar. Ich singe Lieder für Gandhi, für Martin Luther King, für die Women on Greenham Common, die Frauen von der Plaza de Mayo und sogar für den französischen Staatspräsidenten, weil er die Todesstrafe abgeschafft hat.

Ich lege meine weißen Flügel an und fliege über die Menge. Und wenn ich mir die Welt von oben betrachte, sehe ich nur Lichter, Glanz und Helligkeit. Zehntausende stehen von ihren Plätzen auf und stimmen in die Zugaben ein. Sie alle sind von Hoffnung erfüllt. Hoffnung ist ansteckend wie das Lachen. Vom Nachthimmel aus kann ich die Hoffnung sehen, das Singen wie das Lachen.

Zurück im Hotel und vom Erfolg durchglüht, liege ich in den Armen von Cher Ami, meiner heimlichen Liebe.

Er hat die Wette gewonnen. Man schätzt, daß es 120 000 Menschen waren. Schon 100 000 wäre schön.

Als Cher Ami einschläft, lösen sich all die kleinen, verkrampften Muskelknoten seines Körpers. Bei mir ist an Schlaf nicht zu denken.

Ich stehe auf, gehe ans Fenster und öffne die schweren Samtvorhänge, befestige sie seitlich an dem goldenen Kordelstück mit den ausgeblichenen Troddeln. Dann lege ich mir auf der Couch drei Kissen für den Kopf und ein viertes für die Knie zurecht, lege mich in meinem guten alten Unterrock genüßlich nieder und schaue durchs Fenster auf die Blätter der Bäume, die, von den Straßenlaternen beleuchtet, leise im Nachtwind zittern und flüsternd meine Aufmerksamkeit von dem großen, grauen Haus gegenüber ablenken. Ich versinke in einer Bilderflut, in Bildern mühelosen Denkens oder Nicht-Denkens, aus denen mich immer und immer wieder tausend Morgendämmerungen zurückreißen. Jedesmal, wenn ich zu mir komme, durchläuft mich ein Glücksgefühl und das freudige Erschrecken, wach zu sein beim ersten Vogelgezwitscher, das sich aus den grauen Pariser Straßen erhebt.

Am späteren Morgen kommt Marie Flore zu uns ins Hotel, die ich vor fünfzehn Jahren in Südfrankreich kennengelernt habe. Dann sitzen wir drei, umrahmt vom dunklen Rot der Vorhänge, vor Schalen dampfendem Café au lait in der Morgensonne, bestellen Croissants und Erdbeeren mit crème fraîche.

Langsam packen wir unsere Sachen zusammen. Heute ist ein freier Tag.

Ein vollständig freier Tag.

Cher Ami wird uns zum Schloß zurückfahren, aber wir lassen uns Zeit. Erst am Nachmittag werden wir kichernd in der Hotelhalle auftauchen.

»I could have danced all night – and still have begged for more«, singe ich ganz plötzlich in hohem Sopran und drehe mich in wirbelnden Kreisen durch den Flur im vierten Stock. Wir sind am obersten Treppenabsatz angelangt. Zwei Zimmermädchen stecken neugierig den Kopf aus der Tür zur Wäschekammer, tuscheln miteinander und sehen dann lächelnd zu. Heute kann ich alles tun, wozu ich Lust habe. Ich drehe mich in schnellen Wirbeln um den Geländerpfosten.

»I could have spread my wings and done a thousand things.« Dicht gefolgt von Marie Flore und Cher Ami, bin ich schon halbwegs unten, auf der Treppe zum ersten Stock, und dann im Korridor, wo ich den Hotelgästen an ihren Türen zunicke und mich verbeuge, bevor ich die letzten Stufen nehme und mit einem Satz an der Rezeption und bei meinem Finale bin: »I could have danced, danced, danced... All night!« Mit der einen Hand in der Luft und der anderen am Messingknauf des Geländers präsentiere ich mich der imaginären Menge der Passanten.

Die beiden Herren an der Rezeption klatschen. Wir begleichen unsere Hotelrechnung. Und weil in einer Ecke der hochfeudalen Eingangshalle ein prächtiger Blumenstrauß steht, den man unbedingt ansingen muß, singe ich das ganze Lied noch einmal. Dann ist die Straße an der Reihe. Und ich höre nicht eher auf, bis ich auch noch durch den Frisiersalon nebenan getanzt bin, den nassen Damen die Köpfe getätschelt und die Homosexuellen geküßt habe, die schreckensstarr ihre Scheren gen Himmel halten.

Draußen ist ein herrlicher Tag. Wir können uns kaum noch halten vor Lachen und lassen uns erschöpft auf den Bordstein fallen, mein Kopf plumpst in den Schoß von Cher Ami.

»Es tut mir leid, Madame Antoinette«, sage ich zu Marie Flore, »daß Sie eine so gräßliche Erfahrung machen mußten. Was mich betrifft, so habe ich mich am Obelisken königlich amüsiert!«

HOW BRIGHTLY GLOWS THE PAST
Meine Schwester Mimi

Am Neujahrstag 1985 nahm ich an meinem ersten Jubiläum, einer Wiedersehensfeier teil. Gefeiert wurde das fünfundzwanzigjährige Bestehen des »Clubs 47«, und geladen waren alle die, die seither dort aufgetreten waren. An drei Abenden sollten Konzerte in der »Bostoner Symphony Hall« stattfinden.

Zunächst hatte ich nicht die Absicht, nach Boston zu fahren. Aber Mimi redete mir gut zu und erinnerte mich daran, daß ich immerhin die erste Folk-Sängerin im »Club 47« war und eine Art Mutterrolle spielte. Und weil man mit Schmeicheleien zu allem zu bewegen ist, packte ich in letzter Minute meinen Koffer und flog mit Mimi nach Boston.

Es war eine gut organisierte und geschickt lancierte Veranstaltung, die von Tom Rush, einem inzwischen sehr marktorientierten Vertreter des Folksongs geleitet wurde. Neben neuen Gruppen, die den »Club 47« noch nie von innen gesehen hatte, sollten Oldies wie ich, Mimi oder Eric Von Schmidt auftreten, außerdem Mitglieder der *Jim Kweskin Jug Band* (zu der auch Maria Muldaur gehörte), die *Charles River Valley Boys*, Keith and Rooney, Jackie Washington und andere, die sich in der Bluegrass-Szene und mit puristischer Folk Music einen Namen gemacht hatten. Ich verfolgte die Show von der Bühne aus, die man mit Tischen und Stühlen ausstaffiert hatte, was richtig gemütlich wirkte. Manny, der ganz in der Nähe der jeweils auftretenden Künstler saß, nahm sich wie ein Großvater bei einer Geburtstagsfeier aus. Das war seine Stadt, seine Arena, seine Musik. Und das waren seine Leute.

Zwischen Bühne und Garderobe traf ich eine Menge alter Bekannter, die ich zehn oder zwanzig Jahre nicht gesehen hatte. Doch hatten die meisten von uns sich gut gehalten. Betsy Siggins, die schon vor Jahren und zu früh für ihr Alter grau geworden ist, hat jetzt schneeweißes Haar. Seit einiger Zeit betreibt sie in New York City eine Suppenküche, die täglich von zweihundertfünfzig Leuten beansprucht wird und für sie eine echte Selbstverwirklichung bedeutet.

Eric Von Schmidt, Künstler, Maler, Musiker. Sein Haar und sein Bart, vordem buschig und rot, ist jetzt von seidigem Silbergrau. Und links oben ersetzt schimmerndes Gold einen fehlenden Zahn. Weil das Lächeln selten aus seinem Gesicht verschwindet, bleibt mir der Eindruck, daß alles an ihm funkelte: die Augen, die Haare, die Zähne. Und seine Seele.

Dear Goodie hat ein paar Pfunde angesetzt, die sein Gesicht gerundet und die Grübchen in den Wangen in tiefe Schluchten verwandelt haben. Er lebt mit Dorothy zusammen, dreht Filme fürs öffentliche Fernsehen und ist viel auf Achse.

Billy B. ist heute als Bühnenbildner tätig. Von ihm stammt auch das Signet »Club 47«, das als großes Schriftbild die Bühne nach hinten abschließt. Wie ich mir schon denken konnte, hat er sich kaum verändert: Seine krausen Locken sind noch so dicht wie früher, seine funkelnden Augen noch genauso blau.

Und da ist Cooke, hager wie eh und je, der wie ein Bankangestellter von Wells Fargo um die Jahrhundertwende aussieht: perfekt mit Schnauzbart, Weste, schwarzem Hut und allem Drum und Dran.

Jimmy Rooney trinkt Unmengen und ist der Lustigste von allen. In den alten Tagen habe ich ihn nicht sehr gut gekannt. Auch er ist um etliche Pfunde schwerer geworden. Er lebt in Nashville und spielt immer noch Gitarre mit der linken Hand – also verkehrt herum.

Fritz spielt unter anderem Krug, Waschbrett und Zuber. Sein Humor ist trocken wie ein alter Eichenklotz, und zum Dinner bestellt er sich den Einundzwanzig-Dollar-Hummer, dessen Beine, Scheren und Gelenke er bis zum letzten Rest aussaugt.

»Surfer Bob« Siggins, ein Biochemiker, den man vom MIT nach San Diego verpflanzt hat, Banjospieler, hat die liebenswertesten kleinen Fältchen um die Augen.

Großstadt-Hillbillies, allesamt. Bis heute war mir nicht klar geworden, daß diese Gruppe von Folkies für mich eine Familie gewesen ist, wie ich sie mir an der High School nie habe schaffen können, meine erste Zweitfamilie, entstanden und gewachsen in den Jahren meiner Liebesgeschichte mit Michael und Harvard Square. Und vielleicht hat mich das am stärksten beeindruckt – sie alle sangen noch: laut und leise, auf der Bühne und hinter der Bühne, Solo, als Duo, im Trio, im Chor, Rock der fünfziger Jahre, Country und Western der sechziger, Balladen, Folk, Hymnen. Wir alle – Rechte, Liberale, Pazifisten, geheilte Fixer, Yuppies, karrieresüchtige Gitarrenspieler – wir alle sangen noch.

Der letzte Abend endete damit, daß sich jeder irgendein Mikrophon schnappte, um eine gänzlich ungeprobte Version von *Amazing Grace* auf die Beine zu stellen. Ich holte mir Mimi und Maria, und Cooke stand so dicht hinter uns, daß er und ich für die einzelnen Strophen den Einsatz geben konnten. Dann kamen alle von den Bühnentischen nach vorn, und alle strahlten. Ich umarmte einen von den »neuen Jungs«, aber wer das war, weiß ich nicht mehr. Geoff Muldaur schubste seine Kids zu uns rüber, ich legte einen Arm um Mimi, den anderen um Maria.

> Amazing Grace, how sweet the sound
> That saved a wretch like me
> I once was lost, but now I'm found
> Was blind, but now I see.

> (Unfaßbare Gnade, wie süß der Ton,
> der mich Elenden gerettet hat.
> Ich war verloren, aber ich wurde gefunden,
> Ich war blind, doch jetzt bin ich sehend.)

Wie schön, wie hingebungsvoll wir doch alle gesungen haben. Ich glaubte schon, Maria würde dem Boden entschweben.

Dann kam *Wasn't It a Mighty Storm?*. Das Publikum verlangte lautstark nach mehr, aber es war schon zwei Minuten vor halb zwölf, und ab halb zwölf hätten wir die Zeit überzogen. So trafen wir uns alle in der Garderobe wieder, wo bald eine Stimmung wie im Umkleideraum einer Siegermannschaft herrschte.

Anschließend zogen wir ins »Copley«, wo wir eine zünftige Party feierten und das Glück mir den besten Tanzpartner seit fünfzehn Jahren bescherte. Auch jetzt war ich wie berauscht und hätte spielend die ganze Nacht durch tanzen können. Nur waren wir, leider, in Boston, und die Musik mußte nach zwei Uhr morgens aufhören. Ich hätte heulen können vor Enttäuschung.

In meiner Erinnerung an dieses Treffen zeichnet sich indes noch etwas anderes ab, etwas, das ganz unabhängig davon mit einer Geschichte zu tun hatte, die sich an diesem denkwürdigen Neujahrsfest wie von selbst auflöste.

Mimi und ich hatten uns in letzter Zeit nicht allzuoft gesehen, zumindest nicht so oft wie damals, als ihr Mann Dick noch lebte. Damals war sie immer noch meine »kleine Schwester«. Nach seinem Tod aber mußte sie sich im Alter von einundzwanzig Jahren ein neues Leben aufbauen – diesmal aber auf den eigenen Fundamenten. Sie konnte ja nicht einmal Auto fahren.

Mit achtzehn hatte sie das häusliche Nest verlassen, um Richard Farina zu heiraten. An ihrem einundzwanzigsten Geburtstag wurde er getötet. Jahrelang schien Mimi am Rande des Selbstmords, lebte zurückgezogen in ihrer Trauer und Einsamkeit.

Ich weiß noch, wie sie während des Folk-Festivals in Big

Sur zum zweiten Mal heiratete. Sie sah exotisch schön aus und wirkte zerbrechlich wie Tiffany-Glas. Auch Mylan, der ganz in Samt erschienen war, gefiel mir gut und inspirierte mich zu meinem ersten Song, *Sweet Sir Galahad*.

Mimi und Mylan wohnten oben auf dem Telegraph Hill in einer herrlich windschiefen Wohnung. Damals suchte Mimi auch regelmäßig einen Therapeuten auf und begann, sich in die Beschaffenheit ihres unentdeckten Selbst zu vertiefen. Sie lernte Auto fahren und sie arbeitete mit dem »Committee«, einer bekannten Satirikertruppe in San Francisco. Und da sie selbst ursprünglich keine sehr starke Eigenpersönlichkeit besaß, hat sie sich diese allmählich geschaffen. Als Mimi und Mylan sich nach drei Jahren in leidlich gutem Einvernehmen scheiden ließen, nannte sie sich wieder Mimi Farina.

Als sie klein war, hat sie viel getanzt. Ein Naturtalent. Sie erlebte, mit welcher Leichtigkeit ich »berühmt« wurde, und sie begriff, daß Primaballerina zu sein eine Art von Hingabe verlangte, die sie − zumal in einem Milieu, das ihr wirklich nicht sehr lag − nicht aufbringen konnte. Jedenfalls hat Mimi, wohl auch, weil sie eine gute Musikerin ist, einen Weg gewählt, den ich für den schwierigsten aller ihr möglichen Wege hielt: Sie entschied sich dafür, zu singen und sich auf der Gitarre zu begleiten, also für den lebenslangen Kampf, als Mimi Farina angekündigt zu werden und nicht als »die Schwester von Joan Baez«.

Als ich selbst heiratete, gingen wir etwas mehr auf Distanz. Und meine Zeit verbrachte ich zum größten Teil damit, eine Ehefrau zu sein, die an sich selbst die denkbar höchsten Ansprüche stellte. Als Gabe geboren wurde, hatte sich Mimi in meinen Augen in eine Schreckschraube verwandelt.

Zurückblickend glaube ich, daß ihr damaliges Verhalten

nicht schwer zu erklären ist. Ich war völlig vernarrt in Gabe, der mir als durchschnittlich verwöhntes Kind schon mit dem kleinsten Piepser ein Dududu und Heiteitei entlocken konnte. Verständlich, wenn Mimi sich vernachlässigt fühlte, oder, da sie selbst keine Kinder hatte, eifersüchtig war und mein Verhalten eher abstoßend fand.

An dieser Stelle sollte ich auch anmerken, daß mein herrisches, oft anmaßendes Benehmen – eine Erbschaft der »Königin des Folk« und der »Miß Weltfrieden«, wie David mich zu nennen pflegte – für Mimi in zunehmendem Maß unerträglich wurde. Gewiß, ich galt als wohltätige, als gute Königin und war bekannt dafür, Risiken einzugehen, Geld zu verschenken, mich um die Armen zu kümmern, aufgrund meiner Überzeugungen ins Gefängnis zu gehen und meine Karriere sinnvolleren Dingen zuliebe hintanzustellen. Gleichwohl aber hatte ich mir eine besondere Art des Umgangs mit meinen Mitmenschen angewöhnt und ganz unbewußt Verhaltensweisen entwickelt, die ich bis heute beibehalten habe und die mir erst dann auffallen, wenn mich jemand freundlich darauf hinweist.

Eine ganze Zeitlang hatten Mimi und ich uns nicht viel zu sagen. Wenn wir uns unterhielten, klangen unsere Gespräche gestelzt, gezwungen, ganz einfach unecht. Sie schien ständig verärgert und gereizt, und ich bin mir ganz sicher, daß ich mehr als einmal genau das tat, was man mir vorwarf – vor allem, Geschichten über mich selbst zu erzählen. Eines Tages, es war in den späten siebziger Jahren, dämmerte uns die Erkenntnis, daß auch nicht der kleinste Rest unserer so engen und besonderen Beziehung, die doch so viele Jahre bestanden hatte, übriggeblieben war. Da faßten wir den Entschluß, uns zum Mittagessen zu treffen und »miteinander zu reden«. Wir kamen beide zu spät und gestanden uns später ein, daß wir beide ein Beruhigungsmittel genommen hatten, um überhaupt in der Lage zu sein, uns gegenüberzustehen.

Was ich von diesem Mittagessen noch am deutlichsten in Erinnerung habe, ist, daß Mimi sich ihrer eigenen Stärke und dem Grad ihrer Entwicklung nicht im geringsten bewußt war. Als ich durchblicken ließ, wie oft sie meine Gefühle verletzt hatte, meinte sie, ich hätte übertrieben oder gar gelogen. In ihren Augen war ich immer stark und unverwundbar, sie selbst hilflos und unbedeutend. Viel haben wir nicht klären können. Unser redliches Bemühen aber war der Anfang eines langen Weges, der uns wieder zu einer engen und aufrichtigen Freundschaft führen sollte.

Seit dem haben wir hart daran gearbeitet, uns diese Freundschaft zu erhalten, wobei es manche Erfolge und manche Rückschläge gab. Heute leitet Mimi Bread & Roses, ein Traumkind, das sie selbst zur Welt gebracht hat. »Brot und Rosen« ist eine Organisation, die in Krankenhäusern, Gefängnissen, Altenheimen und anderen Einrichtungen dieser Art für ein Unterhaltungsangebot sorgt. Im ganzen Küstengebiet sind Mimi und ihre Organisation so bekannt geworden, daß sich überall im Land neue Bread & Roses-Gruppen gebildet haben, was vornehmlich Mimis Geschick, ihrer Ausdauer und der harten Arbeit ihrer Leute zu verdanken ist. Sie singt noch immer für ihren Lebensunterhalt und hat sich, wie wir alle, wegen der mangelnden Nachfrage nach unserer Art von Musik sehr einschränken müssen. Von Dick hat sie sich noch immer nicht gelöst. Und bevor sie auf eine Tournee geht, ruft sie mich an, um Lebewohl zu sagen, und kriegt meistens die Grippe, eine Erkältung oder etwas Ähnliches.

Vierundzwanzig Stunden bevor wir ostwärts zum »Club-47«-Treffen flogen, erwischte sie schon am Morgen ein ausgewachsener Schnupfen. Sie war schön, traurig, resigniert und krank. Ich sorgte mich wie eine Mutter um sie und wünschte von Herzen, daß sie, wenn sie die Bühne der »Symphony Hall« betrat, sich so gut wie irgend möglich fühlte.

Am Tag vor Mimis Auftritt konnte ich förmlich zusehen, wie sich ihr Körper dagegen zur Wehr setzte. Schon am Morgen war sie mit leichtem Fieber, verstopfter Nase, verspannter Brust und Piepsstimme kaum zum Sprechen fähig. Ihr Achtzehn-Minuten-Auftritt sah vier Lieder vor – zwei, die sie allein sang, eines im Duo mit Maria und eins mit mir.

Ich selbst hatte am Nachmittag noch ein Wohltätigkeitskonzert. Wieder im Hotel, traf ich Maria an, die Mimi eben erklärte, daß sie ihr Lied aus Zeitgründen nicht mehr üben könnten. Mimi, die eben ihren Lidschatten auftrug, versuchte zuzuhören, war in Gedanken aber ganz bei ihren Liedern.

Was ich nicht bemerkt hatte, war, daß Mimi, obwohl sie völlig blockiert, müde und angeschlagen war, doch so stabil wie ein grüner Baum und äußerlich ganz ruhig wirkte. In der Konzerthalle, in unserer Garderoben-Waschraum-Kombination haben Maria und sie das Lied dann doch geprobt.

In letzter Minute änderte man die Reihenfolge der Auftritte und legte fest, daß Mimi nach Buskin und Batteau auftreten sollte, zwei jungen Männern, die massenweise Witze rissen und ihre aufregend heißen Songs am Klavier, mit Geige und Gitarre selbst begleiteten. Buskin und Batteau sind für ihre wirklich fetzigen Sets berühmt.

»Sie sind vor mir dran«, beklagte sich Mimi, »das ist nicht fair.«

Dann spielten Buskin und Batteau ihr letztes Stück. Nach dem letzten Ton brach ein tumultartiger Beifall los, und mein Magen krampfte sich zusammen. Jeder von uns haßte es, nach einem so guten und so begeistert aufgenommenen Set auftreten zu müssen. Ich verzog mich kurz von der Bühne, ging zu Mimi und faßte sie beim Handgelenk.

»Leg's in Gottes Hand«, sagte ich.

»Das habe ich bereits getan«, sagte Mimi und ging mit festem Schritt auf die Bühne.

In ihrer schwarzen Seidenhose und einer schimmernden, grünblauen Seidenbluse über dem schwarzen Rollkragen sah sie hinreißend aus. Als der Applaus verebbte, sagte sie ein paar Worte. Ich weiß nicht, was ich erwartet hatte, aber sie schien mir so zart und doch sehr souverän. Nach ein paar witzigen Bemerkungen, die das Publikum mit leisem Lachen aufnahm, sang sie ihr erstes Lied. Ihre Stimme klang rein, kräftig und klar. Das nächste Lied, das sie a capella sang, wurde vom Publikum durch rhythmisches Fingerschnipsen begleitet. Es klappte reibungslos.

Da begann auch ich in meiner dunklen Ecke mich langsam zu entspannen und mir das Gefühl unendlicher Bewunderung für meine kleine Schwester zu erlauben. Nachdem man auch Maria auf die Bühne gebeten hatte, sangen die beiden a capella eins der schönsten Duette, die ich je gehört habe. Aufsteigend und abfallend umwoben sich ihre kräftigen, echten Folkstimmen. Ich spürte, daß diese beiden etwas höchst Ungewöhnliches vollbrachten. Sie heilten Wunden. Sie erzählten uns etwas von Frauen, die überlebt haben. Ich konnte nicht aufhören, zu lächeln und mich über meine starke kleine Schwester zu wundern, die uns alle vom Hokker gerissen hatte. Wir alle sind, solange wir leben, Überlebende. Wie viele von uns aber werden die Grenzen des Überlebens überschreiten?

THALIA'S GHOST
Meine Schwester Pauline

Im Alter von siebenundvierzig Jahren sagt meine Schwester Pauline, daß sie erst die Hälfte ihrer Zeit gelebt habe und die andere Hälfte in ihrem Kräutergarten verbringen möchte. Sie wohnt tief versteckt in einem Tal, wo sich Fuchs und Hase gute Nacht sagen. Nur selten verläßt sie ihre heilige Höhle, wo sie sich vor dem zerstörerischen Einfluß des Fernsehens und der Tagespresse sicher fühlt.

Was ich dir sagen will, Pauline, ist sehr einfach. Nämlich, daß ich dich liebe. Du nimmst in meinem Herzen einen besonderen Platz ein, und so, wie du in deinem Tal bleibst, wirst du auch in meinem Herzen bleiben.

Von unserer gemeinsamen Kindheit an sind wir beide so verschieden gewesen, wie zwei Menschen es nur sein können. Du willst nichts zu tun haben mit meinem Reiseleben und meiner Welt des Sich-zur-Schau-Stellens. Und ich stehe deinem Leben in dieser Abgeschiedenheit skeptisch gegenüber.

Ich habe allen Respekt vor der Tatsache, daß du zwanzig Jahre lang wirklich mit jemandem gelebt hast. Ich liebe deine und Peytons Tochter, die schon nicht mehr so klein ist, aber so schön wie ihr Name, Pearl. Und ich liebe euren hübschen Jungen, der an der Lower East Side in New York wohnt und sich als Punker zurechtmacht, Schottenröcke trägt und so schüchtern ist wie du.

Ich kenne dich auch durch die Sachen, die du für mich gemacht hast. Durch den Quilt zum Beispiel, der heute sechzehn Jahre alt ist und dessen Flicken aus hellem Samt von purpurfarbenem Kord eingefaßt sind. Ein kostbares Geschenk, das nur noch von deinem Kleid für mich übertroffen werden konnte. Irgendwann einmal hatte ich dir alle meine reichbestickten, aber nie getragenen Schals aus Spanien, meine abgenutzten Seidenblusen, alte Samtjacken, teure Anhänger, perlenbestickte Täschchen, straßverzierte Gürtel und Fransentücher gegeben und dich gebeten, mir aus alldem ein Kleid zu nähen. Du hast ein Prachtstück daraus gemacht, ein schimmerndes, funkelndes Wunderwerk, das ich in der Oper und auf Maskenbällen trage, wo mich alle darum beneiden.

Als ich dich das letzte Mal besuchen kam, war ich wegen Gabe in großer Unruhe und hatte Magenschmerzen. Da hast du mir frischen Pfefferminztee aufgebrüht, eine Tasse nach der anderen. Du bist sogar um drei Uhr morgens die Leiter von eurem Schlafzimmer heruntergeklettert, weil du mich gehört hattest. Du hast ganz leise mit mir geredet und mir tröstliche Worte über Kindererziehung gesagt. Du hast mir deine Nähecke voller Lavendelsäckchen, Nippes und Kleinkram gezeigt.

Und wenn du so mit den Armen gestikuliertest, daß sie aus den weichen, handgenähten Hemdsärmeln hervorschauten, sah ich deine apfelgroßen Muskeln spielen. Ich bemerkte deine tadellosen Zähne und betrachtete deine glänzenden Haselnußaugen, sah die Tränen kommen und versiegen, kommen und versiegen. Bisher warst du meine weiße Schwester, jetzt bist du meine indianische Schwester. Ich hoffe, du hast in deinem Tal Frieden gefunden.

HONEST LULLABY
Gabriel, mein Sohn

Das alles beherrschende Gefühl war grenzenloses Alleinsein – kein sich selbst bemitleidendes Alleinsein, sondern die klare Erkenntnis, an diesem Elternwochenende und heute, beim Football-Spiel des St. Mark's Colleges, lächerlich fehl am Platze zu sein.

David und ich waren, natürlich getrennt, nach Boston geflogen, zu Gabe, der in einer kleinen Stadt außerhalb Bostons eine aufs College vorbereitende Schule besuchte. Mit David stand ich immerhin auf so gutem Fuß, daß er auf meine Bitte hin Gabes Erziehung zum größten Teil übernommen hatte. Gabe brauchte eine feste, männliche Hand auf seinen zwölf Jahre alten, halbwüchsigen Schultern, und gelegentlich wohl auch auf seinem Hinterteil, er brauchte einen, der sich um seine Schulzensuren und sportlichen Leistungen kümmerte. Vor allem andern aber brauchte Gabe eine Familie, und die konnten David und seine Frau Lacey ihm geben, zumal ein Schwesterchen unterwegs war. Ich selbst hatte wieder einmal den Versuch gemacht, mich von meinem Sohn zu lösen.

Mir war es daher als das Richtige erschienen, mir nur dieses Spiel anzusehen, mich im Regen unter die nicht sehr zahlreich erschienenen Eltern zu mischen und die Spieler von der Tribüne aus anzufeuern. Später einmal wird Gabe mir sagen, ob es ihm unangenehm war, seine Mutter unter dem riesigen grünweißen St.-Mark's-Regenschirm stehen zu sehen. Oder ob es ihm peinlich war, einen Meter weiter seinen Vater unter dessen ebenfalls geliehenem, rotweißen Regenschirm zu sehen und mitzukriegen, wie er bei jedem verpatzten Paß aufstöhnte, dem Trainer Spielanweisungen zuflüsterte. Denn das St.-Mark's-Team hatte in der Tat schwer zu kämpfen, um die Linie eines Gegners zu durchbrechen, der ihm in Stärke, Körpergröße und Können überlegen war.

Mit Gabes Freundin, einem niedlichen, elegant gekleideten Mädchen der Oberschicht, das blondes Haar, eine milchweiße Haut und dünne Waden hatte, war ich überall auf dem Campus herumgelaufen, um für David einen Regenschirm aufzutreiben.

Mein Regenschirm schien groß genug, fünf Leuten Schutz zu bieten. Als ich am Spielfeld ankam, hatte das St.-Mark's-Team schon ein Tor geschossen, war aber in den letzten Minuten von der Gastmannschaft ziemlich in die Mangel genommen worden. Die wenigen Zuschauer – nur die opfermütigsten, beharrlichsten Eltern und Freunde – verfolgten das Spiel von den Tribünen aus. Die andern, mit flachen Schuhen und Regenmänteln, hatten sich ins Trockene geflüchtet und sahen knapp fünfzig Meter von der Endlinie entfernt von der Bibliotheksveranda aus zu. David, der jetzt ohne Schirm auf den Tribünen saß, hielt sich einen zerdrückten Kleiderbeutel aus blauem Plastikmaterial über den Kopf und feuerte das Team an. Ich versuchte meinen gigantischen Regenschirm mit David zu teilen. Wegen der triefenden Nässe auf den Bänken konnten die Leute auf den Tribünen nur noch stehen. Aber David, über einsneunzig groß, zeigte nicht die leiseste Absicht, sich ein wenig zu ducken und unter den Schirm zu kommen. Und ihn selbst zu halten, muß ihm wohl als eine zu vertrauliche Geste vorgekommen sein, da er es nicht ein einziges Mal anbot.

Mit ihren spitz zulaufenden Nasenschützern in Blau und Rot glichen die Jungen auf dem Spielfeld einem Haufen von Regenwürmern, die sich aus der nassen Erde nach oben gewühlt hatten.

»Welcher von ihnen ist Gabe?« fragte ich.

»Nummer fünfundachtzig. LOS MACH SIE NIEDER! MACH SIE NIEDER!«

Ich sah mir das Außenfeld an. Nummer fünfundachtzig ließ sich an ihren weißen Hosen und dem nur leicht verschmutzten Trikot gut erkennen. Auf Gabes hübschem Hinterteil prankte indes ein ebenso hübscher Schlammfleck.

»Soll das etwa heißen«, fragte ich David, »daß Gabe ein bißchen mitgespielt hat?«

»Nein, der Fleck kommt vom Training.«

»Oh«, sagte ich nur und dachte, lieber Gott, laß ihn nur ein bißchen mitspielen und einem, der größer ist als er, so zusetzen, daß dem die Luft wegbleibt, laß ihn im Schlamm baden! Da ich Davids Stöhnen entnehmen konnte, daß es um das St.-Mark's-Team nicht besonders gut stand, beschloß ich, mich ganz auf das Spielfeld zu konzentrieren und mir klarzumachen, was dort vor sich ging.

Es mußte eine wichtige Spielphase sein, denn an den Rändern wurde es zunehmend lauter und David schien vor Enttäuschung und Nervosität ganz außer sich. Pausenlos rief er den Spielern seine Anweisungen zu, fuchtelte mit der zur Faust geballten Hand durch die Luft und hielt mit der andern den Plastikbeutel über den Kopf.

Da kam Stefan auf uns zu, Gabes Stubengenosse, ohne Kopfbedeckung und modisch auf dem letzten Stand: Hosen aus schwarzem Knitterstoff, Hemd und Halstuch im gleichen Ton eingefärbt. Mit Rücksicht auf das Elternwochenende hatte er auf Kreuz und Schlange als Ohrgehänge verzichtet und sich den Ziegenbart abrasiert.

»Zu sauber«, stellte er fest, als er Gabe in der Mannschaft entdeckte. »Seine Hosen sind zu weiß.«

»Sei doch still, er hat ja auch noch nicht gespielt.«

»Ich weiß. Er könnte sich ja in den Schlamm werfen und sich darin wälzen, solange wir warten.«

Ich liebte Stefan dafür, daß er genauso über Football dachte wie ich. Auch er konnte Gabe mögen und sein Freund sein und Football trotzdem für etwas Barbarisches halten.

Wie soll ich die Gefühle dieser pazifistischen Mutter erklären? Ich liebe meinen Sohn mehr als alles andere und mehr als jeden Menschen auf der Welt. Ich habe keinerlei Interesse an Football und war jetzt doch so stolz auf ihn, daß ich hätte platzen können. Gabe ist nie aggressiv gewesen, und jetzt, als Fünfzehnjähriger, über einsachtzig groß, hübsch, intelligent, träge, hoffnungslos gutaussehend, jetzt hätte er sich entscheiden können, nie wieder einen Finger zu rühren. Denn alles kam wie von selbst auf ihn zu: Freunde, glückliche Umstände, jede Menge Mädchen, Komplimente, Bewunderung. Jetzt zog er zum ersten Mal gegen die eigene Passivität zu Felde. Jetzt brachte ihn ein Footballspiel dazu, sich rasch zu bewegen, einen Gegner anzuspringen, ihm möglicherweise weh zu tun und mit Sicherheit sich selbst weh zu tun.

Gerade eben hatte er einen Kerl angegriffen, der größer war als er und den Ball gepackt hielt. Und als ihn der Riese in die Knie zwang und ihm einen gewaltigen Stoß versetzte, erwischte Gabe ihn am Trikot und umkrallte es so erbittert, wie ich als Kind die Bluse meiner Schwester umkrallte, wenn wir uns prügelten. Fast hätte Gabe ihn zu Fall gebracht. Ich fragte mich, ob das noch ein faires Spiel war. Ich fragte mich, ob Gabe je so in Rage geraten könnte, daß er wirklich jemanden zu Boden schlug. Oder vom Feld.

Dabei fiel mir eine Karikatur von Steig ein, wo eine Frau in Brooklyn aus dem Fenster hängt und zusieht, wie ihr kleiner Junge sich mit einem Schlägertypen boxt. »Gib's ihm, Johnny!« ruft sie ihm zu. »Schlag zu, hau ihm in die Schnauze!« Jetzt konnte ich diese Frau verstehen.

Dann kam Storm auf unsere kleine Gruppe zu, sie war wie Stefan, Mitglied der »Künstlergemeinschaft« von St. Mark's. Ihre Füße steckten in riesigen, feuchten Männer-Mokassins und ihre Hände in den Taschen eines viel zu großen, sehr ausgefallenen und sehr häßlichen Mantels. Ihr blondes Haar befand sich überwiegend an der einen Seite ihres Kopfes, die andere wies rund um das Ohr eine glattrasierte Gänsehaut auf. Von dem einen Ohr baumelte eine schwarze Gummispinne, vom anderen ein perlenähnliches Gebilde. Storm trug ihre Probleme an den abgewetzten Mantelärmeln so sichtbar vor sich her wie die Spuren vieler Verletzungen in ihrem großen, hübschen Gesicht.

»Wo ist Gabe?« fragte sie.

»Er spielt tatsächlich«, sagte ich. Dann sahen wir alle wieder auf die kämpfenden Regenwürmer und hörten dem Krachen der aneinanderprallenden Helme und Schulterpolster zu.

Gabe war wieder draußen, diesmal aber sah er Gottseidank etwas schmutziger und angeschlagener aus. Der Himmel wurde nicht heller, aber der Regen hatte sich in Nebel verwandelt und die Bänke wurden langsam trocken. Gabe drehte sich um und sah über unsere Köpfe hinweg zum Himmel. Mir sagte dieser Blick noch etwas anderes: »Was mein Vater wohl von meinem Spiel hält?« Und als ich mich eben auf ein Gespräch mit Stefan einlassen wollte, sah ich noch, wie er den Blick seines Vaters auffing und wie der angespannte Ausdruck besorgter Erregung sich in diesem Augenblick in ein strahlendes Lächeln verwandelte. Zehn Minuten habe ich eben an der Schreibmaschine gesessen und mir zu überlegen versucht, wie ich all das beschreiben könnte, was ich in diesem, von David wie in einem Spiegel erwiderten Lächeln sah: Stolz, Freude und eine Liebe, wie Söhne sie ihren Vätern unmöglich erklären zu können glauben.

Davids Gesicht sah ich nur im Dreiviertelprofil, aber ich kannte sein Lächeln, das so breit und rückhaltlos, so stolz wie das seines Sohnes war. So ist es, Gabe, sagte dieses Lächeln. Im Leben geht es ums Überleben, und du lernst jetzt, wie man überlebt. Mit Football hat das nicht viel zu tun, aber du machst deine Sache heute sehr, sehr gut. Du bist genau auf dem richtigen Weg. Und Gabes Lächeln sagte, sieh mal, Daddy, meine Sachen sind völlig verdreckt, es ist vielleicht ein bißchen komisch, aber es macht mir Spaß, und ich weiß, daß du mich liebst, und das alles ist doch trotz des Regens einfach toll, nicht? Als sie beide ihre Freude kaum noch unterdrücken konnten, schien auch ihr Lächeln platzen zu wollen, und sie lachten auf die Sekunde genau dasselbe stille Lachen.

Das St.-Mark's-Team hat haushoch verloren, aber das störte keinen von uns. Mit der Kamera in der Hand lief Gabes Vater als erster aufs Spielfeld und begrub Gabe in seiner Umarmung. Dann standen die beiden, von einem Bein auf das andere tretend, im Matsch und gingen, wie ich mir vorstellen konnte, noch einmal die Spielphasen durch. Gabe nahm den Helm ab und stellte sich zuerst mit seinem Vater und Lisa, dann mit mir und seinem Vater vor die Kamera. Danach machte David noch zwei Aufnahmen von Gabe allein, Nahaufnahmen in diesen lächerlichen, gigantischen Schulterpolstern, die sein Trikot so hochzogen, daß man meinen konnte, sein Kopf würde vollends in der Halskuhle verschwinden.

Gib's ihnen, Gabe. Du bist in Ordnung.

A HEARTFELT LINE OR TWO
Gedanken und Eindrücke

Sechswöchige Konzerttournee — Madison, Wisconsin, 1985. Keine besondere Aufregung, als ich zusammen mit Mary, der Tourneeleiterin, und meinem Klavierbegleiter Cesar in einem Transporter vorfahre. Wir kommen aus Chicago und haben eine dreistündige Autofahrt hinter uns. In Chicago haben wir im »Four Seasons« gewohnt, wo ich dank der Gefälligkeit des stellvertretenden Hoteldirektors eine hübsche, hellblaue Suite angewiesen bekam, mit Blick auf Seen, Kathedralen und einen Himmel voller Märzwolken, die Welt aus der Vogelperspektive. Die Suite kostet eintausend Mark pro Nacht, aber ich brauchte nur zweihundertzwanzig zu bezahlen. Andernfalls hätte ich ein bescheidendes Einzelzimmer am Ende des Flurs nehmen müssen. In den Räumen stehen die Blumen von gestern abend: rosa Tulpen, ein Korb mit Narzissen, hellrosa Azaleen und ein gemischter Strauß neben meiner ausgestopften Ente auf dem Tisch gleich bei der Eingangstür. Ich habe beschlossen, die Räume wohnlich zu gestalten, sie nicht nur als »Zwischenstation« zu betrachten. Eine Zwischenstation bedeutet – keine Blumen, keine Aussicht, mittlere bis häßliche Einrichtung, Trinkbecher aus Plastik, ein winziges Bad und nicht genügend Platz auf dem Boden, um Übungen zu machen.

Am Abend unserer Ankunft in Chicago sprach ich ein kleines Dankgebet wegen der schönen Unterkunft, nahm eine Dusche und hängte ein paar Sachen auf. Dann legte ich ein Band mit »Sphärenmusik« in meinen kleinen Kassettenrecorder und setzte mich in einer Art Lotussitz auf den Boden, um die Ereignisse des Tages zu überdenken und den Kopf für morgen freizubekommen. Wenn ich ein paar Minuten so gesessen habe, fängt mein Körper automatisch mit einer Art Yoga-Übung an, die – ganz gleich, wo ich gerade bin – zwischen fünfzehn und vierzig Minuten dauert. Ich begebe mich dann in einen Zustand der Meditation, der Ruhe und Aufmerksamkeit, der kleinen Dank- und Bittgebete. Ich trete in Verhandlungen ein, um wieder einmal herauszufinden, warum und zu welchem Zweck ich auf dieser Erde bin.

Wie jede Meditation ist auch diese teils ruhig, teils von

allen möglichen Gedanken bewegt. So denke ich daran, wo ich in diesen Tagen gewesen bin. Zwei Konzerte habe ich in New York, eins in der Bostoner »Symphony Hall« gegeben, Ich habe meinen Sohn besucht, bis drei Uhr früh getanzt, den nächsten Tag mit Frisbee-Werfen im Park verbracht. In Boston habe ich meinen Vater getroffen, meinen lieben Vater, der eben aus Indien zurückgekehrt ist und angefangen hat, die Bhadavadgita zu lesen. Als ich das Konzert mit *Let Us Break Bread Together on Our Knees* beschloß, war er sehr gerührt und sagte: »Deswegen bist du auf der Welt, mein Herz«, womit er wohl meinte, daß die geistlichen Dinge sehr viel mit meiner Berufung zu tun haben. Was beim Meditieren an die Oberfläche meiner Seele gelangt, ist Liebe und Dankbarkeit für meinen Sohn und meinen Vater, sind Tränen, die mir in Erinnerung an unsere jüngste Begegnung kommen: an Gabe, wie er in seinem bunten *Grateful-Dead*-T-Shirt mit dem Totenkopf nach einem Konzert ganz lässig beim Dinner sitzt; an meinen Vater mit dem dichten, ergrauenden Haar und der dunklen Haut, den ich zwei Tage später treffe und der davon spricht, wie groß wir beide geworden sind...

Konzerttag in Madison, Wisconsin. Schneeregen an einem grauen, grauen Tag. Kaffee um halb elf mit Mary. Ein paar Übungen am Hometrainer, erneutes Ausstrecken, eine Dusche, lange Stimmübungen, ein mit Mary geteilter Hamburger vom Zimmerservice und Zeit genug, die Gitarre mit neuen Saiten zu bespannen. Einer der falschen Fingernägel, die ich mir fürs Gitarrespielen angeklebt habe, bricht ab. Der Schönheitssalon im Hotel wird ihn mir später wieder ankleben. Mary hat mir die roten Cowboystiefel hingestellt und meine Sachen aufgebügelt: einen Rock aus schwarzer Seide, schwarze Bluse und ein hinreißend schönes Tuch aus Frankreich. Meine Reisetasche ist vollgepackt: Äpfel, Knusperriegel, Make-up, Tonbandgerät, Ersatzsaiten, Ersatzsocken, ein Buch über Mittelamerika von Guy de Maupassant, ein französisches Wörterbuch, Ohrenschützer und Schokolade.

Um halb zwei hatte uns der Transporter abgeholt. Cesar war erkältet. Die Fahrt nach Madison verlief ohne Zwischenfälle. Als wir um halb vier vor der Konzerthalle ankamen, nahm uns niemand in Empfang. Also folgten wir den Wegweisern »zu den Garderoben« und landeten in den Korridoren unterhalb des alten Theaters. Mary stellte das Gepäck ab und legte meine Kleider darüber. Ich stellte die Gitarre ab und zog ein *Vogue*-Heft aus der Tasche. Als die Veranstalter bei uns auftauchten, brachten sie mich in dieselbe Garderobe, in der ich schon vor anderthalb Jahren gewesen war und die ich völlig aus dem Gedächtnis verloren hatte. Das Bühnenpersonal war freundlich und hilfsbereit, die Akustik annehmbar bis gut, die Atmosphäre vertraut. Hier stand mein Hocker, dort der Gitarrenständer. Ein Mikro für die Stimme, eins für die Gitarre und eins für das Klavier. Zwei Monitoren für mich, einer für Cesar. In einer guten Konzerthalle und mit intelligenten Tontechnikern dauert ein Tontest nicht länger als fünfzehn Minuten. Dann ging ich in den Orchesterraum, wo ich für die Lokalnachrichten ein Live-Interview geben sollte, das über Fernsehschaltung lief und mir großen Spaß machte.

Schon die einführenden Worte klangen sehr schmeichelhaft für mich. Da war die Rede von meinen Kämpfen gegen den Vietnamkrieg in den sechziger Jahren und daß ich meine Musik schon immer zur Unterstützung politischer Ziele eingesetzt hätte. Zum Schluß sagte die Moderatorin noch, daß meine jüngste Aktivität ein Besuch bei den argentinischen Frauen von der Plaza de Mayo gewesen sei und daß ich damit die Öffentlichkeit auf ihre Notlage aufmerksam gemacht hätte (eine vier Jahre alte Geschichte).

Ich erklärte in der Sendung: Es war ein schönes Gefühl, ein Teil der sechziger Jahre zu sein. Aber ich bin froh, daß ich dieser Zeit entwachsen bin. Jetzt bemühe ich mich um Möglichkeiten, wie ich die Menschen dazu bewegen kann, sich mit den Gegebenheiten der achtziger Jahre auseinanderzusetzen.

In den letzten sieben oder acht Jahren bin ich sehr häufig aufgetreten, aber überwiegend in Europa.

Warum so oft in Europa? – wollten sie wissen.

Weil ich dort ein größeres Publikum habe und dadurch ganz einfach verwöhnt bin. Aber jetzt ist es Zeit für mich, nach Hause zurückzukehren und ernsthaft meine Arbeit in den Vereinigten Staaten aufzunehmen.

Was mein Sohn von meiner Geschichte hält?

Meine Geschichte ist jetzt auch die seine. Erst kürzlich hat er mir erzählt, daß ich in seinem Geschichtsbuch stünde. Hoffentlich hat man mich da unparteiisch dargestellt, sagte ich ihm. Worauf ich am meisten stolz bin?

Auf meinen Sohn.

Dann begebe ich mich zu den beiden Leuten von der Studentenzeitung. Der Mann nimmt alles unheimlich ernst und macht sich Notizen. Wir sprechen über das Verhältnis von Hoffnung zu Optimismus, über den neuen Patriotismus, über »die Bewegung«. Das Wort »Optimismus«, erkläre ich ihm, würde gebraucht, um die Fakten in einer gefährlichen und bedrohten Welt zu verschleiern, wohingegen das Wort »Hoffnung« bescheidener und weniger kurzsichtig anmute.

Das habe der »neue Patriotismus« hervorgebracht: jene hysterische Reaktion auf den gekränkten Nationalstolz, die durch den Vietnamkrieg entstanden oder intensiviert worden sei. Ferner erkläre ich ihm, daß mir der Ausdruck »Bewegung« sehr gut gefiele. Er träfe auf Menschen und Gruppen zu, die sich auch weiterhin gegen die nukleare oder sonstige Aufrüstung organisierten und sich mit Unterdrückung, Hunger, Folter und dem Krieg im allgemeinen befaßten. Und wie schwierig es sei, in einer Zeit, wo es kein verbindendes, uns alle zusammenhaltendes Element gäbe, eine »Bewegung« genau zu definieren.

In den achtziger Jahren müßten neue schöpferische Methoden entwickelt werden, um die Jugendlichen von ihrem karriereorientierten, computerdiktierten Leben wegzulocken und sie auf Ziele von sozialer Bedeutung hinzulenken.

Die schöne alte Halle war sehr groß, und ich fragte mich, wie viele von den braunen Samtsesseln in zweieinhalb Stunden, wenn die Show anfing, wohl besetzt sein würden. Ich ging hinter die Bühne und knabberte etwas von den Rohkostsalaten, die mir laut Vertrag zustanden. In solchen Augenblicken hängt meine Stimmung ganz davon ab, ob ich das Empfinden habe, in meinem Leben etwas Sinnvolles zu tun oder nicht. Wenn eine Halle vollbesetzt ist und eine erwartungsvolle Erregung in der Luft liegt, fällt es mir natürlich leichter, Selbstvertrauen zu haben und das Gefühl, gebraucht zu werden. Wenn sie nur zu zwei Dritteln besetzt ist, wird mir die Arbeit sehr viel schwerer.

Der heutige Abend scheint irgendwo dazwischen zu liegen. Ich habe keine Spur von Angst oder Lampenfieber. Ich frage mich nur, wer hier sein wird, und stelle fest, daß ich eher ein Selbstgespräch führen sollte. Vor vielen Jahren habe ich schon damit angefangen, mir vor einer Show Zeit zu ruhiger Besinnung zu nehmen. Damals, um das Ausmaß meines Ego zu reduzieren und die Furcht zu bekämpfen, die Rangordnung der Dinge und die Bedeutung meiner selbst nicht mehr richtig einschätzen zu können. Dann setzte ich mich ruhig hin und bat darum, geführt zu werden und die Zeit, die ich auf der Bühne verbrachte, für eine bessere Menschheit und im Dienste Gottes zu verbringen.

Heute vollziehe ich das gleiche Ritual, nur unter umgekehrten Vorzeichen: Ich muß mir klarmachen, daß ich sehr wohl zähle und daß es einen Grund gibt, warum mir diese Stimmbänder geschenkt worden sind. Ich muß mir klarmachen, daß jeder einzelne in dieser Halle zählt und daß es meine Aufgabe ist, ihn anzurühren, ihn mit Zartheit und größter Achtsamkeit zu behandeln. Meine Aufgabe ist es, aus ganzer Seele zu singen, so, als sei dies mein letztes Konzert auf Erden. Weil das wirklich der Fall sein kann, müssen die Menschen, wenn sie die Halle verlassen, gelacht, geweint und gesungen haben, sie müssen etwas Neues erkannt oder eine schüchterne Vermutung bestätigt gefunden haben.

Und so komme ich hier in Madison, Wisconsin, bei einer Platte mit rohem Broccoli mit mir selbst und meinem Publikum ins reine, ganz gleich, wie viele der braunen Samtsessel leerbleiben werden. Als Mary mir ein Bier bringt, nehme ich es an, und wir beschließen, daß ich mir das Umziehen erspare. Anstatt meiner Bühnenkleider werde ich tragen, was ich anhabe: meinen Kordrock, das karierte Hemd, die roten Stiefel und eine hellrote Lederkrawatte. Ich bin glücklich. Im Publikum sitzen mehr junge Leute als sonst, und ich freue mich auf ihre Ungezwungenheit.

Als es allmählich auf acht Uhr zugeht, habe ich doch Angst davor, auf die Bühne zu gehen. Aber in der Halle ist ein so freudiges, erwartungsvolles Raunen zu hören, daß ich mit einem aufgeschlossenen Publikum rechnen kann. Und das heißt, daß es für mich ein guter Abend wird.

Zehn Minuten nach acht gehen Cesar und ich auf die Bühne. Die vorderste Sitzreihe befindet sich genau zu meinen Füßen und bietet den erfrischenden Anblick ausschließlich junger Leute. Die Platzanweiserin ist ganz außer sich, weil zwei junge Frauen ihre Sitzplätze an eine Gruppe begeisterter Fans abtreten mußten, wobei sich zwei dieser Fans ganz offensichtlich auf illegale Weise Eintritt verschafft haben. Ich liebe kleine Abwechslungen und quatsche ein bißchen mit den Leuten in den beiden vorderen Reihen – es könnte ja sein, daß sich die Wogen von selbst glätten. Sie tun es nicht. Und als die Platzanweiserin keine Ruhe gibt und die Eintrittskarten sehen will, bitte ich die beiden Frauen auf die Bühne. Die zwei sind ganz hingerissen, die Platzanweiserin sprachlos, das Publikum entzückt. Ich gebe Cesar ein Zeichen, wir fangen an. Das erste Lied ist *Please Come to Boston*, wobei ich in der zweiten Strophe »Denver« durch »Madison« ersetze.

Wer in aller Welt mögen die jungen Leute sein? Ein gewaltiger Umschwung für mich. Das Haus ist zu mehr als achtzig Prozent besetzt, und genau vor mir habe ich einen Haufen lebhaftester Fans. Mein erstes Lied wird anerkennend aufgenommen, dann sage ich ein paar Worte – daß ich jetzt seit fünfundzwanzig Jahren Konzerte gebe und daß die nächsten beiden Stunden mit alten und neuen Liedern eine Reise durch diese Jahre sind.

Ich sage ihnen, daß ich einen Teil dieses Abends darauf verwenden will, ihnen zu helfen, die Probleme der Welt zu vergessen, und den anderen Teil darauf, ihnen diese Probleme in Erinnerung zu bringen. Sie lachen. Und als sie mir zu verstehen geben, daß ich zu reden aufhören und etwas singen soll, eins der Lieder, deretwegen sie gekommen sind, singe ich *Farewell, Angelina*.

Dies ist kein intellektuelles, kein blasiertes Publikum. Und es reagiert auch nicht besonders schnell. Aber dumm sind sie nicht. Aber nur weil sie nicht aus New York City kommen, will ich ihnen nichts vorenthalten. Nach *Farewell, Angelina* singe ich ein Lied, dessen Text ich aus einer Inschrift von Emma Lazarus an der Freiheitsstatue und aus der Bibel geklaut habe und das in die Filmmusik zu *Sacco und Vanzetti* aufgenommen worden ist. Ich widme es den Flüchtlingen aus El Salvador und Guatemala, dem Sanctuary Movement, einer Bewegung für Asylsuchende, den Kirchen und den Menschen, die Flüchtlinge aufnehmen, sie kleiden und versorgen und so lange versteckt halten, bis sie sicher in ihre Heimat zurückkehren können, wo die meisten von ihnen leben wollen.

> Give to me your tired and your poor,
> Your huddled masses longing to breathe free,
> The wretched refuse of your teeming shore,
> Send these the homeless, tempest tossed to me.
>
> Blessed are the persecuted,
> And blessed are the pure in heart,
> Blessed are the merciful,
> And blessed are the ones who mourn.
>
> The step is hard that tears away the roots,
> And says goodbye to friends and family.
> The fathers and the mothers weep,
> The children cannot comprehend.
> Bant when there is a promised land
> The brave will go and others follow.
> The beauty of the human spirit
> Is the will to try our dreams.
> And so the masses teemed across the ocean
> To a land of peace and hope,
> But no one heard a voice or saw a face

As they were tumbled onto shore,
And no one heard the echo of the phrase,
»I lift my lamp beside the golden door.«

(Gebt mir eure Müden und eure Armen,
Eure zusammengepferchten Massen, die frei atmen
   wollen,
Das gebeutelte Strandgut eurer schäumenden Küsten,
Schickt mir diese, die Heimatlosen und vom Sturm Vertriebenen.

Selig sind, die Verfolgung leiden,
Und selig sind, die reinen Herzens sind,
Selig sind die Barmherzigen,
Und selig sind, die Leid tragen.

Der Schritt ist schwer, der die Wurzeln ausreißt.
Und den Freunden und der Familie Lebewohl sagt.
Die Väter und die Mütter weinen,
Die Kinder können es nicht begreifen.
Doch wenn es ein Gelobtes Land gibt,
Werden die Tapferen gehen und andere werden folgen.
Die Schönheit des menschlichen Geistes
Ist der Wille, unsere Träume zu verwirklichen.
Und so drängten sich die Massen über den Ozean
In ein Land des Friedens und der Hoffnung,
Doch keiner hörte eine Stimme oder sah ein Gesicht,
Als sie an Land taumelten,
Und keiner hörte ein Echo auf den Satz
»Ich erhebe meine Lampe neben dem goldenen Tor.«)

Ich spürte die Erwartung im Publikum und daß es da ein Verlangen nach etwas gibt, das von Bedeutung ist. Als ich den Phil-Ochs-Song *There But For Fortune* singe, ein Lied über das Mitleid aus den sechziger Jahren, entnehme ich der Reaktion, daß sich auch ältere Semester im Saal befinden. Angesichts der überschäumenden Begeisterung in den vorderen Reihen, den einzigen, die ich richtig sehen kann, läßt sich nur schwer sagen, wer da alles vor mir sitzt. Es spielt auch keine Rolle. Ich bringe sie mit ein paar Witzen zum Lachen, erzähle Geschichten und singe dann für die jungen Leute *Children of the Eighties:*

> We're the children of the eighties and haven't
>   we grown?
> We're tender as a lotus and tougher than stone,
> And the age of our innocence is somewhere in
>   the garden . . .
>
> We like the music of the sixties
> We think that era must have been nifty,
> The Rolling Stones, the Beatles, and the Doors,
> Flower children, Woodstock, and the war,
> Dirty scandals, cover-ups, and more,
> Ah, but it's getting harder to deceive us,
> We don't care if Dylan's gone to Jesus.
> Jimi Hendrix is playing on.
> We know Janis Joplin was The Rose,
> And we also know that that's the way it goes,
> With all the stuff that she put in her arm,
> We're not alarmed . . .
>
> We are the children of the eighties . . .
>
> (Wir sind die Kinder der Achtziger, und sind wir nicht groß geworden?

Wir sind zart wie eine Lotusblüte und härter als Stein,
Und das Alter unserer Unschuld ist irgendwo im Garten...

Wir mögen die Musik der Sechziger,
Wir glauben, daß diese Zeit phantastisch war,
Die Rolling Stones, die Beatles und die Doors,
Blumenkinder, Woodstock und der Krieg,
Schmutzige Skandale, Vertuschungen und mehr,
Aber es wird immer schwerer, uns zu täuschen,
Uns kümmert es nicht, ob Dylan auf dem Jesustrip ist.
Jimi Hendrix spielt weiter.
Wir wissen, daß Janis Joplin »The Rose« hieß,
Und wir wissen auch, daß es eben so läuft,
Mit dem ganzen Zeug, das sie sich in den Arm gedrückt hat,
Uns beunruhigt das nicht...
Wir sind die Kinder der Achtziger...)

Der Abend hat seinen eigenen Rhythmus entwickelt. Ich strenge mich nicht an, ich arbeite nicht. Ich singe nur und plaudere mit meinen Zuhörern. Was mir von Madison in Erinnerung bleiben wird, ist, daß die Sitze mit braunem Samt überzogen waren, daß es zwei Frauen auf der Bühne gab und vor mir zwei dichtbesetzte Reihen junger Fans.

Ich mute ihnen eine Überdosis an Material zu, an Liedern, die ich in den letzten fünf Jahren geschrieben habe. Aber sie scheinen ganz begierig zu sein, so gefordert zu werden.

Moscow on Hollywood Boulevard handelt von Natascha und Wolodja, zwei russischen Kindern, die ihr kurzes Leben mit der Vorbereitung auf die Olympischen Spiele verbracht haben. Es handelt von ihren Träumen, als sie erfahren, daß die Spiele in Kalifornien stattfinden. Während ich das Lied singe, sehe ich Natascha und Wolodja genau vor mir. Und ich denke an Rußland, an dieses große, dunkle Rätsel mit seinem Reichtum an Geist, Begabung, Intellekt, Humor und Satire, an dieses Leben, das im Untergrund so lebendig ist und den Schattengespenstern des KGB entwischt. Ich frage mich, ob die Oberfläche dieses Landes nicht in einer Überfülle an Kunst und verschwenderischen Farben aufbrechen wird, wenn das Politbüro in sich zerfällt und die Tunnels sich zur Sonne öffnen.

Bei den Liedern dieses Abends denke ich an die russischen Immigranten, die meine Freunde sind und heute rechts von Reagan, Jeane Kirkpatrick, Nixon, Kissinger und dem Hunnenkönig Attila stehen. Es sind die tapfersten Menschen, denen ich je begegnet bin, und ich liebe sie. Aber ihre gönnerhafte Haltung mir gegenüber kann ich nicht vertragen, weil ich der Ansicht bin, daß die Folterungen in El Salvador und die Umstände, die in diesem Jahrzehnt dazu geführt haben, ebenso zerstörerisch sind wie der sowjetische Expansionsdrang.

Warriors of the Sun, dessen Bilder mir vor ein paar Jahren, als ich mir die Bänder mit den Reden Martin Luther Kings anhörte, in den Sinn gekommen waren. Als wir vom Überleben unseres Planeten sprechen, vertrete ich die Ansicht, daß es um die Menschheit augenblicklich schlecht bestellt ist. Ich kritisiere das amerikanische Allheilmittel, das sich »Ich bin okay« nennt und so egozentrisch wie oberflächlich ist. Mit einem Seitenhieb auf den »kurzsichtigen Optimismus« der Reagan-Administration erwähne ich, daß sich die Welt in einem Stadium des moralischen und geistigen Verfalls befindet und an der Schwelle zur Selbstvernichtung steht. Dies sei nicht der geeignete Zeitpunkt, ein falsches Gefühl von Unverwundbarkeit und Optimismus zu wecken.

We are the warriors of the sun.
We're fighting post-war battles that somehow never got won.
May be crazy, and it may be the final run,
But, we are the warriors of the sun.

(Wir sind die Krieger der Sonne.
Wir führen Nachkriegsschlachten, die irgendwie nie gewonnen worden sind.
Vielleicht sind wir verrückt, und vielleicht ist dies unsere letzte Schlacht,
Aber wir sind die Krieger der Sonne.)

Das Konzert gleitet dahin, und so kann ich auch meine Tagträume gleiten lassen. Vielleicht bin ich verrückt, und vielleicht ist dies meine letzte Schlacht. Wie töricht der Gedanke doch ist, daß wir die Luft und das Wasser je wieder reinigen, mit den Müllhalden fertig werden und die Lebewesen, die wir ausgerottet haben, zurückholen könnten. Wie anmaßend der Gedanke, in diesem riesigen Universum die einzige Erde zu sein! Vielleicht kreisen zwei, vielleicht gar zweitausend dieser Welten durch das All, Welten denen es prächtig geht, weil ihre Form des tierischen Lebens sich nicht zu unserer gefräßigen Rasse weiterentwickelt hat. Ich wünsche nur, ich könnte in diesem Saal bis in die hintersten Reihen sehen.

If it's true 'bout no more water but the fire next time
Will the children of the eighties be ashes or live to their prime
If we don't heed the Nobel laureates warning of the things to come
We'll all be incinerated warriors of the sun.

(Wenn es wahr ist, daß es in nächster Zeit kein Wasser
mehr, sondern nur noch Feuer gibt,
Werden die Kinder der Achtziger dann Asche sein oder
bis zur Blüte ihres Lebens kommen?
Wenn wir die Warnungen der Nobelpreisträger nicht
beachten,
Werden wir alle verbrannte Krieger der Sonne sein.)

Ich frage nach Zugaben. *Joe Hill*, kommt es im Chor, *Diamonds and Rust*, *Forever Young*, vage Erinnerungen an alte Balladen, ein paar Bitten um Songs, die ich längst vergessen habe oder die ich ohne Band unmöglich vortragen kann. Ich singe *Forever Young* und stelle danach ein Lied vor, das ich als Sechzehnjährige nach einer Odetta-Platte einstudiert habe.

Ich erzähle von der Zeit, wo ich es für Martin Luther King sang, und daß ich es zehn Jahre später bei einem Bombenangriff gesungen habe, auf dem Balkon des »Hoa Binh«-Hotels in Hanoi. Ich versuche, ihnen etwas über Furcht und Zuversicht zu sagen und, in scherzhaftem Ton, über Courage.

Dann: *Oh, Freedom*, das den bislang stärksten Beifall findet. Dieses Lied nimmt mit seiner aufsteigenden Melodie die Stimme ganz in Anspruch. Und manchmal, wie heute abend, schwingt sich auch meine Seele mit diesem Lied empor.

Die erste Hälfte des Konzerts endet mit einer ungeschickten Überleitung und dem Lied *Long Black Veil*. Beim Refrain dieses Songs verfehlt mein Finger zweimal hintereinander und an derselben Stelle eine Saite. Eine echte Panne. Derselbe Akkord und dieselbe Position der Finger kommt am Schluß des Liedes noch einmal vor. Wenn ich aufpasse, kann ich etwas daraus machen. Ich schließe jeden einzelnen in der Halle in mein Herz und lege mein kleines Problem in Gottes Hand.

Meine Finger finden die richtige Position. Das Lied geht zu Ende, die Menge klatscht mir laut und glücklich zu, und wie so viele hundert Male zuvor verlasse ich die Bühne.

HAPPY BIRTHDAY LEONID BREZHNEV
Polen, Polen ...

In Pater Jankowskis Pfarrhaus lebte eine dänische Dogge, ein riesiges, geflecktes Tier. Jetzt, wo ich über Polen schreibe, kommt mir diese Dogge als erstes in Erinnerung. Dann die grauen Himmel über Danzig. Die ledernen Gesichter der Werftarbeiter. Die Kinder, die an der eiskalten Straße nach Lublin stehen und sich in den mehrfachen Schichten ihrer Wintermäntel und den von Pelzen eingehüllten Gesichtern gegen den grausamen Wind zu wehren suchen. Der junge Priester Kazimierz, der in seiner Amtstracht in der Tür steht und über und über rot wird, als Pater Jankowski mich aus der eiskalten Nacht in das überheizte Amtszimmer führt und ich plötzlich neben ihm stehe. Der Neffe Pater Jankowskis, Maciek, der fröstelnd am Denkmal der Werftarbeiter steht und jedes Wort seines Onkels getreulich übersetzt, Maciek, dessen Gesicht so blaß ist, dessen Augen so unergründlich und dessen Träume so bescheiden sind. Und Lech Wałesa.

Warum er? Ganz einfach — weil er der unbestrittene Führer der verbotenen Gewerkschaft Solidarität ist, die Leitfigur der dritten gewaltlosen Massenbewegung der Menschheitsgeschichte. Mag sein, daß es allein oder doch überwiegend die Intelligenz ist, die seine Anhängerschaft von jeder

Gewaltanwendung abhält. Vielleicht ist es auch ein sicheres Gespür für die Geschichte dieses Landes oder reine Taktik. Ich hingegen möchte Lech mit Martin Luther King vergleichen und annehmen, daß er – wie King in dem Polizeichef Bull Connor – in General Jaruzelski seinen Bruder sieht, der wie er zur großen Familie der Menschheit gehört. Und ich vermute, daß es zum großen Teil an Lech Walesa liegt, wenn heute viele Polen an die Notwendigkeit gewaltlosen Handelns glauben.

Das alles fing an einem stürmischen Herbsttag in Ginettas Küche an. Wir saßen an ihrem kleinen, runden Marmortisch, tranken Tee und unterhielten uns auf französisch – sie mit ihrem italienischen Akzent, ich mit meiner grausigen Grammatik und dem begrenzten Wortschatz. »Mais, tu sais que je vais en Pologne?« fragte Ginetta, die nach Auschwitz wollte, um den Dämonen ihrer Jugend gegenüberzustehen. Neben all dem, was sie selbst als Gefangene der Nazis erleben mußte, hatte sie beide Eltern durch den Holocaust verloren. »Warum kommst du nicht mit?« fragte sie unvermittelt.

»Muß ich mir Auschwitz ansehen?«

»Nein, natürlich nicht! Aber du könntest dir etwas anderes ansehen«, sagte sie augenzwinkernd. Ginetta kennt meine Träume.

»Einverstanden«, sagte ich, »vorausgesetzt, ich kann mit Lech Walesa zu Abend essen.«

Fünf Wochen später – nach einer Konzertreise nach Australien, einem Flug von Sydney über Singapur nach Bahrain, London und Paris, nach einem zweitägigen Besuch bei Freunden und einem Flug nach Genf, wo ich mit Ginetta verabredet war –, nach fünf Wochen also kam ich in Warschau an, in einem kalten, eiskalten Warschau.

Vom Fliegen noch leicht angeschlagen, gingen wir zwölf

Stunden später zu einem kleinen, eben noch fahrtüchtigen Auto, das uns in einer sechs- bis siebenstündigen Fahrt nach Danzig bringen sollte. Nachdem man uns dem Fahrer, der ein deutsches Kauderwelsch sprach, vorgestellt hatte, verstaute ich mein Gepäck zu meinen Füßen: eine gelbe Plastiktasche mit Schokoladenriegeln, Bonbons, Kaugummi und Joan-Baez-T-Shirts. Im Gitarrenkasten hatte ich noch einen Stapel Kassetten untergebracht, Bänder von *Dire Straits, U 2,* Paul Young, *Hall and Oates* und Joan Baez.

Nach einer Stunde Fahrt hatte sich der Auto-Recorder an mehreren Bändern verschluckt und gab seinen Geist auf. In friedlicher Eintracht waren wir mit dem Geratter des kleinen Klapperkastens allein.

Ginetta, die vor mir saß, schien in Erinnerungen versunken, an ihre damalige nächtliche Flucht in die Freiheit, an die drei Männer im Auto, die sich als Nazifunktionäre verkleidet hatten und sie der Obhut einer Nonne übergaben, die an der schattigen Klosterpforte auf sie wartete.

Das polnische Agrarland wirkte ärmlich, der Boden grau und ausgelaugt. Bäume säumten die Straßen und kleine, von hellen Birken durchsetzte Wälder, in deren Baumkronen sich Misteln angesetzt hatten. Hinter dicken, mit Stacheldraht bewehrten Mauern zog sich kilometerlang ein Militärlager hin. Und einmal sahen wir einen russischen Panzer, der groß und häßlich am Straßenrand stand und uns wie eine zufällige Mahnung erschien. Dann wieder zählten Ginetta und ich die riesigen Storchennester, die so fest auf den Giebeln der spitzen Dächer thronten. Die bleiche Scheibe der Sonne schien in einem Meer von schlachtschiffgrauer Farbe zu schwimmen. Noch vor Einbruch der Dunkelheit kamen wir in Danzig an.

Nachdem unser Fahrer von einem Münzfernsprecher aus telefoniert hatte, warteten wir im Gewühl der Pendler unter der großen Bahnhofsuhr. Daß ich in meinen roten Cowboystiefeln und dem passenden Schal auffiel, war nicht zu vermeiden. Selbst mein Mantel von dezentem Marineblau mußte durch seine Länge und Machart die Blicke auf sich ziehen. Sieben Minuten später fuhr ein Wagen vor, aus dem drei Männer mit derben Wolljacken, Arbeiterhänden und freundlichen Lachfalten ausstiegen. Als ich auf sie zuging, begrüßten sie mich mit einem Handkuß und sprachen kurz mit dem Fahrer. Dann folgten wir ihnen quer durch die Stadt, schlängelten uns durch den Feierabendverkehr und fuhren weiter zu den Stadtrandsiedlungen, wo sich links und rechts der Straße gigantische Wohnblocks bedrohlich auftürmten. Als wir schließlich auf einem Parkplatz anhielten und ausstiegen, war unsere Verwirrung ebensowenig zu übersehen wie die Tatsache, daß wir von nicht gekennzeichneten Autos der Geheimpolizei umgeben waren.

Noch immer ein gemütliches Abendessen im Kreis der Familie vor Augen, dazu einen guten Dolmetscher, Lechs Frau Danuta, die Horde Kinder und ein paar Freunde, begann ich die schäbigen Treppenfluchten hochzusteigen. Ich umklammerte meine Plastiktasche amerikanischer Dekadenz und fragte mich, wie alt die Kinder jetzt waren und ob sie irgendwelche Kuscheltiere hatten. In dem Augenblick aber, als mich einer der Männer einholte und etwas von NBC sagte, sah ich auch schon das huschende Licht einer Handkamera und suchte in der Tasche nach meinem Lippenstift – zu spät. Im grellen Licht der Fernsehlampen sah ich Lech Wałesa strahlend in der Wohnungstür stehen.

Irgendwie hatte ich nicht erwartet, daß er so schuljungenhaft wirkte. Mit seinem eher schüchternen Lächeln hinter dem prächtigen, weltberühmten Schnurrbart und den Blumen in der Hand sah er überhaupt nicht kämpferisch aus. Er richtete ein paar Begrüßungsworte an mich und die Umstehenden, die ihre Freude über diese Begegnung mit einem Lächeln zum Ausdruck brachten.

»Sie haben zu Oriana Fallaci gesagt, daß Sie es nicht mögen, wenn man Sie umarmt«, bemerkte ich, als er spitzbübisch lächelte. Als meine Worte übersetzt wurden, lachten alle, Lech breitete die Arme aus, und wir umarmten uns. Jetzt weiß ich, daß man sich in Polen dreimal im Wechsel von Wange zu Wange küßt.

Nach dem Anblick stahlgrauer Horizonte, verlassener Storchennester und rauchloser Kamine war hier alles hell, warm und lebendig. Lech trug ein weißes Hemd und ein graues Jackett, am Revers eine Anstecknadel mit dem Bild der Schwarzen Madonna von Tschenstochau und das Abzeichen von Solidarność über der Brusttasche. Er wirkte stolz, zufrieden und nachdenklich. Hin und wieder steckten seine Mitarbeiter die Köpfe durch die Tür – von Danuta aber oder den Kindern keine Spur. Lech entschuldigte sich, ein schlechter Gastgeber zu sein, aber er dürfe derzeit das Haus nicht verlassen und könne mich daher nicht so empfangen, wie er sich das gewünscht hätte.

Trotz der schlechten Nachricht feixten wir uns zwischen den Förmlichkeiten zu. Während die Kameras weiterliefen, setzten wir uns auf die Couch, wo Lech fortfuhr, mir seine Situation zu erklären. Aus »gesundheitlichen Gründen«, sagte er, sei er an die Wohnung gefesselt. »Streß nennen sie das heute.« Tatsache war, daß er die letzten Regierungswahlen öffentlich kritisiert hatte und darum aus dem Verkehr gezogen worden war. »Aber«, meinte er dann, »hier warten so viele Menschen auf Sie, mindestens zweihundert, die heute abend an einer kleinen Versammlung in der Stadt teilnehmen. Nun kann ich mir denken, daß Sie von der Reise todmüde sind. Aber wäre es zuviel verlangt, wenn auch Sie daran teilnähmen und – vielleicht – etwas singen würden?«

Bevor ich antworten konnte, erzählte er mir von einer Messe am nächsten Morgen, wo ich vielleicht noch einmal singen könnte und, wenn möglich – es sei ja wirklich schlimm, was er da alles von mir verlange –, aber ob ich mir vorstellen könnte, am Sonntagabend ein öffentliches Konzert in der Brigida-Kirche zu geben. Lech saß vornübergeneigt da, die Ellbogen auf die Knie gestützt, die Hände in ständiger Bewegung und die Stirn von der Befürchtung des Schlimmsten überschattet.

»Hören Sie, Herr Wałesa«, sagte ich, als ich endlich auch einmal zu Wort kam. »Ich bin aus rein egoistischen Gründen hier. Ich wollte Sie treffen und meine Zeit mit Ihnen verbringen, weil ich Sie sehr bewundere. Das einzige, was mir noch größere Freude macht, als mit Ihnen und Ihrer Familie zu Abend zu essen, wäre, Ihnen und Ihrem Volk ein wenig nützen zu können. Ich bin kein bißchen müde. Ich bin vergnügt und munter und würde mich freuen, heute abend aufzutreten, morgen früh bei der Messe zu singen und morgen abend ein Konzert zu geben. Könnte ich jetzt etwas zu trinken haben? Und wo ist Danuta? Ich möchte sie so gern sehen und dieses lästige Geschäft hinter mich bringen, den Kindern endlich ihre Süßigkeiten und den Kaugummi geben.«

Und schon erschien ein halbes Dutzend Kinder auf einmal in der Tür und stürmte ins Zimmer. Mit ihren roten Bäckchen und den klaren Augen sahen sie alle aus, als wären sie dem Rahmen eines wunderschönen Gemäldes entsprungen. Als sie sich in einer Reihe aufstellten, um mich in Augenschein zu nehmen, erschien auch Danuta in der Tür – schwanger, hübsch und erschöpft. Doch schien sie den Lauf der Dinge akzeptiert zu haben. Sie kam auf mich zu und umarmte mich. Ja, sagte sie und wirkte etwas zerstreut, ich könne den Kindern die Süßigkeiten geben. Ich kramte in meiner Tasche und stand da wie der Weihnachtsmann persönlich, legte dem einen in Plastik verpackte Bubblegum-Kugeln in das geöffnete Patschhändchen, dem andern Schokolade. Dabei rief ich mir in Erinnerung, daß Kinder immer Kinder blieben, selbst wenn es, so wie hier, um politische Fragen ging. Ich dachte daran, daß Kinder das Knistern von Zellophanpapier genauso lieben wie den Geschmack nach Zucker und es herrlich finden, die Kaugummikugeln zu scheußlich klebrigen Ballons aufzublasen.

Als sie und ihre Mutter gegangen waren, sprach Lech weiter. Er kniff die Augen zusammen und strich sich über die Stirn, als wolle er sich auf jedes einzelne Wort konzentrieren. Er machte eine Andeutung, sich bei einer der morgigen Veranstaltungen sehen zu lassen, aber er sagte nicht, bei welcher. Dann ließ er seine Augen durch den Raum wandern und gab mir durch eine knappe Geste zu verstehen, daß er voller »Wanzen« war. Aus Zeitungsartikeln wußte ich, daß Lech die Polizei schon mehrfach ausgetrickst hatte und sich an verbotenen Tagen an verbotenen Orten hatte blicken lassen. Ich freute mich bei der Aussicht, ihn wiederzusehen.

»Was halten Sie von einem kleinen Konzert? Gleich jetzt? Aus dem Stegreif?« fragte ich. Lech errötete, und der Raum schien vor Erregung zu vibrieren. Die Scheinwerfer der Kameras leuchteten wieder auf und richteten sich auf uns, als ich die Gitarre stimmte und daran dachte, daß Danuta nicht dabei war. Im selben Augenblick aber wurde uns aus der Küche die Beschwerde überbracht, daß auch Danuta an dem Konzert teilnehmen wolle.

»Sie sollten sich was schämen, Lech«, schimpfte ich, »wenn unsere Frauenbewegung davon erfährt, bin ich erledigt!« Damit ging ich zur Couch zurück und forderte ihn wortlos auf, für Danuta Platz zu machen. Lech rückte etwas näher an mich heran, deutete durch eine Handbewegung an, daß er sich seiner Frau gegenüber keiner Schuld bewußt sei, und erging sich gleich darauf in ausführlichen Erklärungen, daß sie in der Tat für den Haushalt zuständig und allein verantwortlich sei. Dann trat Danuta leise ein und setzte sich.

Kaugummi kauend kamen jetzt auch die Kinder zurück und stellten sich an meiner anderen Seite in Positur: sich für ein Familienfoto aufzubauen, war schließlich nichts Neues für sie. Als ich mein erstes Lied, *Gracias a la Vida,* sang, stand einer der Kleinen mit seinem Overall in der Tür und sah mich mit seinem niedlichen Mondgesicht unter dem Wuschelhaar so finster konzentriert an, daß ich fast gelacht hätte. Aber das wäre ihm bestimmt peinlich gewesen und es hätte, zumal ich Lech die Hand Danutas halten sah, womöglich den stillen Zauber gestört, der über dem Zimmer lag.

Als kurz darauf ein großer, fülliger Mann mit glattrasiertem Gesicht und Brille das Zimmer betrat, stand Lech auf. Es war der Priester, Pater Jankowski, der Ginetta und mich einlud, im Pfarrhaus zu wohnen. Wir nahmen dankend an, und er ging.

Wie sehr ich mir doch gewünscht hatte, mit Lech zu sprechen! Doch hatten wir nur die Zeit, damit anzufangen und das psychologische Zeig-mir-wer-du-bist-Spiel eben oft genug zu spielen, um zu wissen, daß wir gemeinsam ein gutes Stück weiterkommen würden. Wir beide hielten unverbrüchlich an unseren Überzeugungen fest, hatten den gleichen Dickschädel und ließen uns nicht kaufen. Wir sprachen kurz über Gewalt und ob es einen qualitativen Unterschied zwischen der spontanen Gewalt der Faust und einer staatlich organisierten Gewalt gäbe. Lech erzählte, daß ihn seine Kinder, wenn er mit Ohrfeigen drohe, an die Tatsache erinnerten, daß er Friedensnobelpreisträger sei. Dann sagte er, daß die Menschheit in zwei Gruppen aufgespalten sei: in die der Arbeiter, die von einem Tag auf den andern und von der Hand in den Mund lebten, und die der andern, die da oben – auf der Suche nach dem passenden Wort wedelte er mit der Hand durch die Luft, was die anwesenden Landsleute so lange zu geräuschvollen Überlegungen animierte, bis das geeignete Wort gefunden war: glänzen, sagte er, die da oben glänzen. Ich war so eine, die glänzte. Aber auch du, dachte ich, auch du glänzt. Und ich hoffe, daß ich dich, wenn ich irgendwann einmal nach Polen zurückkomme, unter einem Baum als freien Mann antreffe, daß du einen unermüdlichen Dolmetscher bei dir hast und über dieses Glänzen sprichst, über das Gefühl der Angst, das Gewicht der Storchennester und das Wunder des Lachens.

Es war dunkel, als wir Wałęsas Wohnung verließen und in die Stadt zurückfuhren, wo uns Pater Jankowski im Hof des Pfarrhauses empfing, unter den Türmen der Brigida-Kirche, die für Lech ein Ort der Andacht war. Hier begegnete ich auch der dänischen Dogge, traf Arbeiter, Freunde, Journalisten und Studenten.

Es war Zeit zum Abendessen, für das man besondere Speisen zubereitet hatte: frischen Schinken, frischen Schweinebraten, Salate, Eier, Süßigkeiten und Wein. Nur war ich wie gewöhnlich viel zu aufgeregt, um essen zu können. Um so mehr aß Pater Jankowski, der uns und den Kreis der jungen Priester, der Besucher und Angestellten der Gemeinde bewirtete, uns alle, die wir um den großen ovalen Eßzimmertisch saßen. Serviert wurde auf feinem Porzellan. Gleich nach dem Essen standen wir auf, zogen unsere Mützen und Mäntel an und machten uns, eine Gruppe von rund zehn Leuten, auf den Weg zum Versammlungssaal. Unsere Stimmen schwirrten durcheinander und hallten in konspirativem Flüstern oder lautem Gelächter in den verlassenen

Straßen wider. Ich bin hier in Danzig, dachte ich, und in wenigen Minuten erwartet man von mir, daß ich etwas sage, daß ich singe und daß alles, was ich vorzutragen habe, von Bedeutung ist. Ich freue mich darauf. Ich habe weder dunkle Vorahnungen noch Lampenfieber, nur das angenehme Gefühl, gebraucht zu werden, und den Wunsch, meinen Geist und meine Stimme einer weiteren Gruppe von Menschen zu leihen, die sich im Kampf befinden und mich in einer besonderen Weise anerkennen.

In den Gesichtern der zweihundert Menschen stand es geschrieben, daß sich auch der Geist der Solidarität im Kampf befand. Ich erinnerte diese Menschen an ihre Geschichte, die ein Beleg ihrer Stärke und ihres unbeugsamen Willens war. Und ich sang, um ihnen neue Hoffnung und neue Entschlußkraft zu geben.

Dann wurden mir zwei junge Männer vorgestellt, die zum Geschramm ihrer billigen, mit uralten Saiten bespannten Gitarren ihre von leidenschaftlichem Zorn erfüllten Lieder vortrugen. Man wird mich von rechts wie auch von links dafür angreifen, wenn ich es wage, ihre Kämpfe miteinander zu vergleichen: Unangreifbar aber ist die Tatsache, daß die Gitarren, die man im Untergrund von Chile, El Salvador oder Guatemala spielt, mit denen in Polen und der Sowjetunion vergleichbar sind. Nach unserem letzten Lied, *Dona Dona Dona*, führte mich Pater Jankowski durch die Menge der Menschen, die mit Blumen auf mich zukamen. Unter Ohrenschützern und in meinem langen Mantel vergraben, mit rotem Schal, den Stiefeln und einem Arm voll aufgetürmter Blumensträuße ging ich in die Nachtluft hinaus.

An diesem Abend wurde der Namenstag einer Gemeindehelferin mit einem Fest gefeiert, an dem dreißig oder auch mehr Menschen teilnahmen. Beim Abendessen saßen wir an drei mit weißen Leinentischtüchern gedeckten Tischen

– einem langen in der Mitte und zwei kürzeren an den beiden Seiten. Ich trank Wodka und nahm reichlich von den Fleischplatten und bemerkte, wie ein paar junge Leute vom Tisch aufstanden, den Raum verließen und höchst angeregt zurückkehrten. Ganz offensichtlich wurde da draußen, gleich über den Flur musiziert und getanzt. Ja, sagte der Mann neben mir, er würde auch gern tanzen. Und bald tanzten sie alle eine Art polnischen Twostep. Als ich ihn mit vier oder fünf Leuten ein bißchen geübt hatte, ging ich zu Pater Jankowski und forderte ihn zum Tanzen auf. Er nickte, nahm mich bei der Hand und führte mich majestätisch auf die Tanzfläche, wo er mich ganz unbefangen in den Arm nahm und gegen sein stattliches Bäuchlein drückte. Da hörten die andern zu tanzen auf und sahen uns zu, wie wir uns wirbelnd in einem großen Kreise drehten. Gleich über mir die dunkle Masse des wohlgeformten, energischen Kinns von Pater Jankowski, erhaschte ich hie und da einen Blick auf ausgestreckte Zeigefinger und hinter Händen verborgene Münder. Als der Tanz zu Ende war, glühte ich wie eine Tomate und verließ den Pater, der in seinem langen Gewand gemächlich durch die Menge schritt und Komplimente einheimste.

Als ich später in dem überheizten Raum mit Maciek, dem Neffen des Paters tanzte, führte er mich sehr behutsam und stellte mir eine ganze Reihe Fragen: ob ich *Dire Straits* kannte, wie es in Woodstock war, wann ich zu singen angefangen hatte und ob es mir in Polen gefiel. Umrahmt von langen, gebogenen Wimpern sprühten seine tiefliegenden Augen blaue Funken in seinem blassen Gesicht. Seine Nase war ebenmäßig und gerade, sein Mund voll und zart, seine weißen Zähne so gerade wie seine Nase. Diese schmächtige, aber engelhafte Erscheinung entpuppte sich als fabelhafter Tänzer. Nach einer Weile wechselte ich die Partner und tanzte mit allen, den Koch eingeschlossen, der mich mit Wodka betrunken machen wollte. Als sich mitten in einer Polka der Raum um mich zu drehen begann, setzte ich mich auf einen Stapel Mäntel und fand, daß es Zeit zum Schlafengehen war.

Um sechs Uhr morgens, draußen war es noch finster, stand ich auf und zog mich an. Bei der Messe saß ich ganz vorn, auf einer der seitlichen Chorbänke. So hatte ich den Altar mit Pater Jankowski vor mir, die Gemeinde zu meiner Linken und Lech Wałesa rechts neben mir. Die Kameras von NBC und BBC standen überall in der eiskalten Kirche, die sich rasch mit Menschen jeden Alters füllte.

Als Pater Jankowskis Stimme erklang, schien sie mir wie ein Widerhall der Stärke und der Klarheit seines Geistes und seines Handelns. Singend antwortete ihm die Gemeinde. Auch Lech sang mit, doch klang seine Stimme angesichts der Nähe meines kleinen Tonbandgeräts eher zurückhaltend. Als Lech mich anstieß und auch Pater Jankowski mir ein Zeichen gab, ging ich wie abgesprochen nach vorn, stellte mich neben den Altar und sang *Gracias a la Vida* ohne Gitarrenbegleitung.

Dann erhob sich, von der Orgel begleitet, eine Sopranstimme aus dem Hintergrund der Kirche. Als die silbernen Schalen herumgereicht wurden, sang ich noch einmal. Schließlich wurde das Abendmahl ausgeteilt. Am Schluß der Messe stimmte die Gemeinde stehend einen Choral an, doch hatten die meisten wegen der überfüllten Kirche die ganze Zeit über stehen müssen. Mit erhobenen Armen formten sie ihre Finger zum Siegeszeichen, auch Lech und ich erhoben unsere Hände.

Wir verließen die Kirche und traten auf den Vorplatz hinaus. Es hatte zu schneien angefangen, und Tausende strömten jetzt zum Pfarrhaus. Als mir aus diesen rauhen

Gesichtern und den abgearbeiteten Körpern ein Sprechchor entgegenkam, der in seiner Einstimmigkeit fast bedrohlich wirkte, murmelte mir der Dolmetscher zu, daß sie mich noch einmal hören wollten. Ich erklärte ihnen, daß die kalte Luft meine Stimmbänder lahmlegen würde, und ging zusammen mit Lech und Pater Jankowski nach oben. Am offenen Fenster stehend, kam ich mir schon fast wie der Papst vor. Während man oben ein Mikrophon installierte und unten der Schnee auf Mützen, Schals und Augenwimpern fiel und wie Watte darauf liegenblieb, stimmte die wartende Menge ein anderes Lied an.

»Sie singen ein Lied über Popieluszko«, erklärte mir der Dolmetscher, »über den Priester —«

»Ja, ich weiß«, sagte ich in Erinnerung an die schrecklichen Einzelheiten seiner Ermordung. Als Pater Jankowski mir das Mikrophon reichte, sagte ich den Menschen, daß ich seit vielen Jahren, seit der von Martin Luther King geführten Bewegung, keiner geistigen Haltung wie der ihrigen mehr begegnet sei. Ich sang *Ain't Gonna Let Nobody Turn Me 1Round,* wonach sie einen neuen Sprechchor bildeten. Diesmal aber verzog sich Lech sehr schnell in eine Zimmerecke, damit man unten nicht sehen konnte, daß er sich das Lachen verbeißen mußte.

»Was ist los?« fragte ich.

»Die Leute bitten Sie, Ihrem Präsidenten Grüße zu übermitteln.«

Am Abend des Konzerts sang ich das Lied, das ich für Lech geschrieben hatte: »Happy Birthday« wünscht es einem gewissen Sowjetfunktionär von hohem Rang, »in Ihrer Brust muß ein mächtiges Herz schlagen, um die neunundvierzig Orden auszuhalten«. Die Leute warfen die Köpfe zurück und lachten, bis ihnen die Tränen kamen. Der ganze Text war in diesem sarkastischen Ton gehalten, bis auf die letzte Strophe zu Ehren Lech Wałesas, der Arbeiter und der Schwarzen Madonna.

Die letzte Zeile bezog sich auf den Versuch der Regierung, Wałesa mundtot zu machen: »Wir hören dich, Lech Wałesa«, heißt es da immer wieder, »ja, wir hören dich, Lech Wałesa.« Als ich an diese Stelle kam, sang das Publikum mit, sang lauter und lauter bei jeder Wiederholung. All das hat Lech sich am nächsten Tag im Video angesehen: dreimal.

Nach meinem Auftritt schenkte mir ein ehemaliger polnischer Strafgefangener einen Rosenkranz mit schwarzen und roten Perlen, den er im Gefängnis aus Brot, Asche, Zahnpasta und geschmolzenem Kunststoff angefertigt hatte. Kleine Symbolfiguren waren in feinster Schnitzarbeit eingraviert: ein Zeichen für die Arbeiterbewegung, die Flügel des polnischen Adlers, ein Bild der Schwarzen Madonna. Eine kleine, alte Frau mit grauen Haarsträhnen unter ihrem zerdrückten Hut umklammerte meinen Arm und schob mir ein kleines Päckchen in die Hand, das mit weißem Seidenpapier und einem blauen Bändchen umwickelt war. Ein Kind, das neben mir stand, pfiff anerkennend durch die Zähne und sagte: »Da ist Schokolade drin.«

Später, beim Abendessen, schenkte mir Pater Jankowski ein Bild der Schwarzen Madonna, einen schönen Druck im Goldrahmen. Müde und den Tränen nahe, glaubte ich plötzlich losheulen zu müssen. Ich brauchte frische Luft...

Vor meiner Rückkehr nach Warschau zeigten mir Pater Jankowski und Maciek noch das Werftarbeiterdenkmal. Als wir an einem großen, häßlichen Wohnblock vorbeikamen, der dem Denkmal direkt gegenüberlag, sah Maciek an dem Gebäude hoch.

»Eines Tages«, erzählte er dann, »fand hier eine Kundgebung statt, und ein Mann sah zu einem dieser Fenster und sagte: Ich habe ein komisches Gefühl bei diesem Fenster. Und da stand auch ein Mann, der hatte ein Gewehr und erschießte ihn.«

Ich dachte einen Augenblick nach.

»Erschoß ihn«, sagte ich dann. »Er erschoß ihn.«

»Oh Gott, habe ich erschießte gesagt? Ist es ein unregelmäßiges Verb?«

»Ja, Maciek. Es ist unregelmäßig.«

Wieder dachte ich einen Augenblick nach.

»War der Mann tot?«

»Ja, natürlich war er tot.«

Danuta habe ich ein Fläschchen Eau de Cologne von Nina Ricci geschickt und paar Worte dazu geschrieben: »Ich begreife langsam, daß man eine Märtyrerin sein muß, um mit einem Heiligen zusammenzuleben.« An Lech schickte ich ein Kruzifix, das meinem Großvater gehört hatte, ein türkisfarbenes Joan-Baez-T-Shirt und die Worte: »Vielleicht können wir beim nächsten Mal angeln gehen ...«

Unser Auto stand abfahrbereit und weiße Dampfwolken von sich gebend im Pfarrhof, als Pater Jankowski mit wedelnden Armen erschien und uns zurief, daß jemand von der katholischen Universität Lublin am Telefon sei und mich bäte, gleich morgen für die Studenten ein Konzert zu geben. Ich seufzte tief auf. Aber hier stand Pater Jankowski, der wie ein großer schwarzer Adler die Arme ausbreitete und versicherte, daß Lublin die einzige Schule ihrer Art sei, die einzige zwischen Japan (Wedeln mit der einen Hand) und Australien (Wedeln mit der andern). Ja, sagte ich, ich würde kommen und das Konzert geben, aber die in Lublin wollten es mir nicht glauben. Da nahm Pater Jankowski den Hörer, um ihre erstaunten Fragen zu beantworten. Nein, sie verlangt keine Gage. Sie tritt allein auf und bringt keine technischen Geräte mit. Und wenn ihr die Sache nicht perfekt organisiert, bringe ich euch um.

Lublin. Um Sitzplätze zu bekommen, hatte das Publikum die Türen eingerannt und selbst die kleine Bühne besetzt, auch draußen in den Gängen entstanden regelrechte Staus – Menschen, wohin man sah. Lehrer hatten den Unterricht abgebrochen, ganze Klassen waren gekommen. Für die jungen Leute sang ich neuere Lieder, die sie mit zwei Liedern erwiderten. Dann schenkten sie mir Rosenkränze und übergaben mir Briefe für *Dire Straits*. Als ich ging, sagten sie, sie könnten es immer noch nicht glauben, daß ich tatsächlich gekommen sei.

Ich werde euch alle vermissen, euch, euren Humor und eure Tüchtigkeit. Ich werde es vermissen, in einem Land zu sein, wo das, was wir sagen und tun, von Bedeutung ist. »Was bedeutet Freiheit?« hatte mich jemand von der inoffiziellen Presse gefragt. Ich dachte lange nach und gab dann eine für uns wenig schmeichelhafte Antwort. Vielleicht gibt es zwei Arten von Freiheit, sagte ich. Die eine, in die man hineingeboren wird und für die man eine Garantie zu haben glaubt, wie die meine in den Vereinigten Staaten. Und die andere, die sich nach den kleinen, nach und nach erfochtenen Siegen bemißt, von denen jeder einzelne genossen und gefeiert wird. Wir zu Hause haben die Redefreiheit, aber es werden immer weniger Worte von wirklicher Bedeutung gesagt. Wir haben auch Gedankenfreiheit, aber uns fehlen die Impulse, die zu einem neuen, kreativen Denken führen. Wir haben die Freiheit der Wahl, unsere Wahl aber wird von der sinkenden Qualität moralischer und geistiger Werte bestimmt. Und hier, wo man um die Freiheit kämpfen muß, ist ein Geist lebendig, der sich so äußern kann: Die Menschen singen und streicheln ihre Kinder, sie lieben ihre Kirche und kümmern sich um den Nachbarn. Dies ist kein

Kommentar zu Ost und West, sagte ich, es ist ein Kommentar zu einem Kampf, der unabhängig ist von allen Grenzen.

WE ARE THE WORLD
Live Aid

Zu behaupten, daß ich bei der Aussicht, den amerikanischen Teil des größten Rockfestivals aller Zeiten zu eröffnen, weniger als ein ekstatisches, grenzenloses Hochgefühl empfand, würde eine Blasiertheit erfordern, wie ich sie nie besaß.

Man gestand mir sechs Minuten am Anfang zu, was soviel hieß, daß ich in einem noch kaum besetzten Stadion elf Stunden vor der besten Sendezeit aufzutreten hatte. Zumindest aber garantierte mir das, daß sämtliche Fernseh- und Rundfunkanstalten der Welt, daß alle Tageszeitungen und Zeitschriften, die bald darauf Redaktionsschluß hatten, und viele, bei denen dies nicht der Fall war, einzig wegen dieser Eröffnung über mich berichten würden. Ich hatte sechs Wochen Zeit, diese sechs Minuten vorzubereiten. Ich schwamm in Glückseligkeit

Die Einladung erreichte mich, als ich auf Tournee war. Alle Welt schien unter wachsender Spannung zu stehen. Fernsehleute stellten mit glänzenden Augen Fragen über Woodstock im Vergleich zu Live Aid. Die Zimmermädchen im Hotel und die Leute auf der Straße erzählten sich gerüchteweise, wen man als Neuesten eingeladen hatte und mit wessen Überraschungsauftritt zu rechnen war. Ein neunzehnjähriges Mädchen sprach mich in Andover, Massachusetts, auf der Straße an.

»Ich fahre nach Philadelphia zu Live Aid«, sagte sie verträumt, aber entschlossen.

»Hast du Eintrittskarten?«

»Ich habe keine. Ich will nur dabeisein. Das ist unser Woodstock, verstehen Sie?«

Etwas Mystisches lag in der Luft, etwas zunehmend Schwärmerisches, das mich irritierte. Es gab Andeutungen, daß die Topstars der Szene plötzlich ein Leben in Selbstlosigkeit, Aufopferung und Mitgefühl führen und die Welt verändern wollten, indem sie die Reichtümer teilten. Mehr als einmal hatte ich den Ausdruck vom »lebenslangen Engagement« gehört, der »den Hunger in der Welt beenden« sollte, einen Ausdruck, bei dem ich mich innerlich zusammenkrümmte.

Durch unser Büro wußten wir, daß Bob Geldorf, irischer Rocksänger, Organisator von Live Aid und ein Genie im Auftreiben weltweiter Spendengelder, nicht bereit war, sich von Diktatoren, Schwarzmarkthändlern oder Bürokraten düpieren zu lassen. Er war klug genug, um zu wissen, daß sich der Hunger in der Welt nicht heute und nicht morgen und auch in fünfzig Jahren nicht besiegen ließ, wenn wir nicht alles, von unserem Denken und Empfinden bis zu unseren Wirtschaftsstrategien, von Grund auf neu gestalteten. Um so bedauerlicher, daß der Sprachgebrauch in den Staaten, wenn es um Projekte wie das EST Hunger Project ging, bereits in einem hohen Maß von inflationären und unrealistischen Phrasen bestimmt war.

Tatsächlich aber hatte es seit Woodstock kein Ereignis mehr gegeben, das auch nur annähernd ein so gigantisches Ausmaß wie dieses erreicht hätte. »Super« hieß das gebräuchlichste Wort. Live Aid würde super werden. Alle waren davon überzeugt. Und wir alle wollten dabeisein. So war es auch recht peinlich, wenn ein Reporter uns Entertainer so behandelte, als würden wir alle große Opfer bringen. Zwar haben wir alle die Fahrt nach Philadelphia aus der eigenen Tasche bezahlt. Mein Mietflugzeug – die einzige

Möglichkeit, am frühen Morgen von Chautauqua, New York, nach Philadelphia zu kommen – hat 3500 Mark gekostet. Dieses Geld aber war kein Opfer. Es war eine Investition.

Allmählich gingen mir meine sechs Minuten durch den Kopf. *Amazing Grace* bot sich für eine Eröffnung förmlich an, nur kannten es die wenigsten der Jüngeren. Ich mußte mit einem Lied anfangen, das alle kannten, eins mit einem singbaren Refrain und sogar einem Hauch von sozialem Engagement: *We are the World*. Perfekt! Wenn ich Glück hatte, würden mindestens vierzig- oder fünfzigtausend Menschen mitsingen.

Ich trat vor den Wandspiegel und lächelte mich an: »Guten Morgen, Kinder der Achtziger! Das ist euer Woodstock!« sagte ich und fing zu tanzen an. Meine sechs Minuten hatte ich dann rasch beisammen. Sie ergaben sich wie von selbst, als ich stehend das Testband abhörte, kurze Sätze niederschrieb und mit der Stoppuhr die Länge meiner Bemerkungen kontrollierte.

Als wir in Philadelphia ankommen, ist niemand am Flugplatz, um uns abzuholen. Der ostindische Taxifahrer fährt uns am Stadion vorbei, wo wir durchs Fenster einen Parkplatz voller Autos, Lastwagen und Wohnwagen sehen. Junge Männer sitzen mit nacktem Oberkörper auf den Wagendächern und halten ihre Mädchen im Arm. Essend und biertrinkend – das gute alte amerikanische Bier –, unterhalten sie sich lautstark von Dach zu Dach und versuchen, den Sonnenaufgang zu beschleunigen.

Der Taxifahrer fragt, ob wir wegen des Konzerts gekommen sind. Ja. Singen Sie? fragt er und schaut in den Rückspiegel. Er fragt nach meinem Namen und setzt uns fast vor einen Baum, als er ihn hört. Seine Frau, sagt er, habe alle meine Platten. Er ist sehr, sehr glücklich und stellt den Taxameter ab, schüttelt nur den Kopf. Er bringt uns schweigend zum »Four Seasons Hotel.« Das Hotel ist perfekt wie immer. Heute nacht jedoch wimmelt das Foyer von Rockmusikern, Presseleuten, Groupies und Geschäftemachern. Um zwei Uhr bin ich in meinem Zimmer — müde und überdreht. Ich falle aufs Bett und bin sofort weg — im Kampf gegen Dramamin und Erschöpfung erleidet mein Adrenalin eine unvermutet rasche Niederlage.

Wie ein Soldat werde ich schon Minuten vor dem Wecken wach und beantworte den Fünf-Uhr-dreißig-Anruf so munter, als wolle ich beweisen, schon seit Stunden wach zu sein. Nach einer kurzen Dusche mache ich ein paar Stimmübungen und stelle zu meiner Freude fest, daß meine Stimme zu wenig Zeit zum Ausruhen hatte und daher, anstatt wie sonst am frühen Morgen heiser und verkratzt zu klingen, noch vom Konzert des Vorabends locker und geschmeidig ist. Singend ziehe ich mich an und mache mich zurecht, bestelle Kaffee, Eier und Toast, kriege aber nur den Toast herunter.

Um halb acht ist es draußen schon fast achtundzwanzig Grad warm. Als wir im Stadion ankommen, stolpern wir fast über ein paar Gestalten, die hier herumliegen. Eine lange Schlange von Eintrittskartenbesitzern bewegt sich zentimeterweise auf den Haupteingang zu. Die meisten sehen frisch und sauber und ausgeruht aus. Man befördert uns mit einigem Nachdruck auf die Zone hinter der Bühne, wo mir auf einem der Abstellplätze ein klimatisierter Transporter zugewiesen wird, der mir von meiner Ankunft bis eine Stunde nach meinem Auftritt zur Verfügung steht. Danach wird ihn eine andere Gruppe in Beschlag nehmen, während ich ganz nach Belieben mit meinem Bühnenausweis durchs Gelände streifen kann. Im Wagen neben mir residieren die *Hooters*, eine neue, vielversprechende Rockgruppe aus Philadelphia.

Als wir uns begrüßen, höre ich Sätze, wie ich sie an diesem Tag noch öfters von jungen, hübschen Rockmusikern hören werde: »Ich bin mit Ihrer Musik großgeworden.« »Meine Mutter besitzt sämtliche Ihrer Platten« oder »Sie kennenzulernen, ist eine große Ehre für mich.« Wenn du wüßtest, Herzchen, denke ich im stillen, wie ich deinen engelhaften kleinen Mund finde ... Aber ich umarme sie nur einigermaßen mütterlich und lasse sie glauben, was sie eben glauben müssen. Dann verkrieche ich mich in meinem Fahrzeug und bitte darum, mich mindestens dreißig Minuten allein zu lassen. Immer wieder gehe ich meinen Auftritt durch. Die Begrüßung, meine Worte über die Kinder der Achtziger, eine Art New-Wave-Gebet und die Lieder. Plötzlich wird mir elend im Magen, mir ist schwindelig. Ein befreundeter Arzt rät mir, etwas zu trinken und mich nicht hinzulegen. Ich trinke Sodawasser und gehe auf und ab. Fast anderthalb Stunden bin ich nun schon hier, aber es kommt mir wie fünf Minuten vor.

Als man mich in eine Art Künstlerzimmer bringt, klebt mir schon auf dem Weg die Zunge am Gaumen fest. Ich müßte dringend zur Toilette, aber die ist viel zu weit weg und würde letztlich auch nichts helfen. So sitze ich nur wie erstarrt da, trinke schlückchenweise Wasser und bitte Mary, mir die Leute vom Leib zu halten.

Es ist Zeit, das Künstlerzimmer zu verlassen. Wir werden durch einen tunnelartigen Gang und die Treppe hoch zur Bühne gebracht. Man drängt mich in eine Ecke, um Aufnahmen zu machen, aber das stört mich in meiner Konzentration und ich wehre ab. »Bitte, nicht jetzt. Vielleicht später.« Ich setze mich wieder und falle wie zuvor in eine Art Trance. Schließlich führt man mich nach vorn zum Bühnenvorhang. Wie von Mutter und Vater, die ihr Kind zum Zahnarzt bringen, werde ich von Mary gezogen und von Jeanne geschubst. Jack Nicholson vom »*Kuckucksnest*« steht bereit, vor den Vorhang zu treten und Punkt neun Uhr die Massen willkommen zu heißen. Weil ich glaube, mich in Erdnähe sicherer zu fühlen, gehe ich mit einem Knie auf den Boden und sehe links neben mir Bill Graham das gleiche tun. Er sieht großartig aus, ist frisch rasiert und trägt ein sauberes, weißes Hemd. Seit der Dylan/Santana-Tournee (wie hieß sie doch gleich?...) hatte sich unsere Beziehung merklich abgekühlt. Aber heute hat er mich schon begrüßt und lächelt jetzt wie ein aufgeregtes Kind. Ich lächle zurück und gehe zu ihm, um ihn zu umarmen und ihm einen Kuß auf die Backe zu drücken.

Als Jack vor die gigantischen, wunderschön bemalten Gazevorhänge tritt, nimmt dieser Tag tatsächlich seinen Anfang. Das Publikum rast. Jack redet, aber was er sagt, kann ich bei dem Gebrüll nicht verstehen. Mein Herz jagt in rücksichtslosem Galopp. Durch den Vorhang kann ich Tausende von hochgereckten Köpfen und winkenden Armen erkennen. Die Vorhänge gehen auf. Ich umarme Jack, besteige die »Achterbahn« und schnalle mich fest für die sausende Fahrt. Ein kleiner Schritt, und ich stehe der Menge gegenüber.

Mein erster Eindruck ist, daß die gesamte Szene vor mir meinen Vorstellungen genau entspricht. Das Stadion ist noch nicht vollbesetzt, das Publikum spielt vor erwartungsvoller Spannung verrückt. Was mich einzig überrascht, ja schockiert, ist diese Konformität, dieser rosige, amerikanische Glanz überall. YUMARFs. »Young Upwardly Mobile American Rock Fans« – lauter junge amerikanische Rockfans im Aufwärtstrend.

»Guten Morgen, Kinder der Achtziger! Das ist euer Woodstock, und es ist lange überfällig.« Das allgemeine Gebrüll für Zustimmung haltend, fahre ich fort. »Es ist gut zu wissen, daß sich das Geld aus euren Taschen in Nahrungsmittel für hungrige Kinder verwandeln wird. Ich kann mir keinen schöneren Beginn für unseren Beitrag zu diesem Tag vorstellen, als den, gemeinsam ein Dankgebet zu sprechen. Und das heißt, daß jeder von uns dem andern und jeder seinem Gott für den reichen Segen dankt, den wir in einer Welt genießen, in der so viele Menschen nichts haben. Und wenn wir dieses Gebet sprechen, werden wir auch tief in unsere Herzen und unsere Seelen schauen und sagen können, daß wir ein wenig Abstand nehmen von der Sorglosigkeit unseres Lebens, um ihre Not, ihre Schmerzen und ihre Sorgen zu verstehen. Das wird ihr Leben reicher und das unsere zu einem wirklichen Leben machen. Amazing Grace, how sweet the sound . . .«

Ich freue mich über den Beifall, auch wenn ich weiß, daß die Menschen in ihrer Begeisterung über alles jubeln würden. Gleichwohl ist dieser Morgen von einem guten Geist erfüllt, von einem guten und edelmütigen Geist. Erst Tage später höre ich, daß die Dinge, die ich gesagt und gesungen habe, viele Menschen berührten. Mehr verlange ich nicht.

Als ich dann von der Bühne gehe, sind es schon über dreißig Grad. Mit meiner Truppe laufe ich den *Four Tops* über den Weg, die lachend vor ihrem Trailer Kaffee trinken. Ich krieche in den Wohnwagen und esse eine Zimtrolle, wobei ich nur staunen kann, daß ich meine sechs Minuten tatsächlich hinter mir habe. Es ist Zeit für die Interviews, für Unmengen an Interviews – hier im Wohnwagen, draußen in der Sonne, in irgendeiner Ecke, neben Baumkübeln. Jeder Reporter sucht nach einer Story und versucht herauszufinden, was Live Aid wirklich bedeutet und was es einmal in der Geschichte für eine Rolle spielen wird. Mary Travers (von *Peter, Paul & Mary*) macht mir ein Kompliment: so früh am Morgen zu singen und sogar die hohen Töne zu schaffen.

Ich umarme sie und denke: Du und ich, Mary, werden beide in den Geschichtsbüchern auf der Seite stehen, die über den Folk-Boom der sechziger Jahre berichtet. Und da ist einer der *Beach Boys*, der mit den schönen Backenknochen. Ich umarme ihn, und wir machen Witze über diese Backenknochen. Auch er wird interviewt. Ich bin müde und mehr denn je zu zynischen Bemerkungen aufgelegt. Diese Hunger-Project-Leute machen mich noch verrückt. Ich traue keinem ihrer Worte. In Gedanken blende ich nach Woodstock zurück:

> It was so real to be rag tag, mud bound,
> All around,
> Brown acid, body paint,
> Freaking, streaking,
> Bearded and beautiful,
> Botticelli maidens,
> Virgin hippies,
> Bathing naked, they're
> Leaning out for love
> And they will lean that way forever...

> (Es war so echt, zerlumpt zu sein und im Schlamm zu stecken überall,
> Schlechte Drogen, angemalte Körper,
> Auszuflippen, zu flitzen,
> Mit Bart und schön,
> Botticelli-Mädchen
> Hippie-Jungfrauen,
> Nackt zu baden.
> Sie drängten nach Liebe
> Und werden immer danach drängen...)

Am liebsten würde ich schlafen. Plözlich fällt mein Blick auf Don-*Miami-Vice*-Johnson. Für die Abermillionen weiblicher Zuschauer dürfte es nichts Neues sein, wenn ich sage, daß ich mit einem Mal hellwach bin. Wie von heißen Blitzen durchzuckt, gehe ich in dem großen Bierzelt um Tische und Stühle, um Musiker und Manager herum, als ginge ich durch sie hindurch. Die ganze Zeit lasse ich *Miami-Vice*-Johnson nicht aus den Augen, marschiere geradewegs auf ihn zu und sehe ihm direkt in die funkelnden Augen. Bei einer, die wie ich weiche Haut und Pfirsichflaum liebt, müßte sich beim Anblick seiner Fünftagestoppeln die Drehzahl erheblich vermindern. Sie tut es nicht, nicht um eine U./min.

Mein Gott, denke ich, seit Kris Kristofferson ein Mann, ein richtiger Mann, und ich sage laut und vernehmlich in seine funkelnden Augen, sein gestyltes Haar und seinen überraschten, doch nicht gänzlich uninteressierten Blick hinein: »Hallo, schöner Mann, könnten wir die Möglichkeit einer Verführung diskutieren?«

Zum Glück hast du gelacht. Wir haben noch ein bißchen gequatscht, jemand hat ein Foto von uns gemacht. Ich weiß auf der Welt nicht, was du von mir hältst, aber ich war aufrichtig.

Als ich müde, verschwitzt und hoffnungslos sentimental auf den Transporter zugehe, der mich ins Hotel zurückbringen soll, begegnet mir ein bekanntes, nicht mehr ganz nüchternes Gesicht. Die Brille hängt etwas schief, vielleicht sind es auch die Augen. Es ist Ken Kragen, treibende Kraft bei den Benefizveranstaltungen der USA für Afrika, die auf Platten und Videos schon enorme Gelder eingespielt hatten, zu denen ich aber nicht eingeladen war. Ken sagt, er müsse mich eine Minute sprechen. »Richie hat aus Kalifornien angerufen«, erzählt er und zerrt mich am Ellbogen von den Leuten weg.

»Er kommt fürs Finale hergeflogen und möchte, daß du dabei bist. Er hat dich heute früh gesehen und fand dich großartig! Das fand ich auch. Du warst großartig. Jedenfalls will er, daß du beim Finale mitmachst. Das letzte Stück wird *We Are the World* sein. Deswegen ist es ja so phantastisch, verstehst du, weil du damit eröffnet hast. Das haut genau hin! Jedenfalls werden wir um fünf Uhr proben. Lionel wird dann hier sein. Er sagt, daß du unbedingt mitmachen mußt und daß ich es dir ›Persönlichst‹ sagen soll.«

Ken Kragen scheint ziemlich in der Klemme, und so langsam geht mir ein Licht auf. Ich vermute, daß sie nach Lückenbüßern suchen. Ich bin müde. Ich weiß wirklich nicht, sage ich zu Ken, ob ich noch einmal herkomme. Ich muß mich erst mal schlafen legen. Vielleicht bleibe ich im Hotel und sehe mir das Ganze im Fernsehen an. Ganz bestimmt aber gebe ich rechtzeitig Bescheid. Und schönen Dank für die Einladung. Wie immer, wenn ich mich großartig fühlen könnte oder sollte, bin ich total deprimiert.

Das Hotel ist wie eine Oase. Ich lege mich aufs Bett, staple mir drei Kissen unter den Kopf, schalte den Fernseher ein und genieße die Konzertübertragung. Ich versuche, zuzusehen, aber meine Augen sind schwer wie Blei, und ich schlafe fest ein.

Als die bleierne Müdigkeit allmählich schwindet, sehe ich ein mir unbekanntes Gesicht auf dem Bildschirm. Es muß zum Londoner Teil von Live Aid gehören, denn überall im Publikum werden Union Jacks geschwenkt. Der Sänger ist schwarz gekleidet und hat langes, etwas wirres braunes Haar. Der Schweiß läuft ihm übers Gesicht. Sein Song hat etwas Kosmisches, Überirdisches, er ist rhythmisch bewegt und einprägsam. Der Sänger springt in die Luft und stampft mit seinen schweren Stiefeln auf dem Boden auf. Er geilt sich nicht am Mikrophon auf, wie Rockstars das sonst tun, wenn ihnen klar wird, daß sie schon durch die Technik die Möglichkeit haben, ihr Ego auf eine Menge von Tausenden auszuweiten.

Nein, dieser junge Mann nimmt seine Sache todernst und drückt sich mit einer solchen Zärtlichkeit aus, daß sie allein schon ausreichen würde, mir das Herz zu brechen. Er ruft dem Publikum etwas zu. Sie rufen zurück. Er singt ein paar Stellen aus Songs der fünfziger und sechziger Jahre, alle mit diesem einmaligen, unvergleichlichen Sound, und sie singen mit. Er dirigiert einen Chor. Sie sind der Chor, und sie sind hingerissen. Übertreibe ich das alles? Vielleicht.

Der Name der Gruppe erscheint neben dem Signet von Live Aid, überblendet die Bilder ihres mystischen Tanzes: U 2, live aus dem Wembley-Stadion. Das also ist die Gruppe, die meine fünfzehnjährigen Ratgeber mir so warm empfohlen haben und die, wie sie sagen, politisch, sogar pazifistisch eingestellt ist.

Der Sänger bahnt sich den Weg von der Bühne zur unten wartenden Menge, springt auf einen schmalen, hölzernen Absatz, der knapp einen Meter unterhalb der Bühne verläuft. Er gibt der Menge Handzeichen, winkt jemanden zu sich her. Mit einem Satz ist er unten an der Rampe und wiederholt seine zeichensprachliche Aufforderung so lange, bis man ein junges Mädchen über die Absperrung hebt, die ihn von der Menge trennt, sie ihm wie ein Geschenk überreicht. Sie landet auf ihren Füßen und in seinen Armen, er tanzt mit ihr. Sie scheint noch ganz verschreckt und hält, solange sie tanzen und er sie in seinen Armen wiegt, anmutig den Kopf gesenkt.

Ich kann mich nicht erinnern, in meinem Leben etwas Derartiges gesehen zu haben. Es ist ein privater Augenblick, an dem siebzigtausend Menschen teilnehmen. Der Tanz ist nur kurz, sinnlich und von einer herzzerreißenden Zärtlichkeit. Dann läßt er das Mädchen los, geht auf die Plattform unterhalb der Bühne und findet eine andere, mit der er genauso wie mit der ersten tanzt und wie zuvor zu Schlagzeug- und Gitarrenmusik, einer lyrischen, hypnotischen Musik, die das Publikum mit rhythmischen Bewegungen aufnimmt – ein Teil des Rituals.

Der Sänger geht wieder auf die Bühne und singt, schweißgebadet wie zuvor, das Lied zu Ende. An seiner Stimme ist nichts Besonderes, im Gegenteil, sie schwankt und klingt oft brüchig. Aber sie ist so unwiderstehlich wie er selbst und wie diese Ernsthaftigkeit, die mich völlig verzaubert hat.

Nun können Rockstars ernst wirken oder es auch sein, meistens aber nehmen sie nur sich selbst oder die aufgeblasenen Vorstellungen von sich selbst ernst. Keiner von uns, der vor hunderttausend Menschen steht, seine Stimme hört (und die der Musikband), die eigene, hundertfach verstärkte und in samtigem Glanz widerhallende Stimme, kann sich dieser grandiosen Selbsttäuschung ganz entziehen.

Diesem irischen Jungen aber geht es um mehr als den Rausch eines übersteigerten Selbstgefühls. Gewiß ist auch sein Ego intakt, und bestimmt ist er ein großartiger Show-Mann, aber da scheint noch mehr im Spiel. Ich würde gern wissen, was es ist. Kein Zweifel, daß ich wie dieses junge Mädchen aus England in seinen Armen liegen möchte. Aber es gibt da etwas, das einen bloßen Flirt mit ihm von vornherein ausschließt. Etwas, das größer ist als er oder ich oder die Summe aus uns beiden, größer auch als die Summe unserer Musik. Etwas, das mit Politik zu tun hat, mit jungen Leuten, Frische, Durchbruch. Und mit Liebe.

Den magischen Zauber von *U 2* erlebt zu haben, war für mich der Höhepunkt in all den Stunden, die ich gegen Ende des Tages bei der Live-Aid-Übertragung verbrachte. Sie bewegten mich stärker als alles andere. Sie bewegten mich durch ihre Neuheit, ihre Jugend und ihre Zärtlichkeit.

Ich rufe meine Familie an, die den ganzen Tag (nun gut, mit Unterbrechungen) am Fernsehen zugesehen hat und stolz auf ihr kleines Mädchen ist. Als ich meinen Vater frage, ob ich am Finale teilnehmen soll, meint er: »Nun, Schatz, das ist eine gute Sache und ein denkwürdiger Tag.« Mein Vater stimmt mit Ja. Dann nimmt meine Mutter den Hörer und stimmt ebenfalls dafür: »Sie brauchen dich, Schatz, sie wollen mehr von dir hören.« Ich weiß, denke ich lächelnd, ich weiß, daß ihr mich immer lieben werdet. Und ich möchte ja selbst gern beim Finale singen. Ich war nur so verletzt von diesen Mistkerlen, die mich bei ihrer *We-Are-the-World-*Party ausgeschlossen hatten . . . vorbei ist vorbei.

Nach einer kalten Dusche ziehe ich ein frisches T-Shirt an. Ich möchte noch mal zurück zum Medienereignis des Jahrzehnts, möchte ein bißchen rumlaufen, rumhocken und Leute treffen. Die wahren Superstars wie Tina Turner oder Madonna halten sich versteckt. Bei mir ist das anders. Ich mag Interviews, ich mag hier und da einen kleinen Plausch. Dabei laufe ich Joel Selvin von der großen Zeitung *San Francisco Chronicle* über den Weg. Ob ich wüßte, fragt er mich, daß auf der Live-Aid-Liste nur vier Namen stehen, die auch in Woodstock dabei waren? Ehrlich? frage ich erfreut zurück. Es stimmt: Außer mir sind es *The Who, Crosby Stills and Nash* und *Santana.* Joel lacht angesichts meiner unverhohlenen Freude.

Als ich es langsam an der Zeit finde, mich nach den Proben fürs Finale zu erkundigen, stoße ich fast mit Ken Kragen zusammen.

»Phantastisch!« sagt er. »Wir sind eben dabei, alles auf die Reihe zu kriegen. Du singst zusammen mit Madonna die beiden ersten Zeilen von *We Are the World,* danach singt

Sheena Easton das *There's a choice we're making...*« Ken schwatzt weiter auf mich ein – ich soll wohl nicht merken, wie ich da überfahren werde. Madonna? Warum nicht? Gönnen wir der Welt zwei Madonnen auf einmal und einen kulturellen Schock.

Unser Proben-LKW ist eine Party auf Rädern. Einer der Hunger-Project-Typen ist beauftragt, uns zu organisieren. Soviel will ich diesen Leuten zugestehen: Sie scheinen wirklich alle ein Project-Training hinter sich zu haben und zu wissen, wie man sich durchsetzt. Genau diese Art Mensch braucht man als Chorleiter für einen Lastwagen voll aufgelöster, hirn- und hitzegeschädigter Sänger. Brüllend erteilt er seine Anweisungen. Madonna und ich werden das rote Mikrophon übernehmen, sobald Harry Belafonte mit der Einführung fertig ist. Dann singen wir *We Are the World* und so weiter.

Die Gruppe löst sich auf, als Ken Kragen uns mitteilt, daß Harry Belafonte, der zwischen seinen Shows in Atlantic City eine Pause eingelegt hat, bereits im Flugzeug sitzt, daß auch Lionel jeden Augenblick hier sein kann und daß ein Chor von vierzig Kindern zu uns auf die Bühne kommen wird. Was für ein Chaos, denke ich mir und gehe Richtung Bühne.

Als ich an einem Monitor vorbeikomme, sehe ich Madonnas Auftritt als Wiederholung. Was wird mit dir, du Wickelkind, wenn das Rampenlicht verlöscht und die Morgensonne deine rotgeweinten Augen sieht? Komm und sieh dir diese alte Madonna an, die dir zärtlich Jasmintee serviert und auf deine unausgesprochenen Fragen, die sich aus der Asche deines glühend jungen Lebens emporquälen, die ruhige Antwort gibt: »Ich verstehe dich, Sweetie, ich verstehe dich.« Heute aber, im Diamantengefunkel deines Erfolgs, heute sollst du tanzen und singen und dich in deinen Glitzerketten und den hautengen Minis hüftwackelnd austoben...

Vielleicht finden deine *Playboy*-Titten eines Tages eine nützlichere Verwendung und du selbst ein Leben, das dir mehr Erfüllung gibt... Die ersten Gänge zum Supermarkt werden nicht einfach sein.

Umherschlendernd gebe ich ein paar Interviews und sehe aus den Augenwinkeln den deutschen Rockstar Udo Lindenberg auf dem Bildschirm. Ich setze mich mit hochgezogenen Knien auf den Boden und denke an Deutschland, wo ich mir den Segeltuchrock gekauft habe, höre zu, wie Udo mit unüberhörbar deutschem Akzent eine klare, politische Erklärung verliest, der ich innerlich nur zustimmen kann. Ja, sagt er, ein Konzert für die Hungernden ist eine feine Sache, die wahren Probleme aber, die sich von der Tatsache, daß es Hungernde und Notleidende gibt, nicht trennen lassen, sind die Aufrüstung, die ungerechte Verteilung der Güter und so weiter.

Obwohl seine Worte nach meinem Geschmack etwas zu links und zu unüberlegt klingen, freue ich mich, sie zu hören. Und ich freue mich, meine Landsleute zu sehen, mit denen ich etwas gemeinsam habe. Ich lebe wirklich in einer anderen Welt, denke ich. Das macht mich nicht unglücklich, aber es macht mich einsam. Als Udo mit seiner Rede fertig ist, klatsche ich laut Beifall, weil ich nicht anders kann. Ich bin eine Fremde in meinem eigenen Land, weil ich ständig versuche, mich wohlzufühlen, ohne meine Seele zu verkaufen.

Heute will ich mich nur amüsieren und schon bald über ein neues Album verhandeln. Ich will eine schöne Platte machen, eine richtig starke, melodische und aufregende Platte mit einem tollen Foto von mir auf der Plattenhülle und allem. Wenn man das Album aufschlägt, ist da noch mal ein Foto von mir in meinem Abendkleid aus schwarzer Seide.

Es ist Zeit, zum Proben-LKW zurückzugehen, wo sich die

Nervosität schon mit Händen greifen läßt. Man teilt mir mit, daß ich jetzt doch nicht mit Madonna, sondern mit Chrissie Hynde singen werde. Schön, denke ich und frage mich, wer Chrissie Hynde ist und was mit Madonna los sein könnte. Chrissie ist sehr nett (»Madonna schafft es leider nicht, also hast du mich jetzt am Hals«), aber so nervös, daß ich ein bißchen mit ihr rede, während immer mehr Leute eintreffen. *Duran Duran* ist zurück, Peter Yarrow kommt auf mich zu, nimmt meine Hand und schüttelt nur den Kopf, hört mit dem Kopfschütteln überhaupt nicht mehr auf, weil er, wie ich vermute, nicht weiß, was er sagen soll. Er ist eine gute Seele. Ich kenne ihn seit 1966, seit unserem gemeinsamen Auftritt in einer Fernsehshow. Heute hat er kaum noch ein Haar auf dem Kopf. Ich lächle in Gedanken an *Puff, the Magic Dragon* und umarme ihn. Ich glaube, er hat kein einziges Wort gesagt.

Unsere Massenprobe beginnt, die schon bei den ersten Takten Erweckungsgesängen der Zeltmission ähnelt. Wir schweben auf Flügeln. Unser Lied klingt hinreißend schön. In heller Panik bittet unser Chorleiter jeden, der nicht mitsingt, den Raum zu verlassen. Patti LaBelles Kinderschar verzieht sich ebenso widerwillig wie die Ansammlung von Zaungästen, doch bleiben sie mit runden Augen im Eingang stehen.

Dieser kleine LKW ist ein Sack voller Diamanten, geschliffener und ungeschliffener, funkelnder und roher Diamanten. Wir alle können singen. Wir singen aus Freude am Singen. Wir singen wirklich. In einem Zustand wilder Seligkeit singt Patti LaBelle uns alle an die Wand. Philadelphia ist ihre Heimatstadt, und Live Aid kann ihrem derzeitigen Comeback nur dienlich sein. Sie erreicht das hohe G so oft, daß uns fast schwindelig wird. Aber das ist doch gar nichts im Vergleich zu dem, was sie später auf der Bühne bringt ... Singen kann sie, mein lieber Mann. Ich sage ihr, daß ich auf der Bühne gern neben ihr stehen möchte. Als ich dann aber feststelle, daß Melissa das Vorrecht auf diesen Platz zu haben scheint, lasse ich das Thema fallen. Trotzdem ist Patti so nett und sagt, daß sie mir die ganze andere Seite geben will. Und eine ganze Seite von Patti LaBelle – das ist eine Menge Platz.

Wir haben unser Lied jetzt zehnmal geprobt und werden langsam nervös. In dem allgemeinen Gerede und Gequassel ruft Ken uns neue Instruktionen zu: Wir sollen sofort ins Künstlerzimmer gehen und zwanzig Minuten später auf der Bühne sein.

Im Hintergrund höre ich Bob Dylan, der mit zwei der *Rolling Stones* auf der Bühne ist. Gesehen habe ich ihren Auftritt erst zwei Wochen später, im Video. Da sahen alle drei wie Statisten aus, die in einem alten Film lebende Leichen spielen.

Wenig später sitzen Melissa und ich pflichtschuldigst und von den hellen Lampen eines Fernsehteams angestrahlt im Künstlerzimmer, plaudern wie zuvor, um möglichst ungezwungen auf dem Bildschirm zu erscheinen. Als Dylan weiterdröhnt, wird mir langsam klar, daß sein Auftritt bald zu Ende sein muß und wir möglicherweise im falschen Raum gelandet sind. Es dauert keine Sekunde, bis wir wieder draußen sind und uns im Gewühl verzweifelt nach irgendeinem aus unserer Gruppe umsehen. Niemand ist in Sicht.

Ich laufe auf einen Aufsichtsbeamten zu und frage ihn, ob es vielleicht noch ein zweites Künstlerzimmer gibt. Er weiß es nicht. Ich nehme Melissa bei der Hand und renne mit ihr los, um die Eingangstür zu dem überdachten Gang zu finden, der zur Bühne führt. Aber es ist wie in einem bösen Traum, keine von uns beiden weiß, in welcher Richtung der liegt.

Immer noch Melissas Hand haltend, packe ich einen weiteren Aufsichtsmenschen am Ärmel und bitte ihn, uns zur Bühne zu bringen. Er dürfe seinen Posten nicht verlassen, sagt er, zeigt uns aber mit ausgestrecktem Finger den Weg zu dem Gang. Wir laufen, was das Zeug hält. Wir halten uns immer noch an der Hand, als wir eben rechtzeitig die oberste Treppenstufe erreichen.

In einem wilden Durcheinander stellt man uns hinter dem Vorhang auf. Zwischen all den Gerätschaften, die man für uns aufgebaut hat, suche ich nach dem »roten Mikrophon« und kann es nirgendwo entdecken.

Vor dem Vorhang nähert sich Bob Dylan der letzten Strophe von *Blowin' in the Wind*. Ich lache laut los, als ich an Ken Kragens Worte denke: »Wenn Bob mit *Blowin' in the Wind* fertig ist, wird Lionel durch den Vorhang kommen, seinen Arm um ihn legen und sagen: ›Bob, wir haben heute abend ein paar deiner Freunde hier.‹ Der Vorhang geht auf, und da stehen wir dann alle!« Dylan haßt so was. Er kann es nicht ertragen, wenn sich etwas hinter seinem Rücken abspielt.

Als wir uns in Erwartung des großen Augenblicks noch einmal lachend umarmen, kann ich Chrissie nicht entdecken und schlängle mich auf der Suche nach meiner Partnerin durch die Reihen der Stars, finde sie schließlich in die letzten Takte von Dylans Lied versunken und nehme sie fest bei der Hand. Der Vorhang geht auf. Dylan wirkt irritiert und winzig neben Lionels lächelnder Unbefangenheit. Schon erklingen die ersten vertrauten Takte, aber ich finde immer noch kein »rotes Mikrophon«. Lionel beginnt mit seinem Song, das Publikum kreischt, die Stars haben sich über die gesamte Bühne verteilt. Jetzt ist Harry dran, aber wir können ihn nicht hören. Er wird noch heiser sein von Atlantic City, denke ich und grase mit den Augen zum letzten Mal die

Bühne ab: weit und breit kein rotes Mikrophon. Dann geht alles sehr schnell, wir sind schon fast dran, ich zerre Chrissie nach vorn, die während der ganzen Szene absolute Ruhe bewahrt und reizend anzusehen ist. Belafontes Mikro zu benutzen, scheint mir das Sicherste zu sein, denn immerhin funktioniert es inzwischen so gut, daß wir seine seidige, kräftige Stimme in voller Lautstärke hören. Als er bei der letzten Zeile vor unserem großen Auftritt angelangt ist, ziehe ich Chrissie weiter, bis wir direkt hinter Harry stehen, wo ich mich wie ein um Aufmerksamkeit bettelndes Hündchen unter seinem Arm nach vorn schiebe. Überrascht zieht Harry die Augenbrauen hoch, zwar nur ganz leicht, aber die Zeit ist zu knapp, um mehr zu sagen als ein kurzes »Entschuldige bitte«, denn jetzt sind wir wirklich dran, ich nehme Chrissie an die eine Hand, das Mikro in die andere, und wir geben ihm alles, was wir haben.

Unglücklicherweise scheint die Tontechnik ganz anders instruiert worden zu sein – vermutlich, daß wir das rote Mikrophon benutzen, denn während der ersten paar Takte bleibt der Ton weg. Aber dann ist er da und einfach phantastisch. Ich halte Chrissie das Mikro hin, denn ich kenne ja meinen schlechten Ruf, es gern für mich in Beschlag zu nehmen. Dann stellt sich Sheena links neben uns. Und kaum haben wir unseren kurzen Beitrag beendet, nimmt Sheena uns das Mikrophon mit stiller Entschlossenheit aus der Hand, kehrt sich von uns ab und singt sich in zwei großartigen Zeilen die ganze Enttäuschung von der Seele, den ganzen Frust, daß sie bis jetzt als Sängerin nicht zum Zuge kam, sondern nur ein paar Begrüßungsworte sagen durfte. Sie umkrallt das Mikrophon, hütet es wie ein kostbares, eben erst entdecktes Familienerbstück und singt unser Trio als Solo. Meine ungeschickten Bemühungen bringen mich dem Mikro nicht näher, und für Chrissie liegt es gänzlich außer Reichweite.

All das aber spielt angesichts der Hochstimmung unter uns und der wilden Begeisterung im Publikum wirklich keine Rolle.

Dabei fällt mir Patti LaBelle wieder ein, die ich doch gern finden würde, nur, um eine Zeitlang mit dieser Stimme mitzufliegen. Als ich aber sehe, wie die aggressiven Stars sich die Mikros kapern, habe ich keine Lust, mich an ihrem Konkurrenzkampf zu beteiligen und verdrücke mich aus der vordersten Reihe ins Bühnengewühl.

Peter, Paul and Mary sind die ersten, denen ich direkt in die Arme laufe. Peter brüllt mir über dem ganzen Getöse die Frage zu, ob ich mich nicht mit unterhaken will, aber ich signalisiere ihm kopfschüttelnd ein Nein und ein Dankeschön und wühle mich zwei Reihen weiter bis zu *Duran Duran* und meinen schönen John Taylor durch. Als ich mich neben ihn stelle, nimmt er mich lieb in den Arm. Vor uns die vierzig Kinder, die sich jetzt auch auf der Bühne eingefunden haben, singen wir uns die Seele aus dem Leib.

Ich bin sehr glücklich und könnte wirklich die ganze Nacht hier bleiben. Wir können die Stimmen von Patti, Dionne, Melissa und Lionel heraushören, der Rest ist ein undefinierbarer Eintopf. Lionel gibt uns ein Handzeichen, daß wir still sein sollen, und fordert das Publikum zum Singen auf. Außer Patti und Dionne sind jetzt alle still. Als ich dem Publikum zuhöre und merke, wie zufrieden und glücklich all die sonnenverbrannten Menschen sind, frage ich mich, was dieser Tag für sie bedeutet hat und noch bedeuten wird. Jetzt sind wir wieder an der Reihe, alles singt oder tanzt, umarmt oder küßt sich, alle diese Stars sind Menschen und alle diese Menschen Stars, und als das Lied zu Ende ist, geht auch dieser Tag zu Ende.

Während ich dies schreibe, heute, anderthalb Monate nach dem Konzert, habe ich noch dasselbe Gefühl wie damals, daß nämlich die Zeit und die zukünftigen Taten der Menschen aus dem Showbusiness darüber entscheiden werden, ob Live Aid als ein Fest der Freigebigkeit eine Eintagsfliege war oder nicht. Ich hoffe, daß die Sänger und Tänzer dieses glorreichen 13.-Juli-Zirkus immer wieder zum Geben bereit sind und nicht nur auf ihren Auftritt im großen Zelt warten. Ich verspreche mir eine Politisierung der Menschen, wenn es genug sein sollte, daß sie ein wenig zu teilen bereit sind. Vielleicht verspreche ich mir immer zu viel.

GULF WINDS
Mein Vater

Meine Mutter sitzt ganz hinten am Swimmingpool im Schatten, mein Vater am Beckenrand in der Sonne und ich ihm gegenüber, lasse ein Bein im Wasser baumeln. Seit zehn Jahren getrennt, verstehen sich die beiden (meiner Ansicht nach) heute besser denn je. Während ich den laut gedachten Gedanken meines Vaters zuhöre, denke ich über sein Leben nach.

Er lebt in einem Sumpfland, einem Naturschutzgebiet, umgeben von kleinen, geduckten Häusern, die alle auf Wasser, Morast und unausrottbarem Unkraut gebaut sind. Der einzige Weg zu seiner Haustür führt über einen wettergebleichten Brettersteg. Die Menschen, die bei ihm hereinschauen, sind alles Freunde. Und die anderen Freunde sind Menschen, die aus aller Welt einfliegen, um ihn zu besuchen: seine Frau, seine Töchter, die Enten, der große Blaureiher, der Silberreiher und der Star.

Mein Vater hat als einer der ersten an der Röntgen-Mikroskopie gearbeitet und war einer der Pioniere auf dem Gebiet der Röntgen-Holographie. Er hat in Harvard an der

Stanford-Universität und in England an der Open University von Buckinghamshire gelehrt. Aus der Zusammenarbeit mit der UNESCO in Bagdad entstand sein Engagement für das wissenschaftliche Bildungswesen in unterentwickelten Ländern. Die Liste der Ausschüsse, die er geleitet, und die der Filme, die er im Bereich der Wissenschaftsvermittlung gedreht hat, könnten mühelos eine ganze Seite füllen.

Außer spanisch und englisch spricht er heute auch französisch. Als Redner und Vorsitzender von Komitees hat er viele Länder der Erde bereist und dort seine Theorien über die seiner Ansicht nach drängendsten Probleme unserer Zeit entwickelt: Überbevölkerung, Armut, Umweltverschmutzung, den Anstieg atomarer Waffen. Zwanzig Jahre später erläutert er die vier Begriffe, die, wie er sagt, zum Verständnis und zur Überwindung jener vier großen Zeitprobleme notwendig sind: Informationsbegierde, Kreativität, Kompetenz und Mitgefühl. Heute am Schwimmbecken meint er, daß die Zeit nicht ausreichen könnte, um all die Schäden wiedergutzumachen, die das Menschengeschlecht der Erde zugefügt hat.

Er spricht von dem schnellen und vom allmählichen »Knall«. Der schnelle Knall ist der Holocaust, das letzte, endgültige Verglühen, der Dritte Weltkrieg. Der allmähliche ist die kontinuierliche Verminderung der Ressourcen dieser Erde, die der Habgier und Ignoranz ihrer Bewohner zuzuschreiben ist. Für ihn stellt der langsame Knall die größere Bedrohung dar, weil er bereits begonnen hat und möglicherweise nicht mehr aufzuhalten ist. Dagegen könne der schnelle Knall noch vermieden werden, selbst wenn die Chancen dafür immer mehr schwinden. Während mein Vater neue Gedanken in seinem Kopf hin- und herbewegt, graben sich die Falten auf seiner Stirn immer tiefer ein, kerben seine Haut und werden wie die Ringe unter seinen Augen irritierend sichtbar.

In diesem Augenblick besorgter Unruhe scheinen mir seine Schultern plötzlich so schmal und gebeugt, sein Blick so niedergeschlagen. Beim Sprechen hält er die Schultern mit den Händen umklammert. Es macht mir angst, seine übliche Spannkraft erlahmen zu sehen. Später aber will er sich nicht erinnern, das Wort »Verzweiflung« benutzt zu haben.

Dabei geht mir durch den Kopf, daß Ronald Reagan genauso alt ist wie er. Sie haben auch einiges gemeinsam: Beide sind geistig und auch äußerlich jung geblieben, voller Spannkraft und Optimismus. Darüber hinaus aber kann ich nur krasseste Unterschiede entdecken.

So weiß der Präsident entweder nichts von den Übeln auf der Welt, von denen mein Vater und ich eben sprachen, oder er fühlt sich nicht davon betroffen. Besonders immun scheint er gegenüber jedwedem Beitrag zu sein, den Amerika bei der Entstehung jener Übel geleistet haben könnte, da er die Unannehmlichkeit eines Denkens, das über seine eigene Einteilung in gute Menschen/schlechte Menschen hinausgeht, nicht in Kauf nehmen und auch nicht deprimiert sein will. Einerseits ist sein heiteres, joviales Auftreten der mörderischen Tüchtigkeit eines Kissinger oder einer Kirkpatrick gewiß vorzuziehen, andererseits aber ist er in dieselben dunklen und blutigen Geschäfte verwickelt, die allesamt unter dem allumfassenden und bequemen Banner des Antikommunismus abgeschlossen werden. Seiner Ansicht nach ist Gott auf seiner Seite und er selbst nicht einmal imstande, etwas Unrechtes zu tun.

Was mich so wütend macht, ist die Tatsache, daß dieser Mann und seine Gefolgsleute jemanden wie meinen Vater einfach ignorieren können. Wegen der Proteste meines Vaters gegen den Kahlschlag der Waldgebiete am Amazonas, gegen den Mißbrauch und die völlige Ausschöpfung natürlicher Energien, gegen die Verschmutzung unserer Flüsse und die Vergiftung der Luft, die unsere Kinder atmen, hat man Menschen wie meinen Vater mit einer Handbewegung abgetan, hat sie als Schwarzseher, als depressive und pessimistische Liberale beschimpft.

Wenn ich mir das kluge Gesicht meines Vaters betrachte, kann ich nur erschrecken, in welchem Ausmaß man die Wissenschaftler in diesem Land, die Männer und Frauen, die ihrem Gewissen folgen, aus der amerikanischen Gesellschaft ausgeschlossen hat. Gegen die vier Grundübel zu protestieren, ist dem gegenwärtigen Trend zu einem neuen Patriotismus — was immer das sein mag — eben nicht förderlich.

Mein Vater hat keine Ahnung, daß ich sie beide im stillen vergleiche: den zierlichen, hübschen Mexikaner, den Wissenschaftler, der immer noch an Quäkerversammlungen teilnimmt, in globalen Zusammenhängen denkt und sich für eine Verbesserung der Lebensbedingungen aller Menschen einsetzt; und den strammen Cowboy, der Trivialautoren liest, sich *Rambo* ansieht und der Meinung ist, daß es in Pretoria keine Rassentrennung mehr gibt.

In diesem Augenblick sucht mein Vater eifrig in der Asche unseres Gesprächs nach einem glimmenden Rest und beendet einen tröstlichen Gedanken mit einem Satz über die positiven Kräfte der Natur: »Gott sei Dank gibt es noch das Unkraut.«

EPILOG

»Und was tun Sie, Frau Baez, wenn Sie aufhören zu reisen, nach Hause zurückkehren und Ihr Leben sich wieder normalisiert?«

Nun, von Normalität kann hier wirklich nicht die Rede sein, und ich tue so allerlei: ich lerne Aikido, ich fotografiere und nehme an einem Tanzkurs teil, ich koche wieder, illustriere ein Liederbuch, arbeite an einem Menschenrechtsprojekt – und ich schreibe ein Buch. Aber da sind auch ein paar Freunde, verläßliche Freunde wie eh und je, die noch immer in meiner Nähe leben und die ihr kennenlernen oder wiedersehen solltet.

Old Earl, der Mithäftling Davids, der im Gefängnis mit ihm Freundschaft schloß, später auf Bewährung freigelassen wurde und es mit unserer Hilfe schaffte, frei zu bleiben. Zwölf Jahre lang hat er Gabe zur Schule gefahren und wieder abgeholt, hat die Hunde gefüttert, Haus- und Gartenarbeit übernommen. Heute arbeitet er als Pflege-Großvater mit geistig und körperlich Schwerbehinderten. Die einundzwanzig Gefängnisjahre haben sein Herz und seine Lunge bös mitgenommen.

Christine, meine katholische Kinderschwester aus England, Köchin, Helferin und Mädchen für alles, hatte im Zweiten Weltkrieg in der Fernmeldetruppe gearbeitet. Sie half mir dabei, Gabe großzuziehen, und besorgte das Haus, als Gail uns verließ, um eine Schwesternschule zu besuchen. Ich hatte Christine 1961 in Carmel kennengelernt, wo sie sich um eine Sterbende in Pebble Beach kümmerte. Ich selbst war dorthin gefahren, um für die Kranke zu singen – es war ein schlimmes Erlebnis für mich. Anschließend machte Christine mir eine Tasse Tee, und seitdem sind wir befreundet.

Jeanne wohnt fünfzehn Minuten von uns entfernt. Sie hat in den letzten fünfzehn Jahren als mein persönlicher Finanzminister gearbeitet, als Tourneemanagerin, Leiterin von Humanitas, Helferin und Ratgeberin in so gut wie allen Fragen, als Wegweiser und mitfühlendes Wesen. Derzeit führt sie einen erbitterten Kampf um die Klärung meiner finanziellen Angelegenheiten. In vieler Hinsicht kennt sie mich, wie man so sagt, besser als ich mich selbst. Wir lachen in Gedanken an später, wenn wir beide vor derselben Haustür im Rollstuhl sitzen. Nur findet Jeanne es darum nicht so komisch, weil sie viel lieber vor der Haustür eines wundervollen Ehemanns im Rollstuhl sitzen möchte. So versuchen wir, uns gegenseitig aus den Midlife-Depressionen zu befreien und uns aufzumuntern. Wir gehen zum Abendessen aus oder ins Kino und fragen uns, wie es wohl ohne einander in der Welt aussähe. Dabei wissen wir, daß wir es erst dann herausfinden, wenn eine von uns kieloben treibt.

Mutter wohnt zwanzig Minuten von uns entfernt. Wir telefonieren oft im Lauf der Woche. Wenn ich krank bin, bringt sie mir Ginger Ale und Gebäck, oder sie ruft mich an, wenn es im Fernsehen etwas besonders Schönes gibt, ein geigendes Wunderkind, das Brahms spielt, oder die Auflösung eines englischen Geheimnisses. Wenn ich Trost und Hilfe brauche, wirft sie ihren Mantel über das Nachthemd und kommt auch spät in der Nacht noch hergefahren.

Libby ist Lehrerin. Sie hat mir dabei geholfen, die neue Schule für Gabe zu finden. Auch sie ist jederzeit bereit, auf eine Tasse Tee oder ein Stück Kuchen zu mir zu kommen, mich seelisch aufzurichten und mir um vier Uhr morgens am Telefon ein paar kluge Dinge über Kindererziehung zu sagen.

Ira arbeitet in der Buchhandlung Kepler, wo ich ihn immer dann besuche, wenn ich seine sarkastischen Äußerungen über das Weltgeschehen hören möchte. Ira verschafft mir noch immer den genauesten Blick auf das, was wirklich in der Welt geschieht. Und er ist es auch, der mir immer wieder ins Gedächtnis ruft, was Gewaltlosigkeit angesichts der uns umgebenen Unmenschlichkeit bedeuten kann. Hinsichtlich einer Errettung des Menschengeschlechts oder auch nur seines Überlebens hegt er keine großen Hoffnungen, und ich neige dazu, ihm zuzustimmen. Anders als Ginetta hält er wenig davon, sich die Diplomatentüren offenzuhalten. Er sagt, was er denkt, und schert sich nicht darum, ob er auf irgendeiner Beliebtheitsliste auftaucht oder nicht. Auf meiner steht er auch heute noch, nach dreißig Jahren.

Ginetta und ich sehen uns oft und haben beide Sehnsucht nach Europa. Einmal, als sie mir gestand, wie deprimiert sie sei, fragte ich sie, was ich ihr mitbringen könne. Süßigkeiten, meinte sie. Und so holte ich zwei Mandelhörnchen, Birnenstrudel und zwei Törtchen mit Kiwis und Kirschen. Lachend und mampfend hockten wir da, und bald war sie wieder ganz die Alte, den Kopf voller Pläne für mich: »Überleg doch mal, du könntest doch gut im Lincoln Center einen Spendenabend organisieren, zusammen mit dem Opernsänger Pavarotti...«

Nach einem sechsjährigen Aufenthalt bei einem irischen Guru ist Gail wieder zur Vernunft gekommen und arbeitet wie zuvor als Krankenschwester. Ihre besondere Begabung liegt in der Pflege von Sterbenden, Schwerkranken und von kranken Kindern. Sie arbeitet auf allen Stationen, einschließlich der Krebsstation, wo sie viele Jahre lang war. Außerdem ist sie der Mensch, der mir bei meinen ständig wiederkehrenden Ängsten am besten helfen kann. Dank ihrer praktischen Erfahrung als Krankenschwester, ihrer eigenen Vielzahl an Neurosen und aufgrund der Tatsache, daß sie mich sehr gut kennt und weiß, wie ich »funktioniere«, kann sie mich durch eine Mischung aus Mitgefühl, gesundem Menschenverstand, medizinischem Know-how und Hypnose soweit beruhigen, daß mein geistiger Normalzustand wieder hergestellt ist.

Und da ist Claire, mein Kumpel beim Tanzen und Blödeln. Sie ist in der Drogenberatung und als Helferin in Krisensituationen tätig. Wir trinken Capuccino zusammen, wenn sie eine Pause macht und das, was sie als ihre »Opfer« bezeichnet, sich selbst überläßt. Ich glaube, daß die hohe Erfolgsquote unter ihren »Opfern« daher rührt, daß sie sie zum Lachen bringt.

Sooft ich kann, flüchte ich nach Carmel und in die Gemeinschaft jener wunderbaren Menschen, die Michael und mich vor fünfundzwanzig Jahren so freundlich aufgenommen haben. Es gibt keinen schöneren Platz auf dieser Welt, keine größere Liebe und keine Freunde, die so anregend und hilfsbereit wären wie sie.

Von den »Alten«, die ich bislang nicht oder nur kurz erwähnt habe, sind mir zwei Menschen am wichtigsten: Friedy, die Witwe von Francis Heisler, die jetzt über achtzig ist (und mit der es sich bei mehreren Tassen Tee so herrlich über Europa plaudern läßt), und meine geliebte, heute siebenundachtzigjährige Mairi Foreman. Als ich sie das letzte Mal sah (sie wohnt in Puerto Rico und hat ihren Mann um fünfzehn Jahre überlebt), sagte ich zu ihr: »Kannst du dir vorstellen, Mairi, daß wir uns jetzt seit fünfundzwanzig Jahren kennen?« »Wirklich, Liebling?« gab sie zurück und ließ ihre schönen irischen Augen tanzen. »Länger nicht?«

Der kleine, aber tüchtige Stab von Humanitas führt jeden meiner Aufträge durch, gibt ein Mitteilungsblatt heraus und setzt unsere Programme und Projekte im Bereich der Menschenrechte, der Abrüstung und der Erziehung zur Gewaltlosigkeit fort. In den letzten Jahren habe ich sie gebeten, einen Protestmarsch gegen die Bombardierung Libyens durch die Vereinigten Staaten zu organisieren. (Gemeinsam mit anderen Friedensinitiativen haben wir in einer Stadt achthundert, in einer anderen über tausend Menschen dafür gewinnen können.)

Außerdem bat ich sie, mit mir gemeinsam einen offenen Brief an die Zeitungen in Südafrika zu schicken, um die gewaltlosen Aktionen von Bischof Tutu zu unterstützen. Unterzeichnet haben Lech Wałesa, Corazon Aquino, Kim Dae Jung, Mairead Corrigan, Adolfo Perez Esquivel und andere.

Wir haben erreicht, daß Irina Grunina, eine im Exil lebende russische Dissidentin, aus Gesundheitsgründen zur Zeit ihrer Niederkunft nach Moskau zurückkehren konnte. Bewirkt hatte das ein Appell, den Coretta King, Rosalynn Carter und ich an die Behörden richteten – und an die Presse.

Auch weiterhin verschickten wir unsere Protestschreiben gegen die Intervention der Contras in Nicaragua und den Mißbrauch der Menschenrechte überall auf der Welt.

Ich bin stolz darauf, was Humanitas seit seiner Gründung im Jahr 1979 erreicht hat. Obwohl ich nicht immer und nicht unmittelbar an jedem Projekt mitarbeiten kann, verschafft es mir doch große Befriedigung zu wissen, daß Humanitas kontinuierlich an den Themen weiterarbeitet, die mir so sehr am Herzen liegen.

Und da sind meine Tanz- und Trinkgenossen vom »Pioneer Saloon«, einer guten alten Bar mit farbigen Glasfenstern, die seit 1880 hier am Ort existiert und auf deren winziger Tanzfläche ich den Texas-Swing gelernt habe. Viele meiner Freunde kann man hier an den Abenden antreffen, wenn die kalifornischen Cowboys aufspielen, sich stampfend wie die Höhlenmenschen zu den gefiedelten Klängen eines ländlichen Square Dance gegenseitig in Schweiß wirbeln.

Und ich träume von meinem Schloß in Canisy, in der Normandie. Cher Ami ist verheiratet und wohnt jetzt ein paar Städte weiter. Der Graf wird vierzig in diesem Jahr, seine Freunde arrangieren ein großes Fest für ihn im Schloß.

Von heute an gerechnet, wo ich dies letzte kleine Kapitel für mein Buch schreibe, sind es noch zwei Wochen, bis ich mit Gabe ins Flugzeug steige und nach Paris fliege. Wir starten an einem Donnerstag. Ich nehme das schwarze Samtkleid mit und den Schmuck aus Bergkristall, dazu das Kleid, das Pauline mir genäht hat, und pelzbesetzte Stiefel. Gabe nimmt einen Smoking mit. Am Freitagabend kommen wir in Canisy an, wo bis Samstagnachmittag alle Gästezimmer und -betten belegt sein, wo in sämtlichen Kaminen Feuer brennen und Champagner, Wein und Calvados eine ganze Nacht lang in Strömen fließen werden. Das Fest wird irgendwann am Sonntag zu Ende sein, wenn Gabe und ich nach Paris zurückfahren und die Maschine für den Rückflug nehmen.

Und wenn wir dann nach fünfzehn Stunden müde zu Hause eintrudeln, hat meine Mutter in der Küche Feuer angemacht und vielleicht ein Brahms-Trio aufgelegt. Gabe wird nur noch ins Bett fallen, aber ich möchte noch am Kaminfeuer sitzen und Mutter davon erzählen, wie still es war, als ich von meinem riesigen Schlafzimmerfenster aus die Sonne aufgehen sah, und was für ein Frieden ringsum herrschte, als sie den Nebel durchdrang und das Schloß endlich schlief.

DANKSAGUNG

Ich möchte Nancy Lutzow für ihre unermüdliche Hilfe danken, die sie bei der Klärung vieler ungelöster Fragen geleistet hat — von Fragen, die Herausgeber, Anwälte und ich selbst an sie gerichtet haben. Mein Dank gilt ferner Manny Greenhill, der mir zahlreiche diesbezügliche Einzelheiten mitgeteilt hat; meiner Mutter, die sämtliche Unterlagen auf ihrem Wohnzimmerteppich ausgebreitet und bei der Auswahl der Fotos geholfen hat; meinem Vater, der mir Fotos aus seinen Alben zur Verfügung stellte; Arthur Samuelson, der geschnitten und geklebt hat, der mich immer wieder anspornte, mich ermutigte und mir zuhörte; Steve Jobs, der mich zum Gebrauch eines Textcomputers zwang, indem er mir einen in die Küche stellte; schließlich auch den vielen Freunden und Angehörigen, die mir dabei halfen, mein Gedächtnis aufzufrischen und mir Informationen über Dinge lieferten, die ich längst vergessen hatte.

NACHWEISE

Die Verwendung von *We Shall Overcome* als Titel dieses Buches erfolgt mit freundlicher Genehmigung von Ludlow Music, Inc., New York, und Essex Musikvertrieb GmbH, Köln.

We have made every effort to trace the ownership of all copyrighted material and to secure permission from the copyright holders. In the event of any question arising as to the use of any material, we will be pleased to make the necessary corrections in future printings. Thanks are due to the following authors, publications, and agents for permission to use the material indicated.

The lines from voices to voices, lip to lip *from IS 5, poems by e. e. cummings, are reprinted by permission of Liveright Publishing Corporation. Copyright © 1985 by e. e. cummings Trust. Copyright 1926 by Horace Liveright. Copyright © 1954 by e. e. cummings. Copyright © 1985 by George James Firmage.*

Suddenly There's a Valley *by B. Jones and C. Meyer. Copyright © 1955 by Warman Music, Inc. Copyright Renewed and Assigned to Bibo Music Publ., Inc. All Rights Administered by Chappell & Co., Inc. International Copyright Secured. All Rights Reserved. Used by Permission.*

Michael *Words and Music by Joan C. Baez. Copyright © 1979 Gabriel Earl Music. Used by Permission.*

Diamonds & Rust *Words and Music by Joan C. Baez. Copyright © 1975 Chandos Music. Used by Permission.*

Gabriel and Me *Words and Music by Joan C. Baez. Copyright © 1970, 1971 Chandos Music. Used by Permission.*

Carry It On *Words and Music by Gil Turner. TRO Copy-*

right © 1964 and 1965 Melody Trails, Inc., New York, N. Y. Used by Permission.

The Ghetto Lyrics and Music by Homer Banks, Bettye Crutcher, and Bonnie Bramlett. Copyright © 1968 Irving Music, Inc. (BMI) All Rights Reserved. International copyright secured. Used by Permission.

Where Are You Now, My Son? Words and Music by Joan C. Baez. Copyright © 1973 Chandos Music. Used by Permission.

Old Woman Words and Music by Mimi Farina. Copyright © 1985 Farina Music. Used by Permission.

Ballad of Sacco and Vanzetti, No. 1 Words by Joan C. Baez, Music by Ennio Morricone. Copyright © 1971, 1978 Edizioni Musicali RCA S. p. A.

Children of the Eighties Words and Music by Joan C. Baez. Copyright © 1981 Gabriel Earl Music. Used by Permission.

Warriors of the Sun Words and Music by Joan C. Baez. Copyright © 1981 Gabriel Earl Music. Used by Permission.

SCHALLPLATTENVERZEICHNIS

Dem S. Fischer Verlag, Frankfurt, und der Saturn Electro-Handelsgesellschaft, Köln, sei herzlich für ihre großzügige Hilfe bei der Erstellung des Schallplattenverzeichnisses gedankt.

1960: *The First Album* (Vanguard)
1960: *Joan Baez* (Vanguard)
1961: *Joan Baez* Volume 2 (Vanguard)
1962: *Joan Baez in Concert* (Part I) (Vanguard)
1963: (aufgen. 1959): *The Best of Joan Baez* (The Original First Recording) (Squire Records)
1964: *Joan Baez in Concert* (Part II) (Vanguard)
1964: (laut Platte 1968): *Joan Baez / 5* (Vanguard)
1965: *Farewell, Angelina* (Vanguard)
1966: *Noël* (Vanguard)
1967: *Joan* (Vanguard)
1968: *Baptism – A Journey Through Our Time* (Vanguard)
1968: *Any Day Now* (Doppelalbum) (Vanguard)
1969: *Portrait / David's Album* (Vanguard)
1970: *One Day at a Time* (Vanguard)
1970: *Joan Baez in Italy* (Doppelalbum) (Vanguard)
1970: *The First Ten Years* (Doppelalbum) (Vanguard)
1971: *Blessed Are* (Doppelalbum) (Vanguard)
1972: *The Joan Baez Ballad Book* (Vanguard)
1972: *The Joan Baez Ballad Book* Vol. II (Vanguard)
1972: *Come from the Shadows* (A & M)
1973: *Where Are You Now, My Son?* (A & M)
1973: *Hits / Greatest & Others* (Vanguard)
1974: *¡Gracias a la vida! / Here's to Life* (A & M)
1975: *Diamonds & Rust* (A & M)
1976: *From Every Stage* (Doppelalbum) (A & M)
1976: *Gulf Winds* (A & M)

1977: *Blowin' Away* (Portrait)
1977: *The Best of Joan Baez* (A & M)
1979: *The Night They Drove Old Dixie Down* (Vanguard)
1979: *Honest Lullaby* (Portrait)
1980: *Europa Tournee* (Epic / CBS)
1982: *Early Joan Baez* Vol. I (bislang unveröffentlichte Live-Aufnahmen von 1961 und 1963) (Vanguard)
1982: *Early Joan Baez* Vol. II (bislang unveröffentlichte Live-Aufnahmen von 1961 und 1963) (Vanguard)
1983: *Live Europe 83 / Children of the Eighties* (Ariola)
1987: *Recently* (Gold Castle)

Daneben sind im Laufe der Jahre zahlreiche weitere Schallplatten (Sampler) erschienen, wie zum Beispiel: *Ihre schönsten Lieder* (Polygram), *We Shall Overcome* (Polygram), *The Contemporary Ballad Book* (Vanguard), *Love Song Album* (Vanguard), *The Country Music Album* (Vanguard), *House of the Rising Sun* (Musidisc), *Songs of the South* (Musidisc), *Plaisir d'amour* (Musidisc) u. a.